AIDE-MÉMOIRE
Larousse

Tout le programme du collège
ALLEMAND

Françoise Mirabel-Sérodes
Professeur de collège

LAROUSSE

MÉMENTO

6ᵉ

Année scolaire :
Nom :   Prénom :
Collège :
Tél. :   Fax :   Web :
Professeur principal :   Professeur d'allemand :
Dates des vacances :
Toussaint :   Noël :   Février :   Pâques :   Été :

5ᵉ

Année scolaire :
Nom :   Prénom :
Collège :
Tél. :   Fax :   Web :
Professeur principal :   Professeur d'allemand :
Dates des vacances :
Toussaint :   Noël :   Février :   Pâques :   Été :

4ᵉ

Année scolaire :
Nom :   Prénom :
Collège :
Tél. :   Fax :   Web :
Professeur principal :   Professeur d'allemand :
Dates des vacances :
Toussaint :   Noël :   Février :   Pâques :   Été :

3ᵉ

Année scolaire :
Nom :   Prénom :
Collège :
Tél. :   Fax :   Web :
Professeur principal :   Professeur d'allemand :
Dates des vacances :
Toussaint :   Noël :   Février :   Pâques :   Été :

© Larousse-Bordas, septembre 1998, ISBN 2-03-800500-1

Aide-mémoire d'allemand

Cet *Aide-mémoire* accompagnera les élèves et leurs parents pendant les quatre années du collège*. Il permet à tout moment de faire le point sur ses connaissances en allemand et d'entrer dans le programme en fonction de plusieurs parcours, selon ses besoins.

1 Tout le cours

Le cours reprend le programme officiel du collège classe par classe et couvre tous les niveaux de difficulté.

2 Les connaissances essentielles

Ce parcours, balisé en jaune, permet de circonscrire les connaissances indispensables en allemand de la 6e à la 3e.

3 Ce qu'il faut connaître par cœur

Certaines notions ou définitions devront être connues sur le bout des doigts. Un curseur permet de les repérer et de passer de l'une à l'autre rapidement.

4 Un approfondissement

Pour les plus avancés, certaines parties du cours, balisées en violet, permettent d'aller plus loin en s'arrêtant sur une difficulté ou en anticipant sur la classe supérieure.

En parallèle à chacun de ces parcours, **un système de questions** permet de tester en permanence la bonne compréhension des notions.

Pour être complet, cet *Aide-mémoire* propose aussi...

5 Des exercices

– Des **QCM** *(Questions à Choix Multiples)* permettent aussi bien de se tester que de revoir très vite quelques points essentiels.
– De très nombreux **exercices corrigés** pour s'entraîner et s'évaluer.

6 Des références

– Des listes de verbes sont regroupées dans une partie **Mémo**.
– Un **Bloc-notes collège** regroupe des informations pratiques relatives à l'orientation de l'élève, à la vie au collège ainsi qu'à des références culturelles.

Enfin, un extrait du **Petit Larousse** offrant une sélection d'articles de culture générale en rapport avec le programme d'allemand au collège, complète ce véritable outil familial qui constituera pour vous la référence des années collège.

*****Attention**, les élèves qui ont choisi l'allemand en langue vivante 2 devront suivre le programme 6e et 5e pendant l'année de 4e et celui de 4e et 3e (p. 114 à 116) pendant l'année de 3e.*

PARCOURS 6ᵉ

Parcours d'apprentissage

Les connaissances essentielles requises en classe de 6ᵉ conformément aux instructions officielles.

Grammaire
Syntaxe
Phrases interrogative, affirmative, impérative, négative.
Système verbal
Présent, prétérit (imparfait et passé simple), parfait (passé composé) de l'indicatif.
Groupe nominal et pronom
Déclinaison du déterminant et du nom, déclinaison du pronom.
Les fonctions et les cas.
Les verbes à connaître

Vocabulaire
Situations de communication
Comment se présenter ?
Conversation.
Formules de politesse.
Vocabulaire thématique
Die Zeit : le temps.
Die Feste : les fêtes.
Reisen und Verkehr : voyages et transports.
Die Familie : la famille.
Freizeit und Alltagsleben : temps libres et vie quotidienne.
Das Schulleben : la vie scolaire.
Adjectifs, adverbes et mots de liaison.

Parcours d'approfondissement

Les connaissances complémentaires pour couvrir l'ensemble du programme, voire anticiper sur la classe de 5ᵉ.

POUR ALLER PLUS LOIN

Grammaire
Syntaxe
Phrases interrogative (*seit wann, wie viel, wie lange, was für ein*), négative (place de la négation *nicht*, emploi de la négation *kein*).
Système verbal
Le présent de l'indicatif : verbes à préverbe constitué de *hin* + préposition ou *her* + préposition, verbes de modalité (*dürfen, sollen, mögen*), verbes de position et de mouvement, les prépositions spatiales.
Le parfait de l'indicatif : auxiliaires de temps (*in Deutschland sein, Glück haben, krank werden*).

Groupe nominal et pronom
L'article défini : déclinaison des démonstratifs et des interrogatifs.
L'adjectif possessif.
Emploi du génitif saxon.
Les masculins faibles.
Le pronom réfléchi.
Les fonctions et les cas.
Les verbes à connaître
De *abfahren* à *zeigen*.

Parcours par cœur

Les notions clés à mémoriser absolument.

Par ♥

Grammaire
Système verbal
Le présent de l'indicatif : auxiliaires de temps (*sein, haben*), verbes faibles (*hören, arbeiten*), verbes forts (*fahren, sprechen, sehen, nehmen*), verbes à préverbe séparable (*fernsehen, um 8 Uhr aufstehen*), verbes de modalité (*können, müssen, wollen + wissen*).
Prépositions suivies de l'accusatif, du datif.
Le prétérit de l'indicatif : auxiliaires de temps (*sein, haben*), verbes faibles (*Tennis spielen*).
Groupe nominal et pronom
Déclinaison de l'article défini, de l'article indéfini.
Déclinaison du pronom personnel.
Les fonctions et les cas (génitif, accusatif).

Vocabulaire
Vocabulaire thématique
Die Zeit : le temps.
Reisen und Verkehr : voyages et transports.
Die Familie : la famille.
Freizeit und Alltagsleben : temps libre et vie quotidienne.
Das Schulleben : la vie scolaire.

Adjectifs numéraux cardinaux.
Couleurs.

PARCOURS 5ᵉ

Parcours d'apprentissage

Les connaissances essentielles requises en classe de 5ᵉ conformément aux instructions officielles.

Grammaire
Syntaxe
Subordonnées interrogative et infinitive.
Système verbal
Prétérit (imparfait et passé simple),
parfait (passé composé),
futur de l'indicatif.
Le subjonctif II.
Groupe nominal et pronoms
Pluriel des noms.
Les pronoms.
Déclinaison de l'adjectif épithète.
Degrés de comparaison de l'adjectif
et de l'adverbe.
Exprimer une comparaison, une quantité.
Verbes forts
Verbes mixtes.

Les verbes à connaître
Vocabulaire
Situations de communication
Demander.
Exprimer des sentiments positifs.
Exprimer des sentiments négatifs.
Situations de communication diverses.
Vocabulaire thématique
Wohnen, Hausarbeit: habiter, travail
à la maison.
Essen, die Nahrung: les repas, la nourriture.
Das Schulleben: la vie scolaire.
Adjectifs et adverbes.

Parcours d'approfondissement

Les connaissances complémentaires pour couvrir l'ensemble du programme, voire anticiper sur la classe de 4ᵉ.

Grammaire
Système verbal
Prétérit et parfait de l'indicatif:
verbes faibles irréguliers
(*denken, kennen*).
Groupe nominal et pronoms
Le pronom réfléchi au datif.
Le pronom réciproque.

Vocabulaire
Vocabulaire thématique
Wohnen, Hausarbeit: habiter,
travail à la maison.

POUR ALLER PLUS LOIN

Parcours par cœur

Les notions clés à mémoriser absolument.

Grammaire
Syntaxe
L'expression du lieu.
Système verbal
Par ♥ Le prétérit de l'indicatif: verbes faibles
(*hören, arbeiten*), verbes forts (*sehen, fahren*),
wissen, verbes à préverbe séparable
(*nach Hause zurückkommen*), verbes de modalité.
Le parfait de l'indicatif: verbes forts
(*den Regenschirm nehmen*), verbes à préverbe
séparable (*sich anziehen*), verbes à préverbe
inséparable (*das Haus verlassen*).
Le futur de l'indicatif: conjugaison
(*den Computer kaufen*), place du verbe
au futur dans une subordonnée.
Le subjonctif II: présent du subjonctif II
(*sein, haben*, verbes de modalité).

Groupe nominal et pronom
Déclinaison de l'adjectif épithète:
précédé de l'article défini, de l'article indéfini,
d'aucun déterminant.
Degrés de comparaison de l'adjectif
et de l'adverbe: adjectifs prenant une inflexion
au comparatif de supériorité et au superlatif.
Exprimer une quantité.
Les verbes à connaître
De *anmachen* à *zurückkommen*.

Vocabulaire
Vocabulaire thématique
Wohnen, Hausarbeit: habiter, travail à la maison.
Essen, die Nahrung: les repas, la nourriture.
Das Schulleben: la vie scolaire.
Adjectifs.

PARCOURS 4e

Parcours d'apprentissage

Les connaissances essentielles requises en classe de 4e conformément aux instructions officielles.

Grammaire
Syntaxe
Les subordonnées avec *wenn* et *als*, les subordonnées relatives, la subordonnée infinitive commençant par *um... zu* (pour + infinitif), les propositions infinitives avec *ohne... zu*, *anstatt... zu*.
Système verbal
Le plus-que-parfait et le parfait de l'indicatif.
Autour des verbes de modalité.
Groupe nominal et pronom
Le superlatif.
Adjectifs et adverbes irréguliers.
Le principe de détermination
La composition, la dérivation, le principe de détermination.
Verbes forts à connaître

Les verbes à connaître
Vocabulaire
Vocabulaire thématique
Reisen und Verkehr : voyages et transports.
Das Stadtleben : la vie en ville.
Einkaufen, Kleidung und Mode : achats, vêtements et mode.
Der Körper und die Gesundheit : le corps et la santé.
Das Wetter und die Jahreszeiten : le temps et les saisons.
Das Landleben : la vie à la campagne.
Die Feste : les fêtes.
Erwachsene und Jugendliche : adultes et adolescents.
Adjectifs et adverbes.

Parcours d'approfondissement

Les connaissances complémentaires pour couvrir l'ensemble du programme, voire anticiper sur la classe de 3e.

POUR ALLER PLUS LOIN

Grammaire
Syntaxe
Les subordonnées relatives :
le pronom relatif au génitif,
le pronom relatif précédé d'une préposition.
Système verbal
eben.

Parcours par cœur

Les notions clés à mémoriser absolument.

Par ♥

Grammaire
Syntaxe
Les subordonnées relatives : la déclinaison du pronom relatif.
La subordonnée infinitive commençant par *um... zu* : différence entre *für* et *um... zu*.
Système verbal
Le plus-que-parfait de l'indicatif : conjugaison (*seinen Füller vergessen, zu Hause bleiben*).
Le parfait de l'indicatif : les deux formes de participe des verbes de modalité, les verbes conjugués avec *sein*.
Autour des verbes de modalité : exprimer la capacité, l'autorisation, la demande, l'intention, l'obligation.
Groupe nominal et pronom
Adjectifs et adverbes irréguliers.

Les verbes à connaître
De *Acht geben* à *zurückkehren*.
Vocabulaire
Vocabulaire thématique
Reisen und Verkehr : voyages et transports.
Das Stadtleben : la vie en ville.
Einkaufen, Kleidung und Mode : achats, vêtements et mode.
Der Körper und die Gesundheit : le corps et la santé.
Das Wetter und die Jahreszeiten : le temps et les saisons.
Das Landleben : la vie à la campagne.
Erwachsene und Jugendliche : adultes et adolescents.

PARCOURS 3ᵉ

Parcours d'apprentissage

Les connaissances essentielles requises en classe de 3ᵉ conformément aux instructions officielles.

Grammaire
Syntaxe
Les subordonnées, le double infinitif dans la subordonnée. Les coordinations.
Les pronoms interrogatifs *welcher, welche, welches* et *was für ein*. Les interrogatifs, les relatifs et les démonstratifs adverbiaux.
Système verbal
Le subjonctif II, ses emplois.
Le subjonctif I, ses emplois.
Le passif : le présent, le prétérit, le futur, le parfait et le plus-que-parfait.
Les prépositions, les compléments de temps introduits par des prépositions.
Les préverbes.
Groupe nominal et pronom
L'adjectif substantivé, l'adjectif épithète.
Le pronom indéfini, la place du pronom personnel, les pronoms possessifs et démonstratifs.
Verbes forts à connaître

Les verbes à connaître
Vocabulaire
Situations de communication
Situer dans l'espace. Se situer dans le temps.
Expression du jugement, de l'opinion.
Vocabulaire thématique
Arbeitswelt : le monde du travail.
Staat und Gesellschaft : État et société.
Familienleben, Beziehungen : vie familiale et relationnelle.
Natur und Umweltschutz : nature et protection de l'environnement.
Medien und Kommunikation : médias et communication.
Schulleben : vie scolaire.
Freizeit : temps libre.
Reisen und Verkehr : voyages et transports.
Traum und Phantasie : rêves et imagination.
Adjectifs et adverbes.

Parcours d'approfondissement

Les connaissances complémentaires pour couvrir l'ensemble du programme, voire anticiper sur la classe de 2ⁿᵈᵉ.

POUR ALLER PLUS LOIN

Grammaire
Syntaxe
Les subordonnées introduites par *während, indem; damit; obgleich, obschon, obwohl; als ob; als, wie, je... desto*.
Le double infinitif dans la subordonnée.
Les relatifs et les démonstratifs adverbiaux.
Système verbal
Emploi du subjonctif II dans une subordonnée avec un double infinitif.
Le subjonctif I.
Le futur, le parfait et le plus-que-parfait du passif.
Les prépositions : les postpositions, les prépositions spatiales (*über* + accusatif, *auf* + accusatif, *vor* + datif, *an* + accusatif), les prépositions suivies de l'accusatif, du datif, du génitif.
Les préverbes.
Groupe nominal et pronom
L'adjectif épithète : expression du nombre d'années.
Participe présent et participe passé.
Le pronom indéfini, la place du pronom personnel, les pronoms possessifs et démonstratifs.
Verbes à connaître
De *abhängen von* à *zwingen*.

Parcours par cœur

Les notions clés à mémoriser absolument.

Par ♥

Grammaire
Syntaxe
L'expression du but avec *um... zu*. La subordonnée introduite par *wenn*. Les différents emplois de *als*. Les négations. Les interrogatifs adverbiaux.
Système verbal
Subjonctif II : le présent, le passé, le futur.
Emploi du subjonctif II : la subordonnée commençant par *wenn*. Subjonctif I : le présent des auxiliaires. Le passif : le présent.
Les prépositions spatiales. Les prépositions pour l'expression du temps. Les préverbes.
Groupe nominal et pronom
L'adjectif substantivé. l'adjectif épithète : formé par un nom de ville, par un nom de pays.
Le pronom indéfini. Le pronom démonstratif.
Verbes à connaître
De *annehmen* à *zögern*.

Vocabulaire
Vocabulaire thématique
Arbeitswelt : le monde du travail.
Staat und Gesellschaft : État et société.
Familienleben, Beziehungen : vie familiale et relationnelle.
Natur und Umweltschutz : nature et protection de l'environnement.
Medien und Kommunikation : médias et communication.
Schulleben : vie scolaire.
Freizeit : temps libre.
Reisen und Verkehr : voyages et transports.
Traum und Phantasie : rêves et imagination.

Adjectifs (de *ähnlich* à *verletzt*), adverbes de manière, de temps, de lieu.

6ᵉ

Grammaire
Vocabulaire

SOMMAIRE 6ᵉ

GRAMMAIRE

SYNTAXE, 1
Phrase interrogative, 1
Phrase affirmative, 1
Phrase impérative, 3
Phrase négative, 4

SYSTÈME VERBAL, 5
Le présent de l'indicatif, 5
Prétérit de l'indicatif (imparfait et passé simple), 11
Parfait de l'indicatif (passé composé), 11

GROUPE NOMINAL ET PRONOM, 12
Déclinaison du déterminant et du nom, 12
Déclinaison du pronom, 16
Les fonctions et les cas, 17

LES VERBES À CONNAÎTRE, 18

VOCABULAIRE

SITUATIONS DE COMMUNICATION, 20
Comment se présenter ?, 20
Conversation, 21
Formules de politesse, 22

VOCABULAIRE THÉMATIQUE, 24
Die Zeit : le temps, 24
Die Feste : les fêtes, 25
Reisen und Verkehr : voyages et transports, 26
Die Familie : la famille, 27
Freizeit und Alltagsleben : temps libre et vie quotidienne, 28
Das Schulleben : la vie scolaire, 29
Adjectifs, adverbes et mots de liaison, 30

SYNTAXE

La syntaxe étudie les rapports entre les groupes de constituants de la phrase, entre les mots, entre les phrases elles-mêmes.
En allemand, la place du verbe conjugué a une importance particulière. Elle varie selon le type de phrase (interrogative, affirmative ou impérative).

Phrase interrogative

Où se place le verbe conjugué dans la phrase interrogative ?

Elle commence par un mot interrogatif ou par le verbe conjugué.
Rappelons les principaux interrogatifs :

was (qu'est-ce que ?)   *wo (où ?)*
wer (qui ?)   *wohin (où [avec déplacement] ?)*
wie (comment ?)   *woher (d'où [provenance] ?)*
wann (quand ?)   *warum (pourquoi ?)*
seit wann (depuis quand ?)   *wie lange (combien de temps ?)*
wie viel (combien ?)   *was für ein (quelle sorte de ?)*

Was machst du?   *Que fais-tu ?*
Wer kommt?   *Qui vient ?*
Wie heißt du?   *Comment t'appelles-tu ?*
Wie alt bist du?   *Quel âge as-tu ?*
Wie viel Uhr ist es?   *Quelle heure est-il ?*
Warum weint er?   *Pourquoi pleure-t-il ?*
Wie lange dauern die Weihnachtsferien?   *Combien de temps durent les vacances de Noël ?*

Hast du einen Bruder?   *As-tu un frère ?*
Spielst du gern Fußball?   *Aimes-tu jouer au football ?*
Kommst du mit?   *Est-ce que tu nous accompagnes ?*
Willst du ins Kino gehen?   *Veux-tu aller au cinéma ?*

> **Remarque**
> Dans la phrase interrogative, *est-ce que* n'est pas traduit.

Phrase affirmative

Il faut distinguer la place du verbe conjugué dans la proposition indépendante ou principale et dans la subordonnée.

Place du verbe conjugué dans la proposition indépendante ou principale

Où se place le verbe conjugué dans la phrase simple ?

Il vient toujours en 2e position. En 1re position, on trouve le sujet ou n'importe quel constituant :

Ich komme dann.   *Je viens ensuite.*
Dann komme ich.   *Ensuite je viens.*

Er will im Sommer nach Frankreich fahren.   *Il veut aller cet été en France.*
Im Sommer will er nach Frankreich fahren.   *Cet été, il veut aller en France.*
Er kommt morgen zurück.   *Il revient demain.*
Morgen kommt er zurück.   *Demain, il revient.*

```
       Seinen Freund            seinen Freund
                    \          /
                     Peter
                      |
    Peter — TRIFFT — seinen Freund — auf der Straße
                      |
                     Peter
                    /          \
       Auf der Straße           auf der Straße
```

Les coordinations changent-elles la structure de phrase ?

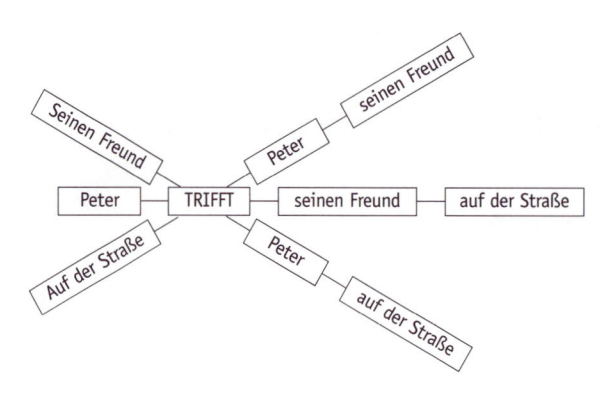

Les conjonctions de coordination **und** (et), **aber** (mais), **oder** (ou), **denn** (car), placées en tête de phrase, ne changent rien à la construction.
Il en est de même des interjections **ja** (oui), **nein** (non), **doch** (si) :

Hast du einen Bruder?   *As-tu un frère ?*
Nein, ich habe keinen Bruder.   *Non, je n'ai pas de frère.*
Hast du keine Schwester?   *N'as-tu pas de sœur ?*
Doch, ich habe eine Schwester.   *Si, j'ai une sœur.*
Er bleibt zu Hause, denn er ist krank.   *Il reste à la maison car il est malade.*
Er spielt Tennis oder er geht ins Kino.   *Il joue au tennis ou il va au cinéma.*
Er geht weg und ich bleibe allein.   *Il s'en va et je reste seul.*

Remarque
La virgule sert à séparer les différentes propositions. On ne mettra donc pas de virgule après un complément placé en tête de phrase.

Place du verbe conjugué dans la subordonnée

Dans toutes les subordonnées introduites par une conjonction de subordination telle que **dass** (que), **ob** (si, dans l'interrogation indirecte) et **weil** (parce que), le groupe verbal se place en fin de proposition et le verbe conjugué occupe la dernière place.

Où se place le verbe dans la subordonnée ?

Ich weiss nicht, ob er morgen kommen kann.   *Je ne sais pas s'il peut venir demain.*

Ich glaube, dass sie krank ist.   *Je crois qu'elle est malade.*
Wir wissen, dass sie im Sommer nach Frankreich fahren wollen.   *Nous savons qu'elles veulent aller en France cet été.*
Er weiss nicht, ob er morgen zurückkommt.   *Il ne sait pas s'il revient demain.*
Er kauft keine Bonbons, weil sie zu teuer sind.   *Il n'achète pas de bonbons parce qu'ils sont trop chers.*

Qu'appelle-t-on une structure régressive ?

Nous constatons que la place des constituants dans la subordonnée correspond à ce qu'on appelle la structure régressive, qui est une structure fondamentale en allemand. Le déterminant précède le déterminé, ou bien chaque constituant est déterminé à gauche par celui qui le précède.

On progresse de l'inconnu vers le connu :

morgen kommen können	*pouvoir venir demain*
krank sein	*être malade*
im Sommer nach Frankreich fahren wollen	*vouloir aller en France cet été*
morgen zurückkommen	*revenir demain*
zu teuer sein	*être trop cher*

Quels sont les constituants qui peuvent accompagner le verbe ?

Remarques concernant le groupe verbal

1. Le noyau verbal peut être accompagné de constituants obligatoires.

– un préverbe :	*zurückkommen*	*revenir*
	ankommen	*arriver*
– un attribut :	*krank sein*	*être malade*
	nett sein	*être gentil*
– un adverbe :	*langsam fahren*	*rouler lentement*
	gut schlafen	*bien dormir*

– un complément circonstanciel introduit par une préposition :

nach Hause gehen	*aller à la maison*
ins Kino gehen wollen	*vouloir aller au cinéma*
in Köln wohnen	*habiter à Cologne*
nach Berlin reisen	*aller à Berlin*
aus Hamburg kommen	*venir à Hambourg*
über München fahren	*passer par Munich*

– une locution :	*Auto fahren*	*aller en voiture*
	Abschied nehmen	*prendre congé*
	Lust haben	*avoir envie*
– un infinitif :	*schwimmen können*	*savoir nager*

2. Le groupe verbal peut être accompagné d'un constituant non obligatoire, qui vient modifier le sens du groupe verbal.

gern joue souvent le rôle de constituant non obligatoire du groupe verbal :

schnell fahren	*rouler vite*	*in Berlin wohnen*	*habiter Berlin*
gern schnell fahren	*aimer rouler vite*	*gern in Berlin wohnen*	*aimer habiter Berlin*

Les compléments introduits par **mit** modifient souvent le sens du groupe verbal :

nach Deutschland fahren	*aller en Allemagne*
mit dem Wagen nach Deutschland fahren	*aller en Allemagne en voiture*
mit dem Zug nach Deutschland fahren	*aller en Allemagne en train*

Le groupe verbal peut être modifié par un complément introduit par mit et par gern :

gern mit dem Moped zur Schule fahren   *aimer aller à l'école en mobylette*

Où se place le verbe dans la phrase impérative ?

Phrase impérative

Le verbe conjugué vient en tête de l'énoncé :

Schreib den Brief!	*Écris la lettre !*	*Hilf deiner Mutter!*	*Aide ta mère !*
Nimm dein Buch!	*Prends ton livre !*	*Sei nett!*	*Sois gentil !*

On distingue 4 personnes à l'impératif :

Geh!	*Va !*	*Geht!*	
Gehen wir!	*Allons !*	*Gehen Sie!*	*Allez !*

La dernière personne correspond à la formule de politesse. Elle ne doit pas être confondue avec la 2ᵉ personne du pluriel (que l'on traduit en français également par *vous*), qui correspond à un vous collectif utilisé quand on tutoie individuellement les personnes du groupe.
Par exemple, le professeur s'adressant à ses élèves pourra dire :

Nehmt eure Bücher!   *Prenez vos livres !*

ou bien la mère s'adressant à ses enfants :

Holt euren Freund ab!   *Allez chercher votre ami !*

Remarques

1. Les verbes forts en **-e-**, qui changent le **-e-** en **-i-** à la 2ᵉ et 3ᵉ personnes du singulier de l'indicatif présent, modifient la voyelle du radical à la 2ᵉ personne de l'impératif :

***Gib** mir den Füller!*   *Donne-moi le stylo !*

2. Les verbes dont le radical est terminé par un **-d**, un **-t** ou un groupe de consonnes difficiles à prononcer, conservent un **-e-** à la 2ᵉ personne de l'impératif :

Arbeite!   *Travaille !*   *Rechne!*   *Calcule !*

3. Notons l'emploi de **lassen** à la première personne du pluriel :

Lasst uns singen!   *Chantons !*

4. Rappelons l'impératif de l'auxiliaire sein :

Sei vorsichtig!   *Sois prudent !*   *Seid vorsichtig!*   *Soyez prudents !*
Seien wir vorsichtig! *Soyons prudents !* *Seien Sie vorsichtig!* *Soyez prudents !*

*Conjugue l'auxiliaire **être** à l'impératif.*

Phrase négative

Place de la négation *nicht*

Quand on veut nier, on utilise en général la négation **nicht**.

nicht se place après le complément à l'accusatif, le complément au datif, le pronom personnel.

Ich sehe ihn nicht.   *Je ne le vois pas.*
Du bringst den Kindern das Geschenk nicht. *Tu n'apportes pas le cadeau aux enfants.*
Er ruft seinen Freund nicht an.   *Il ne téléphone pas à son ami.*

nicht se place avant le groupe prépositionnel, l'adjectif attribut.

Er fährt nicht nach Frankreich.   *Il ne va pas en France.*
Sie sind nicht groß.   *Ils ne sont pas grands.*
Die Stadt ist nicht schön.   *La ville n'est pas belle.*

Emploi de la négation *kein*

Quand la négation porte sur le partitif (du, de) ou l'article indéfini, on emploie **kein**.

Ich trinke keinen Wein.	Je ne bois pas de vin.
Sie haben keine Kinder.	Ils n'ont pas d'enfant.
Ich esse kein Brot.	Je ne mange pas de pain.
Wir haben kein Glück.	Nous n'avons pas de chance.
Keine Angst!	N'ayez pas peur !
Ich habe keinen Hunger.	Je n'ai pas faim.
Ich habe keinen Durst.	Je n'ai pas soif.

Quand emploie-t-on kein ?

Remarque

L'article partitif n'est pas traduit en allemand :

Ich kaufe Brot	J'achète du pain
Trinkst du Milch?	Est-ce que tu bois du lait ?
Du hast Glück	Tu as de la chance.

Traduit-on le partitif en allemand ?

SYSTÈME VERBAL

Le présent de l'indicatif

On distingue plusieurs types de conjugaison selon la nature des verbes.

Les auxiliaires de temps

Par ♥

sein (être)	*haben* (avoir)
ich bin	ich habe
du bist	du hast
er ⎫	er ⎫
sie ⎬ ist	sie ⎬ hat
es ⎭	es ⎭
wir sind	wir haben
ihr seid	ihr habt
sie sind	sie haben

*Conjugue **avoir** aux 2ᵉ et 3ᵉ personnes du singulier.*

werden (devenir)		
ich werde	er ⎫	wir werden
du wirst	sie ⎬ wird	ihr werdet
	es ⎭	sie werden

*Que signifie **werden** ?*

Remarque

Notons l'importance de **werden**, beaucoup plus employé en allemand que le français *devenir* et qui sert à former le futur, le passif et le futur du subjonctif II.
Ces trois auxiliaires de temps ont des formes irrégulières.

Verbe faible

La marque de l'infinitif de tous les verbes étant **-n** ou **-en**, si l'on veut obtenir le radical du verbe, il suffit de supprimer cette marque.
Un verbe faible ne présente aucune variation du radical. Au présent de l'indicatif on ajoutera au radical les terminaisons : **-e**, **-st**, **-t**, **-en**, **-t**, **-en**.

Quelles sont les terminaisons des verbes faibles au présent ?

Par ♥

hören (entendre)	er ⎫		wir hören
ich höre	sie ⎬ hört		ihr hört
du hörst	es ⎭		sie hören

Remarques

– Pour exprimer le vouvoiement, on utilise la dernière personne du pluriel.
Le pronom s'écrit alors avec une majuscule : **Sie hören**.

– Si le radical verbal est terminé par un groupe de consonnes difficiles à prononcer ou par un **-d** ou un **-t**, on ajoutera un **-e-** intercalaire aux 2e et 3e personnes du singulier et à la 2e personne du pluriel.

Par ♥

arbeiten (travailler)	er ⎫		wir arbeiten
ich arbeite	sie ⎬ arbeitet		ihr arbeitet
du arbeitest	es ⎭		sie arbeiten

*Conjugue **arbeiten** au présent de l'indicatif ?*

– Les verbes dont le radical est terminé par **-s** ou **-ß**, **z**, **tz** prennent seulement un **-t** à la 2e personne du singulier, si bien qu'il y a identité de forme avec la 3e personne du singulier :

sitzen (être assis)   → du sitzt, er sitzt
heißen (s'appeler)   → du heißt, er heißt
lesen (lire)   → du liest, er liest

– Les verbes terminés par **-eln** perdent le **-e-** du radical à la 1re personne du singulier :
sammeln (collectionner) → ich sammle.

Verbe fort

Certains verbes forts modifient leur radical aux 2e et 3e personnes du singulier de l'indicatif présent.
On peut distinguer trois types de variation du radical.

*Pourquoi **fahren** est-il un verbe fort ?*

- **sur le modèle de *fahren*** (aller autrement qu'à pied, conduire)
Le **-a-** du radical prend une inflexion (Umlaut) aux 2e et 3e personnes du singulier :

Par ♥

ich fahre	er ⎫		wir fahren
du fährst	sie ⎬ fährt		ihr fahrt
	es ⎭		sie fahren

laufen (courir) fait partie de ce groupe : du läufst, er läuft.

*Pourquoi **sprechen** est-il un verbe fort ?*

- **sur le modèle de *sprechen*** (parler)
Le **-e-** du radical se transforme en **-i-** aux 2e et 3e personnes du singulier (**-i-** bref dans la prononciation).

Par ♥

ich spreche	er ⎫		wir sprechen
du sprichst	sie ⎬ spricht		ihr sprecht
	es ⎭		sie sprechen

- **sur le modèle de *sehen*** (voir)

Le **-e-** du radical est transformé en **-ie-** aux 2ᵉ et 3ᵉ personnes du singulier (**[i:]** long dans la prononciation).

ich sehe	er ⎫	wir sehen
du s**ie**hst	sie ⎬ s**ie**ht	ihr seht
	es ⎭	sie sehen

nehmen (prendre) perd le **-h-** du radical et double le **-m-** aux 2ᵉ et 3ᵉ personnes du singulier :

ich nehme	er ⎫	wir nehmen
du ni**mm**st	sie ⎬ ni**mm**t	ihr nehmt
	es ⎭	sie nehmen

*On peut noter qu'il n'y a pas de **-e-** intercalaire quand la voyelle du radical change :*
du trittst ein.   tu entres.   du rätst.   tu conseilles.

*Conjugue **nehmen** aux 2ᵉ et 3ᵉ personnes du singulier.*

Verbe à préverbe séparable

La particule verbale modifie souvent le sens du verbe de base :
machen (faire) → **auf**machen (ouvrir) ; **zu**machen (fermer).
Elle est accentuée dans la prononciation et se détache du verbe conjugué au présent de l'indicatif dans une proposition non subordonnée :

Quand la particule se détache-t-elle du verbe ?

<u>fern</u>sehen (regarder la télévision)
ich sehe fern
du siehst fern
er ⎫
sie ⎬ sieht fern
es ⎭
wir sehen fern
ihr seht fern
sie sehen fern

<u>um 8 Uhr auf</u>stehen (se lever à 8 heures)
ich stehe um 8 Uhr auf
du stehst um 8 Uhr auf
er ⎫
sie ⎬ steht um 8 Uhr auf
es ⎭
wir stehen um 8 Uhr auf
ihr steht um 8 Uhr auf
sie stehen um 8 Uhr auf

Remarques

Le préverbe vient se placer en fin de proposition principale ou indépendante. Dans la surbordonnée, il est rattachée au verbe conjugué :
Ich weiß, dass er um 8 Uhr aufsteht.   *Je sais qu'il se lève à 8 heures.*

Le préverbe est parfois constitué de plusieurs éléments :
hin, qui marque l'éloignement, ou **her**, qui marque le rapprochement, auxquels on ajoute une préposition :
Er geht die Treppe hinunter   *Il descend l'escalier*
Herein!   *Entrez !*   *Hinaus!*   *Sortez !*

Verbes de modalité

Ils sont au nombre de six et s'opposent deux à deux pour leur sens.

Quels sont les six verbes de modalité ?

können,	pouvoir, être capable de (par extension : savoir faire)
dürfen,	pouvoir, avoir la permission de
müssen,	devoir, être obligé de, il faut que
sollen,	devoir (obligation morale), devoir par la volonté d'autrui
wollen,	vouloir
mögen,	désirer (par extension : aimer)

Au présent de l'indicatif, ces six verbes ne prennent aucune terminaison aux 1re et 3e personnes du singulier. À l'exception de **sollen**, ils modifient la voyelle du radical aux 3 personnes du singulier.

Quelles sont leurs particularités au présent ?

TABLEAU RÉCAPITULATIF DE LA CONJUGAISON DES VERBES DE MODALITÉ

können	müssen	wollen
ich kann ☐	ich muss ☐	ich will ☐
du kannst	du musst	du willst
er kann ☐	er muss ☐	er will ☐
wir können	wir müssen	wir wollen
ihr könnt	ihr müsst	ihr wollt
sie können	sie müssen	sie wollen
dürfen	sollen	mögen
ich darf ☐	ich soll ☐	ich mag ☐
du darfst	du sollst	du magst
er darf ☐	er soll ☐	er mag ☐
wir dürfen	wir sollen	wir mögen
ihr dürft	ihr sollt	ihr mögt
sie dürfen	sie sollen	sie mögen

☐ signifie : aucune terminaison.

Mögen est surtout employé sous la forme **ich möchte** (subjonctif de mögen), qui signifie *je voudrais* :

Ich möchte ein Stück Kuchen.   *Je voudrais une part de gâteau.*

Que signifie ich möchte ?

Les verbes de modalité sont souvent associés à un groupe verbal à l'infinitif. Dans la proposition indépendante ou principale, il faut séparer le verbe de modalité de l'infinitif par les compléments quand il y en a.

Ich kann morgen kommen	*Je peux venir demain*
Kannst du gut schwimmen?	*Sais-tu bien nager ?*
Wir wollen aufs Land fahren	*Nous voulons aller à la campagne*
Magst du den Kuchen?	*Aimes-tu le gâteau ?*
Ich muss zur Schule gehen, es ist spät	*Je dois aller à l'école, il est tard*
Er ist krank, er muss zu Hause bleiben	*Il est malade, il doit rester à la maison*
Du sollst deiner Tante schreiben	*Tu dois écrire à ta tante*
Soll ich diesen Mantel anziehen?	*Est-ce que je dois mettre ce manteau ?*
Darf ich das Fenster aufmachen?	*Est-ce que je peux ouvrir la fenêtre ?*

Le verbe **wissen**, (savoir, être informé), ne prend pas de terminaison aux 1re et 3e personnes du singulier ; il modifie la voyelle du radical aux trois personnes du singulier. Sa conjugaison se rattache à celle des verbes de modalité.

ich weiß ☐	er ⎫	wir wissen
du weißt	sie ⎬ weiß ☐	ihr wisst
	es ⎭	sie wissen

Il faut distinguer :

Ich kann Deutsch.   *Je sais l'allemand, je suis capable de le parler.*

Ich kann schwimmen.   *Je sais nager, je suis capable de nager.*
Ich weiß nicht, ob er morgen kommt.   *Je ne sais pas s'il vient demain.*

Comment traduis-tu je sais nager ?

Verbes de position et de mouvement

On en compte 8 : **stehen, sitzen, liegen, hängen, stellen, legen, hängen, setzen.**

setzen	*asseoir*	sitzen	*être assis*
legen	*poser (à plat)*	liegen	*se trouver (être allongé, à plat)*
stellen	*poser (verticalement)*	stehen	*être debout*
hängen	*accrocher*	hängen	*être accroché, suspendu*

Ces huit verbes sont d'un emploi très fréquent. Quand le français utilise les verbes *poser, mettre, se trouver*, l'allemand précise la position des objets :

Die Kirche steht neben dem Rathaus.   L'église se trouve à côté de la mairie.
Der Teppich liegt auf dem Boden.   Le tapis se trouve sur le sol.
Er legt die Bücher auf den Tisch.   Il pose les livres sur la table.
Er stellt den Stuhl vor das Fenster.   Il met la chaise devant la fenêtre.
Köln liegt am Rhein.   Cologne se trouve au bord du Rhin.

les prépositions spatiales

Les verbes de position et de mouvement sont suivis de compléments circonstanciels introduits par des prépositions spatiales que l'on peut placer par rapport à un cube.

über	*au-dessus de*
in	*dans*
auf	*sur*
unter	*en dessous de*
an	*contre*
vor	*devant*
hinter	*derrière*
neben	*à côté de*
zwischen	*entre*

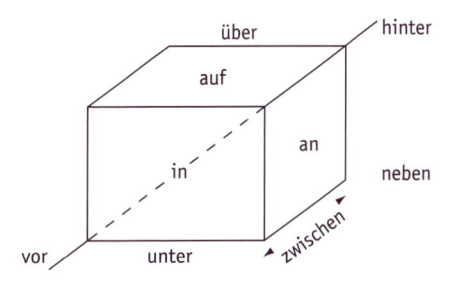

*Que signifie **in** ?*
***auf** ?*

Ces prépositions sont suivies tantôt d'un complément à l'accusatif, tantôt d'un complément au datif. Le complément est au datif lorsque le verbe exprime **une action réalisée à l'intérieur d'un même lieu**. On dit aussi qu'il y a **localisation** (par exemple après les verbes **stehen, liegen, hängen, sitzen**).
Le complément est à l'accusatif lorsque le verbe exprime **une direction, un changement de lieu** (par exemple après les verbes **stellen, legen, hängen, setzen**) :

*Ich gehe **in die** Küche.*   Je vais à la cuisine.
*Er isst **in der** Küche.*   Il mange à la cuisine.
*Er fährt **aufs** Land.*   Il va à la campagne.
*Wir wohnen **auf dem** Land.*   Nous habitons à la campagne.
*Ich setze mich **auf den** Stuhl.*   Je m'assois sur la chaise.
*Sie sitzen **auf dem** Boden.*   Ils sont assis sur le sol.

Mais l'opposition accusatif/datif ne joue plus après les prépositions qui sont toujours suivies de l'accusatif ou du datif.

Prépositions suivies du datif

bei	*chez, quand on est chez quelqu'un, auprès de*
zu	*chez, quand on va chez quelqu'un*

mit	avec
von	de, à partir de
aus	hors de
nach	vers, après
seit	depuis

Par

Er geht zu seinem Freund.   *Il va chez son ami.*
Er hört Musik bei seinem Freund.   *Il écoute de la musique chez son ami.*

Comment dis-tu **il va chez son ami ?**

Prépositions suivies de l'accusatif

durch	à travers
für	pour
bis	jusqu'à
gegen	contre
ohne	sans
um	autour de

Er fährt durch die Stadt.
il traverse la ville.

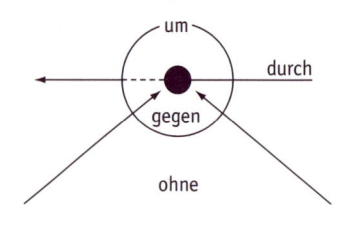

Dans l'expression du complément de lieu, le choix de la préposition est à apprendre par l'usage :

Par

Ich bleibe zu Hause.   *Je reste à la maison.*
Ich gehe nach Hause.   *Je vais à la maison.*
Ich gehe in die Stadt.   *Je vais en ville.*
Ich gehe ins Kino.   *Je vais au cinéma.*
Ich gehe zum Bahnhof.   *Je vais à la gare.*
Ich gehe zur Schule.   *Je vais à l'école.*
Ich gehe auf den Markt.   *Je vais au marché.*
Ich fahre aufs Land.   *Je vais à la campagne.*
Ich fahre ans Meer.   *Je vais à la mer.*
Ich fahre in die Berge.   *Je vais à la montagne.*

Comment dis-tu **je vais au cinéma ?**

On notera l'opposition :

Par

Ich fahre nach Hamburg.   *Je vais à Hambourg.*
Ich komme aus Berlin.   *Je viens de Berlin.*
Ich wohne in Köln.   *J'habite à Cologne.*

Comment dis-tu **il habite à Cologne ?**

auf das, **in das**, **an das** se contractent en **aufs**, **ins**, **ans**.
in dem, **an dem**, **zu dem** se contractent en **im**, **am**, **zum**.
zu der se contracte en **zur**.
bei dem se contracte en **beim**.

Dans l'expression du complément de temps, le choix de la préposition répond à une règle :

- devant les saisons, les mois, l'année, on emploie **im** :

Im Januar ist es kalt.   *En janvier il fait froid.*
Im Herbst werden die Bäume rot.   *En automne les arbres rougissent.*

Comment dis-tu **en janvier ?**

- devant les jours de la semaine, les parties de la journée, on emploie **am** :

Am Nachmittag arbeitet sie.   *L'après-midi, elle travaille.*
Am Sonntag geht sie spazieren.   *Le dimanche, elle va se promener.*

Exception : *in der Nacht*, la nuit.

• devant l'heure on emploie **um** :
Der Zug fährt um 7 Uhr ab.   Le train part à 7 heures.

• devant les fêtes on emploie **zu** :
zu Weihnachten   à Noël
zu Ostern   à Pâques
zu Pfingsten   à la Pentecôte

A quel temps correspond le prétérit en français ?

Prétérit de l'indicatif (imparfait et passé simple)

Auxiliaires de temps

sein		haben	
ich	war	ich	hatte
du	warst	du	hattest
er sie es	war	er sie es	hatte
wir	waren	wir	hatten
ihr	wart	ihr	hattet
sie	waren	sie	hatten

A quel temps correspond le parfait en français ?

Parfait de l'indicatif (passé composé)

En général, le parfait est formé à l'aide de l'auxiliaire **haben** conjugué au présent et d'un participe passé.

Quelques verbes se conjuguent avec **sein** : les verbes d'état **(sein, werden, bleiben)** et les verbes qui indiquent un mouvement et n'ont pas de complément d'objet direct (verbes intransitifs) tels que **gehen, laufen, fliegen...**

Auxiliaires de temps

in Deutschland sein (être en allemagne)
ich   bin in Deutschland gewesen   wir   sind in Deutschland gewesen
du   bist in Deutschland gewesen   ihr   seid in Deutschland gewesen
er sie es   ist in Deutschland gewesen   sie   sind in Deutschland gewesen

Glück haben (avoir de la chance)
ich   habe Glück gehabt   wir   haben Glück gehabt
du   hast Glück gehabt   ihr   habt Glück gehabt
er sie es   hat Glück gehabt   sie   haben Glück gehabt

*Quelle est la forme du participe passé de **haben** ?*

krank werden (tomber malade)

ich	bin krank geworden	wir	sind krank geworden
du	bist krank geworden	ihr	seid krank geworden
er sie es	ist krank geworden	sie	sind krank geworden

Verbe faible

Pour former le participe passé des verbes faibles, on ajoute au radical l'augment **ge-** et la terminaison **-t** :

gehör**t** (entendu)   **ge**kauf**t** (acheté)

Si le radical est terminé par un **-d**, un **-t** ou un groupe de consonnes difficiles à prononcer, on ajoute un **-e-** intercalaire :

gearbeit**et** (travaillé)   **ge**rechn**et** (calculé)

*Quelle est la forme du participe passé de **kaufen** ?*

Tennis spielen (jouer au tennis)

ich	habe Tennis **ge**spiel**t**	wir	haben Tennis **ge**spiel**t**
du	hast Tennis **ge**spiel**t**	ihr	habt Tennis **ge**spiel**t**
er sie es	hat Tennis **ge**spiel**t**	sie	haben Tennis **ge**spiel**t**

GROUPE NOMINAL ET PRONOM

Le groupe nominal comprend un substantif (nom), précédé ou non d'un déterminant ou d'un adjectif. Le déterminant peut être un article défini, indéfini, un démonstratif ou un possessif.

Déclinaison du déterminant et du nom

L'article défini

On distingue trois genres pour les noms allemands :
- les noms masculins, précédés de l'article défini **der** ;
- les noms féminins, précédés de l'article défini **die** ;
- les noms neutres, précédés de l'article défini **das**.

Quels sont les trois genres en allemand ?

Le groupe nominal peut avoir différentes fonctions. Quatre fonctions sont importantes en allemand :
- la fonction sujet/attribut → cas du nominatif ;
- la fonction complément d'objet direct → cas de l'accusatif ;

Quelles sont les quatre fonctions ?

– la fonction complément d'objet indirect ou complément d'attribution → cas du datif ;
– la fonction complément du nom → cas du génitif.
Dans ces quatre cas, l'article défini varie : il se décline.

On aura ainsi,

- **avec un nom masculin :**

nominatif	**Der** Vater kommt.	*Le père arrive.*
accusatif	Ich höre **den** Vater.	*J'entends le père.*
datif	Der Wagen gehört **dem** Vater.	*La voiture appartient au père.*
génitif	Der Wagen **des** Vater**s** ist rot.	*La voiture du père est rouge.*

  (Dans cette dernière phrase, nous remarquons que le nom masculin prend un **-s** au génitif.)

  Quelle est la marque de l'accusatif masculin ?

- **avec un nom féminin :**

nominatif	**Die** Mutter kommt.	*La mère arrive.*
accusatif	Ich höre **die** Mutter.	*J'entends la mère.*
datif	Der Mantel gehört **der** Mutter.	*Le manteau appartient à la mère.*
génitif	Der Mantel **der** Mutter ist weiß.	*Le manteau de la mère est blanc.*

- **avec un nom neutre :**

nominatif	**Das** Kind kommt.	*L'enfant arrive.*
accusatif	Ich höre **das** Kind.	*J'entends l'enfant.*
datif	Das Buch gehört **dem** Kind.	*Le livre appartient à l'enfant.*
génitif	Das Buch **des** Kind**es** ist schön.	*Le livre de l'enfant est beau.*

Remarques

– les articles définis féminin et neutre ont une même forme au nominatif et à l'accusatif ;
– les noms neutres, comme les noms masculins, prennent un **-s** au génitif, mais, s'ils se terminent par une consonne, on ajoute **-es** (**Kindes**, **Mannes**).

- **avec un nom pluriel :**

  Il n'existe qu'un seul article défini pluriel commun aux trois genres.
  Au datif pluriel, le nom prend un **-n** sauf si ce nom pluriel est déjà terminé par un **-n** (ex. die Elter**n**)

nominatif	**Die** Kinder kommen.	*Les enfants arrivent.*
accusatif	Ich höre **die** Kinder.	*J'entends les enfants.*
datif	Die Bücher gehören **den** Kinder**n**.	*Les livres appartiennent aux enfants.*
génitif	Die Bücher **der** Kinder sind schön.	*Les livres des enfants sont beaux.*

  Quelle est la particularité du datif pluriel ?

Remarques

– En ce qui concerne le genre des noms, il n'existe aucune correspondance avec le français (là où le français dit **la** lune, l'allemand dit **der** Mond).
– Tous les noms s'écrivent avec une majuscule.
– Les noms composés prennent le genre du dernier mot :

der Brief**freund**	*le correspondant*
die Brief**freundin**	*la correspondante*
das Brief**papier**	*le papier à lettre*

Comment retrouve-t-on le genre des mots composés ?

TABLEAU RÉCAPITULATIF DE LA DÉCLINAISON DE L'ARTICLE DÉFINI ET DU NOM

	singulier			pluriel
	masculin	neutre	féminin	aux 3 genres
nominatif	de**r**	da**s**	di**e**	di**e**
accusatif	de**n**	da**s**	di**e**	di**e**
datif	de**m**	de**m**	de**r**	de**n** (+ **n** au nom)
génitif	de**s** (+ **s** au nom)	de**s** (+ **s** au nom)	de**r**	de**r**

- **suivent la même déclinaison :**
  - les démonstratifs **dieser**, **diese**, **dieses**
  - les interrogatifs **welcher**, **welche** ou **welches** (*quel, quelle, quelles, laquelle, etc.*) et **wer** (*qui*) :

nominatif	We**r** kommt?	Qui arrive ?
accusatif	We**n** siehst du auf dem Bild?	Qui vois-tu sur l'image ?
datif	We**m** gehört das Buch?	À qui appartient ce livre ?
génitif	We**ssen** Buch ist das?	C'est le livre de qui ?

L'article indéfini

Aux trois articles définis singuliers **der**, **die**, **das** correspondent trois articles indéfinis **ein**, **eine**, **ein**. Il n'y a pas d'article indéfini pluriel.
L'article indéfini suit la déclinaison de l'article défini sauf au nominatif masculin et neutre et à l'accusatif neutre, où il ne porte pas de marque :
ein Vater kommt, **ein** Kind kommt, ich höre **ein** Kind.

Quelle est la particularité de la déclinaison de l'article indéfini ?

TABLEAU RÉCAPITULATIF DE LA DÉCLINAISON DE L'ARTICLE INDÉFINI ET DU NOM

	singulier			pluriel
	masculin	neutre	féminin	
nominatif	ein	ein	ein**e**	
accusatif	ein**en**	ein	ein**e**	
datif	ein**em**	ein**em**	ein**er**	
génitif	ein**es** (+ **s** au nom)	ein**es** (+ **s** au nom)	ein**er**	

L'adjectif possessif

Les adjectifs possessifs **mein**, **dein**, **sein/ihr**, **unser**, **euer**, **ihr** (mon, ton, son, notre, votre, leur) suivent au singulier la déclinaison de l'article indéfini, au pluriel celle de l'article défini.

Comment se décline les adjectifs possessifs ?

TABLEAU RÉCAPITULATIF DE LA DÉCLINAISON DE L'ADJECTIF POSSESSIF ET DU NOM

	singulier			pluriel
	masculin	neutre	féminin	aux 3 genres
nominatif	mein	mein	mein**e**	mein**e**
accusatif	mein**en**	mein	mein**e**	mein**e**
datif	mein**em**	mein**em**	mein**er**	mein**en** (+ **n** au nom)
génitif	mein**es** (+ **s** au nom)	mein**es** (+ **s** au nom)	mein**er**	mein**er**

Remarques

- Attention aux formes **unser** (notre) et **euer** (votre), qui peuvent induire en erreur du fait de leur consonne finale.
Il ne faut pas être tenté de leur ajouter **-er** au nominatif masculin :
unser Vater   notre père
euer Vater   votre père

Quand on ajoute une marque à **euer**, on supprime le **-e-** qui précède le **-r**.
nominatif	euer Vater	eure Mutter
accusatif	euren Vater	eure Mutter
datif	eurem Vater	eurer Mutter
génitif	eures Vaters	eurer Mutter

- À la troisième personne du singulier, il y a deux possessifs : **sein** et **ihr**. Si le possesseur est masculin ou neutre, on emploie **sein** ; si le possesseur est féminin, on emploie **ihr** :
Brigitte nimmt **ihr** Buch   Brigitte prend son livre
Udo nimmt **sein** Buch   Udo prend son livre
Das Kind nimmt **sein** Buch   L'enfant prend son livre

- Les négations **kein** ou **keine** suivent la déclinaison du possessif.

Quand emploie-t-on ihr à la 3ᵉ personne du singulier ?

Emploi du génitif saxon

Devant le nom, on peut trouver un article défini, un article indéfini, un démonstratif, un possessif ou un nom propre auquel on a ajouté un **-s** (génitif saxon). Le génitif saxon indique l'appartenance :
Udo**s** Buch   le livre de Udo
Karin**s** Tasche   le sac de Karin
Quand le nom propre est terminé par un **-s**, on emploie **von** :
das Zimmer **von** Klaus   la chambre de Klaus

Remarque

Le nom propre n'est précédé d'aucun article, sauf dans un emploi familier.

Les masculins faibles

Que sont les masculins faibles ?

Certains noms masculins prennent **-n** ou **-en** à tous les cas de la déclinaison, sauf au nominatif singulier :
nominatif	der Junge, le garçon	die Jung**en**
accusatif	den Jung**en**	die Jung**en**
datif	dem Jung**en**	den Jung**en**
génitif	des Jung**en**	der Jung**en**

Der Herr (le monsieur) prend un **-n** au singulier et **-en** au pluriel :
nominatif	der Herr	die Herr**en**
accusatif	den Herr**n**	die Herr**en**
datif	dem Herr**n**	den Herr**en**
génitif	des Herr**n**	der Herr**en**

Quelques masculins faibles : **der Hase** (le lièvre), **der Bär** (l'ours), **der Affe** (le singe), **der Löwe** (le lion), **der Elefant** (l'éléphant).

Déclinaison du pronom

Le pronom personnel

Le nom peut être remplacé par un pronom.
Remarquons que les analogies de forme entre l'article défini et le pronom personnel à la 3ᵉ personne du singulier et du pluriel.

D**er** Junge singt.	Le garçon chante.
Er singt.	Il chante.
Di**e** Mutter singt.	La mère chante.
Si**e** singt.	Elle chante.
Da**s** Mädchen singt.	La fille chante.
E**s** singt.	Elle chante.
Di**e** Kinder singen.	Les enfants chantent.
Si**e** singen.	Ils chantent.

*Comment dis-tu **il chante** ?*

Les pronoms personnels **ich**, **du**, **er**, **sie**, **es**, **wir**, **ihr**, **sie** se déclinent.
Les marques de l'article défini se retrouvent sur le pronom personnel de la 3ᵉ personne.

On aura ainsi :

- **à l'accusatif :**

  - **-n** { Ich sehe de**n** Jungen. / Je vois le garçon.
           Ich sehe ih**n**. / Je le vois.
  - **-e** { Ich sehe di**e** Mutter. / Je vois la mère.
           Ich sehe si**e**. / Je la vois.
  - **-s** { Ich sehe da**s** Kind. / Je vois l'enfant.
           Ich sehe e**s**. / Je le vois.
  - **-e** { Ich sehe di**e** Kinder. / Je vois les enfants.
           Ich sehe si**e**. / Je les vois.

- **au datif :**

  - **-m** { Das Buch gehört de**m** Jungen. / Le livre appartient au garçon.
           Das Buch gehört ih**m**. / Le livre lui appartient.
  - **-r** { Das Buch gehört de**r** Mutter. / Le livre appartient à la mère.
           Das Buch gehört ih**r**. / Le livre lui appartient.
  - **-m** { Das Buch gehört de**m** Kind. / Le livre appartient à l'enfant.
           Das Buch gehört ih**m**. / Le livre lui appartient.
  - **-n** { Das Buch gehört de**n** Kindern. / Le livre appartient aux enfants.
           Das Buch gehört ih**nen**. / Le livre leur appartient.

TABLEAU RÉCAPITULATIF DE LA DÉCLINAISON DU PRONOM PERSONNEL

nominatif	accusatif	datif
ich	mich	mir
du	dich	dir
er	ihn	ihm
sie	sie	ihr
es	es	ihm
wir	uns	uns
ihr	euch	euch
sie	sie	ihnen
Sie	Sie	Ihnen

Quel est le datif des pronoms personnels à la 3ᵉ personne du singulier ?

> **Remarque**
> Le pronom personnel complément vient après le verbe.

Le pronom réfléchi

Le pronom réfléchi s'emploie quand le sujet et l'objet représentent la même personne :
Ich wasche mich.   *Je me lave.*   *Ich freue mich.*   *Je me réjouis.*

Les formes du pronom réfléchi sont celles du pronom personnel sauf à la 3ᵉ personne du singulier et du pluriel où se trouve **sich** :

sich freuen (se réjouir)
ich freue mich
du freust dich
er ⎫
sie ⎬ freut **sich**
es ⎭
wir freuen uns
ihr freut euch
sie freuen **sich**

Traduis
il se réjouit.

> **Remarque**
> Certains verbes réfléchis en français ne le sont pas en allemand, par exemple **heißen** (s'appeler, se nommer), **aufstehen** (se lever).

Les fonctions et les cas

Nous avons déjà remarqué qu'il n'y avait pas de correspondance entre le genre des noms en allemand et en français.

En ce qui concerne les fonctions, il faut éviter certains pièges :
– Des verbes suivis d'un complément d'objet direct (verbes transitifs) en français peuvent être intransitifs en allemand, par exemple, **helfen** (aider), **danken** (remercier), **begegnen** (rencontrer), **gratulieren** (féliciter) et **folgen** (suivre) sont toujours suivis du datif :

Ich danke dir für deinen Brief.   *Je te remercie de ta lettre.*
Er will der Mutter helfen.   *Il veut aider sa mère.*
Er begegnet seinem Freund.   *Il rencontre son ami.*

Comment dis-tu
***je te remercie** ?*

– Le nominatif correspond aussi à la fonction attribut du sujet :
Er ist mein Freund.   *Il est mon ami.*

– Les compléments circonstanciels de temps non introduits par une préposition sont soit à l'accusatif, soit au génitif :

génitif	eines Tages	un jour
accusatif	jeden Tag	chaque jour
	nächste Woche	la semaine prochaine
	nächsten Monat	le mois prochain
	nächstes Jahr	l'année prochaine
	letzte Woche	la semaine dernière
	vorige Woche	la semaine dernière
	den ganzen Tag	toute la journée
	letztes Jahr	l'année dernière
	letzten Monat	le mois dernier

Les verbes à connaître

besuchen (+ acc.)	rendre visite (à quelqu'un) ; visiter	haben	avoir
		heißen	s'appeler
bleiben	rester	helfen (+ dat.)	aider
danken (+ dat.)	remercier	kommen	venir
denken (an + acc.)	penser (à)	können	pouvoir
dürfen	pouvoir, avoir la permission de	lernen	apprendre
		lesen	lire
essen	manger	machen	faire
fahren	aller (autrement qu'à pied), conduire	nehmen	prendre
		sagen	dire
		sehen	voir
finden	trouver	setzen	asseoir
frühstücken	prendre son petit déjeuner	sich freuen	se réjouir
		trinken	boire
geben	donner	verstehen	comprendre
gehen	aller (autrement qu'en véhicule)	wiederholen	répéter
		wohnen	habiter
grüßen	saluer, dire bonjour	wollen	vouloir

*Quelle est la différence entre **fahren** et **gehen** ?*

Dialogues et expressions

zu Hause bleiben	rester à la maison
zu Fuß gehen	aller à pied

Ne pas confondre
d**a**nken (remercier) et d**e**nken (penser).

*Comment s'écrit le verbe **remercier** ?*

anrufen	appeler	mögen	désirer, aimer
sich **an**ziehen	s'habiller	müssen	devoir, être obligé de
aufmachen	ouvrir		
aufstehen	se lever	regnen	pleuvoir
beginnen	commencer	schenken	offrir
bekommen	recevoir	schlafen	dormir
brauchen (+ acc.)	avoir besoin de	schreiben	écrire
		schwimmen	nager
bringen	apporter	singen	chanter
gehören	appartenir	spielen	jouer
holen	aller chercher	sprechen	parler
hören	entendre	suchen	chercher
kaufen	acheter	tragen	porter
kochen	faire la cuisine	waschen	laver
kosten	coûter	wissen	savoir
sich langweilen	s'ennuyer	zeichnen	dessiner
laufen	courir	zumachen	fermer

Dialogues et expressions

Fußball spielen	jouer au football
Er ruft einen Freund an.	Il téléphone à un ami.

laufen (courir) s'emploie dans certaines expressions :

Der Motor läuft.	Le moteur marche.	Er läuft Schlittschuh.	Il fait du patin à glace.
Der Film läuft.	Le film passe.	Er läuft Ski.	Il fait du ski.

bekommen a un sens plus large que le français (recevoir) :

Wir bekommen Besuch.   Nous attendons de la visite.

*De quel cas est suivi **brauchen** ?*

brauchen (avoir besoin de) et **sprechen** (parler) sont suivis de l'accusatif :

Ich brauche dich	J'ai besoin de toi	Ich will ihn sprechen	Je veux lui parler

---

POUR ALLER PLUS LOIN

abfahren	partir (véhicule)	**her**kommen	venir, approcher
abholen	aller chercher (quelqu'un)	**hin**gehen	aller
		klingeln	sonner
abschreiben	copier	lachen	rire
abwischen	effacer (le tableau)	lassen	laisser, faire (+ l'infinitif)
anfangen	commencer	legen	poser (à plat)
ankommen	arriver	liegen	se trouver
antworten (auf + acc.)	répondre (à)	**mit**bringen	apporter
		mitgehen	accompagner
arbeiten	travailler	**mit**nehmen	emporter
aufpassen	faire attention	rauchen	fumer
aufschlagen	ouvrir (livre)	rechnen	calculer
aussteigen	descendre (d'un véhicule)	rufen	appeler
		schauen	regarder
sich **aus**ziehen	se déshabiller	scheinen	briller, sembler
bedeuten	signifier	schicken	envoyer
bezahlen	payer	sitzen	être assis
buchstabieren	épeler	sollen	devoir
diktieren	dicter	springen	sauter
einsteigen	monter (dans un véhicule)	stehen	être debout
		stehen bleiben	s'arrêter
eintreten	entrer	stellen	poser (verticalement)
fallen	tomber		
fehlen	manquer	tun	faire
fernsehen	regarder la télévision	verbringen	passer
		verlieren	perdre
fragen (+ acc.)	demander, questionner	verzeihen	pardonner
		warten (auf + acc.)	attendre
gefallen	plaire	**weg**gehen	s'en aller, partir
halten	s'arrêter (véhicule), tenir	weinen	pleurer
		werden	devenir
hängen	être suspendu, suspendre, accrocher	zeigen	montrer

*Comment traduit-on **accompagner** ?*

*De quel cas est suivi **fragen** ?*

6e

Dialogues et expressions

auf einen Brief antworten	répondre à une lettre
Ich frage dich, ob du morgen kommen kannst.	Je te demande si tu peux venir demain.
eine Frage stellen	poser une question
Ich warte auf einen Freund.	J'attends un ami.

SITUATIONS DE COMMUNICATION

Comment se présenter ?

- **Donner et demander un nom**

Ich heiße …	Je m'appelle …
Wie heißt du?	Comment t'appelles-tu ?
Wie heißen Sie?	Comment vous appelez-vous ?

Dis comment tu t'appelles en allemand.

- **Donner et demander un âge**

Ich bin zwölf (Jahre alt).	J'ai douze ans.
Wie alt bist du?	Quel âge as-tu ?
Wie alt sind Sie?	Quel âge avez-vous ?

- **Donner et demander un lieu d'habitation**

Ich wohne in …	J'habite à …
Ich lebe in einer kleinen Stadt.	Je vis dans une petite ville.
Ich wohne auf dem Land.	J'habite à la campagne.
Ich wohne in der Schillerstraße Nr8.	J'habite dans la rue Schiller au numéro 8.
Ich wohne in Südfrankreich.	J'habite dans le sud de la France.
Ich wohne in der Gegend von…	J'habite dans la région de…
Ich komme aus…	Je viens de…
Wo wohnst du?	Où habites-tu ?
Wo wohnen Sie?	Où habitez-vous ?
Woher kommst du?	D'où viens tu ?

- **Donner et demander une date de naissance**

Ich bin am… geboren.	Je suis né le…
Wann bist du geboren?	Quand es-tu né ?
Ich habe am… Geburtstag	J'ai mon anniversaire le …
Wann hast du Geburtstag?	Quand as-tu ton anniversaire ?

Traduis je suis né le …

- **Donner sa nationalité**

Ich bin Franzose.	Je suis Français.	Ich bin Deutscher.	Je suis Allemand.
Ich bin Französin.	Je suis Française.	Ich bin Deutsche.	Je suis Allemande.

6ᵉ

- **Parler de ses activités, de ses goûts**

Ich fahre Rad.	Je fais du vélo.		
Ich spiele gern Tennis.	J'aime jouer au tennis.		
Ich spiele lieber Fußball.	Je préfère jouer au football.		
Ich schwimme nicht gern.	Je n'aime pas nager.		
Ich mag Videospiele.	J'aime les jeux vidéo.		

Traduis
je préfère jouer au football

- **Demander à quelqu'un ce qu'il fait**

Treibst du Sport?	Fais-tu du sport ?	Siehst du gern fern ?	Aimes-tu regarder la télévision ?
Spielst du Klavier?	Joues-tu au piano ?		

- **Présenter sa famille, son entourage**

Das ist mein Vater, meine Mutter.	C'est mon père, ma mère.	Was macht deine Mutter?	Que fait ta mère ?
Mein Vater ist Lehrer.	Mon père est professeur.	Ist das dein Hund?	Est-ce que c'est ton chien ?

- **Dire ce que l'on possède**

Ich habe einen Goldfisch.	J'ai un poisson rouge.	Das ist Annas Buch.	C'est le livre d'Anna.
Das ist mein Zimmer.	C'est ma chambre.	Das ist ihr Buch.	C'est son livre.
Das Fahrrad gehört mir.	La bicyclette m'appartient.	Das Buch gehört ihr.	Le livre lui appartient.

Conversation

- **Entamer une conversation**

Guten Tag Frau Müller!	Bonjour Madame Müller !	Wie geht es dir?	Comment vas-tu ?
Wie geht's?	Comment ça va ?	Wie geht es Ihnen?	Comment allez-vous ?

Traduis
comment ça va ?

> **Remarques**
> Quand on se salue on donne toujours le nom de la personne.
> De manière plus familière on peut dire « Hallo! ».
> Quand on se salue le matin on dit « Guten Morgen! », le soir « Guten Abend! »
> Dans le sud de l'Allemagne on entend « Grüss Gott! »

- **Demander si quelque chose est exact ou inexact**

Stimmt das?	Est-ce que c'est juste ?	Ist das wahr?	Est-ce que c'est vrai ?
Ist das richtig?			
Das ist falsch.	C'est faux.		

- **Faire répéter**

Wie bitte?	Pardon ?	Können Sie wiederholen?	Pouvez-vous répéter ?
Noch einmal bitte!	Répétez s'il vous plaît !		

- **Au téléphone**

Meine Telefonnummer ist...	Mon numéro de téléphone est...
Welches ist deine Telefonummer?	Quel est ton numéro de téléphone ?

Kann ich bitte anrufen (telefonieren)?	*Est-ce que je peux téléphoner s'il vous plaît ?*
Wo kann ich telefonieren?	*Où est-ce que je peux téléphoner ?*
Ich möchte nach Frankreich anrufen.	*Je voudrais téléphoner en France.*
Guten Tag, Frau Fischer, ich bin Peter.	*Bonjour madame Fischer, je suis Pierre.*
Kann ich Ursula sprechen?	*Est-ce que je peux parler à Ursula ?*
Ja, moment.	*Oui, un instant.*

Guten Tag hier ist Stefan Müller.	*Bonjour c'est Stefan Müller.*
Ist Kristin zu Hause?	*Est-ce que Christine est à la maison ?*
Tut mir leid, sie ist nicht da.	*Je suis désolé, elle n'est pas là.*
Können Sie ihr bitte sagen, dass ich angerufen habe?	*Pouvez vous lui dire que j'ai téléphoné ?*
Ich sage ihr schon Bescheid oder Sie rufen später wieder an.	*Je le lui dirai ou bien vous rappelez plus tard.*
Auf Wiederhören.	*Au revoir.*

Traduis **je suis désolé**

- **Se donner rendez-vous**

Wann gehst du…?	*Quand vas tu… ?*	Wir treffen uns um 8 Uhr	*Rendez-vous à 8 heures*
Um wie viel Uhr?	*A quelle heure ?*		

- **Se quitter**

Auf Wiedersehen!	*Au revoir !*	Bis später!	*A tout à l'heure !*
Bis bald!	*A bientôt !*	Bis nachher!	

Que signifie **Bis später** *?*

> **Remarques**
> De manière plus familière on peut dire « Tschüss! »
> Au téléphone on dit « Auf Wiederhören! »
> Bis morgen! *à demain*, bis heute Abend! *à ce soir !*

- **Échange d'informations pratiques**

Wo ist bitte die Post?	*Où se trouve la poste s'il vous plaît ?*	Wo kann ich Geld wechseln?	*Où est-ce que je peux changer de l'argent ?*
Ich möchte eine Briefmarke für eine Karte nach Frankreich.	*Je voudrais un timbre pour envoyer une carte en France.*	Ich habe kein Kleingeld.	*Je n'ai pas de monnaie.*
		Ich suche das Informationsbüro.	*Je cherche le centre d'informations.*
Was kostet das Buch?	*Combien coûte le livre ?*	Haben Sie einen Stadtplan?	*Avez-vous un plan de la ville ?*

Traduis ***avez-vous un plan de la ville ?***

Formules de politesse

- **Demander la permission**

Bitte	*S'il vous plaît*	Darf ich…?	*Est-ce que je peux ?*

- **Inviter quelqu'un**

Willst du…?	*Veux tu… ?*	Kannst du mitkommen?	*Peux tu venir ?*
Möchtest du…?	*Voudrais tu… ?*		
Hast du Lust…?	*As tu envie de… ?*		

- **Remercier**
Danke	*Merci*
Danke schön,	*Merci beaucoup*
Danke sehr,	
Vielen Dank,	
Danke vielmals	

  Cite des expressions pour remercier

- **Répondre à un remerciement**
Aber bitte	*De rien*	Nichts zu danken	*Il n'y a pas de quoi*

- **S'excuser**
Entschuldigen Sie!	*Excusez-moi !*	Es tut mir leid.	*Je suis désolé.*
Entschuldigung!	*Pardon !*		
Verzeihung!			

  Cite des expressions pour s'excuser

- **Accepter des excuses**
Bitte!	*Je vous en prie !*	Schon gut!	*C'est bon !*
Das ist nicht schlimm.	*Ce n'est pas grave.*	Das macht doch nichts.	*Cela ne fait rien.*

- **Accepter quelque chose**
Ja, gern	*Oui volontiers*	Klar! natürlich!	*Bien sûr !*
Einverstanden, o.k .	*C'est d'accord.*		

  Traduis **c'est d'accord**

- **Refuser quelque chose**
Nein, danke.	*Non, merci.*	Schade, aber...	*C'est dommage, mais...*
Tut mir leid, aber...	*Je suis désolé, mais...*	Das ist leider unmöglich.	*C'est malheureusement impossible.*
Das geht nicht.	*Ca ne va pas.*		
Ich kann nicht.	*Je ne peux pas.*	Sei mir nicht böse.	*Ne m'en veux pas.*

- **Porter un toast**
Zum Wohl! Prost!	*A la tienne !*
	A la vôtre !

- **Formuler un souhait**
Ich möchte...	*Je voudrais...*	Frohe Weihnachten	*Joyeux Noël*
Alles Gute zum Geburtstag !	*Bon anniversaire !*	Frohe Ostern	*Joyeuses Pâques*
		Gutes neues Jahr	*Bonne année*

  Comment dis-tu **bon anniversaire ?**

- **Commander quelque chose à boire**
Eine Tasse Kaffee bitte!	*Un café s'il vous plaît !*	Kann ich einen Orangensaft haben?	*Est-ce que je peux avoir un jus d'orange ?*
Für mich ein Mineralwasser.	*Pour moi une eau minérale.*		

> **Remarque**
> Il est parfois difficile d'obtenir de l'eau plate en Allemagne, l'eau gazeuse est plus courante.

Vocabulaire thématique

Die Zeit : le temps

Par ♥

Die Zeit	le temps qui passe	die Zeitung lesen	lire le journal
die Zeitung (en)	le journal	ich habe keine Zeit,	je n'ai pas le temps
das Jahr (e)	l'année	der Frühling	le printemps
die Jahreszeit (en)	la saison	der Sommer	l'été
der Winter	l'hiver	der Herbst	l'automne
der Monat (e)	le mois	Juli	juillet
Januar	janvier	August	août
Februar	février	September	septembre
März	mars	Oktober	octobre
April	avril	November	novembre
Mai	mai	Dezember	décembre
Juni	juin		
die Woche (n)	la semaine	Montag	lundi
der Tag (e)	le jour	Dienstag	mardi
der Mittag (e)	le midi	Mittwoch	mercredi
der Vormittag (e)	la matinée	Donnerstag	jeudi
der Morgen (-)	le matin	Freitag	vendredi
der Nachmittag (e)	l'après-midi	Samstag,	samedi
der Abend (e)	le soir	Sonnabend	
die Nacht (¨e)	la nuit	Sonntag	dimanche
Mitternacht	minuit		
die Stunde (n)	l'heure (dans sa durée)	die Minute (n)	la minute
		der Augenblick (e)	l'instant
die Uhr (en)	la montre, l'horloge	der Moment (e)	l'instant
die Uhr (sans marque de pluriel)	l'heure (le moment dans le temps)	ein Moment!	un instant !

Donne la traduction des mois de l'année

*Quelle est la différence entre **Stunde** et **Uhr** ?*

Dialogue et expressions

• les moments de la journée

heute Morgen	ce matin	am nächsten Tag	le lendemain
heute Nachmittag	cet après-midi	gestern Abend	hier soir
heute Abend	ce soir	in einer Stunde	dans une heure
am Sonntagmorgen	dimanche matin	die Mathestunde	le cours de Maths
morgen früh	demain matin	Bis morgen!	A demain !
spät	tard		

• date du jour et de naissance

Den wievielten haben wir heute? — Quel jour sommes-nous aujourd'hui ?
Heute haben wir Mittwoch — Aujourd'hui, nous sommes le mercredi 15 janvier.
den 15. Januar, den fünfzehnten Januar.

Wann bist du geboren ?
Ich bin am 16. September geboren.
Ich bin am sechzehnten September geboren

Quand es-tu né ?
Je suis né le 16 septembre.

- **l'heure**

Wie viel Uhr ist es?
Es ist viertel nach 2.
Es ist viertel vor 3.
Es ist halb drei.
Es ist 5 nach halb drei.
Es ist 5 vor halb drei.

Quelle heure est-il ?
Il est 2 heures un quart.
Il est 3 heures moins le quart.
Il est 2 heures et demie.
Il est 3 heures moins vingt-cinq.
Il est 2 heures vingt-cinq.

Traduis **il est 2 h 30**.

- **L'expression de la demie.** Il faut toujours penser à l'heure qui va venir et non à celle qui est écoulée : 3 h 1/2 → halb vier
4 h 1/2 → halb fünf

| Eine halbe Stunde | Une demi-heure | Es ist ein Uhr | Il est 1 heure |
| Eine Viertelstunde | Un quart d'heure | Es ist halb eins | Il est midi et demi |

Ne pas confondre

zählen	compter	zähle von eins bis zwanzig!	Compte de 1 à 20 !
zahlen	payer		
die Zahl (en)	le nombre	die Nummer (n)	le numéro

Die Feste : les fêtes

das Fest(e)	la fête	Weihnachten	Noël
feiern	fêter	der Weihnachtsmann	le père Noël
der Geburtstag(e)	l'anniversaire	das Weihnachtslied(er)	le chant de Noël
das Geschenk(e)	le cadeau		
schenken	offrir	der Weihnachtsbaum, der Tannenbaum	le sapin de Noël
einladen	inviter		
sich freuen	se réjouir	den Tannenbaum schmücken	décorer le sapin
froh sein	être content		
einen Geburtstag feiern	fêter un anniversaire	der Stern(e)	l'étoile
		die Kerze(n)	la bougie
der Geburtstagskuchen(-)	le gâteau d'anniversaire	die Kugel(n)	la boule
		Neujahr	le jour de l'an
das Geburtstagslied(er) singen	chanter la chanson d'anniversaire	Ostern	Pâques
		der Osterhase(n)	le lièvre de Pâques
das Geburtstagsgeschenk(e)	le cadeau d'anniversaire	das Osterei(er)	l'œuf de Pâques
ein Geschenk bekommen	recevoir un cadeau	spielen	jouer
Freunde zum Geburtstag einladen	inviter des amis pour l'anniversaire	tanzen	danser

Comment traduis-tu **offrir** *?*

Donne des mots composés formés avec **Geburtstag**

6ᵉ

Dialogue et expressions

Ich gratuliere dir zum Geburtstag.	Je te souhaite un bon anniversaire.
Alles Gute zum Geburtstag.	Je te souhaite un bon anniversaire.
Wann hast du Geburtstag?	Quand as tu ton anniversaire ?
Ich habe am 23. März Geburtstag	J'ai mon anniversaire le 23 mars
Wie alt bist du?	Quel âge as-tu ?
Ich bin 12.	J'ai 12 ans.
Frohe Weihnachten	Joyeux Noël
Ein glückliches neues Jahr	Bonne année
Frohe Ostern	Joyeuses Pâques
Der Osterhase bringt Schokolade	Le lièvre de Pâques apporte du chocolat
Wie lange dauern die Weihnachtsferien?	Combien de temps durent les vacances de Noël ?
Wann beginnen die Osterferien?	Quand commencent les vacances de Pâques ?
Kommst du morgen zu unserem Fest?	Est-ce que tu viens demain à notre fête ?
Ja, gern	Oui volontiers
Das ist nett von dir, aber ich kann nicht	C'est gentil de ta part mais je ne peux pas

Comment dis-tu **Joyeux Noël ?**

Reisen und Verkehr : voyages et transports

Par ♥

die Reise(n)	le voyage	den Rucksack tragen	porter le sac à dos
die Ferien	les vacances	schwer sein	être lourd
der Zug(¨e)	le train	den Koffer packen	faire la valise
das Auto(s)	la voiture	den Koffer auspacken	défaire la valise
der Wagen(-)	la voiture	der Bahnhof(¨e)	la gare
das Schiff(e)	le bateau	die Fahrkarte(n)	le billet
das Flugzeug(e)	l'avion	ankommen	arriver
fotografieren	photographier	abfahren	partir
die Sommerferien	les vacances d'été	halten	s'arrêter
eine Reise nach Deutschland machen	faire un voyage en Allemagne	nach München fahren	aller à Munich
den Fotoapparat mitnehmen	emporter l'appareil de photo	nach Hause zurückkommen	revenir à la maison
mit dem Zug/ der Bahn reisen	voyager en train	der Zug kommt aus Köln	le train vient de Cologne
mit dem Auto reisen	voyager en voiture	in den Zug einsteigen	monter dans le train
mit dem Schiff reisen	voyager en bateau	aus dem Zug aussteigen	descendre du train
mit dem Flugzeug reisen	voyager en avion	einen Freund am Bahnhof abholen	aller chercher un ami à la gare
die Reisetasche(n)	le sac de voyage	zum Bahnhof gehen	aller à la gare
das Gepäck	les bagages	das Fahrrad (¨er)	la bicyclette
der Koffer(-)	la valise	eine Radtour machen	faire une randonnée à vélo
der Rucksack(¨e)	le sac à dos	schnell fahren	rouler vite
den Koffer mitnehmen	emporter la valise	langsam fahren	rouler lentement

Cite des moyens de locomotion.

vorsichtig sein	être prudent	der Pfennig	le pfennig (centime)
gut aufpassen	faire bien attention	Geld wechseln	changer de l'argent
das Geld	l'argent		
die Mark	le mark		

Dialogue et expressions

Wie fährst du nach Deutschland?	Comment pars tu en Allemagne ?
Wir fahren mit dem Zug.	Nous partons en train.
Ich fahre im Sommer in die Schweiz.	Je pars cet été en Suisse.
Fährts du nach Österreich?	Pars tu en Autriche ?
Er kommt aus Italien.	Il vient d'Italie.
Wo kann ich Geld wechseln?	Où est-ce que je peux changer de l'argent ?

Comment dis-tu **il vient d'Italie** *?*

Mot en vedette

der Wagen entre dans la composition de beaucoup de mots :

der Schlafwagen	le wagon-lit
der Speisewagen	le wagon-restaurant
der Polizeiwagen	la voiture de police
der Krankenwagen	l'ambulance

der Volkswagen signifie la voiture du peuple

Die Familie : la famille

die Familie	la famille	Vati	papa
der Vater(¨)	le père	Mutti	maman
die Mutter(¨)	la mère	Opa	papi
die Eltern	les parents	Oma	mamie
die Großeltern	les grands-parents	die Geschwister	les frères et sœurs
der Großvater(¨)	le grand-père	der Onkel(-)	l'oncle
die Großmutter(¨)	la grand-mère	die Tante(n)	la tante
der Sohn(¨e)	le fils	der Neffe(n)	le neveu
die Tochter(¨)	la fille # fils	die Nichte(n)	la nièce
der Junge(n)	le garçon	der Vetter(-)	le cousin
das Mädchen(-)	la fille # garçon	die Kusine(n)	la cousine
der Bruder(¨)	le frère	der Herr(n)	le monsieur
die Schwester(n)	la sœur	die Dame(n)	la dame
das Kind(er)	l'enfant	der Mensch(en)	l'être humain
der Freund(e)	l'ami	das Haustier(e)	l'animal domestique
die Freundin(nen)	l'amie	das Meerschwein-chen(-)	le cochon d'Inde
der Mann(¨er)	l'homme, le mari	der Wellensittich(e)	la perruche
die Frau(en)	la femme	das Kaninchen(-)	le lapin
das Tier(e)	l'animal	die Schildkröte(n)	la tortue
der Hund(e)	le chien	Onkel Karl	Oncle Karl
die Katze(n)	le chat	Tante Ursula	Tante Ursula
der Fisch(e)	le poisson		

Que signifie **die Geschwister** *?*

Quelle est la différence entre **Tochter** *et* **Mädchen** *?*

6ᵉ

Dialogue et expressions

Hast du Geschwister?	As-tu des frères et sœurs ?
Ja, ich habe zwei Brüder und eine Schwester.	Oui j'ai deux frères et une sœur.
Hast du Haustiere?	As-tu des animaux domestiques ?
Was macht dein Vater?	Que fait ton père ?
Ich wohne in einem großen Haus mit vielen Tieren.	J'habite une grande maison avec beaucoup d'animaux.

Freizeit und Alltagsleben : temps libres et vie quotidienne

schwimmen	nager	ein Buch lesen	lire un livre
das Schwimmbad	la piscine	fernsehen	regarder la télévision
ins Schwimmbad gehen	aller à la piscine	Freunde treffen	rencontrer des amis
spielen	jouer		
Fußball spielen	jouer au football	zeichnen	dessiner
Handball spielen	jouer au handball	malen	peindre
Tennis spielen	jouer au tennis	aufstehen	se lever
Tischtennis spielen	jouer au ping pong	frühstücken	prendre le petit déjeuner
Klavier spielen	jouer au piano		
Flöte spielen	jouer de la flûte	sich waschen	se laver
Rad fahren	faire de la bicyclette	sich anziehen	s'habiller
		in die Schule gehen	aller à l'école
Rollschuh laufen	faire du patin à roulette	Deutsch lernen	apprendre l'allemand
Schlittschuh laufen	faire du patin à glace	nach Hause gehen	rentrer à la maison
		die Hausaufgabe(n)	le devoir à la maison
reiten	faire du cheval		
tanzen	danser	zu Abend essen	dîner
ins Kino gehen	aller au cinéma	schlafen gehen	aller se coucher
		träumen	rêver

Traduis le mot **piscine**.

Donner des expressions avec **spielen**.

Traduis **je me lève à 7 heures**.

Dialogue et expressions

Ich stehe um 7 Uhr auf.	Je me lève à 7 heures.
Dann frühstücke ich.	Ensuite je prends mon petit déjeuner.
Ich ziehe mich schnell an.	Je m'habille rapidement.
Um zehn vor acht gehe ich in die Schule.	À huit heures moins dix je vais à l'école.
Am Vormittag lerne ich Französisch und Mathe.	Le matin j'apprends le Français et les Maths.
Am Nachmittag habe ich Sport.	L'après-midi j'ai du sport.
Am Abend mache ich meine Hausaufgaben.	Le soir je fais mes devoirs.

Das Schulleben : la vie scolaire

die Schule(n)	l'école	die Lehrerin(nen)	le professeur (femme)
der Schüler(-)	l'élève (garçon)		
die Schülerin(nen)	l'élève (fille)	der Lehrer(-)	le professeur (homme)

der Brief(e)	la lettre	die Brieffreun-din(nen)	la correspondante
der Brieffreund(e)	le correspondant		
einen Brief bekommen	recevoir une lettre	Briefe schreiben	écrire des lettres
die Briefmarke(n)	le timbre	ein Foto schicken	envoyer une photo
der Briefumschlag (¨e)	l'enveloppe	Briefmarken sammeln	collectionner les timbres
die Brieffreundin aufnehmen	accueillir la correspondante	den Brieffreund besuchen	rendre visite au correspondant

*Cite des mots composés avec **Brief**.*

Dialogue et expressions

• **lettre de premier contact**

Liebe Anna	Chère Anne
Lieber Christoph	Cher Christoph
Ich bin dein Brieffreund (deine Brieffreundin).	Je suis ton Correspondant (ta correspondante).
Ich freue mich nach Deutschland zu fahren.	Je suis content d'aller en Allemagne.
Ich bin froh dich besuchen zu können.	Je suis heureux de pouvoir te rendre visite.
Kannst du mir ein Foto schicken?	Peux-tu m'envoyer une photo ?
Hast du einen Bruder oder eine Schwester?	As-tu un frère ou une sœur ?
Hast du einen Hund oder eine Katze?	As-tu un chien ou un chat ?
Sammelst du Briefmarken?	Collectionnes-tu les timbres ?
Treibst du Sport?	Fais-tu du sport ?
Spielst du ein Musikinstrument?	Joues-tu d'un instrument de musique ?
Was magst du?	Qu'est-ce que tu aimes ?
Wann hast du Geburtstag?	Quand as-tu ton anniversaire ?
Ich lerne Deutsch seit drei Monaten.	J'apprends l'allemand depuis trois mois.
seit einem Jahr	depuis un an
Schreib mir bald!	Écris-moi bientôt !
Viele Grüße und Küsse	Je t'embrasse
Lass bald von dir hören!	Donne bientôt de tes nouvelles !

Qu'écris-tu au début d'une lettre ?

• **lettre de remerciement après l'échange au correspondant ou à la famille**

Es tut mir leid, dass ich so spät auf deinen Brief antworte.	Je suis désolé de répondre si tard à ta lettre.
Ich hoffe, dass es dir gut geht.	J'espère que tu vas bien.
Ich danke dir für deinen netten Empfang.	Je te remercie de ton accueil sympathique.
Ich freue mich dich bald wiederzusehen und dir Paris zeigen zu können.	Je me réjouis de te revoir bientôt et de pouvoir te montrer Paris.
Was möchtest du besichtigen?	Que voudrais tu visiter ?
Grüße deine Familie von mir.	Transmets mes amitiés à tes parents.
Liebe Familie Müller ich danke Ihnen für Ihren netten Empfang.	Chère famille Müller je vous remercie de votre accueil sympathique.

*Traduis **je me réjouis**.*

Ich habe bei Ihnen eine schöne Zeit verbracht.	J'ai passé chez vous un très agréable moment.	*Donne une formule de fin de lettre.*
Der Ausflug nach... hat mir gut gefallen.	L'excursion à ... m'a beaucoup plu.	
Sie können uns besuchen.	Vous pouvez nous rendre visite.	
Wir laden Sie ein	Nous vous invitons	
Herzliche Grüße.	Amicalement	

Adjectifs, adverbes et mots de liaison

Adjectifs numéraux cardinaux

♥ De 1 à 12, ce sont des adjectifs simples :
eins, zwei, drei, vier, fünf, sechs, sieben, acht, neun, zehn, elf, zwölf.

De 13 à 19, ce sont des adjectifs formés avec **zehn** :
Comment dis-tu 13 ?

dreiz**ehn** (13)   sechz**ehn** (16), qui perd le **-s-**
vierz**ehn** (14)   siebz**ehn** (17), qui perd le **-en-**

Les dizaines sont des adjectifs formés avec **-zig** (après consonne) et **-ßig** (après voyelle) :
zwan**zig** (20)   drei**ßig** (30)   vier**zig** (40)

On retrouve pour 60 et 70 la même irrégularité que pour 16 et 17 :
sech**zig** (60)   sieb**zig** (70)

À partir de 21, on construit les chiffres à l'inverse du français :
les unités précèdent les dizaines et sont reliées par **-und-**.
Comment dis-tu 21 ?

einundzwan**zig** (21) (lorsque 1 précède les dizaines il s'écrit ein et non eins).
zweiundzwan**zig** (22)   dreiundzwan**zig** (23)
hundert (100)   hunderteins (101)
tausend (1 000)   eine Million
eine Milliarde

Les centaines et les milliers sont juxtaposés aux dizaines sans **-und-**.
1998   tausendneunhundertachtundneunzig
        neunzehnhundertachtundneunzig

Adjectifs numéraux ordinaux

Comment forme-t-on l'adjectif numéral ordinal ?

On les utilise pour indiquer la date. De 1 à 19, on ajoute **-te** à l'adjectif numéral cardinal correspondant :
der Zwei**te**   *Le deuxième*   der Vier**te**   *le quatrième*

Irrégularités :
der Erste   *le premier*   der Siebte   *le septième*
der Dritte   *le troisième*   der Achte   *le huitième*

À partir de 20, on ajoute **-ste** à l'adjectif numéral cardinal correspondant :
der zwanzig**ste**   *le vingtième*

Ils peuvent aussi servir à énoncer un ordre chronologique :
| erstens | *premièrement* | zweitens | *deuxièmement* |
| drittens | *troisièmement* | viertens | *quatrièmement* |

Mots en vedette

Beide désigne deux choses ou deux êtres : **die beiden Mädchen**, *les deux filles.*

Remarque

zum ersten Mal	*pour la première fois*
zum dritten Mal	*pour la troisième fois*
zum zweiten Mal	*pour la deuxième fois*
zum letzten Mal	*pour la dernière fois*

Couleurs

Par ♥

weiß	*blanc*	gelb	*jaune*
schwarz	*noir*	grau	*gris*
rot	*rouge*	braun	*marron*
blau	*bleu*	hellblau	*bleu clair*
grün	*vert*	dunkelblau	*bleu foncé*

Traduis 5 noms de couleur.

Mots en vedette

hell (clair) et **dunkel** (sombre), placés à côté d'un adjectif de couleur, indiquent la nuance claire ou foncée.
bunt (de toutes les couleurs).

Autres adjectifs et adverbes

allein	*seul*	kurz	*court*
alt	*vieux*	lang	*long*
altmodisch	*démodé*	langsam	*lent*
angenehm	*agréable*	laut	*fort (voix), bruyamment*
billig	*bon marché*		
deutsch	*allemand*	leer	*vide*
falsch	*faux*	leicht	*léger, facile*
fertig	*prêt, terminé*	leise	*doucement*
französisch	*français*	modern	*moderne*
froh	*gai*	naß	*mouillé*
früh	*tôt*	neu	*nouveau, neuf*
gesund	*en bonne santé*	richtig	*juste*
groß	*grand*	ruhig	*calme*
gut	*bon, bien*	rund	*rond*
jung	*jeune*	schlecht	*mauvais*
kalt	*froid*	schnell	*vite*
klein	*petit*	schwer	*difficile*

*Donne le contraire de **jung**, **kurz**.*

*Donne les 2 sens de l'adjectif **neu**.*

krank	*malade*	schön	*beau, bien*
spät	*tard*	voll	*plein*
taub	*sourd*	warm	*chaud*
teuer	*cher*	weit	*loin*

Mots en vedette

allein ne s'emploie que comme attribut :
Er bleibt die ganze Zeit allein.   *Il reste tout le temps seul.*

voll est suivi directement du complément ou de **von** et du datif :
Er trinkt ein Glas voll Bier.   *Il boit un verre rempli de bière.*
Der Tisch liegt voll von Büchern.   *La table est recouverte de livres.*

Dialogue et expressions

Der Junge ist 14 Jahre alt.	*Le garçon a 14 ans.*
Er ist 1,75 Meter groß.	*Il mesure 1,75 m.*
Bist du mit der Übung fertig?	*As-tu terminé l'exercice ?*
Sprich bitte laut!	*Parle fort, s'il te plaît !*
Sprich leise!	*Parle doucement !*
Er steht früh auf.	*Il se lève tôt.*

Mots de liaison

und (et), **oder** (ou bien), **auch** (aussi), **sonst** (sinon), **aber** (mais), **denn** (car, donc), **dann** (alors).

Der Vater und die Mutter kommen.	*Le père et la mère arrivent.*
Ich gehe ins Kino oder ich sehe fern.	*Je vais au cinéma ou je regarde la télévision.*
Spielst du auch Fußball?	*Joues-tu aussi au football ?*
Du kommst sofort, sonst gehen wir ohne dich in die Stadt.	*Tu viens immédiatement, sinon nous allons en ville sans toi.*
Er ist jung aber fleißig.	*Il est jeune mais travailleur.*
Was ist denn los?	*Qu'est-ce qu'il y a donc ?*
	Qu'est-ce qui se passe donc ?
Er bleibt zu Hause, denn er ist krank.	*Il reste à la maison car il est malade.*
Dann gehen wir nach Hause!	*Alors rentrons à la maison !*

*Que signifie **denn** ?*

Mots en vedette

dann est considéré comme premier constituant de la phrase, le verbe reste à la 2e place et le sujet vient après le verbe.

denn n'est pas considéré comme premier constituant de la phrase, il est suivi du sujet puis du verbe.

denn signifie *car* ou *donc*. Ainsi, *donc* sont également rendus par **so** ou **also**.

*Comment construit-on une phrase avec **dann** ?*

5ᵉ

*Grammaire
Vocabulaire*

SOMMAIRE 5ᵉ

GRAMMAIRE

SYNTAXE, 33
La subordonnée interrogative, 33
La subordonnée infinitive, 36

SYSTÈME VERBAL, 37
Prétérit de l'indicatif (imparfait et passé simple), 37
Parfait de l'indicatif (passé composé), 39
Le futur de l'indicatif, 40
Le subjonctif II, 41

GROUPE NOMINAL ET PRONOMS, 42
Pluriel des noms, 42
Les pronoms, 45
Déclinaison de l'adjectif épithète, 46
Degrés de comparaison de l'adjectif et de l'adverbe, 48
Exprimer une comparaison, 49
Exprimer une quantité, 49

VERBES FORTS, 51
Verbes mixtes, 53

VERBES À CONNAÎTRE, 53

VOCABULAIRE

SITUATIONS DE COMMUNICATION, 55
Demander, 55
Exprimer des sentiments positifs, 56
Exprimer des sentiments négatifs, 56
Situations de communication diverses, 57

VOCABULAIRE THÉMATIQUE, 58
Wohnen, Hausarbeit : habiter, travail à la maison, 58
Essen, die Nahrung : les repas, la nourriture, 59
Das Schulleben : la vie scolaire, 61
Adjectifs et adverbes, 63

Syntaxe

La subordonnée interrogative

Les pronoms interrogatifs **was**, **wer**, **wie**, **wie viel**, **warum**, **wann**, **wie lange** peuvent introduire des subordonnées interrogatives. Le groupe verbal, comme dans toutes les subordonnées, vient se placer en fin de proposition.

Wir wissen nicht, wie er heißt, wo er wohnt.
Nous ne savons pas comment il s'appelle, où il habite.

Weißt du, warum er nicht gekommen ist?
Sais-tu pourquoi il n'est pas venu ?

Ich frage mich, wie lange er in Frankreich bleibt.
Je me demande combien de temps il reste en France.

Cite des pronoms interrogatifs.

5ᵉ

Les pronoms interrogatifs *wo, wohin, woher*

Pour traduire le pronom interrogatif *où*, l'allemand distingue entre :
– le fait d'être dans un lieu :   *Wo wohnst du?*   Où habites-tu ?
– le fait de se diriger vers un lieu :   *Wohin gehst du?*   Où vas-tu ?
– le fait de venir d'un lieu :   *Woher kommst du?*   D'où viens-tu ?

Quand emploie-t-on **wo, wohin, woher** *?*

Dans la réponse à la question commençant par **wo**, le complément prépositionnel de lieu est au datif, selon la règle : lorsqu'il y a *localisation* ou *action dans un même lieu*, on emploie le *datif*.

Question
Wo wohnst du?   Où habites-tu ?

Réponses
Ich wohne in der Stadt.   J'habite en ville.
Ich wohne auf dem Land.   J'habite à la campagne.
Ich wohne in einer kleinen Wohnung.   J'habite dans un petit appartement.

Traduis **j'habite en ville**.

Question
Wo verbringst du deine Ferien?   Où passes-tu tes vacances ?

Réponses
Ich verbringe meine Ferien am Meer.   Je passe mes vacances à la mer.
Ich verbringe meine Ferien auf dem Land.   Je passe mes vacances à la campagne.
Ich verbringe meine Ferien im Gebirge.   Je passe mes vacances à la montagne.

Question
Wo kaufst du das Obst?   Où achètes-tu les fruits ?

Réponse
Ich kaufe das Obst auf dem Markt.   J'achète les fruits au marché.

Question
Wo arbeitet er?   Où travaille-t-il ?

Réponse
Er arbeitet als Kellner in einem Restaurant.   Il travaille comme serveur dans un restaurant.

Parfois, le complément de lieu peut être introduit par une préposition toujours suivie de l'accusatif :
Die Schüler sitzen um den Tisch herum.   Les élèves sont assis autour de la table.

Dans la réponse à la question commençant par **wohin**, le complément prépositionnel de lieu sera à l'accusatif selon la règle : lorsqu'il y a *direction*, on emploie *l'accusatif*.

Question
Wohin gehst du?   Où vas-tu ?

Réponses
Ich gehe in die Stadt.   Je vais en ville.
Ich fahre aufs Land.   Je vais à la campagne.
Ich gehe auf den Markt.   Je vais au marché.

Mais le complément de lieu peut être introduit par une préposition toujours suivie du datif :
Ich gehe zu meiner Freundin.   Je vais chez mon amie.

Aux verbes de position, **hängen**, **liegen**, **sitzen**, **stehen** correspond l'interrogatif **wo** ; aux verbes de mouvement **hängen**, **legen**, **setzen**, **stellen** correspond l'interrogatif **wohin**.

Wo steht der Tisch?   Où se trouve la table ?
Der Tisch steht vor dem Fenster.   La table se trouve devant la fenêtre.
Wo sitzt der Junge?   Où est assis le garçon ?
Der Junge sitzt in einem Sessel.   Le garçon est assis dans un fauteuil.
Wo liegt das Buch?   Où se trouve le livre ?
Das Buch liegt auf dem Schreibtisch.   Le livre est sur le bureau.
Wohin stellen wir die Vase?   Où posons-nous le vase ?
Wir stellen die Vase auf den Tisch.   Nous posons le vase sur la table.
Wohin setzen wir uns?   Où nous asseyons-nous ?
Wir setzen uns auf das Sofa.   Nous nous asseyons sur le canapé.

Mais certains verbes de mouvement tels que : **landen** (atterrir), **ankommen** (arriver), **verschwinden** (disparaître), **verstecken** (se cacher), répondent à la question **wo**.

Wo hat er sich versteckt?   Où s'est-il caché ?
Er hat sich hinter dem Haus versteckt.   Il s'est caché derrière la maison.

En ce qui concerne les noms de ville et de pays, il y a opposition entre **nach**, **in** et **aus**.

Question
Wohin fährst du?   Où pars-tu ?

Réponses
Ich fahre nach Italien.   Je vais en Italie.
Ich fahre nach Österreich.   Je vais en Autriche.
Ich fahre in die Schweiz.   Je vais en Suisse.

Question
Wo wohnst du?   Où habites-tu ?

Réponses
Ich wohne in Frankreich.   J'habite en France.
Ich wohne in Köln.   J'habite à Cologne.

Question
Woher kommst du?   D'où viens-tu ?

Réponse
Ich komme aus Hamburg.   Je viens de Hambourg.

Traduis **je vais en ville.**

Quels verbes de mouvement répondent à la question **wo** *?*

Comment dis-tu **je vais en Autriche** *?*

Si on veut indiquer un lieu de passage, on utilise la préposition **über** :
Ich fahre über Frankfurt nach Köln.   Je vais à Cologne en passant par Francfort.

Quand emploie-t-on ***über*** *?*

Dialogue et expressions

über die Straße gehen   traverser la rue
um die Ecke biegen   tourner à l'angle

Remarque

hin ou **her** peuvent être séparés de **wo** dans l'interrogation :
Wohin gehst du?   Où vas-tu ?
Wo gehst du hin?   Où vas-tu ?
Wo kommst du her?   D'où viens-tu ?

hin accompagne l'adverbe pour marquer le déplacement :
Ich gehe nicht dahin.   Je n'y vais pas.
mais,
Ich bin da.   Je suis là.
Er wohnt dort.   Il habite là-bas.

Par ♥ TABLEAUX RÉCAPITULATIFS : L'EXPRESSION DU LIEU

LOCATIF	DIRECTIF
opposition par les prépositions	
Ich bleibe bei Peter. (Je reste chez Peter.)	Ich gehe zu Peter. (Je vais chez Peter.)
Ich wohne in Paris. (J'habite à Paris.)	Ich fahre nach München. (Je vais à Munich.)
Ich bin zu Hause. (Je suis à la maison.)	Ich gehe nach Hause. (Je rentre à la maison.)
opposition par les cas	
datif	accusatif
an (contre), auf (sur), hinter (derrière), neben (à côté de), in (dans) über (au-dessus de), unter (sous), vor (devant), zwischen (entre)	
Wir leben auf dem Land. (Nous habitons à la campagne.)	Wir fahren auf das Land. (Nous allons à la campagne.)
Wir sind am Meer. (Nous sommes à la mer.)	Wir fahren ans Meer. (Nous allons à la mer.)
Ich sitze auf dem Stuhl. (Je suis assis sur la chaise.)	Ich setze mich auf den Stuhl. (Je m'assois sur la chaise.)

Traduis ***auf, unter, vor****.*

L'ORIGINE	LE PASSAGE
aus } + datif von }	über } + accustif durch }
Sie kommt aus Paris. (Elle vient de Paris.)	Er geht über die Straße. (Il traverse la rue.)
Wir kommen von der Schule. (Nous venons de l'école.)	Er fährt durch die Stadt. (Il traverse la ville.)

Le pronom interrogatif *wie*

Il est souvent suivi d'un adjectif :

Wie alt bist du?	Quel âge as-tu ?
Wie groß bist du?	Combien mesures-tu ?
Wie tief ist der See?	Quelle est la profondeur du lac ?
Wie schwer bist du?	Combien pèses-tu ?
Wie breit ist das Fenster?	Quelle est la largeur de la fenêtre ?
Wie lang ist die Straße?	Quelle est la longueur de la rue ?

*Traduis **Combien** mesures-tu ?*

La subordonnée infinitive

L'infinitif complément

Il est en général précédé de **zu** :

Sie scheint glücklich **zu** sein.	Elle semble être heureuse.
Es fängt an **zu** regnen.	Il commence à pleuvoir.
Das Gedicht ist schwer **zu** lernen.	La poésie est difficile à apprendre.
Ich habe mich sehr gefreut, deinen Brief **zu** bekommen.	J'ai été très heureux de recevoir ta lettre.

Remarque

Les verbes **scheinen** (sembler), **wünschen** (souhaiter), **hoffen** (espérer), **glauben** (croire) sont suivis de **zu**, alors que le verbe français correspondant est suivi directement de l'infinitif.

Lorsque l'infinitif complément est un verbe à préverbe séparable, **-zu-** est intercalé entre le préverbe et le noyau verbal :

Du scheinst nicht gut auf**zu**passen.	Tu ne sembles pas faire bien attention.
Er freut sich, dich wieder**zu**sehen.	Il se réjouit de te revoir.

*Quand l'infinitif complément n'est-il pas précédé de **zu** ?*

Dans plusieurs cas l'infinitif complément n'est pas précédé de **zu**.
- quand il est complément d'un verbe de modalité :

Sie kann gut schwimmen.	Elle sait bien nager.
Er will sehr früh aufstehen.	Il veut se lever très tôt.
Er muss so bald wie möglich das Haus verlassen.	Il doit quitter la maison dès que possible.

- quand il est complément d'un verbe de perception (**hören**, **sehen**, **fühlen**) :

Er hört ihn nicht schreien.	Il ne l'entend pas crier.

- quand il est complément du verbe **lassen** au sens de *faire* :

Er lässt sich ein Haus bauen.	Il se fait construire une maison.

Après **helfen** (aider) et **lernen** (apprendre), on peut trouver un infinitif complément non précédé de **zu**, sauf si l'infinitif est accompagné de plusieurs compléments :

In der Schule lernt das Kind schreiben und lesen.	À l'école, l'enfant apprend à écrire et à lire.

Système verbal

Prétérit de l'indicatif (imparfait et passé simple)

Verbe faible

Pour former le prétérit d'un verbe faible, on ajoute au radical verbal non modifié les terminaisons **-te**, **-test**, **-te**, **-ten**, **-tet**, **-ten** :

Par ♥
<u>hören</u>
ich hör**te** er ⎫
du hör**test** sie ⎬ hör**te** ihr hör**tet**
              es ⎭   wir hör**ten**
                           sie hör**ten**

On ajoute un **-e-** intercalaire aux verbes dont le radical est terminé par **-d-** ou **-t-** ou par un groupe de consonnes difficiles à prononcer :

Par ♥
<u>arbeiten</u>
ich arbeit**ete**   er ⎫
du arbeit**etest** sie ⎬ arbeit**ete**   wir arbeit**eten**
                   es ⎭   ihr arbeit**etet**
                                          sie arbeit**eten**

Verbe fort

Les verbes forts forment le radical du prétérit avec une variation de la voyelle du radical. Au prétérit, tous les verbes forts ne prennent aucune terminaison à la 1re et à la 3e personne du singulier :

Par ♥
<u>sehen</u>
ich sah ☐   er ⎫
du sahst   sie ⎬ sah ☐   wir sahen
            es ⎭   ihr saht
                            sie sahen

Par ♥
<u>fahren</u>
ich fuhr ☐   er ⎫
du fuhrst   sie ⎬ fuhr ☐   wir fuhren
            es ⎭   ihr fuhrt
                            sie fuhren

> **Remarque**
> Il n'y a pas de **-e-** intercalaire après un changement de la voyelle au radical
> du **tratst** ein   tu entras   mais   ihr **tratet** ein   vous entrâtes

Verbe faible irrégulier

Quelques verbes forment le prétérit avec une variation de la voyelle du radical et prennent les terminaisons des verbes faibles.

<u>denken</u> (penser)
ich dach**te**   er ⎫
du dach**test** sie ⎬ dach**te**   wir dach**ten**
                 es ⎭   ihr dach**tet**
                                     sie dach**ten**

Donne les terminaisons du prétérit d'un verbe faible. **5e**

Comment forme-t-on le prétérit d'un verbe fort ?

*Conjugue **denken** au prétérit.*

kennen (connaître)

ich k**annte**	er ⎫		wir k**annten**	
du k**anntest**	sie ⎬ k**annte**		ihr k**anntet**	
	es ⎭		sie k**annten**	

Par ♥ *wissen* (savoir) se rattache à ce groupe pour sa conjugaison au prétérit

ich w**usste**	er ⎫		wir w**ussten**
du w**usstest**	sie ⎬ w**usste**		ihr w**usstet**
	es ⎭		sie w**ussten**

5ᵉ Verbe à préverbe séparable

Au prétérit, comme au présent de l'indicatif, le préverbe vient se placer à la fin de la proposition indépendante ou principale. Dans la proposition subordonnée, il est rattaché au verbe conjugué.

Où se place le préverbe dans la subordonnée ?

Par ♥ *nach Hause zurückkommen* (rentrer à la maison)

ich kam nach Hause **zurück**　　　wir kamen nach Hause **zurück**
du kamst nach Hause **zurück**　　ihr kamt nach Hause **zurück**
er ⎫　　　　　　　　　　　　　　sie kamen nach Hause **zurück**
sie ⎬ kam nach Hause **zurück**
es ⎭

Ich glaube, dass er spät nach　　　Je crois qu'il revint tard à la maison.
Hause **zurückkam**.

Verbes de modalité

Pour former le prétérit des verbes de modalité, on part du radical de l'infinitif auquel on retire les inflexions et on ajoute les terminaisons des verbes faibles.

Par ♥ TABLEAU RÉCAPITULATIF DU PRÉTÉRIT DES VERBES DE MODALITÉ

	können	dürfen	müssen	sollen	wollen	mögen
ich	k**onnte**	d**urfte**	m**usste**	s**ollte**	w**ollte**	m**ochte**
du	k**onntest**	d**urftest**	m**usstest**	s**olltest**	w**olltest**	m**ochtest**
er sie es	k**onnte**	d**urfte**	m**usste**	s**ollte**	w**ollte**	m**ochte**
wir	k**onnten**	d**urften**	m**ussten**	s**ollten**	w**ollten**	m**ochten**
ihr	k**onntet**	d**urftet**	m**usstet**	s**olltet**	w**olltet**	m**ochtet**
sie	k**onnten**	d**urften**	m**ussten**	s**ollten**	w**ollten**	m**ochten**

Conjugue **wollen** *au prétérit.*

Verbes de position et de mouvement

Les verbes de position sont forts, les verbes de mouvement sont faibles.

TABLEAU RÉCAPITULATIF DES VERBES DE POSITION ET DE MOUVEMENT

Verbes de position		Verbes de mouvement	
infinitif	prétérit	infinitif	prétérit
stehen	stand	stellen	stellte
liegen	lag	legen	legte
sitzen	saß	setzen	setzte
hängen	hing	hängen	hängte

Parfait de l'indicatif (passé composé)

Verbe fort

Au participe passé, la voyelle du radical des verbes forts est souvent modifiée. Pour former le participe passé, on ajoute l'augment **ge-** et la terminaison **-en**.

Comment forme-t-on le participe passé des verbes forts ?

| ge*schlaf***en** | dormi | **ge**nomm**en** | pris |

Par ♥

<u>den Regenschirm nehmen</u> *(prendre le parapluie)*

ich	habe den Regenschirm **ge**nomm**en**	wir	haben den Regenschirm **ge**nomm**en**
du	hast den Regenschirm **ge**nomm**en**	ihr	habt den Regenschirm **ge**nomm**en**
er ⎫		sie	haben den Regenschirm **ge**nomm**en**
sie ⎬	hat den Regenschirm **ge**nomm**en**		
es ⎭			

5ᵉ

Verbe faible irrégulier

Les verbes considérés comme faibles irréguliers au prétérit forment leur participe passé avec changement de la voyelle radicale et des terminaisons faibles :

| ge*dacht* | pensé | ge*kannt* | connu |

<u>ein Geschenk bringen</u> *(apporter un cadeau)*

ich	habe ein Geschenk ge*br*a*cht*	wir	haben ein Geschenk ge*br*a*cht*
		ihr	habt ein Geschenk ge*br*a*cht*
du	hast ein Geschenk ge*br*a*cht*	sie	haben ein Geschenk ge*br*a*cht*
er ⎫			
sie ⎬	hat ein Geschenk ge*br*a*cht*		
es ⎭			

POUR ALLER PLUS LOIN

Verbe à préverbe séparable

Au participe passé, le préverbe est rattaché au verbe conjugué par l'intermédiaire de **-ge-** :

| auf**ge**macht | ouvert | auf**ge**standen | levé |

Par ♥

<u>sich anziehen</u> *(s'habiller)*

ich	habe mich an**ge**zogen	wir	haben uns an**ge**zogen
du	hast dich an**ge**zogen	ihr	habt euch an**ge**zogen
er ⎫		sie	haben sich an**ge**zogen
sie ⎬	hat sich an**ge**zogen		
es ⎭			

*Donne le participe passé de **anziehen**.*

Verbe à préverbe inséparable

Les verbes qui commencent par **be-**, **emp-**, **ent-**, **er-**, **ge-**, **miss-**, **ver-**, **zer-** forment leur participe passé sans **-ge-** :

| begonnen | commencé | bekommen | reçu |
| verlassen | quitté | verkauft | vendu |

Cite des préverbes inséparables.

Par ♥

<u>das Haus verlassen</u> *(quitter la maison)*

ich	habe das Haus verlassen	wir	haben das Haus verlassen
du	hast das Haus verlassen	ihr	habt das Haus verlassen
er		sie	haben das Haus verlassen
sie	} hat das Haus verlassen		
es			

Les verbes terminés par **-ieren** obéissent à la même règle de formation du participe passé sans **ge-**.

Les verbes en **-ieren** et les verbes à préverbe inséparable ne sont pas accentués au début du mot.

Er hat lange studiert.   *Il a étudié longtemps.*
Hast du den Wagen repariert?   *As-tu réparé la voiture ?*

Comment se forme le participe passé des verbes en -ieren ?

Le futur de l'indicatif

Le futur est formé à partir de l'auxiliaire werden, conjugué au présent de l'indicatif, et d'un infinitif.

Par ♥

<u>den Computer kaufen</u> *(acheter l'ordinateur)*

ich	werde den Computer kaufen	wir	werden den Computer kaufen
du	wirst den Computer kaufen	ihr	werdet den Computer kaufen
er		sie	werden den Computer kaufen
sie	} wird den Computer kaufen		
es			

Comment forme-t-on le futur de l'indicatif ?

L'infinitif vient se placer en fin de proposition indépendante ou principale, tout comme l'infinitif qui dépend d'un verbe de modalité ou le participe passé dans les phrases au parfait.

La construction de la subordonnée est identique, le verbe conjugué vient en fin de proposition :

Er will auf den Markt gehen.   *Il veut aller au marché.*
Er ist auf den Markt gegangen.   *Il est allé au marché.*
Er wird auf den Markt gehen.   *Il ira au marché.*
Ich frage mich, ob er auf den Markt gehen will.   *Je me demande s'il veut aller au marché.*
Ich frage mich, ob er auf den Markt gegangen ist.   *Je me demande s'il est allé au marché.*
Ich frage mich, ob er auf den Markt gehen wird.   *Je me demande s'il ira au marché.*

Traduis **il ira au marché**.

Remarques

– **ich will** signifie *je veux* ou *je vais*. Il exprime le futur immédiat.
Ich will auf den Markt gehen.   *Je vais aller au marché.*
gehen peut être sous-entendu :
Ich will auf den Markt.   *Je vais aller au marché.*

Par ♥

– Notons aussi que le présent en allemand a souvent valeur de futur.
– En comparant la construction de la proposition indépendante ou principale et celle de la subordonnée, nous constatons que seul le verbe conjugué est l'élément mobile de la phrase. Il était à la deuxième place dans la phrase simple, il vient à la dernière place dans la subordonnée. Le préverbe séparable occupe une place fixe en fin de proposition.

Le subjonctif II

Le subjonctif II est utilisé quand on veut exprimer un souhait, une demande, faire une proposition et donner un conseil :

Ich möchte ein Glas Apfelsaft.   *Je voudrais un verre de jus de pommes.*
Ich hätte gern ein Stück Käsekuchen.   *Je voudrais une part de gâteau au fromage.*

Es wäre schön...   *Ce serait bien...*
Könntest du mir helfen?   *Pourrais-tu m'aider ?*
Wir könnten ins Kino gehen...   *Nous pourrions aller au cinéma...*
Du solltest...   *Tu devrais...*

Avec quel mode s'exprime le souhait ?

5ᵉ

Présent du subjonctif II

- **Auxiliaires de temps**

Pour former le présent du subjonctif II des auxiliaires de temps, on part des formes du prétérit de l'indicatif, auxquelles on ajoute une inflexion à toutes les personnes et les terminaisons caractéristiques du subjonctif : **-e**, **-est**, **-e**, **-en**, **-et**, **-en**.

Par ♥

	sein		haben
ich	wäre	ich	hätte
du	wärest	du	hättest
er sie es	wäre	er sie es	hätte
wir	wären	wir	hätten
ihr	wäret	ihr	hättet
sie	wären	sie	hätten

- **Verbes de modalité**

Ce qui distingue le prétérit de l'indicatif et le présent du subjonctif II des verbes de modalité c'est uniquement l'inflexion sur la voyelle du radical.

Par ♥

VERBES DE MODALITÉ AU PRÉSENT DU SUBJONCTIF II

	können		sollen		mögen
ich	könnte	ich	sollte	ich	möchte
du	könntest	du	solltest	du	möchtest
er sie es	könnte	er sie es	sollte	er sie es	möchte
wir	könnten	wir	sollten	wir	möchten
ihr	könntet	ihr	solltet	ihr	möchtet
sie	könnten	sie	sollten	sie	möchten

*Conjugue **können** au subjonctif II.*

Groupe nominal et pronoms

Pluriel des noms

Il n'y a pas de règle pour former le pluriel des noms en allemand, mais nous constatons des tendances ; ainsi le **-s** est une marque de pluriel très rare.

Pluriel des noms féminins

Quel est la marque au pluriel des noms féminins ?

En général, les noms féminins font leur pluriel en ajoutant **-n** ou **-en**.
die Tür	die Tür**en**	die Schwester	die Schwester**n**
die Woche	die Woche**n**	die Katze	die Katze**n**
die Uhr	die Uhr**en**	die Schule	die Schule**n**

Les noms féminins dérivés de masculins et terminés par **-in** font leur pluriel en **-nen**.
die Lehrer**in**	die Lehrerin**nen**	die Freund**in**	die Freundin**nen**
die Schüler**in**	die Schülerin**nen**	die Bäuer**in**	die Bäuerin**nen**

Deux noms féminins prennent une inflexion sur la voyelle du radical :
die Mutter	die M**ü**tter	die Tochter	die T**ö**chter

Quelques noms féminins font leur pluriel en ajoutant une inflexion sur la voyelle du radical et un **-e** à la fin du nom.

*Donne le pluriel de **die Stadt**.*

die Stadt	die St**ä**dt**e**	die Nacht	die N**ä**cht**e**
die Wand	die W**ä**nd**e**	die Hand	die H**ä**nd**e**
die Wurst	die W**ü**rst**e**	die Kuh	die K**ü**h**e**

Pluriel des noms masculins

En général les noms masculins font leur pluriel en ajoutant une inflexion sur la voyelle du radical et un **-e** (les voyelles qui peuvent être infléchies sont **a, o, u**) :
der Baum	die B**ä**um**e**	der Schrank	die Schr**ä**nk**e**
der Stuhl	die St**ü**hl**e**	der Sohn	die S**ö**hn**e**

Certains masculins prennent seulement un **-e** au pluriel :
der Hund	die Hund**e**	der Tag	die Tag**e**
der Tisch	die Tisch**e**	der Arm	die Arm**e**

D'autres masculins ajoutent seulement une inflexion sur la voyelle du radical :
der Apfel	die **Ä**pfel	der Vater	die V**ä**ter
der Vogel	die V**ö**gel	der Mantel	die M**ä**ntel

Quelques masculins forment leur pluriel avec une inflexion sur la voyelle du radical et **-er** à la fin du nom :

*Quel est le pluriel de **der Mann** ?*

der Mann	die M**ä**nn**er**	der Wald	die W**ä**ld**er**

Un petit nombre de masculins prennent la terminaison **-en** :
der Staat	die Staat**en**	der Doktor	die Doktor**en**
der Schmerz	die Schmerz**en**	der Motor	die Motor**en**

- **Cas des masculins faibles**

Ils représentent des êtres animés, personnes ou animaux, et prennent une terminaison en **-n** ou **-en** à tous les cas de la déclinaison au singulier et au pluriel, sauf au nominatif singulier.

DÉCLINAISON DE DER MENSCH (L'ÊTRE HUMAIN)

	singulier	pluriel
nominatif	der Mensch	die Menschen
accusatif	den Menschen	die Menschen
datif	dem Menschen	den Menschen
génitif	des Menschen	der Menschen

Quelques masculins faibles :

der Junge, le garçon ; der Kunde, le client ; der Neffe, le neveu ; der Kollege, le collègue ; der Journalist, le journaliste ; der Architekt, l'architecte ; der Student, l'étudiant ; der Bär, l'ours ; der Löwe, le lion ; der Affe, le singe ; der Hase, le lièvre.

Certains noms de nationalité tel que **der Franzose** (le Français) sont des masculins faibles.

DÉCLINAISON DE DER FRANZOSE (LE FRANÇAIS)

	singulier	pluriel
nominatif	der Franzose	die Franzosen
accusatif	den Franzosen	die Franzosen
datif	dem Franzosen	den Franzosen
génitif	des Franzosen	der Franzosen

Der Deutsche (l'Allemand), est un adjectif substantivé. Il se décline comme un adjectif épithète.

Der Nachbar, le voisin, admet la déclinaison faible (avec **-n**) ou la déclinaison forte (avec **-s** au génitif) au singulier. Au pluriel, il prend un **-n**.

- **Cas particuliers**

DÉCLINAISON DE DER NACHBAR (LE VOISIN)

	deux déclinaisons possibles au singulier	
nominatif	der Nachbar	der Nachbar
accusatif	den Nachbarn	den Nachbar
datif	dem Nachbarn	dem Nachbar
génitif	des Nachbarn	des Nachbars

Der Name (le nom) prend la terminaison **-ens** au génitif singulier et **-en** au pluriel.

DÉCLINAISON DE DER NAME (LE NOM)

	singulier	pluriel
nominatif	der Name	die Namen
accusatif	den Namen	die Namen
datif	dem Namen	den Namen
génitif	des Namens	der Namen

Enfin un groupe de noms masculins ou neutres terminés par **-el**, **-er** ou **-en** ne prend pas de marque au pluriel :

der Lehrer	die Lehrer	das Zimmer	die Zimmer
der Schüler	die Schüler	das Fenster	die Fenster
der Teller	die Teller	das Mädchen	die Mädchen
der Schlüssel	die Schlüssel	das Messer	die Messer
der Wagen	die Wagen	der Keller	die Keller

Cite quelques noms masculins faibles.

*Donne l'accusatif de **der Nachbar**.*

Quels noms masculins n'ont pas de marque au pluriel ?

Pluriel des noms neutres

En général, les noms neutres forment leur pluriel en ajoutant une inflexion sur la voyelle du radical (si celle-ci peut être infléchie) et la terminaison **-er**.

*Quel est le pluriel de **das Haus** ?*

das Haus	die Häus**er**	das Bild	die Bild**er**
das Dach	die Däch**er**	das Kind	die Kind**er**
das Buch	die Büch**er**	das Ei	die Ei**er**
das Blatt	die Blätt**er**	das Licht	die Licht**er**
das Glas	die Gläs**er**	das Kleid	die Kleid**er**

Certains neutres forment leur pluriel en ajoutant la terminaison **-e**.

*das Heft   die Heft**e**   das Jahr   die Jahr**e***
*das Geschenk   die Geschenk**e***

Quelques neutres prennent au pluriel la terminaison **-en** ou **-n** :

das Auge	die Aug**en**	das Hemd	die Hemd**en**
das Bett	die Bett**en**	das Museum	die Muse**en**
das Ohr	die Ohr**en**	das Gymnasium	die Gymnasi**en**

Très peu de noms neutres prennent un **-s** au pluriel :

*Quel est le pluriel de **das Auto** ?*

| das Auto | die Auto**s** | das Taxi | die Taxi**s** |
| das Kino | die Kino**s** | das Foto | die Foto**s** |

Les noms neutres terminés par **-nis** font leur pluriel en **-nisse** :

*das Ereignis   die Ereig**nisse**   das Zeugnis   die Zeug**nisse***

Remarque

La déclinaison de **das Herz** (le cœur) :

	singulier	pluriel
nominatif	das Herz	die Herz**en**
accusatif	das Herz	die Herz**en**
datif	dem Herz**en**	den Herz**en**
génitif	des Herz**ens**	der Herz**en**

Pluriels particuliers

der Stock	l'étage	die Stock**werke**	les étages
der Rat	le conseil	die Rat**schläge**	les conseils
der Seemann	le marin	die See**leute**	les marins
das Wort	le mot, la parole	die Wört**er**	les mots
		die Wort**e**	les paroles
der Sport	le sport	die Sport**arten**	les sports
der Saal	la salle	die S**ä**l**e**	les salles

*Que signifie **die Worte** ? **die Wörter** ?*

Les unités de mesure sont invariables :

zwei Glas Bier	deux verres de bière	Mais on dit :	
drei Pfund Birnen	trois livres de poires	drei Flaschen Wein	trois bouteilles de vin
fünf Mark	cinq Marks.		

Certains noms n'existent qu'au pluriel :

die Eltern   les parents   die Ferien   les vacances
die Geschwister   les frères et sœurs

> **Remarques**
> die Kleidung   l'habillement, les vêtements
> ein Kleidungsstück   un vêtement

Un **-s** ajouté à un nom de famille signifie que l'on désigne les membres d'une même famille :

Waldmann**s**   la famille Waldmann

Les diminutifs sont invariables.

Rappelons les collectifs :
das Gemüse   les légumes   das Obst   les fruits
das Getreide   les céréales

TABLEAU RÉCAPITULATIF DES MARQUES DU PLURIEL

	féminins	masculins	neutres
en général	**n** ou **en** die Lehrerin**nen**	¨ + **e**	¨ + **er**
autres cas	¨ + **e** die M**ü**tter die T**ö**chter	**e** ¨ + **er** (**e**) **n** **s** absence de marque pour des noms terminés par **-el, -er, -en**	**e** **en**

Les pronoms

Le pronom réfléchi au datif

Donne le datif des pronoms réfléchis.

Les pronoms réfléchis au datif sont **mir, dir, sich, uns, euch, sich** :

<u>sich die Hände waschen</u> *(se laver les mains)*
ich   wasche mir die Hände   wir   waschen uns die Hände
du   wäschst dir die Hände   ihr   wascht euch die Hände
er   ⎫   sie   waschen sich die Hände
sie ⎬ wäscht sich die Hände
es   ⎭

Certains verbes non réfléchis en français le sont en allemand :

<u>sich einige Bücher ansehen</u> *(regarder quelques livres)*
ich   sehe mir einige Bücher an   wir   sehen uns einige Bücher an
du   siehst dir einige Bücher an   ihr   seht euch einige Bücher an
er   ⎫   sie   sehen sich einige Bücher an
sie ⎬ sieht sich einige Bücher an
es   ⎭

Le pronom réciproque

Que signifie **einander** *?*

einander *(l'un, l'autre ; les uns, les autres)* peut être associé à différentes prépositions :

Die Schüler sitzen nebeneinander.   Les élèves sont assis les uns à côté des autres.
Die Leute stehen hintereinander.   Les gens sont debout les uns derrière les autres.

Die Bücher liegen aufeinander.	*Les livres se trouvent les uns sur les autres.*
Sie kämpfen gegeneinander.	*Ils se battent l'un contre l'autre.*

Distinguons :

Wir sprechen miteinander.	*Nous parlons ensemble (l'un avec l'autre).*
Wir sprechen zusammen.	*Nous parlons ensemble (simultanément).*
Wir sprechen aneinander vorbei.	*Nous parlons sans écouter l'autre.*

Déclinaison de l'adjectif épithète

Si l'adjectif attribut est invariable en allemand, l'adjectif épithète, lui, est décliné ; il se place toujours devant le nom.

Les marques que l'on ajoute à l'épithète dépendent de la présence ou de l'absence du déterminant, la marque étant portée par l'élément qui est le plus à gauche. C'est pourquoi il faut envisager trois situations pour expliquer la déclinaison de l'adjectif épithète :
– l'adjectif épithète est précédé de l'article défini ou du démonstratif ;
– l'adjectif épithète est précédé de l'article indéfini ou du possessif ;
– l'adjectif épithète n'est précédé d'aucun déterminant.

L'adjectif épithète précédé de l'article défini

Si l'adjectif épithète est précédé de l'article défini, c'est le déterminant qui porte les marques de cas et l'adjectif ne joue qu'un rôle secondaire ; on lui ajoute les marques faibles en **-en**, sauf dans cinq cas, où il prend un **-e** : le nominatif masculin, le nominatif et l'accusatif féminins et neutres.

- **Avec un nom masculin :**

nominatif	Der rot**e** Wagen fährt schnell.	La voiture rouge roule vite.
accusatif	Wir kaufen den rot**en** Wagen.	Nous achetons la voiture rouge.
datif	Wir sitzen im rot**en** Wagen.	Nous sommes assis dans la voiture rouge.
génitif	Der Preis des rot**en** Wagens ist hoch.	Le prix de la voiture rouge est élevé.

- **Avec un nom féminin :**

nominatif	Die blau**e** Vase steht auf dem Tisch.	Le vase bleu se trouve sur la table.
accusatif	Wir nehmen die blau**e** Vase.	Nous prenons le vase bleu.
datif	In der blau**en** Vase sind Blumen.	Il y a des fleurs dans le vase bleu.
génitif	Die Blumen der blau**en** Vase gefallen mir.	Les fleurs du vase bleu me plaisent.

- **Avec un nom neutre :**

nominatif	Das weiß**e** Haus gehört meinem Onkel.	La maison blanche appartient à mon oncle.
accusatif	Wir sehen das weiß**e** Haus.	Nous voyons la maison blanche.
datif	Er spielt Klavier im weiß**en** Haus.	Il joue du piano dans la maison blanche.
génitif	Das Dach des weiß**en** Hauses ist hoch.	Le toit de la maison blanche est haut.

- **Avec un nom pluriel :**

nominatif	Die klein**en** Häuser sind schön.	Les petites maisons sont belles.
accusatif	Wir zeichnen die klein**en** Häuser.	Nous dessinons les petites maisons.
datif	Wir spielen mit den klein**en** Häusern.	Nous jouons avec les petites maisons.
génitif	Die Türen der klein**en** Häuser sind grün.	Les portes des petites maisons sont vertes.

*Donne l'accusatif de **der rote Wagen**.*

Tableau récapitulatif de la déclinaison de l'adjectif épithète précédé de l'article défini

	masculin	féminin	neutre	pluriel
nominatif	e	e	e	en
accusatif	en	e	e	en
datif	en	en	en	en
génitif	en	en	en	en

Qu'est-ce que la règle du pistolet ?

On appelle aussi cette déclinaison la règle des cinq **-e** ou du pistolet, en raison de la répartition du **-e**.

Cette déclinaison de l'épithète est aussi utilisée après les démonstratifs **dieser**, **diese**, **dieses**, ainsi qu'après **jener**, **welcher**, **solcher**, **alle**, **jeder**, **mancher**.

L'adjectif épithète précédé de l'article indéfini

Si l'adjectif est précédé de l'article indéfini, le déterminant continue à porter les marques de cas et l'adjectif joue encore un rôle secondaire ; on lui ajoute donc les marques faibles en **-en**.

Toutefois, au nominatif masculin et au nominatif et à l'accusatif neutres, l'article indéfini est **ein** ; il ne porte pas de marque de cas. Ces marques (en **-er** pour le masculin, **-es** pour le neutre) seront alors portées par l'adjectif épithète.

*Ein klein**er** Junge geht über die Straße.* Un petit garçon traverse la rue.
*Ein klein**es** Kind spielt mit einem Ball.* Un petit enfant joue avec un ballon.
*Wir hören ein klein**es** Kind singen.* Nous entendons chanter un petit enfant.

Remarque

Cette déclinaison n'existe pas au pluriel. L'article indéfini **ein** n'a pas de pluriel.
Le partitif français *des* est exprimé en allemand par l'absence d'article :

Kleine Kinder singen ein Lied.   Des petits enfants chantent une chanson.

Tableau récapitulatif de la déclinaison de l'adjectif épithète précédé de l'article indéfini

	masculin	féminin	neutre
nominatif	**-er**	-e	**-es**
accusatif	-en	-e	**-es**
datif	-en	-en	-en
génitif	-en	-en	-en

*Comment se décline l'adjectif précédé de **ein** ?*

L'adjectif épithète précédé du possessif suit la même déclinaison, sauf au pluriel où il rejoint la déclinaison de l'épithète précédé de l'article défini.
Il en est de même de la négation **kein**.

*Mein jung**er** Hund schläft.* Mon jeune chien dort.
*Mein klein**es** Haus steht im Wald.* Ma petite maison se trouve dans la forêt.

Au pluriel, la marque étant portée par le déterminant, l'adjectif prend la marque faible en **-en**.

*Die Mutter küsst ihre lieb**en** Kinder.* La mère embrasse ses chers enfants.
*Wir haben keine modern**en** Häuser.* Nous n'avons pas de maisons modernes.

L'adjectif épithète précédé d'aucun déterminant

Les marques qui étaient portées par le déterminant se trouvent alors déplacées sur l'adjectif.
L'article défini masculin était :

nominatif	der
accusatif	den
datif	dem

L'adjectif prendra dans ces différents cas **-er**, **-en**, **-em**.

Lieber Vater...	Cher père...
Liebe Kinder...	Chers enfants...
Wir trinken kalte Milch.	Nous buvons du lait froid.
Wir trinken kalten Tee.	Nous buvons du thé froid.

Exceptions

Au génitif masculin et neutre, l'adjectif prend **-en** parce que c'est le substantif (nom) qui a la marque spécifique en **-s**.

Anfang nächsten Monats...   *Au début du mois prochain...*

TABLEAU RÉCAPITULATIF DE LA DÉCLINAISON DE L'ADJECTIF ÉPITHÈTE PRÉCÉDÉ D'AUCUN DÉTERMINANT.

	masculin	féminin	neutre	pluriel
nominatif	-er	-e	-es	-e
accusatif	-en	-e	-es	-e
datif	-em	-er	-em	-en
génitif	**-en**	-er	**-en**	-er

On trouve la même déclinaison après **viele**, **einige**, **mehrere**, **wenige**, **andere**, **einzelne**.

Degrés de comparaison de l'adjectif et de l'adverbe

Comparatif d'égalité

so... wie *(aussi... que)*

Paul ist so groß wie Udo.	Paul est aussi grand qu'Udo.
Du bist so fleißig wie dein Bruder.	Tu es aussi travailleur que ton frère.
Die Äpfel sind so teuer wie die Birnen.	Les pommes sont aussi chères que les poires.

*Comment dis-tu **aussi grand que** ?*

Comparatif d'infériorité

nicht so... wie *(pas aussi... que)*

Du läufst nicht so schnell wie dein Freund.	Tu ne cours pas aussi vite que ton ami.
Er ist nicht so alt wie ich.	Il n'est pas aussi âgé que moi (que moi je suis).

*Comment dis-tu **pas aussi âgé que** ?*

Comparatif de supériorité

Au comparatif de supériorité, on ajoute à l'adjectif ou à l'adverbe **-er**.
Que est traduit par **als**.
Certains adjectifs ou adverbes prennent une inflexion.

Sie ist fleißiger als ihr Bruder.   *Elle est plus travailleuse que son frère.*
Du bist größer als dein Vetter.   *Tu es plus grand que ton cousin.*
Die Wurst ist billiger als der Käse.   *La saucisse est meilleur marché que le fromage.*

Comment dis-tu
plus grand que ?

Adjectifs prenant une inflexion au comparatif de supériorité et au superlatif :

alt	älter	âgé	krank	kränker	malade
arm	ärmer	pauvre	kurz	kürzer	court
dumm	dümmer	stupide	lang	länger	long
groß	größer	grand	nah	näher	proche
gesund	gesünder	en bonne santé	schwach	schwächer	faible
kalt	kälter	froid	scharf	schärfer	aigu
hart	härter	dur	schwarz	schwärzer	noir
jung	jünger	jeune	stark	stärker	fort
klug	klüger	intelligent	warm	wärmer	chaud

Comment dis-tu
plus froid ?
plus chaud ?

Remarque

teuer (cher) → teurer (plus cher)   dunkel (sombre) → dunkler (plus sombre)

Exprimer une comparaison

Le comparatif de l'adjectif ou de l'adverbe ne sont pas les seuls moyens pour exprimer une comparaison. Quelques expressions peuvent être employées :

genauso lang wie   exactement aussi long que.
Es ist gleich.   C'est la même chose.
Es ist der/das/dieselbe.   C'est le/la même.
Er ist ihm ähnlich.   Il lui ressemble.
Es ist ganz anders.   C'est tout à fait différent.

Traduis
il lui ressemble.

On pourra aussi trouver une subordonnée commençant par **während**, **wenn** ou les locutions :

im Vergleich zu   en comparaison à
im Gegensatz zu   par opposition à
einerseits   d'un côté
anderseits   d'un autre côté

Exprimer une quantité

Pour exprimer une quantité, on peut utiliser les mots suivants :

viel	beaucoup	nichts	rien
wenig	peu	einige, ein paar	quelque
ein wenig,	un peu	mehrere	plusieurs
ein bißchen		manche	maint
alles	tout	jede (jeder, jedes)	chaque

Cite des mots qui expriment une quantité.

Möchtest du Kaffee?	Veux-tu du café ?	
Ja, ein wenig (ein bißchen).	Oui, un peu.	
Möchtest du etwas essen?	Veux-tu manger quelque chose ?	*Traduis*
Nein, ich möchte nichts.	Non, je ne veux rien.	**je ne veux rien.**
Er spricht viel/wenig.	Il parle beaucoup/peu.	
Möchten Sie mehr Kartoffeln?	Voulez-vous plus de pommes de terre ?	
Ja, etwas mehr.	Oui, un peu plus.	
Etwas weniger.	Un peu moins.	
Haben Sie eine blaue Jacke?	Avez-vous une veste bleue ?	
Nein, wir haben keine mehr.	Non, nous n'en avons plus.	

Mots en vedette

viel et **wenig** sont généralement invariables au singulier et déclinés au pluriel :

Viel Glück!	Bonne chance !
Wir haben nicht viel Geld.	Nous n'avons pas beaucoup d'argent.
Er isst viel Suppe.	Il mange beaucoup de soupe.
In vielen Städten gibt es eine Straßenbahn.	Dans beaucoup de villes, il y a un tramway.
Vielen Dank!	Merci beaucoup !

zu devant un adjectif ou un adverbe signifie *trop* :

Er kommt zu spät.	Il arrive trop tard.

Quand emploie-t-on **alle** *?*

alle et **ganz** signifient *tout*. On emploie **alle** quand on peut dénombrer. **Alle** n'est pas suivi de l'article défini :

Alle Schüler sitzen im Klassenzimmer.	Tous les élèves sont assis dans la salle de classe. (On peut les compter.)
Die ganze Klasse fährt nach Deutschland.	Toute la classe part pour l'Allemagne. (La classe est considérée comme un tout.)
Alle meine Freunde...	Tous mes amis...

allein ne s'emploie que comme attribut.

Er bleibt die ganze Zeit allein.	Il reste tout le temps seul.

voll est suivi directement du complément ou de von et du datif :

Er trinkt ein Glas voll Bier.	Il boit un verre rempli de bière.
Der Tisch liegt voll von Büchern.	La table est recouverte de livres.

Ne pas confondre

viel indique la quantité, **sehr** l'intensité :

Er hat viel Geld.	Il a beaucoup d'argent.
Er liebt mich sehr.	Il m'aime beaucoup.
Ich freue mich sehr, dich wiederzusehen.	Je me réjouis beaucoup de te revoir.
Das gefällt mir sehr.	Cela me plait beaucoup.

Quelle est la différence entre **nur** *et* **erst** *?*

nur indique une durée réduite, une restriction définitive,
erst une restriction dans le temps, une étape :

Er bleibt nur 2 Tage.	Il ne reste que 2 jours.
Wir kommen erst am Mittwoch.	Nous ne viendrons que mercredi.

ziemlich signifie *assez, passablement,* et **genug**, *assez, suffisamment* :

Er ist ziemlich groß.	Il est assez grand.
Hast du genug Geld?	As-tu assez d'argent ?

Verbes forts

- **Verbes qui ont un même changement de voyelles au prétérit et au participe passé**

infinitif	prétérit	participe passé	
schneiden	schnitt	geschnitten	*couper*
bleiben	blieb	geblieben	*rester*
scheinen	schien	geschienen	*sembler, briller*
schreiben	schrieb	geschrieben	*écrire*
schreien	schrie	geschrieen	*crier*
steigen	stieg	gestiegen	*monter*
einsteigen	stieg ein	eingestiegen	*monter (dans un véhicule)*
aussteigen	stieg aus	ausgestiegen	*descendre*
(Sport) treiben	trieb	getrieben	*faire (du sport)*
verzeihen	verzieh	verziehen	*pardonner*
fließen	floss	geflossen	*couler*
schließen	schloss	geschlossen	*fermer*
bieten	bot	geboten	*offrir*
verbieten	verbot	verboten	*interdire*
fliegen	flog	geflogen	*voler*
frieren	fror	gefroren	*geler*
verlieren	verlor	verloren	*perdre*
ziehen	zog	gezogen	*tirer, passer*
anziehen	zog an	angezogen	*mettre (un vêtement)*
ausziehen	zog aus	ausgezogen	*ôter (un vêtement)*
stehen	stand	gestanden	*être debout*
verstehen	verstand	verstanden	*comprendre*
aufstehen	stand auf	aufgestanden	*se lever*
tun	tat	getan	*faire*

*Quel est le prétérit de **verstehen, aufstehen**?*

- **Verbes dont le participe passé a la même voyelle que l'infinitif**

infinitif	prétérit	participe passé	présent	
essen	aß	gegessen	er isst	*manger*
geben	gab	gegeben	er gibt	*donner*
eintreten	trat ein	eingetreten	er tritt ein	*entrer*
vergessen	vergaß	vergessen	er vergisst	*oublier*
geschehen	geschah	geschehen	es geschieht	*arriver, se passer*
lesen	las	gelesen	er liest	*lire*
sehen	sah	gesehen	er sieht	*voir*
aussehen	sah aus	ausgesehen	er sieht aus	*avoir l'air*
fernsehen	sah fern	ferngesehen	er sieht fern	*regarder la télévision*
kommen	kam	gekommen		*venir*
bekommen	bekam	bekommen		*recevoir*
backen	backte (buk)	gebacken	er bäckt	*cuire (au four)*

*Donne le participe passé de **fernsehen**.*

infinitif	prétérit	participe passé	présent	
fahren	fuhr	gefahren	er fährt	*aller (autrement qu'à pied)*
einladen	lud ein	eingeladen	er lädt ein	*inviter*
schlagen	schlug	geschlagen	er schlägt	*frapper, battre*
tragen	trug	getragen	er trägt	*porter*
waschen	wusch	gewaschen	er wäscht	*laver*
braten	briet	gebraten	er brät	*rôtir*
fallen	fiel	gefallen	er fällt	*tomber*
gefallen	gefiel	gefallen	er gefällt	*plaire*
halten	hielt	gehalten	er hält	*s'arrêter*
lassen	ließ	gelassen	er läßt	*laisser faire (+ infinitif)*
verlassen	verließ	verlassen	er verläßt	*quitter*
raten	riet	geraten	er rät	*conseiller, deviner*
schlafen	schlief	geschlafen	er schläft	*dormir*
laufen	lief	gelaufen	er läuft	*courir*
rufen	rief	gerufen		*appeler*
anrufen	rief an	angerufen		*téléphoner*
heißen	hieß	geheißen		*s'appeler*
fangen	fing	gefangen		*attraper*
anfangen	fing an	angefangen		*commencer*
empfangen	empfing	empfangen		*recevoir*
hängen	hing	gehangen		*être suspendu*

*Quel est le prétérit de **fahren** ?*

*Quel est le participe passé de **anrufen** ?*

- **Verbes dont le prétérit, le participe passé et l'infinitif ont des voyelles différentes**

infinitif	prétérit	participe passé	présent	
finden	fand	gefunden		*trouver*
gelingen	gelang	gelungen		*réussir*
springen	sprang	gesprungen		*sauter*
trinken	trank	getrunken		*boire*
verschwinden	verschwand	verschwunden		*disparaître*
beginnen	begann	begonnen		*commencer*
gewinnen	gewann	gewonnen		*gagner*
schwimmen	schwamm	geschwommen		*nager*
brechen	brach	gebrochen	er bricht	*casser*
erschrecken	erschrak	erschrocken	er erschrickt	*s'effrayer*
helfen	half	geholfen	er hilft	*aider*
sprechen	sprach	gesprochen	er spricht	*parler*
sterben	starb	gestorben	er stirbt	*mourir*
treffen	traf	getroffen	er trifft	*rencontrer*
werfen	warf	geworfen	er wirft	*lancer*
nehmen	nahm	genommen	er nimmt	*prendre*
bitten	bat	gebeten		*demander*
liegen	lag	gelegen		*se trouver*
sitzen	saß	gesessen		*être assis*
besitzen	besaß	besessen		*posséder*
gehen	ging	gegangen		*aller*
sein	war	gewesen		*être*
werden	wurde	geworden		*devenir*

*Donne le prétérit et le participe passé de **treffen**.*

Verbes mixtes

infinitif	prétérit	participe passé	
brennen	brannte	gebrannt	*brûler*
kennen	kannte	gekannt	*connaître*
nennen	nannte	genannt	*nommer*
bringen	brachte	gebracht	*apporter*
verbringen	verbrachte	verbracht	*passer*
denken	dachte	gedacht	*penser*
wissen	wusste	gewusst	*savoir*

*Quel est le participe passé de **denken** ?*

5ᵉ

VERBES À CONNAÎTRE

Par ♥

anmachen	*allumer*	langweilen	*ennuyer*
sich etwas	*regarder*	leben	*vivre*
ansehen	*(quelque chose)*	lieben	*aimer*
ausmachen	*éteindre*	**mit**kommen	*accompagner*
auspacken	*défaire (sa valise)*	**mit**machen	*participer*
baden	*prendre un bain, se baigner*	parken	*garer*
		passieren	*se passer*
einpacken	*faire un paquet, des bagages*	reisen	*voyager*
		reparieren	*réparer*
entschuldigen	*excuser*	schließen	*fermer*
erzählen	*raconter*	schmecken	*avoir du goût*
fehlen	*manquer*	telefonieren	*téléphoner*
feiern	*fêter*	vergessen	*oublier*
glauben	*croire*	verkaufen	*vendre*
gratulieren	*féliciter*	**wieder**sehen	*revoir*
(+ dat.)		wünschen	*souhaiter*
sich interessieren	*s'intéresser à*	zahlen	*payer*
für (+ acc.)		**zurück**kommen	*revenir*
küssen	*embrasser*		

*Que signifie **mitkommen** ?*

Dialogues et expressions

Ich sehe mir einen Film an.   Je regarde un film.
Ich telefoniere mit meinem Freund.   Je téléphone à mon ami.

anzünden	*allumer*	meinen	*penser, vouloir dire*
aufhören	*arrêter*	merken	*remarquer*
sich **auf**regen	*s'énerver, s'exciter*	messen	*mesurer*
ausruhen	*se reposer*	öffnen	*ouvrir*
bauen	*construire*	packen	*saisir, mettre en paquets*
begleiten	*accompagner*		

*Comment dis-tu **se reposer** ?*

beschreiben	*décrire*	pflücken	*cueillir*
bestellen	*commander*	putzen	*nettoyer*
einschlafen	*s'endormir*	schauen	*regarder*
sich erinnern an (+ acc.)	*se souvenir de*	**spazieren** gehen	*(aller) se promener*
		stecken	*fourrer (mettre)*
erklären	*expliquer*	tanken	*prendre*
erwachen	*se réveiller*		*(de l'essence)*
erwarten	*attendre*	tanzen	*danser*
füllen	*remplir*	träumen	*rêver*
fürchten	*avoir peur*	verbessern	*corriger, améliorer*
genügen	*suffire*	**vorbei**gehen	*passer*
hoffen	*espérer*	wählen	*choisir, élire*
kriegen	*recevoir (familier)*	wecken	*réveiller*

Dialogue et expressions

Hört mit diesem Lärm auf! — Cessez ce bruit !
Der Regen hört auf — La pluie cesse.
Er zündet eine Zigarette an. — Il allume une cigarette.
Ich erinnere mich an meine Ferien. — Je me souviens de mes vacances.
Er ruht sich aus. — Il se repose.
ein Bier bestellen — commander une bière
einen Brief bekommen — recevoir une lettre
in die Tasche stecken — mettre dans le sac, dans la poche

Ne pas confondre

bekommen	*recevoir quelque chose*	empfangen	*recevoir quelqu'un*
fragen	*demander questionner*	bitten	*demander, prier quelqu'un de faire quelque chose*
leben	*vivre*	lieben	*aimer*
gewinnen	*gagner au jeu*	verdienen	*gagner de l'argent*
besitzen	*posséder*	besetzen	*occuper*
füllen	*remplir*	fühlen	*sentir*
bitten	*demander*	bieten	*offrir*
erwachen	*se réveiller*	wach sein	*être éveillé*
wecken	*réveiller quelqu'un*	aufwachen	*s'éveiller*

Der Wecker klingelt, ich erwache. — Le réveil sonne, je me réveille.
Die Mutter weckt den Sohn. — La mère réveille le fils.
Ich bin wach. — Je suis éveillé.
Ist es wahr? — Est-ce que c'est vrai ?

*Quel est le sens de **bitten** ? de **bieten** ?*

Mots en vedette

erschrecken est fort au sens de *s'effrayer*, faible au sens de *effrayer quelqu'un* :

Ich erschrak, als er eintrat. — Je sursautai quand il entra.
Er hat mich erschreckt. — Il m'a effrayé.
Ich bin erschrocken. — Je suis effrayé.

Dialogue et expressions

- **autour du verbe *aimer***

Was hast du gern?	Qu'est-ce que tu aimes ?
Ich habe Tischtennis gern.	J'aime le ping-pong.
Was magst du?	Qu'aimes-tu ?
Ich mag Deutsch.	J'aime l'allemand.
Was findest du gut?	Qu'est-ce que tu trouves bien ?
Ich finde Sport gut.	J'aime le sport.
Wofür interessierst du dich?	À quoi t'intéresses-tu ?
Ich interessiere mich für Musik.	Je m'intéresse à la musique.
Sie liebt ihre Eltern.	Elle aime ses parents.

  *Traduis **j'aime l'allemand**.*

- **autour du verbe *passer***

  verbringen, passer (des vacances, un moment)

Wir verbringen unsere Ferien am Meer.	Nous passons nos vacances au bord de la mer.
Ich habe einen angenehmen Abend verbracht.	J'ai passé une agréable soirée.

  *Que signifie **verbringen** ?*

  vorbeigehen, passer (devant quelque chose)

Jeden Tag geht er an der Post vorbei.	Chaque jour il passe devant la poste.

  vergehen, passer (pour le temps qui s'écoule)

Die Zeit vergeht schnell.	Le temps passe vite.

SITUATIONS DE COMMUNICATION

Demander

- **Un prix**

Was kostet? Wie viel kostet...?	Combien coûte... ?
Was macht das?	Combien ça fait ?
Was macht das zusammen?	Combien ça fait ensemble ?

- **Un mot**

Wie sagt man... auf Deutsch?	Comment dit-on... en allemand ?
Wie heißt... auf Deutsch?	
Ich finde das Wort nicht.	Je ne trouve pas le mot.
Ich weiß nicht, wie man das sagt...	Je ne sais pas comment on dit...

  *Traduis **comment dit-on en allemand ?***

- **Son chemin**

Können Sie mir sagen, wo...?	Pouvez-vous me dire où... ?
Wie komme ich zu...?	Comment vais-je à... ?

- **A prendre la parole**

Ich habe eine Frage.	J'ai une question.
Ich möchte etwas sagen.	Je voudrais dire quelque chose.
Ich möchte Sie etwas fragen.	Je voudrais vous demander quelque chose.

Exprimer des sentiments positifs

- **L'enthousiasme**

Das gefällt mir.	Ca me plaît.	Herrlich!	Magnifique !
Ich mag...	J'aime bien...	Ausgezeichnet!	Extraordinaire !
Das ist toll! Das ist super! Klasse!	C'est formidable !	Ich freue mich...	Je me réjouis...
		Ich bin froh!	Je suis heureux !
Wunderbar!	Merveilleux !		

Que signifie **Klasse ?**

- **L'admiration**

Wie schön!	C'est beau !	Wie süß!	Comme c'est mignon !
Wie hübsch!	Comme c'est joli !		

- **La surprise**

Nein!	Non !	Ach so!	Ah bon !
Nicht zu glauben!	Incroyable !	Stell dir vor!	Imagine !
Unglaublich!		Was für eine Überraschung!	Quelle surprise !
Das ist nicht wahr!	C'est pas vrai !		

- **Le désir de voir quelque chose se réaliser**

Hoffentlich...	Pourvu que...	Wenn (ich) nur...	Si seulement (je)...

- **Le soulagement**

Zum Glück!	Heureusement !	Es war Zeit!	Il était temps !
Ach endlich!	Ah, enfin !		

- **Rassurer quelqu'un**

Es wird schon gehen!	Ca ira !	Keine Angst!	N'aie pas peur !
Mach dir keine Sorgen!	Ne te fais pas de soucis !	Nimm es doch nicht so tragisch!	Ne le prend pas au tragique !
Es wird schon klappen!	Ca va marcher !	Das kann jedem passieren!	Cela peut arriver à tout le monde !

Traduis **ne te fais pas de soucis.**

Exprimer des sentiments négatifs

- **Le regret, la déception**

Es ist wirklich schade!	C'est vraiment dommage !	Was für eine Enttäuschung!	Quelle déception !
Leider...	Malheureusement...		

Traduis **c'est vraiment dommage.**

- **l'indifférence**

Das ist egal.	Peu importe.	Das ist mir völlig egal.	Ca m'est complètement égal.
Das ist gleich.			
Das ist mir Wurst!	Je m'en fiche !		

- **Le dégoût, l'indignation**

  | Das ist ekelhaft! | C'est dégoûtant ! | Das gibt's doch nicht! | Ce n'est pas possible ! |
  | Wie schrecklich! | Quelle horreur ! | | |

- **La contrariété, la mauvaise humeur**

Das reicht!	Ça suffit comme ça !	Das geht doch nicht!	Ça ne va pas !
Das genügt!		Das geht zu weit!	Ça va trop loin !
Das fängt wieder an!	Ça commence !	Hör auf!	Arrête !
Schon wieder!			

  Que signifie **Hör auf.**

- **L'ennui**

  | Ich habe die Nase voll! | J'en ai marre ! | Wie langweilig! | Comme c'est ennuyeux ! |

- **La résignation**

  | Schon gut! Das macht nichts! | Tant pis ! | Da kannst du nichts dafür! | Tu n'y peux rien ! |

- **l'incertitude**

  | Ich weiß es nicht. | Je n'en sais rien. | Ich habe keine Ahnung... | Je n'ai pas la moindre idée... |
  | Keine Ahnung! | Aucune idée ! | | |

- **L'impatience**

  | Schnell! | Vite ! | Nun komm doch endlich! | Vas-tu enfin venir ? |
  | Nun beeil dich mal! | Dépêche toi ! | | |

  Traduis **Dépêche-toi.**

- **Se plaindre**

  | Wie schade! | Quel dommage ! | Mir reicht es! | J'en ai assez ! |
  | Immer noch! | Encore ! | | |

- **Protester**

  | Bestimmt nicht! | Sûrement pas ! | Kommt nicht in Frage! | Pas question ! |

- **Repousser quelqu'un**

  | Weg mit dir! | Va t'en ! | Lass mich in Ruhe! | Laisse-moi tranquille |
  | Geh weg! | | | |

Situations de communication diverses

- **Interpeler quelqu'un**

  | Bitte... | S'il vous plaît... | Hör zu... | Ecoute... |
  | Entschuldigung... | | ...nicht wahr? | ...n'est-ce pas ? |

- **Commencer une phrase**

  | Mal sehen... | Voyons voir... |

- **Proposer une aide, demander de l'aide**

  | Was kann ich für Sie tun? | Qu'est-ce que je peux faire pour vous ? | Kann ich Ihnen helfen? | Est-ce que je peux vous aider ? |
  | | | Hilf mir bitte! | Aide-moi s'il te plaît ! |

  Traduis **aide-moi.**

- **Avertir quelqu'un**

| Achtung! Vorsicht! | *Attention !* | Pass auf! | *Fais attention !* |

- **Promettre**

| Wird gemacht! | *Ce sera fait !* | Das passiert nicht mehr! | *Cela n'arrivera plus !* |
| Ich verspreche dir... | *Je te promets que...* | | |

5ᵉ Vocabulaire thématique

Wohnen, Hausarbeit : habiter, travail à la maison

Par ♥

das Haus(¨er)	*la maison*	das Fenster(-)	*la fenêtre*
die Wohnung(en)	*l'appartement, l'habitation*	die Tür(en)	*la porte*
		der Keller(-)	*la cave*
das Dach(¨er)	*le toit*	die Treppe(n)	*l'escalier*
die Mauer(n)	*le mur*	der Stock	*l'étage*
die Wand(¨e)	*le mur (intérieur)*	(die Stockwerke)	

*Comment dit-on **l'étage ? les étages ?***

im ersten Stock wohnen	*habiter au premier étage*	heim gehen	*rentrer à la maison*
		daheim sein	*être à la maison*
der Fahrstuhl(¨e)	*l'ascenseur*	das Haus sauber machen	*nettoyer la maison*
zu Hause sein	*être à la maison*		
in einem Haus wohnen	*habiter dans une maison*		

das Zimmer(-)	*la pièce, la chambre*	das Esszimmer(-)	*la salle à manger*
		das Badezimmer(-)	*la salle de bain*
das Schlafzimmer(-)	*la chambre à coucher*	das Arbeitszimmer(-)	*le bureau (pièce)*
		die Küche(n)	*la cuisine*
das Wohnzimmer(-)	*le séjour*	kochen	*faire la cuisine*
die Decke(n)	*le plafond*	der Schlüssel(-)	*la clef*
der Boden	*le sol*	der elektrische Strom	*le courant électrique*
das Licht(er)	*la lumière*		
das Licht anmachen	*allumer la lumière*	die Heizung	*le chauffage*
		der Vorhang(¨e)	*le double rideau*
das Licht ausmachen	*éteindre la lumière*	der Teppich(e)	*le tapis*
		das Zimmer aufräumen	*ranger la chambre*
die Lampe(n)	*la lampe*		
das Möbelstück	*le meuble*	der Schreibtisch(e)	*le bureau (meuble)*
der Stuhl(¨e)	*la chaise*		
der Sessel(-)	*le fauteuil*	das Bett(en)	*le lit*
der Tisch(e)	*la table*	das Bild(er)	*l'image, la photo, le tableau*
der Schrank(¨e)	*l'armoire*		

*Cite des noms composés avec **Zimmer**.*

POUR ALLER PLUS LOIN

der Kleiderschrank(¨e)	la penderie	die Waschmaschine(n)	le lave-linge
der Bücherschrank(¨e)	la bibliothèque	die Wäsche waschen	laver le linge
der Kühlschrank(¨e)	le réfrigérateur	die Spülmaschine(n)	le lave-vaisselle
der Gasherd(e)	la gazinière	das Geschirr spülen	laver la vaisselle
der Elektroherd(e)	la cuisinière électrique	der Staubsauger(-)	l'aspirateur
		staubsaugen	passer l'aspirateur
der Mikrowellenherd(e)	le four à micro ondes	das Bett machen	faire le lit
		den Tisch decken	mettre la table
das Gerät(e)	l'appareil, l'ustensile		

basteln	bricoler, faire des travaux manuels	nähen	coudre
		der Klebstoff(e)	la colle
das Brett(er)	la planche	kleben	coller
der Hammer(-)	le marteau	die Schere(n)	les ciseaux
der Nagel(¨)	le clou	schneiden	couper
die Schnur(¨e)	la ficelle	bügeln	repasser
der Faden(¨)	le fil	das Bügeleisen(-)	le fer à repasser
die Nadel(n)	l'aiguille		

5e

Ne pas confondre
das Arbeitszimmer	le bureau (pièce)
der Schreibtisch	le bureau (meuble)
das Büro	le bureau (lieu de travail)

*Donne plusieurs traductions de **bureau**.*

Dialogue et expressions
Wer macht die Hausarbeit?	Qui fait le travail à la maison ?
Deckst du den Tisch?	Mets-tu la table ?
Räumst du dein Zimmer auf?	Ranges-tu ta chambre ?
Gehst du einkaufen?	Vas-tu faire les courses ?
Kannst du kochen?	Sais-tu faire la cuisine ?
Hilfst du deiner Mutter und deinem Vater?	Aides-tu ta mère et ton père ?

Essen, die Nahrung : les repas, la nourriture

*Traduis **avoir faim**.*

Par ♥

Hunger haben	avoir faim	Durst haben	avoir soif
das Frühstück(e)	le petit déjeuner	die Milch	le lait
frühstücken	prendre le petit déjeuner	Milch trinken	boire du lait
		der Orangensaft(¨e)	le jus d'orange
das Brot(e)	le pain	das Ei(er)	l'œuf
das Brötchen(-)	le petit pain	ein Ei essen	manger un œuf
die Butter	le beurre	der Zucker(-)	le sucre
die Marmelade(n)	la confiture	Kaffee mit oder ohne Milch	du café avec ou sans lait
der Honig	le miel		
der Kaffee	le café	die Kaffeekanne(n)	la cafetière
der Tee	le thé	die Teekanne (n)	la théière
der Kakao	le chocolat (boisson)		

5e

das Mittagessen(-)	le déjeuner	der Schinken(-)	le jambon
die Suppe(n)	la soupe	der Fisch(e)	le poisson
das Fleisch	la viande	das Hauptgericht(e)	le plat principal
das Gemüse	les légumes	der Nachtisch(e)	le dessert
die Kartoffel(n)	la pomme de terre	das Obst	les fruits (de table)
der Apfel(¨)	la pomme		
die Birne(n)	la poire	ein Pfund Kirschen	une livre de cerises
die Banane(n)	la banane		
die Orange(n)	l'orange	die Eisdiele(n)	le glacier
die Kirsche(n)	la cerise	der Schnellimbiss	la petite collation (fast-food)
die Erdbeere(n)	la fraise		
das Abendbrot(e)	le dîner	der Salat(e)	la salade
das Abendessen(-)	le dîner	das Öl	l'huile
die Wurst(¨e)	la saucisse, le saucisson	der Essig	le vinaigre
		das Salz(e)	le sel
der Käse	le fromage	der Pfeffer(-)	le poivre
eine Scheibe Brot	une tranche de pain	kalt essen	manger froid
		der Aufschnitt	l'assiette froide (charcuterie)
der Kuchen(-)	le gâteau		
das Wasser	l'eau	das Eis	la glace
die Torte(n)	le gâteau à la crème	das Mehl	la farine
		das Gebäck(-)	le gâteau sec
die Sahne	la crème	das Getränk(e)	la boisson
die Schlagsahne	la crème chantilly	das Bier	la bière
das Glas(¨er)	le verre	der Wein	le vin
das (die) Cola	le Coca Cola	die Limo	la limonade
die Flasche(n)	la bouteille	die Tasse(n)	la tasse
der Teller(-)	l'assiette	eine Tasse Kaffee	une tasse de café
das Messer(-)	le couteau	ein Glas Bier	un verre de bière
der Löffel(-)	la cuillère	eine Flasche Wein	une bouteille de vin
die Gabel(n)	la fourchette		
die Schüssel(n)	le plat	zwei Kilo Tomaten	deux kilos de tomates
die Salatschüssel(n)	le saladier		
die Suppenschüssel(n)	la soupière	ein Stück Torte	une part de gâteau à la crème
eine Tafel Schokolade	une tablette de chocolat		
ein Dutzend Eier	une douzaine d'œufs		

Donne des noms de fruits.

*Traduis **deux kilos de tomates**.*

Ne pas confondre

die Schüssel	le plat	der Schlüssel	la clef
das Öl	l'huile	das Erdöl	le pétrole
die Küche	la cuisine	der Kuchen	le gâteau
die Kirsche	la cerise	die Kirche	l'église
das Café	le café (le local)	der Kaffee	le café (la boisson)

kochen	cuire avec de l'eau
braten	rôtir, frire
backen	faire cuire au four

*Comment dis-tu **la cuisine** ? **le gâteau** ?*

Dialogue et expressions

Guten Appetit!	Bon appétit !
Danke gleichfalls!	Merci, vous aussi !
Bist du mit dem Essen fertig?	As-tu fini le repas ?
Bist du hungrig?	As-tu faim ?
Bist du durstig?	As-tu soif ?
Möchtest du noch etwas essen?	Voudrais-tu encore manger quelque chose ?
Nein, danke ich bin satt.	Non merci je suis rassasié.
Ich habe keinen Hunger mehr.	Je n'ai plus faim.
Greif zu!	Sers-toi !
Bediene dich!	Sers-toi !
Der Kuchen schmeckt sehr gut.	Le gâteau est très bon.

Traduis
je n'ai plus faim.

5ᵉ

Mots en vedette

das Brötchen : petit pain rond avec parfois des graines de pavot ou de cumin les suffixes -chen ou -lein servent à former des diminutifs. Le nom prend souvent une inflexion, les diminutifs sont neutres.
Das Brot : il n'existe pas moins de 200 sortes de pain en Allemagne. Il ne faut donc pas s'étonner de la fréquence du mot.
Das Abendbrot : le repas du soir froid à base de pain
ein belegtes Brot : un sandwich (tranche de pain recouverte de margarine ou de beurre, de saucisse, jambon, fromage, qu'on mange avec le couteau et la fourchette ou un petit pain rond garni)

das Pausenbrot : le sandwich que les élèves emportent à l'école et mangent pendant la récréation

das Butterbrot	*la tartine de beurre*
das Schwarzbrot	*le pain noir*
das Weißbrot	*le pain blanc*
das Bauernbrot	*le pain de campagne*
das Vollkornbrot	*le pain complet*

Avec quels suffixes forme-t-on des diminutifs ?

der Saft, le jus de fruit, entre dans beaucoup de noms composés

der Apfelsaft	*le jus de pomme*
der Orangensaft	*le jus d'orange*
der Zitronensaft	*le jus de citron*
der Traubensaft	*le jus de raisin*

Das Schulleben : la vie scolaire

Par ♥

das Klassenzimmer(-)	la salle de classe	der Klassenlehrer(-)	le professeur principal
die Klasse(n)	la classe		
der Klassensprecher(-)	le délégué élève	der Schuldirektor(en)	le directeur d'école
der Sportlehrer(-)	le professeur d'éducation physique	die Tafel(n)	le tableau
		das Buch(¨er)	le livre
die Geschichts-lehrerin(nen)	le professeur d'histoire	das Heft(e)	le cahier
		der Füller(-)	le stylo plume

61

5ᵉ

Par ♥

die Klassenfahrt(en)	le voyage scolaire	der Bleistift(e)	le crayon
der Ausflug(¨e)	l'excursion	der Kugelschreiber(-)	le stylo à bille
das Schullandheim(e)	l'auberge pour les groupes scolaires	die Übung(en)	l'exercice
		die Hausaufgabe(n)	le devoir (à la maison)
der Satz(¨e)	la phrase	die Seite(n)	la page
einen Satz bilden	construire une phrase	der Fehler(-)	la faute
		der Punkt(¨e)	le point
das Wort(¨er)	le mot	das Beispiel(e)	l'exemple
das Wörterbuch(¨er)	le dictionnaire	zum Beispiel	par exemple
ein Blatt Papier	une feuille de papier	die Pause(n)	la récréation
ein Stück Kreide	un morceau de craie	eine Mathestunde	un cours de maths
die Schulsachen	les affaires de classe	Deutsch und Englisch lernen	apprendre l'allemand et l'anglais
der Stundenplan(¨e)	l'emploi du temps	eine Lektion auswendig lernen	apprendre une leçon par cœur
das Zeugnis(se)	le bulletin	Französisch	le français
ein gutes Zeugnis haben	avoir un bon bulletin	Geschichte	l'histoire
		Mathe	les maths
die Musik	la musique	Physik	la physique
musizieren	faire de la musique	der Religionsunterricht	le cours de religion
das Schulorchester(-)	l'orchestre de l'école	hitzefrei haben	les cours n'ont pas lieu si la température est trop élevée
Sport	l'éducation physique		
Kunst	arts plastiques		

*Que signifie **die Klassenfahrt** ?*

Par ♥

der Brief(e)	la lettre	die Brieffreundin(nen)	la correspondante
einen Brief bekommen	recevoir une lettre	Briefe schreiben	écrire des lettres
der Brieffreund(e)	le correspondant	ein Foto schicken	envoyer une photo
die Briefmarke(n)	le timbre	den Brieffreund besuchen	rendre visite au correspondant
Briefmarken sammeln	collectionner des timbres	die Brieffreundin aufnehmen	accueillir la correspondante
der Briefumschlag(¨e)	l'enveloppe	der Austauschpartner(-)	le correspondant scolaire
der Briefträger(-)	le facteur	die Austauschpartnerin(nen)	la correspondante
Post bekommen	avoir du courrier	der Ferienkalender	le calendrier des vacances
der Schüleraustausch(e)	l'échange scolaire		
nach Deutschland fahren	partir en Allemagne		
die Schulferien	les vacances scolaires		

*Traduis **le correspondant**.*

*Que signifie **die Schulferien** ?*

Dialogue et expressions

Wann gehst du in die Schule?	Quand vas-tu à l'école ?
Wie viel Stunden Unterricht hast du am Montag?	Combien d'heures de cours as-tu le lundi ?
Und in der Woche?	Et par semaine ?

Wie lange dauert die Pause?	Combien de temps dure la récréation ?
Wie heißt dein Klassenlehrer?	Comment s'appelle ton professeur principal ?
Welches ist dein Lieblingsfach?	Quelle est ta matière préférée ?
Was lernst du gern?	Qu'est-ce que tu aimes apprendre ?
1 ist die beste Note.	1 est la meilleure note.
6 ist die schlechteste Note.	6 est la note la plus mauvaise.
Die Unterrichtsstunde dauert 45 Minuten.	L'heure de cours dure 45 minutes.
Die deutschen Schüler haben keine Schule am Nachmittag.	Les écoliers allemands n'ont pas de cours l'après-midi.
Der Nachmittag ist frei.	L'après midi est libre.
Setzt euch!	Asseyez-vous !
Wer fehlt?	Qui manque ?
Wiederhole den Satz!	Répète la phrase !
Schlagt die Bücher auf!	Ouvrez vos livres !
Welche Seite?	Quelle page ?
Nehmt ein Blatt Papier!	Prenez une feuille de papier !

Traduis **ma matière préférée.**

5ᵉ

Mots en vedette

La meilleure note est 1, la plus faible est 6

1 = sehr gut	très bien	4 = ausreichend	suffisant
2 = gut	bien	5 = mangelhaft	insuffisant
3 = befriedigend	satisfaisant	6 = ungenügend	très insuffisant

Quelle est la meilleure note en allemand ?

Adjectifs et adverbes

Adjectifs

Par ♥

arm	pauvre	heiß	(très) chaud
böse	méchant, en colère, fâché	hoch	haut
		müde	fatigué
frei	libre	nett	gentil
freundlich	aimable, sympathique	reich	riche
		wahr	vrai
glücklich	heureux		
dumm	stupide	langweilig	ennuyeux
faul	paresseux	schlimm	grave
fleißig	appliqué	traurig	triste
gefährlich	dangereux	vorsichtig	prudent
interessant	intéressant		
breit	large	lustig	drôle
einfach	simple	offen	ouvert
sauber	propre	schmutzig	sale
stark	fort	still	calme, silencieux

Traduis l'adjectif **gefährlich.**

63

Dialogue et expressions

Er ist ihm böse.	Il lui en veut.	Er ist lustig.	Il est drôle.
Er ist böse auf mich.	Il est fâché contre moi.	Das Kind ist süß.	L'enfant est mignon.
		Die Birne ist süß.	La poire est sucrée.
Er ist froh.	Il est joyeux.	Du bist lieb.	Tu es gentil.
Er ist glücklich.	Il est heureux.	Du bist still.	Tu ne dis rien.
Ich bin müde.	Je suis fatigué.		

Mots en vedette

pour décrire l'apparence

schön	beau	schlecht	mauvais
hübsch	joli	schlimm	grave
herrlich	magnifique	schrecklich,	affreux
wunderbar, wunderschön	merveilleux	furchtbar	

pour marquer l'approbation

Das ist wahr!	C'est vrai !	Genau!	Exactement !
Das ist richtig!	C'est juste !	Eben!	Précisément !
Das stimmt!	C'est juste !	Klar!	C'est clair !

Que signifie **das stimmt** *?*

Adverbes de temps

- **chronologie**

zuerst	tout d'abord	vorher	avant
dann	ensuite	nachher	après
zuletzt	finalement		

- **fréquence**

oft	souvent	selten	rarement
manchmal	parfois	nie	jamais

Dialogue et expressions

heute Morgen	ce matin
heute Nachmittag	cet après-midi
heute Abend	ce soir
Die Ferien sind vorbei.	Les vacances sont terminées.

Comment dit-on **cet après-midi** *?*

Adverbes de manière

fast	presque	sogar	même
gar nicht	absolument pas		

4ᵉ

*Grammaire
Vocabulaire*

SOMMAIRE 4ᵉ

GRAMMAIRE

SYNTAXE, 65
Les subordonnées avec *wenn* et *als*, 65
Les subordonnées relatives, 65
La subordonnée infinitive commençant par *um... zu* (pour + infinitif), 67
Propositions infinitives avec *ohne... zu*, *anstatt... zu*, 68

SYSTÈME VERBAL, 69
Le plus-que-parfait de l'indicatif, 69
Le parfait, 69
Autour des verbes de modalité, 71

GROUPE NOMINAL ET PRONOM, 73
Superlatif, 73
Adjectifs et adverbes irréguliers, 74

LE PRINCIPE DE DÉTERMINATION, 75
La composition, 75
La dérivation, 75
Le principe de détermination, 76

VERBES FORTS À CONNAÎTRE, 78

VERBES À CONNAÎTRE, 78

VOCABULAIRE

VOCABULAIRE THÉMATIQUE, 81
Reisen und Verkehr : voyages et transports, 81
Das Stadtleben : la vie en ville, 82
Einkaufen, Kleidung und Mode : achats, vêtements et mode, 85
Der Körper und die Gesundheit : le corps et la santé, 87
Das Wetter und die Jahreszeiten : le temps et les saisons, 88
Das Landleben : la vie à la campagne, 90
Die Feste : les fêtes, 92
Erwachsene und Jugendliche : adultes et adolescents, 93
Adjectifs et adverbes, 94

SYNTAXE

Les subordonnées avec *wenn* et *als*

Les phrases qui commencent par **wenn** n'expriment pas toutes une condition irréalisable ou irréalisée. Le mode employé n'est donc pas toujours le subjonctif II, on trouve aussi l'indicatif.

Wenn wir das Kleid kaufen wollen, müssen wir sofort ins Geschäft gehen.

Si nous voulons acheter la robe nous devons aller immédiatement au magasin.

Wenn wir einen neuen Wagen kaufen wollen, müssen wir viel Geld sparen.

Si nous voulons acheter une nouvelle voiture, nous devons économiser beaucoup d'argent.

Wenn er anruft, erzähl ihm, was geschehen ist.

S'il téléphone, raconte-lui ce qui s'est passé.

wenn peut être traduit par *quand* ou *si*. Dans le sens de *quand* ou *lorsque*, il s'oppose à **als**.
Mais on n'emploie pas indifféremment **wenn** ou **als**.

Avec un verbe au présent ou au futur on emploie toujours **wenn** :

Wenn er kommt, frag ihn, ob er das Brot nicht vergessen hat.

Quand il arrivera, demande-lui s'il n'a pas oublié le pain.

Wir spielen jeden Tag Tennis, wenn wir unsere Ferien am Meer verbringen.

Nous jouons chaque jour au tennis quand nous passons nos vacances au bord de la mer.

Avec un verbe au passé on emploie **wenn** si l'action s'est répétée, **als** s'il s'agit d'un fait unique (si on peut remplacer *quand* par *au moment où*).

Als ich ins Zimmer eintrat, sah ich ihn.

Lorsque j'entrai dans la chambre, je le vis.

Als er zum ersten Mal in Paris ankam, war er neun.

Lorsqu'il arriva à Paris la première fois, il avait neuf ans.

Wenn es regnete, blieben wir zu Hause.

Quand il pleuvait, nous restions à la maison.

Jedesmal wenn er mich besuchte, brachte er mir Rosen.

Chaque fois qu'il me rendait visite, il m'apportait des roses.

*Quels sont les modes employés avec **wenn** ?*

*Quand emploie-t-on **als** au passé ?*

Les subordonnées relatives

La proposition subordonnée relative peut être considérée comme une expansion du nom sur la droite.

Considérons les deux phrases :

Der Wagen ist rot. Er fährt sehr schnell.

La voiture est rouge. Elle roule très vite.

On peut les relier par l'intermédiaire d'une relative, qui sert d'élargissement au nom *voiture* :
Der Wagen, der sehr schnell fährt, ist rot.   La voiture qui roule très vite est rouge.

Comment choisit-on le relatif ?

Le choix du relatif dépend de l'antécédent (le nom auquel il se rapporte) et de sa fonction dans la proposition subordonnée.
Si l'antécédent est masculin et si la fonction du relatif dans la proposition subordonnée est sujet, le pronom relatif sera **der**.
Au nominatif, à l'accusatif et au datif (à l'exception du datif pluriel) le pronom relatif est identique à l'article défini qui correspond. On peut résumer ainsi : le relatif s'accorde en genre et en nombre avec son antécédent et se met au cas voulu par sa fonction dans la relative.
La subordonnée relative est encadrée par des virgules.

- **avec un nom masculin**
  *Der Mann, **der** kommt, ist mein Vater.*   L'homme qui arrive est mon père.
  *Der Mann, **den** du auf dem Foto siehst,*   L'homme que tu vois sur la photo
  ist mein Onkel.   est mon oncle.
  *Der Mann, **dem** ich die Zeitung gebe,*   L'homme auquel je donne le journal
  ist mein Nachbar.   est mon voisin.

- **avec un nom féminin**
  *Die Frau, **die** kommt, ist meine Mutter.*   La femme qui arrive est ma mère.
  *Die Frau, **die** du auf dem Foto siehst,*   La femme que tu vois sur la photo
  ist meine Tante.   est ma tante.
  *Die Frau, **der** ich Brot bringe,*   La femme à laquelle j'apporte du pain
  ist meine Nachbarin.   est ma voisine.

- **avec un nom neutre**
  *Das Kind, **das** kommt, ist mein Sohn.*   L'enfant qui arrive est mon fils.
  *Das Kind, **das** du auf dem Bild siehst,*   L'enfant que tu vois sur la photo
  ist mein Neffe.   est mon neveu.
  *Das Kind, **dem** ich Bonbons gebe,*   L'enfant auquel je donne des bonbons
  ist einer meiner Schüler.   est un de mes élèves.

- **avec un nom pluriel**
  *Die Kinder, **die** kommen, sind*   Les enfants qui arrivent sont
  meine Schüler.   mes élèves.
  *Die Kinder, **die** du hörst,*   Les enfants que tu entends
  spielen auf dem Schulhof.   jouent dans la cour de l'école.
  *Die Kinder, **denen** ich Aufgaben*   Les enfants auxquels je rends des devoirs
  zurückgebe, arbeiten gut.   travaillent bien.

Quel est le pronom relatif au datif pluriel ?

Nous constatons qu'au datif pluriel le pronom relatif **denen** est différent de l'article défini **den**.
Le pronom relatif prend une forme différente de l'article défini au génitif.
L'article défini est **des** ou **der**, le pronom relatif devient **dessen** ou **deren**, selon que l'antécédent est masculin ou neutre (**dessen**), féminin ou pluriel (**deren**).
Le pronom relatif au génitif est directement suivi du nom dont il est complément, sans déterminant.

*Der Mann, **dessen** Wagen du siehst,*   L'homme dont tu vois la voiture
ist mein Lehrer.   est mon professeur.

Die Stadt, **deren** Häuser du erblickst, ist Köln.		La ville dont tu aperçois les maisons est Cologne.
Das Haus, **dessen** Dach rot ist, gehört meinem Onkel.		La maison dont le toit est rouge appartient à mon oncle.
Die Schüler, **deren** Mäntel wir sehen, sitzen im Klassenzimmer.		Les élèves dont nous voyons les manteaux sont assis dans la salle de classe.

Le pronom relatif peut être précédé d'une préposition :

Die Familie, **bei der** ich wohnte, war sehr freundlich.	La famille chez laquelle j'habitais était très sympathique.
Die Wohnung, **in der** ich wohne, ist klein.	L'appartement dans lequel j'habite est petit.
Die Kinder, **mit denen** ich spiele, sind 8 Jahre alt.	Les enfants avec lesquels je joue ont 8 ans.

Attention
Dont peut être complément d'un verbe ou d'un adjectif et non complément d'un nom. Il ne sera pas alors traduit par **dessen, deren**.

Der Mann, **von dem** ich spreche, ist 50.	L'homme dont je parle a 50 ans.
Der Junge, **auf den** sie stolz ist, hat das Spiel gewonnen.	Le garçon dont elle est fière a gagné le match.

TABLEAU RÉCAPITULATIF DE LA DÉCLINAISON DU PRONOM RELATIF

	masculin	neutre	féminin	pluriel
nominatif	der	das	die	die
accusatif	den	das	die	die
datif	dem	dem	der	**denen**
génitif	**dessen**	**dessen**	**deren**	**deren**

Donne la déclinaison du pronom relatif au datif.

La subordonnée infinitive commençant par *um... zu* (pour + infinitif)

Er geht in die Stadt, **um** Schallplatten zu kaufen.	Il va en ville pour acheter des disques.
Er bleibt zu Hause, **um zu** arbeiten.	Il reste à la maison pour travailler.

Ne pas confondre

für, *pour*, préposition devant un nom, et **um ... zu**, *pour* devant un infinitif :

Ich kaufe die Zeitung **für** meinen Vater.	J'achète le journal pour mon père.
Er lernt Deutsch, **um** die Deutschen besser verstehen **zu** können.	Il apprend l'allemand pour pouvoir mieux comprendre les Allemands.

Quelle est la différence entre **für** *et* **um... zu** *?*

La réponse avec **um ... zu** correspond à la question **wozu** ? *(dans quel but ?)* :

Wozu fährt er nach Deutschland?	Dans quel but part-il pour l'Allemagne ?
Er fährt nach Deutschland, um zu arbeiten.	Il part pour l'Allemagne afin de travailler.

Certaines expressions sont suivies d'un infinitif complément :

Ich habe Lust, ins Kino zu gehen.	J'ai envie d'aller au cinéma.
Ich habe keine Lust, zu arbeiten.	Je n'ai pas envie de travailler.
Hast du Lust, mitzukommen?	As-tu envie de nous accompagner ?
Es gelingt mir, das Spiel zu gewinnen.	Je réussis à gagner le match.
Es ist mir gelungen, ihn wiederzusehen.	J'ai réussi à le revoir.

Dialogue et expressions

Peter bleibt sitzen. — Peter reste assis/redouble.
Peter bleibt stehen. — Peter reste debout/s'arrête.
Peter bleibt liegen. — Peter reste allongé.
Er geht schlafen. — Il va se coucher.
Er geht einkaufen. — Il va faire des courses.
Er geht spazieren. — Il va se promener.
Er lernt ihn kennen. — Il fait sa connaissance.
Er heißt ihn willkommen. — Il lui souhaite la bienvenue.

*Comment dis-tu **il va se coucher** ?*

Remarque

Avec les auxiliaires de mode, le verbe **gehen** est souvent sous-entendu :

Wir müssen fort. — Il faut que nous partions.
Darf ich hinaus? — Est-ce que je peux sortir ?
Wir wollen in die Stadt. — Nous voulons aller en ville.

Le verbe **brauchen**, + infinitif, s'utilise dans des phrases négatives ou restrictives :

Du brauchst deine Antwort nicht sofort zu geben. — Tu n'as pas besoin de me donner ta réponse immédiatement.
Er braucht morgen nicht zu kommen. — Il n'a pas besoin de venir demain.

Propositions infinitives avec *ohne... zu, anstatt... zu*

Comment dis-tu
***sans* + infinitif ?**
***au lieu de* + infinitif ?**

ohne... zu, *sans*, + infinitif ; **anstatt... zu**, *au lieu de*, + infinitif.

Wilhelm Tell ging an dem Hut vorbei, ohne ihn zu grüßen. — Guillaume Tell passa devant le chapeau sans le saluer.
Er verlässt die Stadt, ohne von seinen Freunden Abschied zu nehmen. — Il quitte la ville sans prendre congé de ses amis.
Wir geben unser Geld aus, ohne an die Zukunft zu denken. — Nous dépensons notre argent sans penser à l'avenir.
Anstatt mit einem Taxi zum Bahnhof zu fahren, fährt er mit der U-Bahn. — Au lieu d'aller à la gare en taxi, il y va en métro.
Anstatt zu lernen, spielt er Fußball. — Au lieu de réviser, il joue au football.

Système verbal

Le plus-que-parfait de l'indicatif

Le plus-que-parfait de l'indicatif est formé à l'aide des auxiliaires **haben** ou **sein**, conjugués au prétérit, et du participe passé.

Par ♥

<u>seinen Füller vergessen</u> (oublier son stylo)	<u>zu Hause bleiben</u> (rester à la maison)
ich hatte meinen Füller vergessen	*ich war zu Hause geblieben*
du hattest deinen Füller vergessen	*du warst zu Hause geblieben*
er hatte seinen Füller vergessen	*er* ⎫
sie hatte ihren Füller vergessen	*sie* ⎬ *war zu Hause geblieben*
es hatte seinen Füller vergessen	*es* ⎭
wir hatten unsere Füller vergessen	*wir waren zu Hause geblieben*
ihr hattet eure Füller vergessen	*ihr wart zu Hause geblieben*
sie hatten ihre Füller vergessen	*sie waren zu Hause geblieben*

Le parfait

Verbes de modalité

Les verbes de modalité admettent deux participes :
– un participe passé sur le modèle des verbes faibles **gekonnt, gedurft, gesollt**, etc. en prenant soin d'ôter les inflexions de ceux qui en ont une à l'infinitif ;
– une forme infinitive, quand le participe passé du verbe de modalité vient après un infinitif.

Par ♥

| *Er hat nicht kommen **können**.* | Il n'a pas pu venir. |
| *Wir haben ins Kino gehen **wollen**.* | Nous avons voulu aller au cinéma. |

Traduis
il n'a pas
pu venir.

Les verbes de perception **hören**, *entendre*, **sehen**, *voir*, et le verbe **lassen**, *faire* (quand il est employé avec un infinitif), obéissent à la même règle :

*Er hat sich ein Haus bauen **lassen**.*	Il s'est fait construire une maison.
*Wir haben die Kinder singen **hören**.*	Nous avons entendu chanter les enfants.
*Sie hat das Auto reparieren **lassen**.*	Elle a fait réparer la voiture.
*Wir haben die Kinder spielen **sehen**.*	Nous avons vu jouer les enfants.

Place du participe passé

Le participe passé occupe la même place dans la proposition principale ou indépendante et dans la proposition subordonnée que l'infinitif employé avec un verbe de modalité.

Quelle est
la place du
participe passé
dans la
subordonnée ?

Er will ins Kino gehen.	Il veut aller au cinéma.
Er ist ins Kino gegangen.	Il est allé au cinéma.
Wir können nicht kommen.	Nous ne pouvons pas venir.
Wir sind nicht gekommen.	Nous ne sommes pas venus.
Ich glaube, dass er den Wagen kaufen will.	Je crois qu'il veut acheter la voiture.
Ich glaube, dass er den Wagen gekauft hat.	Je crois qu'il a acheté la voiture.

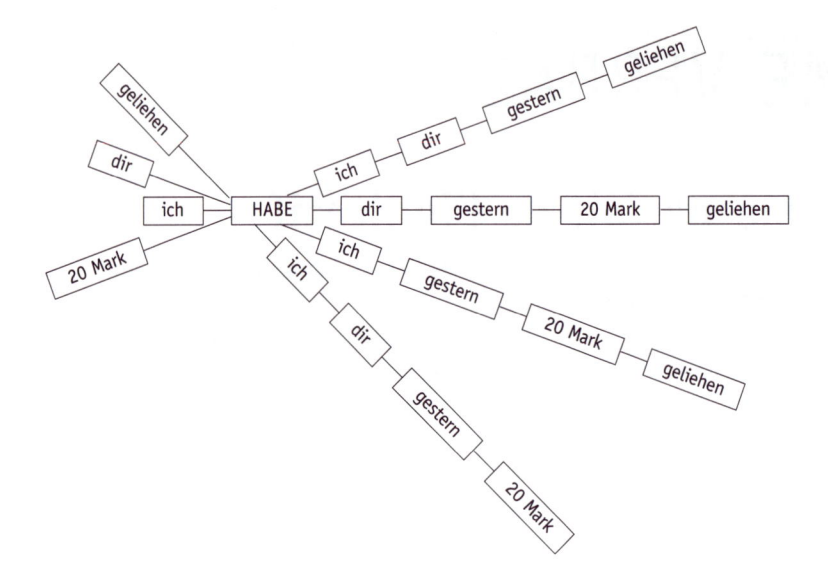

[Diagramme : différentes positions possibles des éléments *ich*, *dir*, *gestern*, *20 Mark*, *geliehen* autour de **HABE**.]

Bien veiller à la place de l'auxiliaire dans la subordonnée construite avec un double infinitif :

Ich weiß, dass er nicht hat kommen können.   *Je sais qu'il n'a pas pu venir.*

Verbes conjugués avec *sein*

Avec quels verbes emploie-t-on l'auxiliaire être au parfait ?

Ce sont des verbes d'état ou d'événement, tels que **geschehen** (arriver, se passer) et des verbes de mouvement intransitifs.

Wir sind zu Hause geblieben.	Nous sommes restés à la maison.
Was ist geschehen?	Qu'est-ce qui s'est passé ?
Es ist mir gelungen, den Film zu sehen.	J'ai réussi à voir le film.
Du bist sehr schnell gelaufen.	Tu as couru très vite.
Er ist nach Amerika geflogen.	Il est allé en Amérique.
Er ist zur Schule gegangen.	Il est allé à l'école.
Wann ist er nach Hause zurückgekommen?	Quand est-il rentré à la maison ?
Sie sind in die Wohnung eingetreten.	Ils sont entrés dans l'appartement.
Er ist früh aufgestanden.	Il s'est levé tôt.
Sie ist sehr viel gereist.	Elle a beaucoup voyagé.

fahren suivi d'un complément d'objet direct se conjugue avec **haben**. Sinon il est conjugué avec sein.

Er ist zu schnell gefahren.	Il a roulé trop vite.
Er hat den Opel gefahren.	Il a conduit l'Opel.

begegnen, *rencontrer*, et **folgen**, *suivre*, qui indiquent un mouvement et sont suivis du datif, se conjuguent avec **sein**.

*De quel cas est suivi **folgen** ?*

Der Schüler ist seinem Lehrer begegnet.   L'élève a rencontré son professeur.

Eben

Eben employé avec le parfait se traduit par un passé immédiat *(venir de)*

Er ist eben angekommen.   Il vient d'arriver.

Es hat eben 10 geschlagen.   *10 heures viennent de sonner.*
Ich habe es eben gekauft.   *Je viens de l'acheter.*

À la place de **eben**, on peut trouver **gerade**.

> ### Remarque
> On emploie toujours l'auxiliaire **haben** avec les verbes réfléchis :
> *Er hat sich beeilt.*   *Il s'est dépêché.*

Autour des verbes de modalité

La capacité, l'autorisation

Par ♥

Können, *pouvoir, être capable de*, exprime aussi le savoir-faire.
Dürfen insiste sur la permission, le fait d'avoir (ou de ne pas avoir) le droit de.

*Quelle est la différence entre **dürfen** et **können** ?*

Kannst du tanzen?	*Est-ce que tu sais danser ?*
Ja, ich kann tanzen.	*Oui, je sais danser.*
Kannst du kochen?	*Est-ce que tu sais faire la cuisine ?*
Nein, ich kann nicht.	*Non, je ne sais pas.*
Kannst du Tennis spielen?	*Est-ce que tu sais jouer au tennis ?*
Ja, aber nicht sehr gut.	*Oui, mais pas très bien.*
Darf man hier Rad fahren?	*Est-ce qu'on peut faire de la bicyclette ici ?*
Ja, man darf.	*Oui, on peut.*
Ich darf keinen Alkohol trinken, ich muss fahren.	*Je ne peux pas boire d'alcool, je dois conduire.*

4ᵉ

La capacité peut être rendue par d'autres moyens linguistiques que **können**.

Ich weiß, wie...	*Je sais comment...*
Das schaffe ich bestimmt!	*Je vais sûrement y arriver !*
Das schaffe ich nie.	*Je ne vais jamais y arriver.*
Hat's geklappt?	*Est-ce que ça a marché ?*
Ja, es hat alles prima geklappt.	*Oui tout a merveilleusement bien marché.*
Nein, es ist leider schief gegangen.	*Malheureusement ça n'a pas marché.*
Ist es dir gelungen?	*As-tu réussi ?*

Dürfen, nicht dürfen, ne sont pas les seuls moyens linguistiques pour exprimer l'autorisation ou l'interdit :

*Traduis **c'est autorisé**.*

Das ist erlaubt.	*C'est autorisé.*
Das geht nicht.	*Ça ne va pas.*
Das tut man nicht.	*Cela ne se fait pas.*
Das ist verboten.	*C'est interdit.*
Das kommt nicht in Frage.	*Il n'en est pas question.*

L'intention

Wollen sert à exprimer une intention, de même que d'autres expressions :

Wenn du willst...   *Si tu veux...*

Ich will spielen.	Je veux jouer.	*Traduis*
Ich will unbedingt...	Je veux absolument...	***j'ai envie de...***
Ich habe Lust, ins Kino zu gehen.	J'ai envie d'aller au cinéma.	
Ich habe vor, im Sommer nach Spanien zu fahren.	J'envisage d'aller cet été en Espagne.	
Ich hätte Lust, den Film zu sehen.	J'aurais bien envie de voir le film.	

Aimer

Mögen, au présent, sert à dire que l'on aime ou que l'on n'aime pas quelque chose.

Möchtest du Bananen essen? — *Veux-tu manger des bananes ?*
Nein, ich mag keine Bananen. — *Non, je n'aime pas les bananes.*
Ich mag das Grün. — *J'aime le vert.*

Aimer quelque chose ou *aimer faire quelque chose* pourra aussi être traduit par **gern** suivi du verbe. *Plaire* sera rendu par **gefallen, schön finden**.

Ich spiele gern Klavier. — *J'aime jouer au piano.*
Ich reise nicht gern. — *Je n'aime pas voyager.*
Ich fand das Buch sehr schön. — *J'ai bien aimé le livre.*
Das Buch hat mir sehr gut gefallen. — *Le livre m'a beaucoup plu.*

L'obligation

Müssen et **sollen** servent à traduire l'obligation. **Müssen** insiste sur le fait qu'on n'a pas le choix ; **ich muss**, *il faut que je ...*

Was soll ich tun? — *Qu'est-ce que je dois faire ?*
Muss das sein? — *Est-ce que c'est obligé ?*
Ich kann nicht kommen, ich muss zum Arzt. — *Je ne peux pas venir, je dois aller chez le médecin.*

D'autres moyens linguistiques pourront rendre également la notion d'obligation, de contrainte.

Das ist nicht nötig. — *Ce n'est pas nécessaire.*
Dieses Buch brauchst du nicht! — *Tu n'as pas besoin de ce livre !*
Auf jeden Fall! Unbedingt! — *Absolument !*

Avec quels verbes traduit-on l'obligation ?

La demande

On peut également trouver **können** ou **dürfen** pour exprimer une demande, solliciter une aide.

Können Sie mir bitte sagen, wo die Post ist? — *Pouvez-vous me dire s'il vous plaît où se trouve la poste ?*
Kannst du mir bitte ein Glas Wasser bringen? — *Peux-tu s'il te plaît m'apporter un verre d'eau ?*
Darf ich bitte das Buch haben? — *Est-ce que je peux avoir le livre s'il vous plaît ?*
Können Sie bitte die Tür zumachen? — *Pouvez-vous s'il vous plaît fermer la porte ?*

L'emploi du subjonctif II rendra la demande particulièrement polie.

Könnten Sie mir helfen? — *Pourriez-vous m'aider ?*

Traduis **pourriez-vous m'aider ?**

Könntest du bitte...?	*Pourrais-tu s'il te plaît... ?*
Hätten Sie vielleicht...?	*Auriez-vous s'il vous plaît... ?*
Ich hätte eine Bitte.	*J'aurais une demande.*

La proposition, le souhait, le conseil, la supposition

L'emploi du subjonctif II peut aussi suggérer une proposition :

Wir könnten ins Restaurant gehen.	*Nous pourrions aller au restaurant.*
Wie wäre es mit einer Flasche Champagner?	*Que dirais-tu d'une bouteille de champagne ?*
Ich hätte einen Vorschlag.	*J'aurais une proposition.*

L'emploi du subjonctif II de **mögen** et **gern haben** sert à formuler le souhait.

Ich möchte ein Fahrrad.	*Je voudrais une bicyclette.*
Ich hätte gern einen Computer.	*J'aimerais avoir un ordinateur.*

Sollen est lié à la notion de conseil :

Wie soll ich das machen?	*Comment dois-je faire ?*
Du solltest...	*Tu devrais...*

Pour dire que l'on conseille ou que l'on demande un conseil on peut également employer d'autres moyens linguistiques :

Das rat' ich dir!	*Je te le conseille !*
Tu das lieber nicht!	*Ne fais pas cela !*
An deiner Stelle würde ich...	*À ta place, je...*
Was würdest du an meiner Stelle machen?	*Que ferais-tu à ma place ?*

Traduis **je te le conseille.** 4ᵉ

Les verbes de modalité peuvent servir à exprimer une hypothèse, une supposition :

Es könnte sein...	*Il se pourrait...*
Er muss wohl krank sein.	*Il doit être malade.*
Er mag 20 Jahre alt sein.	*Il a peut être 20 ans.*

GROUPE NOMINAL ET PRONOM

Superlatif

Au superlatif, on ajoute :
– à l'adjectif **-st** + la marque de déclinaison de l'épithète ;
– à l'adverbe **am ... -sten**.

Comment forme-t-on le superlatif ?

Certains adjectifs ou adverbes prennent une inflexion (voir page 49) :

*das klein**ste** Haus*	*la plus petite maison*
*das billig**ste** Geschäft*	*le magasin le meilleur marché*
*der grö**ßte** Wagen*	*la plus grande voiture*

Er läuft **am** schnell**sten**.	C'est lui qui court le plus vite.	
Was gefällt dir **am** be**sten** ?	Qu'est-ce qui te plaît le mieux ?	*Donne le superlatif de **gut**.*

Au superlatif, les adjectifs et les adverbes terminés par un **-d**, un **-t** ou un groupe de consonnes difficile à prononcer prennent un **-e** intercalaire :

der interessant**e**ste Film	le film le plus intéressant
der kürz**e**ste Weg	le chemin le plus court
Der Zug kommt am spät**e**sten an.	C'est le train qui arrive le plus tard.
In Westberlin heißt die breit**e**ste Straße der Kurfürstendamm.	À Berlin-Ouest, la rue la plus large s'appelle la chaussée du Prince-électeur.

Quand on compare deux termes, le superlatif est remplacé par le comparatif.
bald, *bientôt*, a comme comparatif **eher** et comme superlatif **am ehesten**.

Dialogue et expressions

eine ältere Dame	une dame d'un certain âge
die meisten Leute	la plupart des gens
Es ist höchste Zeit...	Il est grand temps...
Wie komme ich am schnellsten zum Rathaus?	Quel est le chemin le plus rapide pour se rendre à la mairie ?
Am besten fahren Sie mit einem Taxi.	Le mieux, c'est de prendre un taxi.

4ᵉ

Remarque

Le superlatif de l'adjectif se décline comme tout adjectif épithète :

Er kauft das billigste Auto.	Il achète la voiture la moins chère.
Er besichtigt die berühmteste gotische Kirche.	Il visite l'église gothique la plus célèbre.
Ich treffe den besten Schüler.	Je rencontre le meilleur élève.
Wir leben in der kleinsten Stadt.	Nous vivons dans la plus petite ville.

Adjectifs et adverbes irréguliers

Par ♥

gut	besser	der beste	am besten	bon, bien
groß	größer	der größte	am größten	grand
hoch	höher	der höchste	am höchsten	haut
nah	näher	der nächste	am nächsten	proche
viel	mehr		am meisten	beaucoup
gern	lieber		am liebsten	volontiers

*Donne les superlatifs de **viel**, **gern**.*

Er arbeitet genauso viel wie sein Freund.	Il travaille autant que son ami.
Ich arbeite mehr als er.	Je travaille plus que lui.
Du arbeitest am meisten.	C'est toi qui travailles le plus.
Ich trinke gern Kaffee.	J'aime boire du café.
Ich trinke lieber Tee.	Je préfère boire du thé.
Ich trinke am liebsten Kakao.	Ce que je préfère entre toutes choses, c'est boire du chocolat.
Das Fleisch schmeckt gut.	La viande est bonne.
Der Kuchen schmeckt besser.	Le gâteau est meilleur.
Das Eis schmeckt am besten.	C'est la glace qui est la meilleure.

Remarquons la place du comparatif dans la subordonnée :

Ich glaube, dass er besser arbeitet als seine Schwester.
Je crois qu'il travaille mieux que sa sœur.

Ich denke, dass Paul älter ist als sein Freund.
Je pense que Paul est plus âgé que son ami.

LE PRINCIPE DE DÉTERMINATION

La composition

Dans la composition du mot le déterminant précède le déterminé et c'est le déterminé qui impose son genre.

Quel est le genre de Autofahrer ?

das Auto + der Fahrer = der Autofahrer — l'automobiliste
der Brief + die Freundin = die Brieffreundin — la correspondante
die Woche + das Ende = das Wochenende — le week-end
die Welt + der Meister = der Weltmeister — le champion du monde
die Familie + das Haus = das Familienhaus — la maison familiale

Le mot peut aussi être composé de plus de deux éléments :

die Stadtrundfahrt *(le tour de la ville)*, die Schifffahrtsgesellschaft *(la compagnie de navigation)*.

Parfois il peut s'être opéré un glissement de sens dans la composition des noms.

die Hand + der Schuh = der Handschuh — le gant

La dérivation

La dérivation peut se faire à partir d'un nom, d'un verbe ou d'un adjectif. Certains préfixes et suffixes entrent souvent dans la dérivation qu'il est utile de connaître.

wohnen → die Wohnung
der Mensch → die Menschheit
schön → die Schönheit
arbeiten → die Arbeit
der Freund → die Freundschaft
wirklich → die Wirklichkeit

erzählen → die Erzählung
schlafen → der Schlaf
frei → die Freiheit
erinnern → die Erinnerung
hoffen → die Hoffnung
träumen → der Traum

On remarquera que les substantifs terminés par les suffixes **-ung, -heit, -keit, -schaft** sont tous féminins.

Cite des suffixes déterminants des noms féminins.

Le suffixe **-in** ajouté à des noms masculins sert à former des féminins :

der Freund → die Freundin
der Arzt → die Ärztin
der König → die Königin

der Sportler → die Sportlerin
der Schüler → die Schülerin
der Student → die Studentin

Les suffixes **-lich**, ou **-ig** entrent dans la dérivation de beaucoup d'adjectifs ou adverbes :

die Geduld → geduldig
die Kraft → kräftig
die Gefahr → gefährlich
der Mensch → menschlich

die Sonne → sonnig
die Pein → peinlich
die Lust → lustig
der Wind → windig

A quels suffixes français correspond le suffixe -bar ?

Le suffixe **-bar** ajouté à un verbe correspond au français *-able*, ou *-ible*.
erreichen → erreichbar *(accessible)*
hören → hörbar *(audible)*
trinken → trinkbar *(buvable)*

denken → denkbar *(pensable)*
essen → essbar *(mangeable)*
lesen → lesbar *(lisible)*

Si on veut exprimer le contraire il suffit d'ajouter le préfixe privatif **un-**.

unlesbar, *illisible*
unhörbar, *inaudible*
untrinkbar, *imbuvable*

unessbar, *immangeable*
undenkbar, *impensable*
unerreichbar, *inaccessible*

Le suffixe **-los** est privatif, il signifie *sans*.
endlos, *sans fin*
hoffnungslos, *sans espoir*

arbeitslos, *sans travail*
kinderlos, *sans enfant*

Quel est le sens du suffixe -los ?

On peut aussi trouver deux suffixes, par exemple après des adjectifs terminés par **-sam**, **-lich** ou **-los**.

einsam → die Einsamkeit
menschlich → die Menschlichkeit
höflich → die Höflichkeit
sinnlos → die Sinnlosigkeit

aufmerksam → die Aufmerksamkeit
traurig → die Traurigkeit
möglich → die Möglichkeit

4ᵉ

Le principe de détermination

Un mot ou un groupe de mots en détermine un autre lorsqu'il complète ou modifie son sens.
La détermination d'un mot peut se faire à gauche ou à droite.

Qu'est-ce que le principe de détermination ?

Exemple de détermination à gauche :

ein Geschenk
ein Weihnachtsgeschenk
ein schönes Weihnachtsgeschenk
ein sehr schönes Weihnachtsgeschenk

un cadeau
un cadeau de Noël
un joli cadeau de Noël
un très joli cadeau de Noël

Exemple de détermination à droite :

ein Geschenk aus Deutschland
ein Geschenk für meine Mutter
ein Geschenk aus Deutschland für meine Mutter

un cadeau d'Allemagne
un cadeau pour ma mère
un cadeau d'Allemagne pour ma mère

La détermination peut préciser le type, la catégorie d'un objet :

Schuhe *(chaussures)*, Sportschuhe *(chaussures de sport)*, Tennisschuhe *(chaussures de tennis)*
Kinderbuch *(livre d'enfant)*, Tierbuch *(livre sur les animaux)*, Lehrbuch *(livre de leçons)*, Wörterbuch *(un dictionnaire)*.

Elle sert aussi à qualifier l'objet :

schöne und teure Sportschuhe *(de belles et chères chaussures de sport)*, ein dickes Wörterbuch *(un gros dictionnaire)*.

Détermination du mot composé

Elle se fait par la gauche. Le mot peut être composé de deux adjectifs, de deux noms, d'un nom et d'un adjectif, etc. :

dunkelblau *(bleu foncé)*, ein Schulfreund *(un camarade d'école)*, das Hochhaus *(l'immeuble)*, die Umwelt *(l'environnement)*.

C'est le mot qui est le plus à droite qui constitue la base et qui donne son genre au nom composé :

der Brieffreund, die Brieffreundin, das Weihnachtsgeschenk, der Weihnachtsmann, die Weihnachtsferien.

Comment trouve-t-on le genre d'un mot composé ?

A partir d'un mot de base que l'on connaît, on pourra reconstituer le sens d'un mot composé ; si on connaît **spielen** *(jouer)* on peut déduire le sens de :

Fußballspiel *(match de football)*, Kartenspiel *(jeu de cartes)*, Schauspiel *(spectacle)*.

et peut-être aussi de :
Spielplatz *(aire de jeu)*, Spielende *(fin de match)*.

Si on connaît **Lehrer,** *le professeur,* on peut reconstituer le sens de :
Deutschlehrer *(professeur d'allemand)*, Klassenlehrer *(professeur principal)*, Lehrerzimmer *(salle des professeurs)*.

La composition du mot consiste souvent à juxtaposer deux mots, mais parfois il peut y avoir un **-s** de liaison comme dans les noms composés à partir de **Weihnachten.**
Ostern, *Pâques,* perd le **-n** quand il entre en composition :
der Osterhase, die Ostereier.

Les mots composés à partir de **Arbeit** prennent parfois un **-s** de liaison :
der Arbeitgeber, der Arbeitnehmer mais das Arbeitsamt, arbeitslos, die Arbeitslosigkeit, die Arbeitsstelle.

Détermination d'un verbe à préverbe séparable

Elle se fait également à gauche : mitkommen, zurückkommen, abfahren, aufmachen.

Détermination du groupe nominal

Elle se fait par la gauche : ein schneller Sportwagen ;
ou par la droite : ein Wagen mit vier Türen.
La subordonnée relative et l'apposition sont considérées comme une détermination du groupe nominal à droite.

Détermination du groupe verbal

Elle se fait à gauche : in die Schule fahren, mit dem Moped in die Schule fahren, gern mit dem Moped in die Schule fahren.

Verbes forts à connaître

- **verbes qui ont un même changement de voyelles au prétérit et au participe passé**

beißen	biss	gebissen	*mordre*
vergleichen	verglich	verglichen	*comparer*
leiden	litt	gelitten	*souffrir*
schreiten	schritt	geschritten	*marcher*
schweigen	schwieg	geschwiegen	*se taire*
riechen	roch	gerochen	*sentir*
schieben	schob	geschoben	*pousser*
ziehen	zog	gezogen	*tirer*
wiegen	wog	gewogen	*peser*

Donne le prétérit de **vergleichen**.

- **verbes dont le participe passé a la même voyelle que l'infinitif**

wachsen	wuchs	gewachsen	*pousser*

- **verbes mixtes**

rennen	rannte	gerannt	*courir*
senden	sandte	gesandt	*envoyer*

Donne celui de courir.

4ᵉ

Verbes à connaître

Les préverbes séparables sont en gras.

Par ♥

Acht geben	*faire attention*	Rad fahren	*faire du vélo*
Geld **aus**geben	*dépenser de l'argent*	filmen	*filmer*
		fotografieren	*photographier*
ausgehen	*sortir (faire une sortie)*	fühlen	*sentir*
		sich irren	*se tromper*
bedienen	*servir*	probieren	*essayer*
begegnen	*rencontrer*	schneien	*neiger*
betrachten	*regarder, contempler*	**statt**finden	*avoir lieu*
		treffen	*rencontrer*
betreten	*entrer, marcher sur*	**um**steigen	*changer (train, voiture)*
bewegen	*bouger*		
bewundern	*admirer*	versprechen	*promettre*
blicken	*jeter un coup d'œil*	verzeihen	*pardonner*
einkaufen	*faire des courses*	**weg**fahren	*partir*
enden	*finir*	sich wundern	*s'étonner*
erblicken	*apercevoir*	zählen	*compter*
sich erkälten	*prendre froid*	**zu**hören	*écouter*
erlauben	*permettre*	**zurück**kehren	*revenir, retourner*
erreichen	*atteindre*		

Que signifie **einkaufen** ?

78

Dialogue et expressions

gib Acht!	fais attention !
der Irrtum	l'erreur

sich ärgern	s'énerver, être contrarié	halten	tenir
atmen	respirer	heizen	chauffer
aufnehmen	accueillir, enregistrer	**her**stellen	fabriquer
		husten	tousser
		kleben	coller
aufwachen	se réveiller	klopfen	frapper, battre
auslachen	se moquer de	landen	atterrir
ausstellen	exposer	leeren	vider
behaupten	affirmer	leuchten	briller, luire
beruhigen	calmer	liefern	livrer
besorgen	s'occuper de	loben	louer
bilden	constituer	nähen	coudre
blitzen	faire des éclairs	operieren	opérer
blühen	fleurir	pflegen	soigner
bluten	saigner	reden	parler
bremsen	freiner	schwitzen	transpirer
dauern	durer	sparen	économiser
dienen	servir	starten	démarrer
donnern	tonner	**stehen** bleiben	s'arrêter
drehen	tourner	stürzen	se précipiter, tomber
sich ereignen	arriver, se passer	teilen	partager
sich erholen	se reposer	überholen	doubler (voiture)
fressen	manger (pour les animaux)	unterschreiben	signer
		untersuchen	ausculter, examiner
führen	conduire, mener, diriger	verdienen	gagner (argent), mériter
füttern	donner à manger, faire manger	verlangen	demander (exiger)
		sich versammeln	se rassembler
gehorchen	obéir	verstecken	cacher
glänzen	briller	wehen	souffler
gucken	jeter un coup d'œil		

*Que signifie **aufnehmen** ?*

*Traduis **gagner** (argent).*

Remarques

begegnen, qui signifie *rencontrer*, est suivi du datif ;
treffen, qui signifie *rencontrer*, est suivi de l'accusatif :

Gestern bin ich meinem Freund begegnet. Hier, j'ai rencontré mon ami.
Gestern habe ich meinen Freund getroffen. Hier, j'ai rencontré mon ami.

Le préverbe **unter-** est :
- séparable dans **untergehen** ;
- inséparable dans **unterschreiben** et **untersuchen** :

Die Sonne ist untergegangen. Le soleil s'est couché.
Der Arzt hat den Kranken untersucht. Le médecin a ausculté le malade.
Ich habe den Brief unterschrieben. J'ai signé la lettre.

*De quel cas est suivi **begegnen** ?*

Ne pas confondre

führen, *mener, diriger* (verbe faible) et **fuhren,** prétérit du verbe **fahren.**

verdienen signifie *gagner de l'argent* ; **gewinnen** signifie *gagner au jeu* (match…).

riechen signifie *sentir, exhaler une odeur.*

Das Fleisch riecht gut.	*La viande sent bon.*
Es riecht nach Knoblauch.	*Cela sent l'ail.*
Die Rosen duften.	*Les roses sentent bon.*

fühlen signifie *sentir, toucher, ressentir.*

Der Arzt fühlt dem Kranken den Puls.	*Le médecin tâte le pouls du malade.*
Ich fühle mich wohl.	*Je me sens bien.*
Der Vater fühlt sich für die Familie verantwortlich.	*Le père se sent responsable de sa famille.*

wiegen est un verbe fort au sens de *peser.*

Er wog siebzig Kilo. — *Il pesait 70 kg.*

wiegen est un verbe faible au sens de *bercer, balancer.*

Die Mutter wiegte das Kind.	*Le mère berçait l'enfant.*
Das Bein tut mir weh.	*La jambe me fait mal.*
Es tut mir leid.	*Je suis désolé, je regrette.*
Die Sonne geht auf.	*Le soleil se lève.*
Ich stehe auf.	*Je me lève.*

> Quelle est la différence entre **fühlen** et **riechen** ?

Mot en vedette

Notons les différents emplois de **halten** :

Der Wagen hält.	*La voiture s'arrête.*
Er hält eine interessante Rede.	*Il tient un discours intéressant.*
Mein Freund hat sein Wort gehalten.	*Mon ami a tenu sa promesse.*
Ich halte ihn für einen Feind.	*Je le considère comme un ennemi.*
Was hältst du von der Mode?	*Que penses-tu de la mode ?*

> Donne différents sens de **halten**.

Dialogue et expressions

• Autour du verbe tourner

drehen signifie *tourner.*

	Der Regisseur dreht einen Film.	*Le metteur en scène tourne un film.*
	Wir drehen den Kopf.	*Nous tournons la tête.*
mais	*Die Erde dreht sich um die Sonne.*	*La terre tourne autour du soleil.*
et	*Er dreht sich um.*	*Il se retourne.*

> Que signifie **drehen** ?

• Autour du verbe sortir

ausgehen signifie *sortir, faire une sortie* et **kommen aus** + datif signifie *sortir de.*

Um 2 Uhr kommen die deutschen Schüler aus der Schule.	*À 2 heures les élèves allemands sortent de l'école.*
Heute Abend gehen wir aus.	*Ce soir nous sortons.*
Um halb acht verlässt er das Haus.	*À 7 heures et demie il quitte la maison.*

• **Autour du verbe voir**
sehen signifie *voir*.

sich etwas ansehen	regarder quelque chose
krank aussehen	avoir l'air malade
nachsehen	vérifier
fernsehen	regarder la télévision
schauen	regarder
Schau erst nach links und dann nach rechts, bevor du über die Straße gehst!	regarde tout d'abord à gauche, puis à droite avant de traverser la rue !
beobachten	observer
betrachten	regarder, contempler
bewundern	admirer
blicken	regarder, jeter un coup d'œil
gucken	regarder, jeter un coup d'œil (familier)
Er guckt aus dem Fenster.	Il regarde par la fenêtre.
erblicken	apercevoir

*Traduis **regarder**, **admirer**, **apercevoir**.*

4ᵉ

Vocabulaire thématique

Reisen und Verkehr : voyages et transports

der Reisende(n)	le voyageur
die Ferien	les vacances
der Urlaub	les congés, les vacances
das Ausland	l'étranger (pays)
ins Ausland fahren	aller à l'étranger
Ferienpläne haben	avoir des projets de vacances
die Fahrt	le voyage (trajet)
die Autofahrt(en)	le voyage en voiture
die Autobahn(en)	l'autoroute
die Bundesstraße(n)	la nationale
sich anschnallen	mettre sa ceinture
die Geschwindigkeit	la vitesse
bremsen	freiner
das Benzin	l'essence
Benzin tanken	prendre de l'essence
die Einfahrt(en)	l'entrée
im Urlaub sein	être en vacances
die Grenze(n)	la frontière
über die Grenze fahren	passer la frontière
der Personalausweis(e)	la carte d'identité
der Reisepass(¨e)	le passeport
Geld wechseln	changer de l'argent
die Ausfahrt(en)	la sortie
der Stau(s)	l'embouteillage
der Kofferraum(¨e)	le coffre (voiture)
per Anhalter fahren, trampen	faire de l'autostop
halten	s'arrêter
von Hannover nach Köln fahren	aller de Hanovre à Cologne
bis nach Hamburg fahren	aller jusqu'à Hambourg

*Donne deux traductions de **vacances**.*

die Abfahrt(en)	le départ	hin und zurück	aller et retour
die Ankunft(¨e)	l'arrivée	über Frankfurt	passer par Francfort
die Hinfahrt	l'aller	fahren	
die Rückfahrt	le retour	in Frankfurt umsteigen	changer à Francfort
eine Rückfahrkarte	un billet retour		
der Bahnsteig(e)	le quai	den Zug verpassen	manquer le train
das Gleis(e)	la voie	frei sein	être libre
der Schalter(-)	le guichet	besetzt sein	être occupé
das Abteil(e)	le compartiment	pünktlich sein	être à l'heure
der Hauptbahnhof(¨e)	la gare principale		
der Flughafen(¨)	l'aéroport	landen	attérir
der Flug nach	le vol pour	der Passagier(e)	le passager
das Flugticket(s)	le billet d'avion	der Pilot(en)	le pilote
starten	décoller	die Stewardess(en)	l'hôtesse de l'air

*Traduis **le départ**, **l'arrivée**.*

*Que signifie **der Flughafen** ?*

Dialogue et expressions

ins Reisebüro gehen	aller à l'agence de voyage
Ich möchte einen Platz reservieren.	Je voudrais réserver une place.
Ich möchte ein Nichtraucherabteil.	Je voudrais un compartiment non fumeur.
Wann fährt der nächste Zug nach Hamburg ab?	Quand part le prochain train pour Hambourg ?
Um wie viel Uhr komme ich in München an?	À quelle heure j'arrive à Munich ?
Auf welchem Gleis fährt der Zug nach Köln ab?	Sur quelle voie part le train pour Cologne ?
Ist der Platz noch frei?	Est-ce que la place est libre ?
Wie lange dauert die Fahrt von Paris nach München?	Combien de temps dure le voyage entre Paris et Munich ?
Was kostet die Fahrkarte hin und zurück?	Combien coûte le billet aller et retour ?

*Traduis **la place est libre**.*

Das Stadtleben : la vie en ville

der Plan(¨e)	le plan	die Menge(n)	la foule
der Stadtplan(¨e)	le plan de ville	das Stadtviertel(-)	le quartier
die Großstadt(¨e)	la grande ville	das Hochhaus(¨er)	l'immeuble
die Hauptstadt(¨e)	la capitale	der Stock (die Stockwerke)	l'étage
der Einwohner(-)	l'habitant		
die Straße(n)	la rue	die Vorstadt(¨e)	la banlieue
der Platz(¨e)	la place	die Miete(n)	le loyer
über die Straße gehen	traverser la rue	eine Wohnung mieten	louer un appartement
die Leute	les gens	die Gasse(n)	la petite rue
das Geschäft(e)	le magasin	der Supermarkt(¨e)	le supermarché
das Schild(er)	l'enseigne	das Kaufhaus(¨er)	le grand magasin
der Laden(¨)	la boutique	das Warenhaus(¨er)	

*Cite des mots composés avec **Stadt**.*

die Ware(n)	la marchandise	der Einkauf(¨e)	l'achat
die Rolltreppe(n)	l'escalier roulant	der Ladenschluss	la fermeture des magasins
die Qualität	la qualité		
das Kleingeld	la monnaie	um 6 Uhr schließen	fermer à 6 heures
der Preis(e)	le prix	der Winter-	les soldes d'hiver,
der Verkäufer(-)	le vendeur	schlussverkauf	les soldes d'été
die Verkäuferin(nen)	la vendeuse	der Sommer-	
der Kunde(n)	le client	schlussverkauf	
die Kundin(nen)	la cliente	kaufen	acheter
die Kasse(n)	la caisse	verkaufen	vendre
der Scheck(s)	le chèque	einkaufen	faire des courses
die Kreditkarte(n)	la carte de crédit	bummeln	flâner
der Geldschein(e)	le billet (argent)	kosten	coûter
der Gast(¨e)	le client (restaurant)		

Par ♥

der Bäcker(-)	le boulanger	der Markt(¨e)	le marché
die Bäckerei(en)	la boulangerie	der Flohmarkt(¨e)	le marché aux puces
der Konditor(en)	le pâtissier		
die Konditorei(en)	la pâtisserie, salon de thé	die Buchmesse(n)	la foire aux livres
		auf den Markt gehen	aller au marché
der Metzger(-)	le boucher, le charcutier	der Marktplatz	la place du marché
		zum Metzger gehen	aller chez le boucher
die Metzgerei(en)	la boucherie, la charcuterie	ins Restaurant gehen	aller au restaurant
der Händler(-)	le marchand	die Apotheke(n)	la pharmacie
der Fischhändler(-)	le marchand de poissons	die Buchhand-dlung(en)	la librairie
der Obsthändler(-)	le marchand de fruits		

Cite plusieurs noms de magasins. **4ᵉ**

die Stadtmitte(n)	le centre ville	das Schloss(¨er)	le château
das Rathaus(¨er)	la mairie	das Gebäude(-)	le bâtiment
der Dom(e)	la cathédrale	das Denkmal(¨er)	le monument
der Bahnhof(¨e)	la gare	die Kirche(n)	l'église
die Oper(n)	l'opéra	das Theater(-)	le théâtre
das Museum (die Museen)	le musée	das Kino(s)	le cinéma
ins Kino gehen	aller au cinéma	die Post	la poste
ins Theater gehen	aller au théâtre	die Polizei	la police
in die Stadt gehen	aller en ville	Auskunft geben	donner des renseignements
in die Oper gehen	aller à l'opéra		
der Turm(¨e)	la tour	die Jugend-herberge(n)	l'auberge de jeunesse
der Fernsehturm(¨e)	la tour de télévision	der Friedhof(¨e)	le cimetière
die Bank(en)	la banque	das Grab(¨er)	la tombe
der Verkehrsverein(e)	le syndicat	die Zeitung(en)	le journal
das Verkehrsamt(¨er)	d'initiative	die Zeitschrift(en)	la revue

Traduis l'auberge de jeunesse.

Par ♥

das Restaurant(s)	le restaurant	die Rechnung(en)	l'addition
die Speisekarte(n)	la carte	der Kellner(-)	le serveur
das Gasthaus(¨er)	l'auberge	der Wirt(e)	l'aubergiste
das Hotel(s)	l'hôtel	die Wirtin(nen)	la logeuse
die Speise(n)	le plat, le mets	der Ober(-)	le maître d'hôtel
die Bedienung	le service		

Dialogue et expressions

Können Sie mir bitte sagen wo die Post ist?	Pouvez vous me dire s'il vous plaît, où se trouve la poste ?
Immer geradeaus, dann die erste Straße rechts.	Toujours tout droit, ensuite la première rue à droite.
Wie komme ich zum Bahnhof?	Comment est-ce que je vais à la gare ?
Sie gehen über den Platz, dann nach links.	Vous traversez la place puis vous allez à gauche.
Können Sie uns die Speisekarte bringen?	Pouvez vous nous apporter la carte ?
Haben Sie schon bestellt?	Avez vous déjà commandé ?
Haben Sie schon gewählt?	Avez vous déjà choisi ?
Ja, ich möchte ein Schnitzel.	Oui, je voudrais une escalope.
Ich hätte gern eine Flasche Wein.	J'aimerais une bouteille de vin.
Ich nehme eine Limo.	Je prends une limonade.
Herr Ober, bitte zahlen!	Garçon s'il vous plaît, l'addition !
Getrennt oder zusammen?	Séparément ou ensemble ?
Hat's geschmeckt?	Est-ce que cela vous a plu ?
Ja, es war lecker.	Oui, c'était délicieux.
Er arbeitet als Kellner in einem Restaurant.	Il travaille comme serveur dans un restaurant.
Er arbeitet bei der Post.	Il travaille à la poste.
Er arbeitet in einem Büro.	Il travaille dans un bureau.
Man muss sich an den Lärm gewöhnen.	On doit s'habituer au bruit.
Haben Sie einen Stadtplan?	Avez vous un plan de ville ?
Was gibt es zu besichtigen?	Qu'est-ce qu'il y a à visiter ?
Es lohnt sich den Dom zu besichtigen.	La cathédrale vaut la peine d'être visitée.
Das Rathaus ist sehenswert.	La mairie mérite une visite.

Traduis **toujours tout droit.**

Traduis **il travaille comme serveur.**

Mots en vedette

• **die Stadt**, *la ville*

die größten Städte, *les plus grandes villes*

Städte	Villes	Einwohner (habitants)
Berlin	Berlin	3 459 000
Hamburg	Hambourg	1 708 000
München	Munich	1 226 000
Köln	Cologne	964 300
Frankfurt/Main	Francfort/Main	647 000

Berlin ist die größte Stadt Deutschlands.	Berlin est la plus grande ville d'Allemagne.
Hamburg ist die zweitgrößte Stadt.	Hambourg est la deuxième ville.
München ist die drittgrößte Stadt.	Munich est la troisième ville.

• **die Industrie**, *l'industrie*
die größten Industrie Firmen, *les plus grandes entreprises industrielles*

Daimler Benz AG Stuttgart (Mercedes)
Auto, Luftfahrt — *automobile, aéronotique*

Siemens Elektronik		électronique
Volkswagen AG Wolfsburg Auto		automobile
Veba AG, Düsseldorf Energie, Chemie		industrie énergétique, chimique
Hoechst AG Frankfurt Chemie, Pharma		produits chimiques et pharmaceutiques
RWE AG Essen Energie, Bau		industrie énergétique, bâtiment
BASF AG Ludwigshafen Chemie, Pharma		produits chimiques et pharmaceutiques
Bayer AG Leverkusen Chemie, Pharma		produits chimiques et pharmaceutiques
Bayerische Motorenwerke München (BMW) Auto		automobile
Thyssen AG Duisburg Stahl, Maschinen		acier, constructions mécaniques
Bosch GmbH Stuttgart Elektro		électroménager

Die bekanntesten Autohersteller sind Volkswagenwerk, BMW und Daimler Benz.   *Les fabricants de voiture les plus connus sont les usines Volkswagen, BMW et Daimler-Benz.*

Die größten Chemiekonzerne sind Hoechst, Bayer und BASF.   *Les plus grands konzerns chimiques sont Hoechst, Bayer et BASF.*

die Automobilindustrie	l'industrie automobile
die Chemische Industrie	l'industrie chimique
die Elektronikindustrie	l'industrie électronique
die Ernährungsindustrie	l'industrie alimentaire
die Textilindustrie	l'industrie textile
die Luft-und Raumfahrtindustrie	l'industrie aéronotique et spatiale
die Optische Industrie	l'industrie optique

4ᵉ

Einkaufen, Kleidung und Mode : achats, vêtements et mode

Par ♥

das Kleid(er)	la robe	die Jacke(n)	la veste
der Rock(¨e)	la jupe	die Lederjacke(n)	la veste en cuir
die Bluse(n)	le chemisier	der Anzug(¨e)	le costume
das Hemd(en)	la chemise	ein Pullover	un pullover
die Hose(n)	le pantalon	aus Wolle	en laine
der Pullover(-)	le pullover	der Hut(¨e)	le chapeau
der Mantel(¨)	le manteau		

Cite plusieurs noms de vêtements.

die Mütze(n)	le bonnet	die Brille(n)	les lunettes
der Schuh(e)	la chaussure	die Sonnenbrille(n)	les lunettes de soleil
der Handschuh(e)	le gant		
die Tasche(n)	la poche	sich schminken	se maquiller
die Handtasche(n)	le sac à main	kariert	à carreaux
der Regenschirm(e)	le parapluie	gestreift	à rayures
der Regenmantel(¨)	l'imperméable	bunt	de toutes les couleurs
der Badeanzug(¨e)	le maillot de bain		
die Badekappe(n)	le bonnet de bain	eng	étroit
die Socke(n)	la chaussette	weit	large
der Strumpf(¨e)	le bas	einen Mantel anziehen	mettre un manteau
die Strumpfhose(n)	le collant		
die Klamotten	les fringues	den Mantel ausziehen	enlever le manteau
die Wäsche	le linge		
das Unterhemd(en)	le maillot de corps	gern Jeans tragen	aimer porter des jeans
die Unterhose(n)	la culotte		
der Stoff(e)	le tissu	sportliche Kleidung mögen	aimer des vêtements de sport
der Knopf(¨e)	le bouton		
das Band(¨er)	le ruban	die Lieblingsfarbe(n)	la couleur préférée
der Schmuck (die Schmuckstücke)	les bijoux	sich modisch anziehen	s'habiller à la mode
der Ring(e)	la bague	lieber bequeme Kleidung tragen	préférer porter des vêtements confortables
der Ohrring(e)	la boucle d'oreille		
die Kette(n)	la chaîne		
das Armband(¨er)	le bracelet		
aus Gold	en or		
aus Silber	en argent		

*Que signifie **die Klamotten** ?*

*Traduis **en or**.*

Dialogue et expressions

Womit kann ich dienen?	Que puis-je faire pour votre service ?
Was darf es sein?	Que désirez-vous ?
Was kosten die Schuhe?	Combien coûtent les chaussures ?
Welche Größe haben Sie?	Quelle pointure(taille) faîtes-vous ?
Welche Farbe möchten Sie?	Quelle couleur voulez-vous ?
Wollen Sie anprobieren?	Voulez-vous essayer ?
Das steht Ihnen gut.	Cela vous va bien.
Das passt Ihnen nicht.	Cela ne vous va pas (taille).
Das passt mir nicht.	Cela ne me va pas.
Die Farbe passt zu den Schuhen.	La couleur va avec les chaussures.
Ich finde den Pullover sehr schön.	Je trouve le pullover très beau.
Das gefällt mir.	Cela me plaît.
Ich nehme den Rock.	Je prend la jupe.
Das ist teuer/billig.	C'est cher/bon marché.

*Traduis **cela vous va bien**.*

Mots en vedette

• Le mot **Tuch**, qui désigne une pièce de tissu, se retrouve dans un certain nombre de mots composés :

das Badetuch	la serviette de bain	das Betttuch	le drap
das Handtuch	la serviette de toilette	das Tischtuch	la nappe

das Kopftuch	le foulard (sur la tête)	das Taschentuch	le mouchoir	*Donne des mots composés avec **Tuch**.*

- Le mot **Schirm**, qui désigne *la visière d'une casquette* et traduit plus généralement la notion d'*écran*, se retrouve dans beaucoup de mots :

der Regenschirm	le parapluie	der Sonnenschirm	le parasol
der Lampenschirm	l'abat-jour	der Fallschirm	le parachute

- Le mot **Tasche** au sens de *poche* se retrouve dans un certain nombre de mots composés :

das Taschenbuch	le livre de poche	der Taschendieb	le pickpocket
der Taschenrechner	la calculatrice de poche	das Taschengeld	l'argent de poche

Der Körper und die Gesundheit : le corps et la santé

der Körper(-)	le corps	die Nase(n)	le nez
das Glied(er)	le membre	der Mund(¨er)	la bouche
der Kopf(¨e)	la tête	der Zahn(¨e)	la dent
die Brust(¨e)	la poitrine	die Zunge(n)	la langue
der Rücken(-)	le dos	die Lippe(n)	la lèvre
der Bauch(¨e)	le ventre	die Wange(n)	la joue
die Schulter(n)	l'épaule	das Ohr(en)	l'oreille
der Hals(¨er)	le cou	das Kinn	le menton
der Arm(e)	le bras	der Blick(e)	le regard
die Hand(¨e)	la main	die Bewegung(en)	le mouvement
der Finger(-)	le doigt	sich bewegen	bouger
das Bein(e)	la jambe	der Schritt(e)	le pas
das Knie(-)	le genou	groß, klein sein	être grand, petit
der Fuß(¨e)	le pied	schlank, dick sein	être élancé, gros
das Gesicht(er)	le visage	blaue, grüne, schwarze Augen haben	avoir des yeux bleus, verts, noirs
die Haut(¨e)	la peau		
das Blut	le sang		
das Herz(en)	le cœur	kurzes, langes Haar haben	avoir des cheveux courts, longs
das Auge(n)	l'œil		
die Stirn(en)	le front	sportlich aussehen	avoir l'air sportif
das Haar(e)	les cheveux		
die Seife(n)	le savon	sich das Haar kämmen	se peigner les cheveux
sich die Hände waschen	se laver les mains	der Kamm(¨e)	le peigne
sich die Zähne putzen	se laver les dents	sich bürsten	se brosser
		eine Dusche nehmen	prendre une douche
die Zahnbürste(n)	la brosse à dent		
krank sein	être malade	Bauchschmerzen haben	avoir mal au ventre
der Kranke(n)	le malade		
die Krankheit(en)	la maladie	weh tun	faire mal

*Quel est le nom dérivé de **sich bewegen** ?*

Cite des parties du corps.

Schmerzen haben	avoir des douleurs	der Fuß tut mir weh	le pied me fait mal
Kopfschmerzen haben	avoir mal à la tête		
mein Hals tut weh	la gorge me fait mal	eine Arznei, ein Medikament verschreiben	prescrire un médicament
Fieber haben	avoir de la fièvre		
einen Schnupfen haben	avoir un rhume	operiert werden müssen	devoir être opéré
die Tablette(n)	le cachet	wieder gesund sein	être rétabli
Tabletten nehmen	prendre des cachets	heilen	guérir
		verletzt, verwundet sein	être blessé
den Arzt rufen	appeler le médecin		
den Kranken untersuchen	ausculter le malade		

Que signifie **die Tablette** *?*

Dialogue et expressions

Bist du krank?	Es-tu malade ?
Was fehlt dir?	Qu'est-ce que tu as ?
Was hast du denn?	
Hast du schon lange Schmerzen?	As-tu des douleurs depuis longtemps ?
Ich fühle mich nicht wohl.	Je ne me sens pas bien.
Ich fühle mich müde.	Je me sens fatigué.
Ich habe mich erkältet.	J'ai pris froid.
Hast du Fieber?	As-tu de la fièvre ?
Tut dir der Kopf weh?	Est-ce que la tête te fait mal ?
Wie geht es dir?	Comment vas tu ?
Viel besser.	Beaucoup mieux.
Gute Besserung!	Meilleure santé !

4ᵉ

Traduis **je me sens fatigué**.

Das Wetter und die Jahreszeiten : le temps et les saisons

Par ♥

der Himmel(-)	le ciel	wolkig	nuageux
der Stern(e)	l'étoile	wolkenlos	sans nuage
die Sonne	le soleil	bedeckt	couvert
sonnig	ensoleillé	der Wind(e)	le vent
scheinen	briller (soleil)	windig	venteux
der Mond	la lune	blasen, wehen	souffler (vent)
die Wolke(n)	le nuage	der Regen(-)	la pluie
der Sonnenaufgang	le lever du soleil	regnerisch	pluvieux
		der Regenbogen(¨)	l'arc-en-ciel
der Sonnenuntergang	le coucher du soleil	regnen	pleuvoir
das Regengebiet(e)	la zone de pluie	kalte Luft	de l'air froid
der Sturm(¨e)	la tempête	kalt	froid
der Tropfen(-)	la goutte	die Kälte	le froid
ein Tropfen Wasser	une goutte d'eau	warm	chaud

Cite des noms d'astres.

Traduis **chaud, froid**.

das Gewitter(-)	l'orage	die Wärme	la chaleur
ausbrechen	éclater (orage)	heiß	(très) chaud
der Blitz(e)	l'éclair	die Hitze	la canicule
der Donner(-)	le tonnerre	die Temperatur(en)	la température
der Nebel(-)	le brouillard	der Grad(e)	le degré
nebelig	brumeux	das Wetter	le temps (atmosphérique)
der Hagel	la grêle		
das Eis	la glace	der Wetter-	le bulletin
das Glatteis	le verglas	bericht(e)	météorologique
der Schnee	la neige	die Zeit	le temps (qui passe)
schneien	neiger		
der Schneefall(¨e)	la chute de neige	schönes Wetter	beau temps
die Schneeflocke(n)	le flocon de neige	schlechtes Wetter	mauvais temps
die Luft	l'air	ein mildes Klima	un climat doux
der Norden	le nord	im Osten	à l'est
im Norden	au nord	in Norddeutschland	en Allemagne du nord
der Süden	le sud		
im Süden	au sud	in Süddeutschland	en Allemagne du sud
der Westen	l'ouest		
im Westen	à l'ouest	nordwestlich	au nord ouest
der Osten	l'est	südöstlich	au sud est
der Anfang(¨e)	le commencement	das Ende(n)	la fin
anfangen	commencer	das Wochenende(n)	le week-end

*Que signifie **das Wetter**, **die Zeit** ?*

*Traduis **à l'ouest**.*

Dialogue et expressions

Mich friert.	J'ai froid.
Mir ist warm.	J'ai chaud.
Es ist warm.	Il fait chaud.
Es ist kalt.	Il fait froid.
Es ist kühl.	Il fait frais.
Es ist sehr heiß.	Il fait très chaud.
Es regnet.	Il pleut.
Es schneit.	Il neige.
Es ist feucht.	C'est humide.
Es blitzt und es donnert.	Il fait des éclaires et il tonne.
Ein Gewitter bricht aus.	Un orage éclate.
Hoffentlich ist das Wetter schön!	Espérons que le temps sera beau !
Bei schönem Wetter...	Par beau temps...
Achtung, es gibt Glatteis!	Attention il y a du verglas !
Die Sommerferien beginnen Ende Juni.	Les vacances d'été commencent fin juin.
Der Frühling fängt am 21. März an.	Le printemps commence le 21 mars.
Wann fangen die Osterferien an?	Quand commencent les vacances de Pâques ?

*Traduis **il fait chaud**.*

4ᵉ

Das Landleben : la vie à la campagne

Par ♥

der Nachbar(n)	le voisin	aufs Land fahren	aller à la campagne
die Nachbarin(nen)	la voisine		
das Land	la campagne	das Dorf(¨er)	le village
auf dem Land leben	vivre à la campagne	der Bauer(n)	le paysan

die Bäuerin(nen)	la paysanne	das Schaf(e)	le mouton
der Bauernhof(¨e)	la ferme	das Huhn(¨er)	la poule
das Tier(e)	l'animal	der Hahn(¨e)	le coq
das Pferd(e)	le cheval	die Ente(n)	le canard
die Kuh(¨e)	la vache	der Hund(e)	le chien
das Kalb(¨er)	le veau	die Katze(n)	le chat, la chatte

Cite des noms d'animaux.

Par ♥

der Wald(¨er)	la forêt	der Zweig(e)	la petite branche
das Holz	le bois (matériau)	das Feuer (-)	le feu
der Baum(¨e)	l'arbre	das Streichholz(¨er)	l'allumette
der Stamm(¨e)	le tronc	der Vogel(¨)	l'oiseau
der Ast(¨e)	la branche	der Flügel(-)	l'aile

4e

die Feder(n)	la plume	auf dem Feld arbeiten	travailler au champ
der Schatten(-)	l'ombre		
das Gras(¨er)	l'herbe	der Schwarzwald	la Forêt-noire
die Pflanze(n)	la plante	der Spaziergang(¨e)	la promenade
der Garten(¨)	le jardin	das Gebirge	les monts
der Park(s)	le parc	der Berg(e)	la montagne
das Feld(er)	le champ	der Gipfel(-)	le sommet
die Wiese(n)	la prairie	der Weg(e)	le chemin
die Ernte(n)	la récolte	ins Gebirge fahren	aller à la montagne
die Frucht(¨e)	le fruit (de la terre)		
im Wald spazieren gehen	aller se promener dans la forêt	am Fuß der Alpen liegen	se trouver au pied des Alpes

Donne le pluriel de Garten.

das Meer(e), die See(n)	la mer	die Ostsee	la mer Baltique
		der See(n)	le lac
an die See fahren	aller à la mer	der Bodensee	le lac de Constance
ans Meer fahren		der Fluss(die Flüsse)	la rivière
die Nordsee	la mer du nord		

Comment dis-tu la mer, le lac ?

der Strom(¨e)	le fleuve	der Sand	le sable
der Bach(¨e)	le ruisseau	die Welle(n)	la vague
die Quelle(n)	la source	die Insel(n)	l'île
der Brunnen(-)	la fontaine	das Boot(e)	le bateau
die Brücke(n)	le pont	das Ufer(-)	la rive
der Ozean(e)	l'océan	der Felsen(-)	le rocher
die Küste(n)	la côte	der Hafen(¨)	le port
der Strand(¨e)	la plage	der Rhein	le Rhin
ein Strand aus feinem Sand	une plage de sable fin	die Donau	le Danube

Traduis le Danube.

Dialogue et expressions

Wo liegt Hamburg?	Où se trouve Hambourg ?
Hamburg liegt an der Elbe.	Hambourg se trouve au bord de l'Elbe.

Köln liegt am Rhein.	Cologne se trouve au bord du Rhin.
München liegt in Süddeutschland, in Bayern.	Munich se trouve dans le sud de l'Allemagne en Bavière.
Kiel liegt an der Ostsee.	Kiel se trouve au bord de la Baltique.
Ich möchte lieber auf dem Land wohnen.	Je préfèrerais vivre à la campagne.
Es gibt nicht so viel Lärm wie in der Stadt.	Il n'y a pas autant de bruit qu'en ville.
Es ist ruhiger.	C'est plus calme.
Die Luft ist auch besser.	L'air aussi est meilleur.
Man hat mehr Platz, um zu spielen.	On a plus de place pour jouer.

Mots en vedette

*Donne des noms composés avec **der Hof**.*

- **der Hof**, *la cour*, se retrouve dans beaucoup de mots composés :

der Bauernhof	la ferme
der Bahnhof	la gare
der Schulhof	la cour de l'école
der Friedhof	le cimetière

- **das Land** a plusieurs sens ; il signifie :

1. le pays :
Frankreich ist ein Land. — La France est un pays.

2. la campagne :
Wir wohnen auf dem Land. — Nous habitons à la campagne.

3. l'État :
Deutschland zählt 16 Länder. — L'Allemagne compte 16 États.

Combien y a-t-il d'États en Allemagne ?

das Land, *l'État*

Liste des 16 États de la République fédérale d'Allemagne

Länder	États	Hauptstadt (capitale)
Baden-Württemberg	Bade-Wurtemberg	Stuttgart (Stuttgart)
der Freistaat Bayern	l'État libre de Bavière	München (Munich)
Berlin	Berlin	
Brandenburg	Brandebourg	Potsdam (Potsdam)
die Freie und Hansestadt Bremen	la ville libre hanséatique de Brême	
die Freie und Hansestadt Hamburg	la ville libre hanséatique de Hambourg	
Hessen	la Hesse	Wiesbaden (Wiesbaden)
Mecklenburg-Vorpommern	le Mecklembourg-Poméranie	Schwerin (Schwerin)
Niedersachsen	la Basse-Saxe	Hannover (Hanovre)
Nordrhein-Westfalen	la Rhénanie du Nord-Westphalie	Düsseldorf (Düsseldorf)
Rheinland-Pfalz	la Rhénanie-Palatinat	Mainz (Mayence)
Saarland	la Sarre	Saarbrücken (Sarrebruck)
der Freistaat Sachsen	l'État libre de Saxe	Dresden (Dresde)
Sachsen-Anhalt	la Saxe-Anhalt	Magdeburg (Magdebourg)
Schleswig-Holstein	le Schleswig-Holstein	Kiel (Kiel)
Thüringen	la Thuringe	Erfurt (Erfurt)

Le Brandenbourg, le Mecklembourg-Poméranie, la Saxe, la Saxe-Anhalt, la Thuringe sont les cinq nouveaux états qui ont été rattachés à la République Fédérale en

1990 ; ils représentent avec Berlin Est le territoire de l'ancienne République démocratique allemande.

- **der Berg**, *la montagne*

die höchsten Berge, *les plus hautes montagnes*

die Zugspitze (in den Alpen)	le Zugspitze (dans les Alpes)	2 962 Meter hoch
der Watzmann (in den Alpen)	le Watzmann (dans les Alpes)	2 713 Meter hoch
der Feldberg (im Schwarzwald)	le Feldberg (en Forêt Noire)	1 493 Meter hoch
der Brocken (im Harz)	le Brocken (dans le Harz)	1 142 Meter hoch

- **der Fluss**, *le fleuve*

die Hauptflüsse, *les fleuves principaux*

der Rhein	le Rhin	865 km lang
die Elbe	l'Elbe	700 km lang
die Donau	le Danube	647 km lang
der Main	le Main	524 km lang
die Weser	la Weser	440 km lang
die Spree	la Spree	382 km lang
der Neckar	le Neckar	367 km lang
die Mosel	la Moselle	242 km lang

Cite trois fleuves passant en Allemagne.

- **der See**, *le lac*

die größten Seen, *les plus grands lacs*

der Bodensee (305 km² pour la partie allemande)	le Lac de Constance
der Müritz See (110 km²)	le Lac Müritz

Die Feste : les fêtes

der Karneval	le carnaval	sich als Clown verkleiden	se déguiser en clown
der Kölner Karneval	le carnaval de Cologne	die Verkleidung(en)	le déguisement
die Fastnacht	le mardi gras	der Festzug(¨e)	le défilé
der Fasching	le carnaval	sich schminken	se maquiller
der Münchner Fasching	le carnaval à Munich	das Oktoberfest	la fête de la bière
sich verkleiden	se déguiser	eine Maß Bier	une chope de bière

Traduis **se déguiser en clown.**

Dialogue et expressions

Das Münchner Oktoberfest findet Ende September statt.
La Fête de la bière à Munich a lieu fin septembre.

Der Karneval fängt am 11. November um 11 Uhr 11 an.
Le carnaval commence le 11 novembre à 11 heures 11.

Um sich als Clown zu verkleiden, braucht er eine rote Nase.
Pour se déguiser en clown il a besoin d'un nez rouge.

Als was möchtest du dich verkleiden?	En quoi voudrais tu te déguiser ?
Wo wird der Karneval gefeiert?	Où fête-t-on le carnaval ?
Der Karneval endet am Aschermittwoch.	Le carnaval se termine le Mercredi des Cendres.
Am Rosenmontag ziehen viele verkleidete Menschen durch die Straßen.	Le « lundi des roses » beaucoup de gens déguisés défilent dans les rues.

Erwachsene und Jugendliche : adultes et adolescents

*Que signifie **die Jugendlichen** ?*

der Erwachsene(n)	l'adulte	sich gut verstehen	bien s'entendre
wachsen	grandir, croître	die Jugendlichen	les jeunes
der Generations-konflikt	le conflit des générations	sich streiten	se disputer
bei seinen Eltern wohnen	habiter chez ses parents	nicht einverstanden sein	ne pas être d'accord
die Erziehung(en)	l'éducation	andere Interessen haben	avoir d'autres intérêts
erzogen	éduqué	sich für etwas anderes interessieren	s'intéresser à d'autres choses
gut erzogen	bien élevé		
schlecht erzogen	mal élevé		
höflich sein	être poli	sich von den Eltern unterscheiden wollen	vouloir se distinguer des parents
gehorchen	obéir		
dieselbe Meinung haben	avoir la même opinion		
seine eigene Meinung äußern	exprimer son opinion	von den Eltern abhängig sein	être dépendant de ses parents
verschieden sein	être différents	unabhängig sein	être indépendant
gleichen	ressembler	das Taschengeld	l'argent de poche
andere Meinungen haben	avoir d'autres opinions	Taschengeld bekommen	recevoir de l'argent de poche
Geld verdienen	gagner de l'argent		

4ᵉ

*Que signifie **das Taschengeld** ?*

Dialogue et expressions

1. Möchtest du einmal heiraten?	1. Veux-tu te marier ?
2. Wie viele Kinder möchtest du haben?	2. Combien d'enfants voudrais-tu avoir ?
3. Wo möchtest du leben?	3. Où voudrais-tu vivre ?
4. Möchtest du später so leben wie deine Eltern?	4. Voudrais-tu vivre plus tard comme tes parents ?
5. Welchen Beruf hättest du am liebsten?	5. Quelle est ta profession préférée ?
6. Soll auch die Ehefrau einen Beruf ausüben?	6. Une femme mariée doit-elle exercer un métier ?
7. Sollen beide Ehepartner die Hausarbeit machen?	7. Est-ce que l'homme et la femme doivent se partager le travail de la maison ?
8. Was findest du in deiner Familie gut?	8. Qu'est-ce que tu trouves bien dans ta famille ?
9. Was findest du in deiner Familie nicht gut?	9. Qu'est-ce que tu ne trouves pas bien dans ta famille ?

*Traduis **se marier**.*

10. Welchen Fehler machen deine Eltern bei deiner Erziehung?
11. Was würdest du als Vater/Mutter anders machen?
12. Wann bekommst du Streit mit deinen Eltern?
13. Darfst du zu Hause sagen, was du denkst?
14. Wen hast du als Vorbild?
15. Möchtest du so werden wie deine Eltern?

10. Quelle erreur commettent tes parents dans ton éducation ?
11. Qu'est-ce que tu ferais d'autre comme père/comme mère ?
12. Quand te disputes-tu avec tes parents ?
13 As-tu le droit de dire à la maison ce que tu penses ?
14. Quel est ton modèle ?
15. Voudrais-tu ressembler à tes parents ?

Extraits de *Jugendscala*.

Adjectifs et adverbes

Adjectifs

ängstlich	anxieux	höflich	poli
aufmerksam	attentif, attentionné	mager	maigre
		möglich	possible
bequem	confortable	neugierig	curieux
berühmt	célèbre	schuldig	coupable, redevable
besetzt	occupé		
blond	blond	selten	rare
bunt	multicolore	sicher	sûr, certain
deutlich	distinct	stolz	fier de
dick	gros	(auf + acc.)	
eilig	pressé	trocken	sec
eng	étroit	unmöglich	impossible
erstaunt	étonné	verrückt	fou
fern	lointain	wahrscheinlich	vraisemblable
feucht	humide	wichtig	important
frech	insolent	zornig	en colère
fröhlich	joyeux	zufällig	par hasard
bestimmt	défini	nervös	nerveux
bitter	amer	normal	normal, habituel
blind	aveugle	nötig	nécessaire
dicht	épais	persönlich	personnel
dünn	mince	praktisch	pratique
dürr	sec	reif	mur
einzig	unique	schmal	étroit
gerade	droit	schwach	faible
gewöhnlich	habituel	sichtbar	visible
glatt	lisse	stumm	muet
hart	dur	unangenehm	désagréable
kaputt	cassé	ungeschickt	maladroit
mild	doux	unglücklich	malheureux
mündlich	oral	weich	mou, doux
nackt	nu		

Traduis **gros, poli, rare**.

Quel est le contraire de **angenehm** ?

Dialogue et expressions

Ist dieser Platz besetzt?	Est ce que cette place est occupée ?
Sprich bitte deutlich!	Parle distinctement s'il te plaît !
Ich habe es eilig.	Je suis pressé.
Er hat die mündliche Prüfung bestanden.	Il a réussi l'examen oral.
Er ist bei der schriftlichen Prüfung durchgefallen.	Il a échoué à l'examen écrit.
Was bin ich schuldig?	Combien est-ce que je dois ?
Sie ist stolz auf ihren Sohn.	Elle est fière de son fils.
Er wird zornig.	Il se met en colère.
Er ist eifersüchtig.	Il est jaloux.
Er ist neidisch.	Il est envieux.

Traduis **je suis pressé**.

Adverbes de manière

deswegen	c'est pourquoi	anders	autrement
besonders	en particulier	geradeaus	tout droit
nämlich	c'est-à-dire	ziemlich	assez
deshalb	c'est pourquoi	recht	vraiment
auf jeden Fall	en tout cas	genau	exactement

Traduis **exactement**.

4ᵉ

Adverbes de temps

damals	autrefois	bis jetzt	jusqu'à présent
niemals	jamais	vorüber	passé

Adverbes de lieu

mitten	au milieu de	weg	parti, loin.

Ne pas confondre

der Weg	le chemin	weg!	éloigne-toi !
Er ist weg.	Il est parti.	Er ist unterwegs.	Il est en route (en chemin)

Mots en vedette

selber ou **selbst**, même, sont invariables et renforcent souvent le pronom personnel.

ich selbst	moi-même	er selbst	lui-même

Donne un exemple d'emploi de **selbst**.

deshalb ou **deswegen** peuvent remplacer une subordonnée qui commence par **weil**.

Weil er zuviel Schlagsahne gegessen hat, ist er krank.
Deshalb ist er krank.

Parce qu'il a mangé trop de crème, il est malade.
C'est pourquoi il est malade.

nämlich annonce une explication :

Er bleibt zu Hause, er hat nämlich die Grippe.
Er bleibt zu Hause, weil er die Grippe hat.

Il reste à la maison, il a en effet la grippe.
Il reste à la maison, parce qu'il a la grippe.

Le jeu des oppositions

Quadrant haut-gauche :
KRANK
FRÜH
LEISE
LEER LANGSAM
NAH
VORSICHTIG
ARM
SCHMUTZIG NETT
FAUL
DUMM MÜNDLICH
TRAURIG
WEICH BREIT
NAß
FREI VERHEIRATET
SCHÖN GLÜCKLICH

Quadrant haut-droit :
KLEIN
RUHIG
ALT
ANGENEHM DÜNN
HOCH
ZUFRIEDEN
SCHWER
ÄHNLICH SCHWACH
BILLIG
BEKANNT KURZ
KALT
GERECHT DUNKEL
SCHLECHT
GEDULDIG RICHTIG
BEQUEM SÜSS

Axe horizontal : GEGENSÄTZE

Quadrant bas-gauche :
HÄSSLICH UNGLÜCKLICH
BESETZT
TROCKEN LEDIG
HART ENG
FROH
KLUG
SAUBER SCHRIFTLICH
REICH BÖSE
WEIT
VOLL UNVORSICHTIG
LAUT SCHNELL
SPÄT
GESUND

Quadrant bas-droit :
UNBEQUEM BITTER
FALSCH
UNGEDULDIG GUT
HELL
UNGERECHT WARM
UNBEKANNT LANG
TEUER
VERSCHIEDEN STARK
LEICHT
UNZUFRIEDEN NIEDRIG
UNANGENEHM DICK
JUNG
AUFGEREGT
GROß

*Quel est le contraire de **nett, schnell, bekannt** ?*

4ᵉ

96

3ᵉ

*Grammaire
Vocabulaire*

SOMMAIRE 3ᵉ

GRAMMAIRE

SYNTAXE, 97
Les subordonnées, 97
Le double infinitif dans la subordonnée, 103
Les coordinations, 103
Les pronoms interrogatifs *welcher, welche, welches*, 104
Le pronom interrogatif *was für ein*, 104
Les interrogatifs adverbiaux, 105
Les relatifs adverbiaux, 105
Les démonstratifs adverbiaux, 106

SYSTÈME VERBAL, 106
Le subjonctif II, 106
Emploi du subjonctif II, 108
Le subjonctif I, 110
Emploi du subjonctif I, 110
Le présent du passif, 114
Le prétérit du passif, 114
Futur, parfait et plus-que-parfait du passif, 115
Les prépositions, 116
Compléments de temps introduits par des prépositions, 123
Les préverbes, 124

GROUPE NOMINAL ET PRONOM, 128
L'adjectif substantivé, 128
L'adjectif épithète, 129
Le pronom indéfini, 130
Place du pronom personnel, 132
Le pronom démonstratif, 132

VERBES FORTS À CONNAÎTRE, 133

VERBES À CONNAÎTRE, 134

VOCABULAIRE

SITUATIONS DE COMMUNICATION, 137
Situer dans l'espace, 137
Se situer dans le temps, 138
Expression du jugement, de l'opinion, 141

VOCABULAIRE THÉMATIQUE, 142
Arbeitswelt : le monde du travail, 142
Staat und Gesellschaft : État et société, 143
Familienleben, Beziehungen : vie familiale et relationnelle, 147
Natur und Umweltschutz : nature et protection de l'environnement, 149
Medien und Kommunikation : médias et communication, 150
Schulleben : la vie scolaire, 152
Freizeit : temps libres, 92
Reisen und Verkehr : voyages et transports, 155
Traum und Phantasie : rêves et imagination, 157
Adjectifs et adverbes, 158

SYNTAXE

Les subordonnées

Subordonnées introduites par *da* et *wie*

da *comme (la cause)*, **wie** *comme (la manière)*

Da er krank ist, bleibt er zu Hause.   *Comme il est malade, il reste à la maison.*
Wie er eingetreten ist, weiß ich nicht.   *Je ne sais pas comment il est entré.*
Er hört, wie die Kinder singen.   *Il entend les enfants chanter.*
(La subordonnée qui commence par **wie** remplace souvent l'infinitive après les verbes de perception.)

Il ne faudra pas confondre les différents emplois de **da**
– adverbe de lieu qui signifie *là* ;
– adverbe de temps qui signifie *alors, à ce moment-là* ;
– et la conjonction de subordination *comme* (causalité).

Ist dein Vater da?   *Est-ce que ton père est là ?*
Fährst du dahin?   *Y vas-tu ?*
Da kam er.   *Alors, il arriva.*
Da sie zu spät aufgestanden ist,   *Comme elle s'est levée trop tard,*
hat sie den Zug versäumt.   *elle a manqué le train.*

*Quels sont les différents sens de **da** ?*

> **Remarque**
>
> En construisant des subordonnées commençant par **wenn**, **als**, **da** ou **wie**, nous avons été conduits à placer la subordonnée avant la principale. Nous remarquons que, si la subordonnée vient en tête, la principale commence par le verbe conjugué. La subordonnée joue le rôle de 1er constituant de la phrase et le verbe conjugué de la principale occupe la 2e place.
>
> *Wenn die Bäume rot werden, gehe ich*   *Quand les arbres rougissent, j'aime aller*
> *gern im Wald spazieren.*   *me promener dans la forêt.*
> *Im Herbst gehe ich gern im Wald spazieren.*   *En automne j'aime aller me promener dans la forêt.*
>
> La subordonnée **wenn die Bäume rot werden** peut être considérée comme premier constituant de la phrase, au même titre que le complément de temps **im Herbst**. Le verbe conjugué **gehe** occupe dans les deux phrases la deuxième place.

Subordonnées remplacées par des adverbes

Dans l'exemple précédent, la subordonnée **wenn die Bäume rot werden** aurait pu être remplacée par **im Herbst** ou par **dann** :
Dann gehe ich gern im Wald spazieren.   *Alors j'aime aller me promener dans la forêt.*

On peut aussi remplacer les subordonnées introduites par **obwohl** en employant **trotzdem** et celles introduites par **weil** en utilisant **deshalb** ou **deswegen**.
Obwohl er keinen Hunger hat, *isst er ein*   *Bien qu'il n'ait pas faim, il mange un*
Stück Kuchen.   *morceau de gâteau.*

*Traduis **malgré tout**.*

Trotzdem isst er ein Stück Kuchen.	Malgré tout, il mange un morceau de gâteau.
Weil er kein Geld hat, kann er die Wohnung nicht kaufen.	Parce qu'il n'a pas d'argent, il ne peut pas acheter l'appartement.
Deshalb kann er die Wohnung nicht kaufen.	C'est pourquoi il ne peut pas acheter l'appartement.
Weil wir kein Glück haben, verlieren wir immer.	Parce que nous n'avons pas de chance, nous perdons toujours.
Deswegen verlieren wir immer.	C'est pourquoi nous perdons toujours.
Als er meine Kusine heiratete, war er 23.	Lorsqu'il épousa ma cousine, il avait 23 ans.
Da war er 23.	Il avait alors 23 ans.

*Donne la traduction de **deshalb**.*

D'autres subordonnées ne peuvent être remplacées par des adverbes. Elles remplissent les fonctions de sujet ou de complément.

Dass er das Spiel verloren hat, ist schlimm.	C'est grave qu'il ait perdu le match.
Dass er den ersten Preis gewonnen hat, glaube ich nicht.	Je ne crois pas qu'il ait gagné le premier prix.
Ob er den Wagen hat verkaufen müssen, weiß ich nicht.	Je ne sais pas s'il a dû vendre la voiture.
Ob er morgen kommt, ist nicht sicher.	Il n'est pas certain qu'il vienne demain.

Le premier constituant de la phrase peut être :

– un nom

Mein Freund kommt morgen.	Mon ami vient demain.

– un nom suivi d'un complément de nom

Der Mantel meines Freundes ist grün.	Le manteau de mon ami est vert.

– un nom suivi d'un complément introduit par une préposition

Der Spaziergang durch den Wald gefällt mir.	La promenade à travers la forêt me plaît.
Eine Reise nach Amerika lohnt sich.	Un voyage en Amérique vaut la peine.

– un nom suivi d'une subordonnée

Die Hoffnung, ihn bald wiederzusehen, muss ich aufgeben.	Je dois renoncer à l'espoir de le revoir bientôt.
Der Freund, den ich am Bahnhof abhole, kommt aus der Schweiz.	L'ami que je vais chercher à la gare vient de Suisse.

Remarque

Après les verbes **denken**, **finden**, **glauben**, **hoffen**, **meinen**, **dass** peut être supprimé. Le verbe conjugué de la subordonnée se place en 2ᵉ position.

Ich hoffe, er kommt morgen Abend.	J'espère qu'il viendra demain soir.

Subordonnées introduites par *so... dass*

so... dass	*si... que*
	tellement... que
so dass...	*si bien que...*

Er ist so fleißig, dass er immer die besten Noten bekommt.	Il est tellement appliqué qu'il a toujours les meilleures notes.

Er ist so klug, dass er alle Probleme löst. — *Il est tellement intelligent qu'il résout tous les problèmes.*

Er hat sich verletzt, so dass er mehrere Tage im Krankenhaus bleiben muss. — *Il s'est blessé, si bien qu'il doit rester plusieurs jours à l'hôpital.*

Subordonnées introduites par *bevor*, *nachdem*

bevor   *avant que*   **nachdem**   *après que*

On trouve dans la subordonnée qui commence par **bevor**, *avant que*, un temps de l'indicatif et non du subjonctif ou un infinitif comme en français :

Er liest die Zeitung, bevor er zu Abend isst. *Il lit le journal avant de dîner.*

Si la principale est au présent, la subordonnée est au présent ; si la principale est au prétérit, la subordonnée est au prétérit :

Er las die Zeitung, bevor er zu Abend aß. *Il lut le journal avant le dîner.*
Er geht einkaufen, bevor er nach Hause geht. *Il fait des courses avant de rentrer chez lui.*
Er wäscht sich, bevor er frühstückt. *Il se lave avant de prendre son petit déjeuner.*
Bevor er in Urlaub fuhr, musste er mit seiner Arbeit fertig sein. *Avant de partir en vacances, il dut finir son travail.*
Bevor sie Arbeit finden konnte, musste sie lange suchen. *Avant de pouvoir trouver du travail, elle dut chercher longtemps.*

La subordonnée qui commence par **nachdem**, *après que*, répond à la règle de la concordance des temps.

Si dans la principale j'emploie le présent de l'indicatif, je trouve le parfait dans la subordonnée commençant par **nachdem**.

Si dans la principale j'emploie le prétérit, je trouve le plus-que-parfait dans la subordonnée qui commence par **nachdem**.

Er sieht fern, nachdem er gegessen hat. *Il regarde la télévision après avoir mangé.*
Er sah fern, nachdem er gegessen hatte. *Il regarda la télévision après avoir mangé.*
Nachdem er seine Fahrkarte gelöst hat, steigt er in den Zug ein. *Après avoir pris son billet, il monte il monte dans le train.*
Nachdem er Arbeit gefunden hatte, ging es ihm besser. *Après avoir trouvé du travail, il alla mieux.*

*Quel temps trouve-t-on dans une subordonnée introduite par **bevor** ?*

*Quelle est la règle de concordance des temps avec **nachdem** ?*

Subordonnées introduites par *seitdem*, *sobald*, *bis*, *solange*

seitdem   *depuis que*   **solange**   *aussi longtemps que*
sobald   *dès que*   **bis**   *jusqu'à ce que*

Seitdem er die Schule verlassen hat, arbeitet er bei der Post. *Depuis qu'il a quitté l'école, il travaille à la poste.*
Sobald er das Abitur bestanden hat, will er auf die Universität gehen. *Aussitôt qu'il a réussi son bac, il veut aller à l'université.*

*Que signifie **bis** ?*

Er läuft, bis er außer Atem sein wird.	*Il court jusqu'à ce qu'il soit à bout de souffle.*
Wir warten, bis du kommst.	*Nous attendons jusqu'à ce que tu arrives.*
Solange er in Asien arbeitet, wird er seine Familie nicht sehen.	*Aussi longtemps qu'il travaille en Asie, il ne verra pas sa famille.*

Subordonnées introduites par *während* et *indem*

La subordonnée introduite par **während**, *pendant que*, indique une certaine durée, contrairement à celle introduite par **indem**, *tandis que*, qui indique deux actions brèves qui se sont déroulées simultanément.

Indem indique parfois le moyen pour arriver à un but. Si le sujet des deux propositions est le même, **indem** peut être traduit par *en* (+ participe présent).

Während ich im Büro arbeitete, lernte ich ihn kennen.	*Pendant que je travaillais au bureau, je fis sa connaissance.*
Während ich Tennis spielte, war mein Sohn im Schwimmbad.	*Pendant que je jouais au tennis, mon fils était à la piscine.*
Während ich die Ferien am Meer verbrachte, starb mein Onkel.	*Pendant que je passais mes vacances au bord de la mer, mon oncle mourut.*
Man lernt, indem man Fragen stellt.	*On apprend en posant des questions.*
Man öffnet die Dose, indem man sie in heißes Wasser taucht.	*On ouvre la boîte en la plongeant dans l'eau bouillante.*

Il ne faudra pas confondre **während**, *pendant que*, et **während**, *pendant*, préposition suivie du génitif.

Subordonnées introduites par *damit*

Damit   *afin que*

Cette conjonction est proche, par son sens, de **um... zu**, *pour*, devant un infinitif.

Er trainiert jeden Tag, damit seine Mannschaft den ersten Preis gewinnt.	*Il s'entraîne chaque jour afin que son équipe gagne le premier prix.*
Er arbeitet sehr viel, damit seine Familie ein Haus kaufen kann.	*Il travaille beaucoup afin que sa famille puisse acheter une maison.*
Warum hast du so große Augen? Damit ich dich besser sehen kann.	*Pourquoi as-tu de si grands yeux ? Afin de mieux te voir.*
Warum hast du so große Ohren? Damit ich dich besser hören kann.	*Pourquoi as-tu de si grandes oreilles ? Afin de mieux t'entendre.*

mais :

Er fährt in die Schweiz, um die Familie zu besuchen.	*Il va en Suisse pour rendre visite à sa famille.*

Quand emploie-t-on ***damit*** *et non* ***um... zu*** *?*

Pour l'expression du but, on emploie **um... zu** si le sujet de l'infinitive et de la principale est le même :

Der Schüler arbeitet gut in der Schule, damit die Eltern ein gutes Zeugnis bekommen.	*L'élève travaille bien à l'école afin que ses parents reçoivent un bon bulletin.*

Subordonnées introduites par *obgleich*, *obschon*, *obwohl*

Dans la subordonnée qui commence par **obgleich**, **obschon**, **obwohl**, *bien que*, on emploie un temps de l'indicatif, contrairement au français, où le subjonctif est obligatoire après *bien que* :

Obgleich er krank ist, will er zur Schule gehen.
Bien qu'il soit malade, il veut aller à l'école.

Obgleich das Wetter schlecht ist, gehen wir spazieren.
Bien que le temps soit mauvais, nous allons nous promener.

Quel mode emploie-t-on avec **obgleich** *?*

Subordonnée introduite par *als ob*

Dans la subordonnée qui commence par **als ob**, *comme si*, on emploie le subjonctif II :

Er tat, als ob er mich nicht sähe. — Il fit comme s'il ne me voyait pas.
Er tat, als ob er mich nicht gesehen hätte. — Il fit comme s'il ne m'avait pas vu.

On peut supprimer **ob**, le verbe conjugué vient alors se placer après **als** :

Er tat, als sähe er mich nicht.

Remarque
On peut trouver aussi le subjonctif I dans la subordonnée commençant par **als ob**.

Subordonnée introduite par *wenn*

Wenn   *si, quand*

Wenn dans le sens de *si* peut être suivi de l'indicatif ou du subjonctif II :
– si la condition exprimée par la subordonnée est réalisable, on emploie l'indicatif ;
– si la condition est irréalisable, on emploie le subjonctif II.

Wenn du die Prüfung bestehst, kaufe ich dir ein Fahrrad.
Si tu réussis l'examen, je t'achète une bicyclette.

Wenn ich Zeit hätte, würde ich einen Roman schreiben.
Si j'avais du temps, j'écrirais un roman.

Wenn, dans le sens de *quand*, ne doit pas être confondu avec **wann**, qui signifie *quand*, mais n'est employé que dans des interrogations :

Jedesmal, wenn er von der Arbeit zurückkam, trank er ein Bier.
Chaque fois qu'il revenait de son travail, il buvait une bière.

Wann fährst du nach München? — Quand pars-tu pour Munich ?

Wenn du in München bist, musst du das BMW-Museum besuchen.
Quand tu seras à Munich, il faut que tu visites le musée BMW.

Quelle est la différence entre **wenn** *et* **wann** *?*

On peut supprimer **wenn** quand la subordonnée vient en tête. Le verbe conjugué se met alors à la place de **wenn** et la principale est introduite par **dann** ou **so** :

Bestehst du die Prüfung, dann kaufe ich dir ein Fahrrad.
Hätte ich Zeit, dann würde ich einen Roman schreiben.

Falls signifie *au cas où*, *dans l'éventualité que*, et a un sens proche de **wenn** :

Falls du in die USA fliegen willst, brauchst du ein Visum.
Au cas où tu voudrais aller aux États-Unis, tu as besoin d'un visa.

Subordonnée introduite par *als, wie, je... desto*

Quels mots introduisent des subordonnées de comparaison ?

- **als**, **wie**, **je... desto** introduisent des subordonnées de comparaison :

Die Tasche ist nicht so billig, wie ich dachte.	Le sac n'est pas aussi bon marché que je pensais.
Der Wagen ist teurer, als ich dachte.	La voiture est plus chère que je ne pensais.
Er ist freundlicher, als ich es erwartete.	Il est plus sympathique que je ne m'y attendais.

Remarques

Il ne faudra pas confondre **als**
- conjonction de subordination : *quand* ;
- élément de formation du comparatif de supériorité de l'adjectif ou de l'adverbe ;
- coordonnant qui signifie *en tant que, en qualité de*.

Als der Zug ankam, liefen die Reisenden.	Lorsque le train arriva, les passagers coururent.
Er ist freundlicher als sein Bruder.	Il est plus sympathique que son frère.
Sie arbeitet als Verkäuferin beim Bäcker.	Elle travaille comme vendeuse chez le boulanger.

- La structure **je... desto...** correspond à *plus... plus...* La phrase qui commence par **je** doit être considérée comme une subordonnée dans laquelle le groupe verbal vient se placer en fin de proposition. La phrase qui commence par **desto** doit être considérée comme une principale, le verbe conjugué se place en tête puisque la subordonnée qui précède la principale est considérée comme le premier élément.

La subordonnée occupe la première place et le verbe conjugué de la principale, la deuxième place.

De quoi sont suivis **je** *et* **desto** *?*

Je et **desto** sont suivis du comparatif de l'adjectif ou de l'adverbe. Quand la phrase ne comporte pas d'adjectif ou d'adverbe qui puissent être mis au comparatif, on emploie **mehr** :

Je länger die Tage werden, desto kürzer werden die Nächte.	Plus les jours s'allongent, plus les nuits raccourcissent.
Je älter er wird, desto weniger Kraft hat er.	Plus il vieillit, moins il a de force.
Je mehr er arbeitet, desto mehr Geld verdient er.	Plus il travaille, plus il gagne de l'argent.
Je fauler er ist, desto weniger Chancen hat er, die Prüfung zu bestehen.	Plus il est paresseux, moins il a de la chance de réussir l'examen.

Remarques

Quand un verbe ou un adjectif est suivi d'une préposition constante, on forme un adverbe avec **da** et la préposition voulue. Cette forme adverbiale précède la proposition subordonnée complément :

Ich muss daran denken, Brot zu kaufen.	Je dois penser à acheter du pain.
Ich kann mich noch daran erinnern, die Rheinfahrt unternommen zu haben.	Je peux encore me souvenir d'avoir entrepris le voyage sur le Rhin.
Er muss darauf verzichten, dieses Jahr nach Amerika zu fliegen.	Il doit renoncer à aller cette année en Amérique.
Der Lehrer kann damit zufrieden sein, dass seine Schüler fleißig sind.	Le professeur peut être satisfait que ses élèves soient travailleurs.

Willst du damit sagen, dass du arbeitslos bist?	Veux-tu dire que tu es au chômage ?
Ich freue mich sehr darauf, dich bald wiederzusehen.	Je me réjouis beaucoup de te revoir bientôt.
Er hat mich darum gebeten, das Haus zu verkaufen.	Il m'a demandé de vendre la maison.
Ich habe mich darum gekümmert, dass das Kind in das beste Krankenhaus gebracht wird.	J'ai fait le nécessaire pour que l'enfant soit transporté dans le meilleur hôpital.
Die Eltern haben dafür gesorgt, dass der Sohn das Studium fortsetzen konnte.	Les parents ont veillé à ce que leur fils poursuive ses études.
Er hat sich nicht davor gefürchtet, an dem Autorennen teilzunehmen.	Il n'a pas eu peur de participer à la course automobile.
Sie konnte nicht damit aufhören, zwanzig Zigaretten pro Tag zu rauchen.	Elle ne pouvait s'arrêter de fumer vingt cigarettes par jour.

Le double infinitif dans la subordonnée

Où se place le verbe conjugué dans une subordonnée avec double infinitif ?

Contrairement à la règle qui veut que, dans la subordonnée, le verbe conjugué vienne se placer en dernier, dans la subordonnée avec double infinitif le verbe conjugué se place devant les deux infinitifs :

Ich glaube, dass der Student das Studium **hat** unterbrechen müssen.	Je crois que l'étudiant a dû interrompre ses études.
Ich denke, dass der Arzt den Krankenwagen **hat** kommen lassen.	Je pense que le médecin a fait venir l'ambulance.
Weiß deine Schwester, dass du dir die Haare **hast** schneiden lassen?	Ta sœur sait-elle que tu t'es fait couper les cheveux ?
Sie fühlt sich glücklich, weil sie den neuen Mantel **hat** anziehen dürfen.	Elle se sent heureuse parce qu'elle a eu le droit de mettre le manteau neuf.
Der Sohn ist stolz darauf, dass er den neuen Wagen **hat** probieren können.	Le fils est fier d'avoir pu essayer la nouvelle voiture.
Ich weiß, dass der Lehrer einige Sätze **hat** übersetzen lassen.	Je sais que le professeur a fait traduire quelques phrases.

Les coordinations

Que signifie entweder... oder ?

- entweder... oder..., ou... ou...
- weder... noch..., ni... ni...

Les coordinations **aber, sondern, und, denn, entweder... oder...** ne sont pas considérées comme 1er constituant de la phrase. Elles seront donc suivies du sujet puis du verbe conjugué :

Entweder du kommst oder ich komme zu dir.	Ou bien tu viens, ou je vais chez toi.
Entweder du kaufst einen neuen Wagen, oder wir müssen zu Fuß gehen.	Ou tu achètes une voiture neuve, ou nous devons aller à pied.
Er hat weder Zeit noch Geld.	Il n'a ni temps ni argent.
Er hat weder Arbeit noch Wohnung.	Il n'a ni travail ni logement.

Par ♥ Rappel
Les négations :

Ist er noch da?	*Est-il encore là ?*
Nein, er ist nicht mehr da.	*Non, il n'est plus là.*
Ist er schon da?	*Est-il déjà là ?*
Nein, er ist noch nicht da.	*Non, il n'est pas encore là.*
Hast du noch Geld?	*As-tu encore de l'argent ?*
Nein, ich habe kein Geld mehr.	*Non, je n'en ai plus.*
Er will gar nicht lernen, nicht einmal Deutsch.	*Il ne veut absolument rien apprendre, même pas l'allemand.*
Er ist nicht nur enttäuscht, sondern auch verzweifelt.	*Il est non seulement déçu, mais désespéré.*

Traduis
il n'est plus là.

- **nicht ein** est un renforcement :
  Er hat nicht einen Freund.   *Il n'a pas un seul ami.*

- **nicht** peut porter sur un élément de la phrase, qui est ainsi mis en relief :
  Nicht die Katze hat die Vase zerbrochen, sondern ich.   *Ce n'est pas le chat qui a cassé le vase, mais moi.*
  Nicht Jürgen will als Kellner arbeiten, sondern Karl.   *Ce n'est pas Jürgen qui veut travailler comme serveur, mais Karl.*

- **nichts** : *rien*, **niemand** : *personne*, **nie** : *jamais*

Les pronoms interrogatifs *welcher, welche, welches*

welcher, welches/welche   quel/quelle

Ils se déclinent comme l'article défini et entraînent dans la réponse l'emploi du démonstratif : **dieser, diese, dieses** :

Welches *Kleid möchtest du kaufen?*	*Quelle robe voudrais-tu acheter ?*
Dieses *Kleid.*	*Cette robe-ci.*
Welche *Tasche willst du nehmen?*	*Quel sac veux-tu prendre ?*
Diese *Tasche.*	*Ce sac-ci.*
Welchen *Wagen hat er gekauft?*	*Quelle voiture a-t-il achetée ?*
Diesen *Wagen.*	*Cette voiture-ci.*

Welcher placé devant l'auxiliaire sein prend la forme invariable **welches** :

Welches ist *das Gegenteil von groß?*	*Quel est le contraire de grand ?*
Welches ist *die Hauptstadt Frankreichs?*	*Quelle est la capitale de la France ?*

3ᵉ

Le pronom interrogatif *was für ein*

was für ein   quelle sorte de

On distingue :

Welche Zeitung liest du?	*Quel est le journal que tu lis ?*
Was für Zeitungen kaufst du?	*Quelle sorte de journaux achètes-tu ?*

Quelle est la différence entre **welcher** *et* **was für ein** *?*

> **Remarque**
> Dans l'interrogatif **was für ein**, l'article indéfini **ein** n'est pas obligatoirement à l'accusatif. Son cas ne dépend pas de la préposition **für** mais de sa fonction dans la proposition :
>
> Was für ein Buch schreibst du?   Quelle sorte de livre écris-tu ?
> Mit was für einem Füller schreibst du?   Avec quelle sorte de stylo écris-tu ?

Les interrogatifs adverbiaux

Par ❤

Lorsque le verbe est suivi d'une préposition constante,

sprechen von   *parler de*
denken an   *penser à*
warten auf   *attendre*

cette préposition est associée au pronom interrogatif **wo** dans la question. Si la préposition commence par une voyelle, on ajoute un **-r-** de liaison :

Wovon sprichst du?   De quoi parles-tu ?
Worauf wartest du?   Qu'est-ce que tu attends ?
Woran denkst du?   À quoi penses-tu ?
Womit schreibst du?   Avec quoi écris-tu ?

Traduis
à quoi penses-tu.

Cette forme adverbiale est réservée aux inanimés.

Si l'on s'adresse à des personnes, on choisira pour l'interrogation la préposition suivie du pronom interrogatif voulu.

Von wem sprichst du?   De qui parles-tu ?
Auf wen wartest du?   Qui attends-tu ?
An wen denkst du?   À qui penses-tu ?

Traduis
à qui penses-tu.

Les relatifs adverbiaux

POUR ALLER PLUS LOIN

Lorsque le pronom relatif est précédé d'une préposition, on peut le remplacer par un relatif adverbial formé avec **wo** + la préposition voulue. Si la préposition commence par une voyelle, on ajoute un **-r-** de liaison.

Der Stuhl, auf dem ich sitze, ist hoch.   La chaise sur laquelle je suis assise est haute.

Der Stuhl, **worauf** ich sitze, ist hoch.   La chaise sur laquelle je suis assise est haute.

Das Glas, aus dem ich trinke, ist blau.   Le verre dans lequel je bois est bleu.
Das Glas, **woraus** ich trinke, ist blau.   Le verre dans lequel je bois est bleu.

mais

Die Freundin, auf die ich warte, heißt Ursula.   L'amie que j'attends s'appelle Ursula.

Das Kind, mit dem ich spiele, ist mein Sohn.   L'enfant avec lequel je joue est mon fils.

On ne formera pas de relatif adverbial avec les êtres animés.

3ᵉ

Les démonstratifs adverbiaux

Da peut être associé à différentes prépositions pour former des démonstratifs adverbiaux. Si la préposition commence par une voyelle, on met un **-r-** de liaison.

Ich denke an meine Ferien.	Je pense à mes vacances.
Ich warte auf den Bus.	J'attends le car.
Ich warte **darauf**.	Je l'attends.
Ich denke **daran**.	J'y pense.

mais

Ich spreche von einem Freund.	Je parle d'un ami.
Ich spreche von ihm.	Je parle de lui.
Ich denke an sie.	Je pense à elle.
Ich warte auf sie.	Je les attends.

On ne formera pas de démonstratifs adverbiaux avec les êtres animés.

SYSTÈME VERBAL

Le subjonctif II

– Le subjonctif I est d'un emploi restreint en allemand. Il est surtout utilisé dans le discours indirect, c'est-à-dire quand on rapporte les paroles d'autrui.

– Le subjonctif II est d'un emploi plus fréquent. Il est utilisé quand on veut exprimer un souhait, un regret et dans les subordonnées conditionnelles commençant par **wenn** qui expriment une situation irréalisable ou irréalisée :

Wenn ich reich wäre, würde ich ein Haus kaufen.	Si j'étais riche, j'achèterais une maison.

Présent du subjonctif II

- **Auxiliaires de temps**

Pour former le présent du subjonctif II des auxiliaires de temps, on part des formes du prétérit de l'indicatif, auxquelles on ajoute une inflexion à toutes les personnes et les terminaisons caractéristiques du subjonctif : **-e**, **-est**, **-e**, **-en**, **-et**, **-en**.

Quelles sont les terminaisons du subjonctif ?

werden

ich	würde	er		wir	würden
du	würdest	sie	würde	ihr	würdet
		es		sie	würden

- **Verbe faible**

Les formes du prétérit de l'indicatif des verbes faibles et celles du présent du subjonctif II sont identiques :

Par ♥

kaufen *(acheter)*

ich	kaufte	er sie es } kaufte	wir	kauften
du	kauftest		ihr	kauftet
			sie	kauften

Quelle est la différence entre le prétérit de l'indicatif et le présent du subjonctif II des verbes faibles ?

- **Verbe fort**

Pour former le présent du subjonctif II des verbes forts, on part du radical du prétérit de l'indicatif auquel on ajoute à toutes les personnes des inflexions sur la voyelle du radical et les terminaisons caractéristiques du subjonctif :

Par ♥

sehen *(voir)*

ich	sähe	er sie es } sähe	wir	sähen
du	sähest		ihr	sähet
			sie	sähen

Comment forme-t-on le présent du subjonctif II d'un verbe fort ?

Quand la voyelle radicale des verbes forts ne peut être infléchie, les terminaisons **-e, -est, -e, -en, -et, -en** distinguent le présent du subjonctif II du prétérit de l'indicatif (sauf à la 1ʳᵉ et à la 3ᵉ personne du pluriel) :

gehen *(aller)*

ich	ginge	er sie es } ginge	wir	gingen
du	gingest		ihr	ginget
			sie	gingen

- **Verbes de modalité**

Ce qui distingue le prétérit de l'indicatif et le présent du subjonctif II des verbes de modalité c'est uniquement l'inflexion sur la voyelle du radical. Il en est de même pour **wissen**.

Par ♥

Tableau récapitulatif des verbes de modalité au présent du subjonctif II

können	dürfen	müssen
ich könnte	ich dürfte	ich müsste
du könntest	du dürftest	du müsstest
er sie es } könnte	er sie es } dürfte	er sie es } müsste
wir könnten	wir dürften	wir müssten
ihr könntet	ihr dürftet	ihr müsstet
sie könnten	sie dürften	sie müssten
sollen	wollen	mögen
ich sollte	ich wollte	ich möchte
du solltest	du wolltest	du möchtest
er sie es } sollte	er sie es } wollte	er sie es } möchte
wir sollten	wir wollten	wir möchten
ihr solltet	ihr wolltet	ihr möchtet
sie sollten	sie wollten	sie möchten

3ᵉ

*Conjugue **können** au présent du subjonctif II.*

Par ♥ Conjugaison de **wissen** au présent du subjonctif II :

ich	wüsste	er		wir	wüssten
du	wüsstest	sie }	wüsste	ihr	wüsstet
		es		sie	wüssten

Le passé du subjonctif II

Pour former le passé du subjonctif II, il suffit de conjuguer les auxiliaires **sein** ou **haben** au présent du subjonctif II, accompagnés du participe passé :

Par ♥
<u>das Haus gekauft haben</u> <u>sofort gekommen sein</u>
ich hätte das Haus gekauft ich wäre sofort gekommen
du hättest das Haus gekauft du wärest sofort gekommen
er
sie } hätte das Haus gekauft
es

er
sie } wäre sofort gekommen
es

wir hätten das Haus gekauft wir wären sofort gekommen
ihr hättet das Haus gekauft ihr wäret sofort gekommen
sie hätten das Haus gekauft sie wären sofort gekommen

Le futur du subjonctif II

Il est formé par l'auxiliaire **werden**, conjugué au présent du subjonctif II, et par l'infinitif présent.

Par ♥
j'achèterais la maison
ich würde das Haus kaufen wir würden das Haus kaufen
du würdest das Haus kaufen ihr würdet das Haus kaufen
er
sie } würde das Haus kaufen
es

sie würden das Haus kaufen

*Conjugue **kaufen** au futur du subjonctif II.*

On peut trouver aussi la forme suivante : **werden**, conjugué au présent du subjonctif II et l'infinitif passé.

j'aurais acheté la maison
ich würde das Haus gekauft haben wir würden das Haus gekauft haben
du würdest das Haus gekauft haben ihr würdet das Haus gekauft haben
er
sie } würde das Haus gekauft haben
es

sie würden das Haus gekauft haben

Emploi du subjonctif II

La subordonnée conditionnelle commençant par *wenn*

Quand emploie-t-on le subjonctif II ?

On emploie le subjonctif II pour exprimer la condition irréalisable ou irréalisée. On distingue :

– les temps employés dans la subordonnée commençant par **wenn** ;
– les temps employés dans la principale.

Par cœur

Dans la subordonnée commençant par **wenn**, on trouvera le présent ou le passé du subjonctif II.
Dans la principale, on trouvera le présent ou le passé du subjonctif II. ou les formes avec **würde** + infinitif présent ou passé.

Wenn das Wetter schön wäre,
würde ich ins Schwimmbad gehen.
ou Wenn das Wetter schön wäre,
ginge ich ins Schwimmbad.
} *Si le temps était beau, j'irais à la piscine.*

Wenn er käme, würde ich mich freuen.
ou Wenn er käme, freute ich mich.
} *S'il venait, je me réjouirais.*

Dans ce dernier exemple, on préférera employer dans la principale la forme avec **würden** + infinitif parce que, **sich freuen** étant un verbe faible, les formes du prétérit de l'indicatif et du subjonctif sont identiques (se confondent).

Wenn er käme, könnte ich in die Stadt gehen. *S'il venait, je pourrais aller en ville.*

Avec les verbes de modalité et les auxiliaires de temps, on emploie exclusivement le présent ou le passé du subjonctif II et non pas la forme **würden** + infinitif.

Wenn ich gewänne, hätte ich Glück. *Si je gagnais, j'aurais de la chance.*
Wenn ich reisen könnte, wäre ich froh. *Si je pouvais voyager, je serais heureuse.*
Wenn ich viel Geld und viel Zeit hätte, *Si j'avais beaucoup d'argent et beaucoup*
könnte ich eine Weltreise machen. *de temps, je pourrais faire un voyage*
  autour du monde.

Wenn das Wetter schön gewesen wäre,
würde ich ins Schwimmbad gegangen sein.
ou Wenn das Wetter schön gewesen wäre,
wäre ich ins Schwimmbad gegangen.
} *Si le temps avait été beau, je serais allé à la piscine.*

Wenn er gekommen wäre, würde ich
mich gefreut haben.
ou Wenn er gekommen wäre, hätte ich
mich gefreut.
} *S'il était venu, je me serais réjoui.*

Wenn er gekommen wäre, hätte ich
in die Stadt gehen können.
} *S'il était venu, j'aurais pu aller en ville.*

Wenn ich gewonnen hätte, hätte ich
Glück gehabt.
} *Si j'avais gagné, j'aurais eu de la chance.*

Wenn ich hätte reisen können, wäre
ich froh gewesen.
} *Si j'avais pu voyager, j'aurais été heureuse.*

Remarque

Dans la subordonnée avec un double infinitif, l'auxiliaire est placé en tête :
hätte reisen können.
Contrairement à la règle générale de construction de la subordonnée, le verbe conjugué ne se place pas en fin du groupe verbal.
L'expression : **es könnte sein** signifie *il se pourrait*.
L'emploi de **würden** + infinitif a tendance à se répandre aux dépens de l'emploi du présent du subjonctif II des verbes forts.

L'expression du souhait

On emploie le subjonctif II dans un certain nombre de phrases pour exprimer le souhait. Certaines commencent par **wenn**.

Si **wenn** peut être supprimé, le verbe conjugué se met alors à la place de **wenn** :

Wenn ich bessere Noten hätte! *Si j'avais de meilleures notes !*
Wenn ich das Buch gehabt hätte! *Si j'avais eu le livre !*

ou,

Hätte ich bessere Noten! *Si j'avais de meilleures notes !*
Hätte ich das Buch gehabt! *Si j'avais eu le livre !*
Wenn du den Film gesehen hättest!
(ou Hättest du den Film gesehen!), *Si tu avais vu ce film !*
Wenn ich das gewusst hätte!
(ou Hätte ich das gewusst!), *Si je l'avais su !*
Wenn er langsamer gefahren wäre!
(ou Wäre er langsamer gefahren!), *S'il avait roulé plus lentement !*

Où se place le verbe conjugué quand on supprime wenn ?

D'autres phrases dans lesquelles on trouve le subjonctif II expriment un souhait :

Ich hätte Lust, ins Kino zu gehen *J'aurais envie d'aller au cinéma.*
wie wär's mit einem Bier? *Que dirais-tu d'une bière ?*
Ich würde lieber Wein trinken. *Je préférerais boire du vin.*
Was könnte ich tun, um ihm zu helfen? *Qu'est-ce que je pourrais faire pour l'aider ?*
Ich möchte bloß wissen, warum du weinst! *J'aimerais seulement savoir pourquoi tu pleures !*
Was hätten die Herrschaften denn gerne? *Qu'est-ce que ces messieurs dames souhaiteraient bien prendre ?*

Wir hätten lieber den Wagen gekauft! *Nous aurions préféré acheter la voiture !*
Sie hätte gern eine neue Bluse! *Elle aimerait un nouveau corsage !*
Er hätte gern einen neuen Wagen! *Il aimerait une nouvelle voiture !*
Er wäre gern in Paris geblieben! *Il aurait aimé rester à Paris !*
Ich würde lieber in München leben! *Je préférerais habiter Munich !*
Wir könnten ins Restaurant gehen. *On pourrait aller au restaurant.*

Traduis j'aurais envie d'aller au cinéma.

Dialogue et expressions

Es müsste so sein. *Il devait en être ainsi.*
Das wäre alles. *Ce sera tout.*
Das würde ich nicht sagen. *je ne dirais pas cela.*

Le subjonctif I

Présent du subjonctif I

- **Auxiliaires de temps**

Pour former le présent du subjonctif I des auxiliaires **haben** et **werden**, on part de l'infinitif et on ajoute au radical verbal les terminaisons caractéristiques du subjonctif **-e**, **-est**, **-e**, **-en**, **-et**, **-en**.

L'auxiliaire **sein** est irrégulier.

Par

sein		haben		werden	
ich sei	wir seien	ich habe	wir haben	ich werde	wir werden
du seist	ihr seiet	du habest	ihr habet	du werdest	ihr werdet
er	sie seien	er	sie haben	er	sie werden
sie } sei		sie } habe		sie } werde	
es		es		es	

*Conjugue **sein** au subjonctif I.*

- **Verbe faible**

Pour former le présent du subjonctif I des verbes faibles, on ajoute au radical verbal les terminaisons caractéristiques du subjonctif **-e**, **est**, **-e**, **-en**, **-et**, **-en**.

kaufen
ich kauf**e**   er }   wir kauf**en**
du kauf**est**   sie } kauf**e**   ihr kauf**et**
                      es }   sie kauf**en**

Comment forme-t-on le présent du subjonctif I d'un verbe faible ?

- **Verbe fort**

Pour former le présent du subjonctif I des verbes forts, on ajoute au radical verbal les terminaisons caractéristiques du subjonctif.

sehen
ich seh**e**   er }   wir seh**en**
du seh**est**   sie } seh**e**   ihr seh**et**
                      es }   sie seh**en**

Comment forme-t-on celui d'un verbe fort ?

- **Verbes de modalité**

TABLEAU RÉCAPITULATIF DE LA CONJUGAISON DES VERBES DE MODALITÉ AU SUBJONCTIF PRÉSENT

können	dürfen	müssen	sollen	wollen	mögen
ich könne	dürfe	müsse	solle	wolle	möge
du könnest	dürfest	müssest	sollest	wollest	mögest
er sie es } könne	dürfe	müsse	solle	wolle	möge
wir können	dürfen	müssen	sollen	wollen	mögen
ihr könnet	dürfet	müsset	sollet	wollet	möget
sie können	dürfen	müssen	sollen	wollen	mögen

- **Conjugaison de *wissen* au subjonctif présent**

ich wisse   er }   wir wissen
du wissest   sie } wisse   ihr wisset
                     es }   sie wissen

*Conjugue **wissen** au subjonctif I.*

Passé du subjonctif I

Pour former le passé du subjonctif I, on conjugue l'auxiliaire **sein** ou **haben** au présent du subjonctif I :

das Haus gekauft haben
ich habe das Haus gekauft
du habest das Haus gekauft
er
sie } habe das Haus gekauft
es
wir haben das Haus gekauft
ihr habet das Haus gekauft
sie haben das Haus gekauft

sofort gekommen sein
ich sei sofort gekommen
du seist sofort gekommen
er
sie } sei sofort gekommen
es
wir seien sofort gekommen
ihr seiet sofort gekommen
sie seien sofort gekommen

Futur du subjonctif I

Pour former le futur du subjonctif I, on conjugue l'auxiliaire **werden** au présent du subjonctif I :

<u>das Haus kaufen</u>
ich werde das Haus kaufen
du werdest das Haus kaufen
er ⎫
sie ⎬ werde das Haus kaufen
es ⎭

wir werden das Haus kaufen
ihr werdet das Haus kaufen
sie werden das Haus kaufen

Emploi du subjonctif I

Quand emploie-t-on le subjonctif I ?

Le subjonctif I est employé dans le style indirect, c'est-à-dire quand on rapporte les paroles de quelqu'un et que l'on doute des paroles rapportées.

Pour savoir quel est le temps à employer au style indirect, il faut considérer le temps de la phrase au style direct. On peut résumer la correspondance des temps et des modes dans le tableau suivant :

style direct		style indirect
présent de l'indicatif	→	présent du subjonctif I
prétérit ou parfait ou plus-que-parfait de l'indicatif	→	passé du subjonctif I
futur de l'indicatif	→	futur du subjonctif I

- **style direct :**
  Die Eltern sagten: „Unser Sohn ist krank."

  Les parents dirent : « Notre fils est malade. »

  style indirect :
  Die Eltern sagten, dass ihr Sohn krank sei.

  Les parents dirent que leur fils était malade.

- **style direct :**
  die Eltern sagten: „Unser Sohn war krank."
  „Unser Sohn ist krank gewesen."
  „Unser Sohn war krank gewesen."

  Les parents dirent : « Notre fils était malade. »
  « Notre fils a été malade. »
  « Notre fils avait été malade. »

  style indirect :
  Die Eltern sagten, dass ihr Sohn krank gewesen sei.

  Les parents dirent que leur fils avait été malade.

- **style direct :**
  Die Eltern sagten: „Unser Sohn wird zu Hause bleiben."

  Les parents dirent : « Notre fils restera à la maison. »

  style indirect :
  Die Eltern sagten, dass ihr Sohn zu Hause bleiben werde.

  Les parents dirent que leur fils resterait à la maison.

S'il y a confusion dans le style indirect entre les formes du subjonctif et celles de l'indicatif, on recule d'un temps. Ce qui peut se résumer par le tableau suivant :

présent du subjonctif I	→	présent du subjonctif II
passé du subjonctif I	→	passé du subjonctif II
futur du subjonctif I	→	futur du subjonctif II

- **style direct :**

    Die Eltern sagten: „Unsere Kinder haben die Grippe."

    Les parents dirent : «Nos enfants ont la grippe.»

    style indirect :

    Die Eltern sagten, dass ihre Kinder die Grippe hätten.

    Les parents dirent que leurs enfants avaient la grippe

- **style direct :**

    Die Eltern sagten: „Unsere Kinder hatten die Grippe."

    Les parents dirent : « Nos enfants avaient la grippe. »

    ou *Die Eltern sagten: „Unsere Kinder haben die Grippe gehabt."*

    Les parents dirent : « Nos enfants ont eu la grippe. »

    ou *Die Eltern sagten: „Unsere Kinder hatten die Grippe gehabt."*

    Les parents dirent : « Nos enfants avaient eu la grippe. »

    style indirect :

    Die Eltern sagten, dass ihre Kinder die Grippe gehabt hätten.

    Les parents dirent que leurs enfants avaient eu la grippe.

- **style direct :**

    Die Eltern sagten: „Unsere Kinder werden zu Hause bleiben."

    Les parents dirent : « Nos enfants resteront à la maison. »

    style indirect :

    Die Eltern sagten, dass ihre Kinder zu Hause bleiben würden.

    Les parents dirent que leurs enfants resteraient à la maison.

Remarque

On peut trouver le subjonctif I dans l'interrogation indirecte :

Er fragte mich, wann der Zug in Mainz ankomme.

Il me demanda quand le train arrivait à Mayence.

L'impératif ne s'emploie pas au style indirect. On le remplace par **sollen** pour exprimer l'ordre et par **mögen** pour exprimer la prière :

Die Eltern sagten zu ihrem Sohn, dass er das Studium nicht unterbrechen solle.

Les parents dirent à leur fils de ne pas interrompre ses études.

Dass peut être supprimé.
L'ordre des constituants de la subordonnée redevient sujet verbe complément :

Die Eltern sagten zu ihrem Sohn, er solle das Studium nicht unterbrechen.

On peut trouver dans le style indirect un temps de l'indicatif ou un temps du subjonctif.
Outre le fait qu'il exprime un doute sur les paroles rapportées, le subjonctif correspond souvent à un style soutenu, littéraire :

Er schreibt, er sei gut angekommen.
Er fragte mich, ob ich ihn am Bahnhof abholen wolle.

Il écrit qu'il est bien arrivé.
Il me demanda si je voulais venir le chercher à la gare.

Le présent du passif

Par ❤ 1

Le présent du passif est formé de l'auxiliaire **werden** conjugué au présent et d'un participe passé.

Le passif est très employé en allemand. Il correspond souvent à des constructions qui commencent par *on* (pronom indéfini) en français.

Man trinkt Bier in München.   *On boit de la bière à Munich.*
In München wird Bier getrunken.
Man erwartet einen Brief aus Frankreich.   *On attend une lettre de France.*
Ein Brief aus Frankreich wird erwartet.

Le complément d'objet direct de la phrase active devient sujet dans la phrase passive. Mais si le verbe de la phrase active n'avait pas de complément d'objet direct, le sujet de la phrase passive est remplacé par **es**, pronom impersonnel :

Man tanzt.   *On danse.*   *Man singt.*   *On chante.*   *Man trinkt.*   *On boit.*
Es wird getanzt.   *Es wird gesungen.*   *Es wird getrunken.*

Si la phrase ne commence pas par **es**, le pronom impersonnel est supprimé :

Es wird heute Abend getanzt.   *On danse ce soir (ce soir, on danse).*
Heute Abend wird getanzt.

Par ❤ 1

Le complément d'agent est en général introduit par **von** et suivi du datif :

phrase active	phrase passive
Der Lehrer ruft den Schüler.	*Der Schüler wird von dem Lehrer gerufen.*
(Le professeur appelle l'élève.)	(L'élève est appelé par le professeur.)
Der Nachbar kauft das Haus.	*Das Haus wird von dem Nachbarn gekauft.*
(Le voisin achète la maison.)	(La maison est achetée par le voisin.)

> **Ne pas confondre**
>
> **passif action** (l'action est subie par le sujet et faite par le complément d'agent) et **passif état** (résultat d'une action) :
>
> *Das Haus wird von den Maurern gebaut.*   *La maison est construite par les maçons.*
> *Das Haus ist gebaut.*   *La maison est construite.*
>
> La tournure passive peut correspondre à un ordre :
>
> *Jetzt wird gearbeitet!*   *Maintenant on travaille !*

Le prétérit du passif

Pour conjuguer une phrase au prétérit du passif, il suffit de conjuguer l'auxiliaire **werden** au prétérit :

Man aß Kuchen in einer Konditorei.   *On mangea des gâteaux à la crème dans*
Kuchen wurden in einer Konditorei gegessen.   *une pâtisserie.*
In München trank man viel Bier.   *À Munich, on but beaucoup de bière.*
In München wurde viel Bier getrunken.
Ein Taxi brachte ihn zum Bahnhof.   *Un taxi l'emmena à la gare.*
Er wurde von einem Taxi zum Bahnhof
gebracht.

Le sujet de la phrase active peut être évoqué dans la phrase passive sous forme de complément d'agent :

Der Sohn schenkte dem Vater eine Schallplatte.
Le fils offrit un disque à son père.

Eine Schallplatte wurde dem Vater vom Sohn geschenkt.
Un disque fut offert au père par le fils.

Meine Freunde luden mich zu einem Glas Wein ein.
Mes amis m'invitèrent à boire un verre de vin.

Ich wurde von meinen Freunden zu einem Glas Wein eingeladen.
Je fus invité par mes amis à boire un verre de vin.

Remarque
On peut contracter **von dem** en **vom**.

Futur, parfait et plus-que-parfait du passif

Comment conjugue-t-on la tournure passive au parfait ?

Pour conjuguer une phrase au futur, au parfait ou au plus-que-parfait du passif, il suffit de conjuguer l'auxiliaire **werden** à ces différents temps.
On notera que le participe passé de l'auxiliaire **werden**, qui sert à former le parfait et le plus-que-parfait du passif, est **worden** (et non **geworden**).
Le complément d'agent, qui est la réinsertion dans la phrase passive du sujet de la phrase active, est le plus souvent introduit par la préposition **von** + datif.

phrase active
Die Feinde greifen das Land an.
Les ennemis attaquent le pays.

présent du passif
Das Land wird von den Feinden angegriffen.
Le pays est attaqué par les ennemis.

prétérit du passif
Das Land wurde von den Feinden angegriffen.
Le pays fut attaqué par les ennemis.

parfait du passif
Das Land ist von den Feinden angegriffen worden.
Le pays a été attaqué par les ennemis.

plus-que-parfait du passif
Das Land war von den Feinden angegriffen worden.
Le pays avait été attaqué par les ennemis.

futur du passif
Das Land wird von den Feinden angegriffen werden.
Le pays sera attaqué par les ennemis.

Remarque
Au futur, l'auxiliaire **werden** se conjugue avec lui-même.
Le complément d'agent est introduit par la préposition **durch** suivie de l'accusatif quand il s'agit d'une chose, d'un intermédiaire.

présent du passif
Die Stadt wird durch Bomben zerstört. La ville est détruite par des bombes.

prétérit du passif
Die Stadt wurde durch Bomben zerstört. La ville fut détruite par des bombes.

*Traduis **la ville a été détruite par les bombes.***

parfait du passif
Die Stadt ist durch Bomben zerstört worden. La ville a été détruite par des bombes.

plus-que-parfait du passif
Die Stadt war durch Bomben zerstört worden. La ville avait été détruite par des bombes.

futur du passif
Die Stadt wird durch Bomben zerstört werden. La ville sera détruite par des bombes.

Rappel
Lorsque la phrase active n'a pas de complément d'objet direct, le pronom impersonnel **es** devient le sujet de la phrase passive.

On peut ainsi former des phrases passives avec des verbes intransitifs :

*Comment peut-on traduire de deux façons **on joue** ?*

Man lügt.	On ment.	*Man spielt.*	On joue.
Es wird gelogen.	On ment.	*Es wird gespielt.*	On joue.

La tournure passive peut se rencontrer à l'infinitif, ce qui est fréquent dans des phrases où on emploie les verbes de modalité :

Er soll mit dem Wagen abgeholt werden. On doit aller le chercher en voiture.
Der Schauspieler will den Journalisten vorgestellt werden. L'acteur veut être présenté aux journalistes.
Der Verletzte muss schnell ins Krankenhaus gebracht werden. Le blessé doit vite être transporté à l'hôpital.
Wir können nicht jeden Tag zum Essen eingeladen werden. Nous ne pouvons pas être invités à manger chaque jour.

Les prépositions

Les postpositions

Certaines prépositions peuvent être placées après le nom ou le pronom personnel :

entlang le long de
gegenüber en face de

*Que signifie **gegenüber** ?*

Er geht am Rhein entlang.
Er geht den Rhein entlang. Il longe le Rhin.
Wir gehen die Straße entlang. Nous suivons la rue.
Ich sitze dir gegenüber. Je suis assise en face de toi.
Die Post steht dem Rathaus gegenüber. La poste se trouve en face de la mairie.

Les prépositions spatiales

Par ♥

über	au-dessus de	an	contre
auf	sur	in	dans
unter	en dessous de	neben	à côté de
vor	devant	zwischen	entre
hinter	derrière		

Les prépositions spatiales sont suivies tantôt de l'accusatif, tantôt du datif :
– le complément est au datif lorsque le verbe exprime une action réalisée à l'intérieur d'un même lieu ;
– le complément est à l'accusatif lorsque le verbe exprime une direction, un changement de lieu.

- **auf**, sur (avec un contact)
- **über**, sur, au-dessus de (sans contact avec la surface)

Eine Lampe hängt über dem Tisch. Une lampe est suspendue au-dessus de la table.
Das Buch liegt auf dem Tisch. Le livre se trouve sur la table.

über rend la notion de traverser ou de passer par :

Wir gehen über die Brücke. Nous traversons le pont.
Dann geht das Kind über die Straße. Ensuite, l'enfant traverse la rue.
Nächsten Monat fahren wir nach Berlin über Weimar und Leipzig. Le mois prochain nous allons à Berlin en passant par Weimar et Leipzig.

On peut rapprocher ce sens des expressions suivantes :

Unsere Freunde wollen über Weihnachten in Hamburg bleiben. Nos amis veulent passer la période de Noël à Hambourg.
Viele Angestellte bleiben über Mittag in der Stadt. Beaucoup d'employés restent pendant l'heure du déjeuner en ville.

über et **auf** peuvent être employés dans un sens non spatial ;

über signifie *plus de, au-dessus de* :

Die Autos dürfen nicht über 60 Km fahren. Les voitures ne doivent pas dépasser 60 km/h.
Das Buch kostet über 100 DM. Le livre coûte plus de 100 DM.

über est employé dans le sens de *à propos de* :

Er schreibt einen Roman über den Krieg. Il écrit un roman sur la guerre.

De plus, certains verbes sont toujours suivis des prépositions **über** ou **auf** et de l'accusatif.

*Quels sont les différents sens de **über** ?*

Verbes suivis de über + accusatif

sich ärgern über	se fâcher contre	lachen über	se moquer de
sich beklagen über, klagen über	se plaindre de	spotten über	se moquer de
		sich freuen über	être heureux de

*Cite quelques verbes suivis de **über** ?*

Verbes suivis de auf + accusatif

achten auf	faire attention à	sich freuen auf	se réjouir de
antworten auf	répondre à	warten auf	attendre
aufpassen auf	veiller à	sich verlassen auf	se fier à
verzichten auf	renoncer à	sich vorbereiten auf	se préparer à (examen)

*Cite quelques verbes suivis de **auf** ?*

Das Mädchen passt auf die Kinder auf.	La jeune fille surveille les enfants.
Er kann sich auf uns verlassen.	Il peut compter sur nous.
Der Junge bereitet sich auf das Abitur vor.	Le garçon prépare le bac.

Certains verbes suivis de prépositions constantes peuvent être remplacés par un verbe transitif :

Ich antworte auf den Brief.	Je réponds à la lettre.
Ich beantworte den Brief.	Je réponds à la lettre.
Wir warten auf einen Freund.	Nous attendons un ami.
Wir erwarten einen Freund.	Nous attendons un ami.

- **auf**, sur
- **in**, dans

sont employés quand le français utilise *dans* :

Ich spaziere im Wald.	Je me promène dans la forêt.
Das Kind spielt im Garten.	L'enfant joue dans le jardin.
Wir gehen in die Berge.	Nous allons à la montagne.
Sie spielen auf der Wiese.	Ils jouent dans la prairie.
Der Bauer arbeitet auf dem Feld.	Le paysan travaille dans son champ.
Du wohnst auf dem Land.	Tu habites à la campagne.

et

Ich wohne in der Goethestraße.	J'habite dans la rue Goethe.
Ich gehe auf der Straße.	Je marche dans la rue.

mais on dit

Er geht auf den Jahrmarkt.	Il va à la fête foraine.
Er macht sich auf den Weg.	Il se met en route.
Er kommt auf mich zu.	Il vient vers moi.
Er sieht auf die Uhr.	Il regarde l'heure.

et

Er spielt in einem Fußballverein.	Il joue dans un club de football.
Er fährt ins Ausland.	Il va à l'étranger.
Er tritt in die Wohnung ein.	Il entre dans l'appartement.

ou

Er betritt die Wohnung.	Il entre dans l'appartement.

in et **auf** peuvent être employés dans un sens non spatial :

Der Prinz verliebt sich in die Prinzessin.	Le prince tombe amoureux de la princesse.
Es ist Liebe auf den ersten Blick.	C'est le coup de foudre.
Wie sagt man das auf Deutsch?	Comment dit-on cela en allemand ?
Auf diese Weise sollst du Fortschritte machen.	De cette manière, tu dois faire des progrès.

*Traduis **comment dit-on cela en allemand**.*

- **vor**, devant. On trouve cette préposition avec un sens non spatial après un certain nombre de verbes. Elle exprime la cause et est suivie du datif.
Verbes suivis de **vor + datif**

Angst haben vor	avoir peur de	schreien vor	crier de
sich fürchten vor	avoir peur de	zittern vor	trembler de

Die Kinder schreien vor Freude.	Les enfants crient de joie.
Er fürchtet sich nicht vor dem Tod.	Il ne craint pas la mort.
Der Hund zittert vor Angst.	Le chien tremble de peur.

Il ne faut pas confondre **vor**, préposition qui se place devant un nom et qui signifie avant, devant, **vorher**, adverbe qui signifie avant, auparavant, et **bevor**, avant que, qui introduit une subordonnée :

Vor dem Essen liest er die Zeitung. — Avant le repas, il lit le journal.
Bevor das Kind die Hausaufgaben macht, — Avant que l'enfant ne fasse ses devoirs,
spielt es auf seinem Zimmer. — il joue dans sa chambre.
Vorher gab es kein Fernsehen. — Avant, il n'y avait pas de télévision.

*Quelle est la différence entre **vor**, **vorher** et **bevor** ?*

- **unter**, *en dessous de*, signifie aussi *parmi*.
  Avec le sens de *parmi*, la préposition est suivie de l'accusatif ou du datif :

  Unter den Lehrern ist er der jüngste. — Parmi les professeurs, il est le plus jeune.
  Wir mischen uns unter die Menge. — Nous nous mêlons à la foule.

  On trouve **unter** après quelques verbes et dans des expressions :

  Er hat sehr viel darunter gelitten. — Il en a beaucoup souffert.
  unter einer Bedingung — à une condition

*Quels sont les différents sens de **unter** ?*

- **an**, signifie contre au sens d'être appuyé contre quelque chose (et non pas au sens d'être opposé à quelque chose, qui se traduit par **gegen**) :

  Das Bild hängt an der Wand. — L'image est accrochée au mur.
  Die Familie sitzt am Tisch. — La famille est assise à table.
  Der Fahrer sitzt am Steuer. — Le conducteur est assis au volant.
  Wir stehen am Fenster. — Nous sommes à la fenêtre.
  Der Lehrer schreibt an die Tafel. — Le professeur écrit au tableau.
  Man klopft an die Tür. — On frappe à la porte.
  Der Junge wirft den Ball gegen die Mauer. — Le garçon lance le ballon contre le mur.
  Köln spielt gegen Düsseldorf. — Cologne joue contre Düsseldorf.
  Ich bin nicht dafür, ich bin dagegen. — Je ne suis pas pour, je suis contre.
  Was kann ich dagegen tun? — Qu'est-ce que je peux faire pour empêcher cela ?

*Quelle est la différence entre **an** et **gegen** ?*

Quand on se dirige vers l'eau, ou quand on se trouve au bord de l'eau, on emploie la préposition **an** :

Wir fahren an die See. — Nous allons à la mer.
Sie verbringen die Sommerferien — Ils passent les vacances d'été au bord
am Bodensee. — du lac de Constance.
Köln liegt am Rhein. — Cologne se trouve au bord du Rhin.

Passer devant quelque chose se traduit par les verbes **vorbeigehen** ou **vorübergehen**, suivis de **an** + datif :

Der Fußgänger geht am Rathaus vorbei. — Le piéton passe devant l'hôtel de ville.

On peut rencontrer les verbes **vorbeifahren**, **vorbeilaufen**, qui précisent alors la manière dont on passe (en voiture, en courant...).

Un certain nombre de verbes sont suivis de **an** et de l'accusatif ou du datif.

Verbes suivis de **an** + accusatif

| denken an | penser à | sich gewöhnen an | s'habituer à |
| sich erinnern an | se souvenir de | glauben an | croire en |

Verbes suivis de **an** + **datif**

ändern an	changer	teilnehmen an	participer à
leiden an	souffrir de	zweifeln an	douter de

Wir müssen uns an den Lärm gewöhnen. — Nous devons nous habituer au bruit.
Er wollte an dem Schüleraustausch teilnehmen. — Il voulait participer à l'échange scolaire.
Wir glauben an Gott. — Nous croyons en Dieu.
Mais
Willst du mir nicht glauben? — Ne veux-tu pas me croire ?

Dialogue et expressions

An deiner Stelle weiß ich, was ich machen würde. — À ta place je sais ce que je ferais.
Ich bin dran. — C'est mon tour.

Prépositions suivies de l'accusatif

Que signifie **durch** *?*

- **durch**, à travers, exprime aussi le moyen, l'intermédiaire :

Er geht durch den Garten. — Il traverse le jardin.
Durch Zufall bin ich meinem Freund begegnet. — Par hasard, j'ai rencontré mon ami.
Durch einen Bekannten habe ich die Nachricht erfahren. — J'ai appris la nouvelle par une relation.

- **für**, pour, se rencontre après certains verbes :

Cite des verbes suivis de **für**.

danken für	remercier de	sorgen für	s'occuper de
sich interessieren für	s'intéresser à	halten für	tenir pour

Ich danke dir für dein Geschenk. — Je te remercie pour ton cadeau.
Die Mutter sorgt für ihre Kinder. — La mère se soucie de ses enfants.
Wir halten ihn für einen Feind. — Nous le tenons pour un ennemi.

- On trouve **um**, autour de, dans des expressions telles que :

Um Gottes willen! — Pour l'amour de Dieu !
Er ist um 4 Jahre älter sie. — Il est plus âgé qu'elle de 4 ans.

Certains verbes sont toujours suivis de **um** :

Traduis **se soucier de**.

sich kümmern um	se soucier de	weinen um	pleurer quelqu'un
bitten um	demander quelque chose	sich handeln um	s'agir de
	prier quelqu'un de	sich bewerben um	solliciter (emploi)

Darf ich dich um ein Stück Zucker bitten? — Est-ce que je peux te demander un morceau de sucre ?
Ich bitte dich um Hilfe. — Je te demande de l'aide.
Die Kinder kümmern sich um ihre Tiere. — Les enfants prennent soin de leurs animaux.
Es handelt sich um einen Jungen, dessen Eltern sehr arm sind. — Il s'agit d'un garçon dont les parents sont très pauvres.
Sie will sich um eine Arbeitsstelle bewerben. — Elle veut solliciter un emploi.

La question qui correspond à **es handelt sich um** ou **es geht um**, *il s'agit de*, est :

Worum handelt es sich?
Worum geht es? } *De quoi s'agit-il ?*

Il ne faut pas confondre l'interrogatif **worum** et **warum**, *pourquoi*
um peut être renforcé par **herum** :

Um mich herum.   *Tout autour de moi.*

Prépositions suivies du datif

- **aus**, hors de
- **von**, de (origine)

Que signifient aus et von ?

Er kommt um halb fünf aus der Schule.   *Il sort de l'école à 4 heures et demie.*
Der Frosch trinkt aus dem Becher der Prinzessin.   *La grenouille boit dans le gobelet de la princesse.*
Ich nehme das Bild von der Wand.   *Je décroche l'image du mur.*
Der Flug von Paris nach Frankfurt war angenehm.   *Le vol de Paris à Francfort était agréable.*

aus indique la matière ou le motif :

Die Uhr ist aus Gold, der Ring ist aus Silber.   *La montre est en or, la bague est en argent.*
Das Haus der Hexe ist aus Zucker und Schokolade.   *La maison de la sorcière est en sucre et en chocolat.*
Aus Eifersucht hat er getötet.   *Il a tué par jalousie.*
Aus diesem Grund will er zu Hause bleiben.   *Pour cette raison, il veut rester à la maison.*

von introduit souvent le complément de nom :

Die Fabrik von Herrn Müller steht außerhalb der Stadt.   *L'usine de M. Müller se trouve à l'extérieur de la ville.*

Quelques verbes sont suivis de **aus** :

schließen aus   *conclure*   *bestehen aus*   *se composer de*

Die Familie besteht aus fünf Mitgliedern.   *La famille se compose de cinq membres.*
Was schließt du daraus?   *Qu'est-ce que tu en conclus ?*

Plusieurs verbes sont suivis de **von** :

*Traduis **parler de**.*

sprechen von   *parler de*   *hören von*   *entendre parler de*
erzählen von   *parler de*   *träumen von*   *rêver de*

Die Geschichte erzählt von zwei Kindern.   *L'histoire parle de deux enfants.*
Meine Schwester spricht von einem Freund, den sie in Amerika kennengelernt hat.   *Ma sœur parle d'un ami qu'elle a connu en Amérique.*
Ich träume von einem Schiff.   *Je rêve d'un bateau.*
Warum lässt du nicht von dir hören?   *Pourquoi ne donnes-tu pas de tes nouvelles ?*

Dialogue et expressions

Von diesem Fenster aus hat man eine schöne Aussicht.   *De cette fenêtre, on a une belle vue.*
Fontainebleau liegt nicht weit von Paris entfernt.   *Fontainebleau n'est pas très loin de Paris.*
Was ist er von Beruf?   *Quelle est sa profession ?*

3ᵉ

- **bei** chez (quand on est chez quelqu'un), près de
- **zu** chez (quand on va chez quelqu'un)

Ich gehe zum Arzt.	Je vais chez le médecin.
Beim Arzt warte ich lange.	Chez le médecin, j'attends longtemps.

on dit :

Wie komme ich zum Rathaus?	Comment est-ce que je vais à la mairie ?
Wir gehen zur Schule.	Nous allons à l'école.
Wir gehen zur Post.	Nous allons à la poste.
Wir gehen zum Bahnhof.	Nous allons à la gare.
Mein Nachbar arbeitet bei der Post.	Mon voisin travaille à la poste.
Wir wohnen bei München.	Nous habitons près de Munich.
Während der Ferien hat er bei einer deutschen Familie gewohnt.	Pendant les vacances, il a habité dans une famille allemande.

*Quelle est l'opposition entre **bei** et **zu** ?*

Verbes suivis de **zu** :

dienen zu	servir à	passen zu	convenir à
einladen zu	inviter à	sagen zu	dire de
zählen zu	compter parmi	gratulieren zu	féliciter de

Ich gratuliere dir zum Geburtstag.	Je te souhaite un bon anniversaire.
Er will mich zum Abendessen einladen.	Il veut m'inviter à dîner.
Die rote Tasche passt zu den roten Schuhen.	Le sac rouge va avec les chaussures rouges.

Dialogue et expressions

Bei schönem Wetter gehen wir ins Schwimmbad.	Par beau temps, nous allons à la piscine.
Bei der Gelegenheit...	À cette occasion...
Er hat kein Geld bei sich.	Il n'a pas d'argent sur lui.
Er lässt den Teller zu Boden fallen.	Il fait tomber l'assiette par terre.
Er kommt zu spät.	Il arrive trop tard.
Zu meiner großen Freude bekomme ich einen Brief von meinem Sohn.	À ma grande joie, je reçois une lettre de mon fils.

bei suivi d'un infinitif substantivé correspond à *en* + participe présent :

Beim Tanzen verliert sie einen Schuh.	En dansant, elle perd une chaussure.

- **nach**, *vers, en, pour* (en direction de) peut aussi avoir le sens de *après* :

Wir fahren nach Deutschland.	Nous partons pour l'Allemagne.
Wir fahren in die Schweiz.	Nous partons pour la Suisse.

Quand le nom de pays est précédé de l'article défini, on emploie **in** pour exprimer la direction, sinon on emploie **nach**.

Il ne faut pas confondre **nach**, préposition, qui se place devant un nom et qui signifie *après*, avec l'adverbe **nachher**, *ensuite*, et **nachdem**, *après que*, qui introduit une subordonnée :

Nach dem Abendessen raucht er eine Zigarette.	Après le dîner, il fume une cigarette.
Nachher sieht er fern.	Ensuite, il regarde la télévision.
Nachdem er ferngesehen hat, geht er zu Bett.	Après avoir regardé la télévision, il va se coucher.

*Quelle est la différence entre **nach**, **nachher** et **nachdem** ?*

Verbes suivis de **nach** :

Sich erkundigen nach	s'informer de	fragen nach	s'enquérir de

Der Schüler fragt den Lehrer nach dem Sinn des Wortes.
L'élève demande le sens du mot au professeur.
Der Fußgänger fragt den Schutzmann nach seinem Weg.
Le piéton demande son chemin à l'agent.

- **mit**, avec
Verbes suivis de **mit** :

anfangen mit	commencer par	rechnen mit	tenir compte de
aufhören mit	cesser de	sich beschäftigen mit	s'occuper de
vergleichen mit	comparer avec		
meinen mit	vouloir dire	Was meinst du damit?	Que veux-tu dire par là ?

Cite des verbes suivis de mit.

Dialogue et expressions

Mit 16 Jahren darf man die Schule verlassen.
À 16 ans, on peut quitter l'école.
Ein Mädchen mit blondem Haar, blauen Augen, roten Wangen.
Une fille aux cheveux blonds, aux yeux bleus, aux joues rouges.
Wir reisen mit dem Zug.
Nous voyageons en train.

Prépositions suivies du génitif

Während der Ferien liest sie gern.
Pendant les vacances, elle aime lire.
Wegen der Kälte bleibt sie zu Hause.
En raison du froid, elle reste à la maison.
Trotz des Regens geht sie spazieren.
Malgré la pluie, elle va se promener.
Statt eines Regenmantels kauft sie einen Regenschirm.
Au lieu d'un imperméable, elle achète un parapluie.
Die Stadt liegt **jenseits** des Rheins.
La ville se trouve de l'autre côté du Rhin.
Anlässlich seines Geburtstags bekommt er eine Uhr geschenkt.
À l'occasion de son anniversaire, il reçoit une montre en cadeau.

Certains adverbes qui font fonction de préposition sont suivis du génitif :

außerhalb	à l'extérieur de	jenseits	de ce coté-là
innerhalb	à l'intérieur de	inmitten	au milieu de
oberhalb	au-dessus de	längs	le long de
unterhalb	en dessous de	unweit	non loin
diesseits	de ce côté-ci	anlässlich	à l'occasion de

Compléments de temps introduits par des prépositions

Prépositions pour l'expression du temps

- Devant les mois, les saisons, l'année, on emploie *in* + datif :
Im Jahre 1961 wurde die Berliner Mauer errichtet.
En 1961, on construisit le mur de Berlin.
1961 wurde die Berliner Mauer errichtet.

Quelle préposition emploie-t-on devant les mois ?

Dialogue et expressions

in einigen Tagen	dans quelques jours	in diesem Augenblick	à cet instant
in ein paar Tagen	dans quelques jours	in einer Stunde	dans une heure
in vierzehn Tagen	dans 15 jours	in einer halben Stunde	dans une demi-heure

Quelle préposition emploie-t-on devant les jours ?

♥ • **Devant les jours, les parties de la journée, on emploi *an* + datif :**

An diesem Tag konnte er das Museum nicht besuchen. — Ce jour-là, il ne put visiter le musée.

Dialogue et expressions

am nächsten Tag	le jour suivant	am Ende, am Anfang	à la fin, au début
am nächsten Morgen	le lendemain matin	am Tag	pendant la journée

♥ • **On emploie *zu* devant les fêtes :**

Zu Ostern bringt der Osterhase den Kindern Schokolade. — À Pâques, le lièvre de Pâques apporte des chocolats aux enfants.

Zu Weihnachten schmücken wir den Weihnachtsbaum. — À Noël, nous décorons le sapin.

• ***vor* + datif = il y a (dans le temps) :**

Vor einem Monat war ich in Deutschland. — Il y a un mois, j'étais en Allemagne.
Vor 2 Tagen war er in Berlin. — Il y a 2 jours, il était à Berlin.
Vor einer halben Stunde war ich noch im Kino. — Il y a une demi-heure, j'étais encore au cinéma.

Traduis il y a un mois.

• ***gegen* devant l'heure signifie aux environs de :**

Er kommt gegen 6 Uhr. — Il vient aux environs de 6 heures.

• ***seit*, depuis, se retrouve dans beaucoup d'expressions :**

seit kurzem	depuis peu
seit letzter Woche	depuis la semaine dernière
Wir lernen Deutsch seit einem Jahr.	Nous apprenons l'allemand depuis un an.

Ne pas confondre

von Zeit zu Zeit	de temps en temps	seit	depuis
zur Zeit ist er verreist	en ce moment, il est en voyage	die Zeit	le temps

Les préverbes

Il ne faut pas confondre les préverbes inséparables **be-, emp-, ent-, er-, ge-, miß-, ver-, zer-** avec les préverbes séparables, petits mots détachables qui font partie du verbe, et les prépositions qui, elles, précèdent un nom.
Parfois le préverbe et la préposition ont une même forme :

Das Mädchen passt auf die Kinder auf. — La jeune fille surveille les enfants.
Du sollst gut auf den Verkehr aufpassen. — Tu dois bien faire attention à la circulation.
Wir steigen aus dem Zug aus. — Nous descendons du train.

Cite les préverbes inséparables.

ou une forme approchante :

| Der Ober tritt an den Tisch heran. | Le maître d'hôtel s'approche de la table. |

Il faudra distinguer le préverbe parmi les autres constituants de la phrase :

| Der Kongreß findet in einer kleinen Stadt statt. | Le congrès a lieu dans une petite ville. |

Nous remarquerons qu'un verbe peut faire fonction de préverbe séparable :

| Voriges Jahr habe ich ihn kennengelernt. | L'année dernière j'ai fait sa connaissance. |

Un même préverbe peut avoir des sens différents, mais certains préverbes séparables gardent toujours le même sens.

Par

- **zurück** marque le retour au point d'origine :

  | zurückgehen ⎫ | revenir | zurückkehren | retourner |
  | zurückkommen ⎭ | | zurückgeben | rendre |

  | Gib mir bitte den Füller zurück! | Rends-moi le stylo s'il te plaît ! |
  | Der Lehrer gibt den Schülern die Aufgaben zurück. | Le professeur rend les exercices aux élèves. |

  *Quel est le sens de **zurück** ?*

- **mit** conserve son sens de *avec* :

mitbringen	emporter avec soi	mitfahren	accompagner
mitnehmen	prendre avec soi		(en véhicule)
mitkommen	accompagner	mitspielen	participer (jeu)

  | Kommst du mit? | M'accompagnes-tu ? (Viens-tu ?) |
  | Nimmst du den Regenschirm mit? | Prends-tu le parapluie ? |

  *Quel est celui de **mit** ?*

- **weg**, **fort** marquent l'éloignement.
  Ces préverbes sont parfois employés seuls :

er ist weg	il est parti	weglaufen	partir en courant
weg mit dir!	va-t-en !	fortfahren	partir, continuer
weggehen	partir	fortlaufen	partir en courant

  *Quel est le sens de **fort** ? De **weg** ?*

- **los**, qui peut indiquer l'éloignement, le départ, a un sens plus général :

Jetzt geht es los!	Maintenant c'est parti ! (ça commence !)
In Paris ist immer etwas los.	À Paris, il se passe toujours quelque chose.
Was ist los mit dir?	Qu'est-ce que tu as ?

  *Que signifie **wieder** ?*

- **wieder** signifie de nouveau :

  | wiedersehen | revoir | wiederkommen | revenir |

  Seul **wiederholen**, répéter, est un verbe à préverbe inséparable :

  | Wiederhole, bitte! | Répète, s'il te plaît ! |

Ne pas confondre

Il faudra distinguer **wiederkommen**, venir une nouvelle fois dans un endroit (ou dans le sens d'une action qui se renouvelle), et **zurückkommen**, revenir au point de départ.

Par

Que signifie ***weiter*** *?*

- ***weiter*** donne la notion de continuité :

weiterlesen	*continuer à lire*	*weiterfahren*	*continuer à rouler*
weiterschreiben	*continuer à écrire*	*weitergehen*	*continuer*

- Les verbes qui sont formés avec les préverbes **zu** ou **nach** sont suivis du datif :

zuhören	*écouter*	*nachsehen*	*vérifier*
zusehen	*regarder*	*hör mir gut zu!*	*écoute-moi bien !*
zuschauen	*regarder*	*er läuft mir nach*	*il me suit en courant*
nachlaufen	*suivre en courant*	*sieh ihm zu!*	*regarde-le !*

- Certains préverbes s'opposent :

ein*steigen*	*monter (dans un véhicule)*	***ein****ziehen*	*emménager*
aus*steigen*	*descendre (d'un véhicule)*	***aus****ziehen*	*déménager (quitter un logement)*
umsteigen	*changer (de train, de métro)*	*umziehen*	*déménager*
an*ziehen*	*enfiler (un vêtement)*	***ein****schalten*	*allumer (télévision)*
aus*ziehen*	*ôter (un vêtement)*	***aus****schalten*	*éteindre*
sich umziehen	*se changer*	*umschalten*	*changer de chaîne*

Des verbes identiques peuvent avoir des sens différents :

Er zieht sich an.	*Il s'habille.*	
Er zieht mich an.	*Il m'attire.*	
Ich ziehe mich aus.	*Je me déshabille.*	*Ich habe mich umgezogen.*	*Je me suis changé.*
Ich ziehe aus.	*Je déménage.*	*Sie sind umgezogen.*	*Ils ont déménagé.*

- Un certain nombre de verbes rendent la notion d'ouverture et de fermeture :

aufmachen	*ouvrir (porte, bouche)*	*anstellen*	*allumer (radio, télévision, machine)*
zumachen	*fermer*		
anmachen	*ouvrir (lumière)*	*abstellen*	*éteindre (radio, télévision, machine)*
ausmachen	*fermer (lumière)*		
anzünden	*allumer (cigarettes, bougies)*	*ausblasen*	*souffler (bougies)*

Der Arzt sagt :	Le médecin dit :
„Machen Sie bitte den Mund auf!"	« Ouvrez la bouche s'il vous plaît ! »
Er zündet die Kerzen an.	Il allume les bougies.

3ᵉ

Remarques

ausmachen et **anstellen** ont des sens différents :

Das macht mir nichts aus.	*Ça ne me fait rien.*
Er wird als Kellner angestellt.	*Il est engagé comme serveur.*

De plus, ces préverbes séparables sont souvent employées seuls :
Die Bank ist zu.   *La banque est fermée.*

Dans certains cas, le préverbe séparable est double :

hinaufgehen	*monter un escalier*	*heraufkommen*	*monter (escalier)*
hinuntergehen	*descendre un escalier*	*herunterkommen*	*descendre (escalier)*

auf, qui indique le mouvement vers le haut, s'oppose à **unter**, qui indique le mouvement vers le bas.
hin indique l'éloignement par rapport à la personne qui parle, **her** le rapprochement.
Les particules **hin** et **her** peuvent être associées aux différentes prépositions :

Wir können das Geld nicht zum Fenster hinauswerfen.	*Nous ne pouvons pas jeter l'argent par les fenêtres.*
Willst du den ganzen Tag in Cafés herumsitzen?	*Veux-tu passer toute ta journée à être assis dans des cafés ?*

POUR ALLER PLUS LOIN

- **Certains verbes de base sont associés à un grand nombre de préverbes**

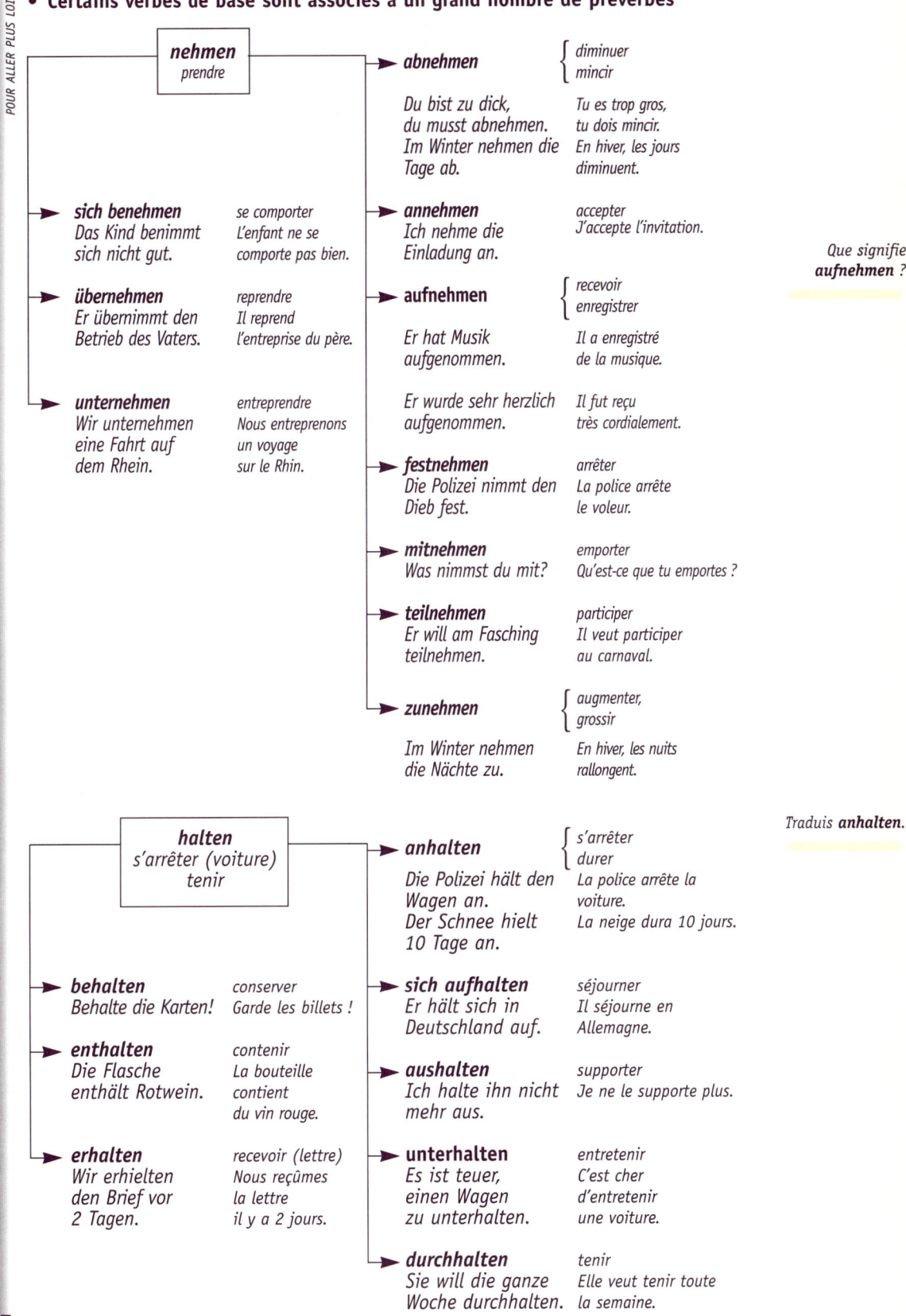

nehmen
prendre

▶ **abnehmen**   { diminuer / mincir }

Du bist zu dick,   Tu es trop gros,
du musst abnehmen.   tu dois mincir.
Im Winter nehmen die   En hiver, les jours
Tage ab.   diminuent.

▶ **sich benehmen** — se comporter
Das Kind benimmt   L'enfant ne se
sich nicht gut.   comporte pas bien.

▶ **annehmen** — accepter
Ich nehme die   J'accepte l'invitation.
Einladung an.

▶ **übernehmen** — reprendre
Er übernimmt den   Il reprend
Betrieb des Vaters.   l'entreprise du père.

▶ **aufnehmen**   { recevoir / enregistrer }

Er hat Musik   Il a enregistré
aufgenommen.   de la musique.

▶ **unternehmen** — entreprendre
Wir unternehmen   Nous entreprenons
eine Fahrt auf   un voyage
dem Rhein.   sur le Rhin.

Er wurde sehr herzlich   Il fut reçu
aufgenommen.   très cordialement.

Que signifie **aufnehmen** ?

▶ **festnehmen** — arrêter
Die Polizei nimmt den   La police arrête
Dieb fest.   le voleur.

▶ **mitnehmen** — emporter
Was nimmst du mit?   Qu'est-ce que tu emportes ?

▶ **teilnehmen** — participer
Er will am Fasching   Il veut participer
teilnehmen.   au carnaval.

▶ **zunehmen**   { augmenter, / grossir }

Im Winter nehmen   En hiver, les nuits
die Nächte zu.   rallongent.

halten
s'arrêter (voiture)
tenir

▶ **anhalten**   { s'arrêter / durer }

Die Polizei hält den   La police arrête la
Wagen an.   voiture.
Der Schnee hielt   La neige dura 10 jours.
10 Tage an.

Traduis **anhalten**.

3ᵉ

▶ **behalten** — conserver
Behalte die Karten!   Garde les billets !

▶ **sich aufhalten** — séjourner
Er hält sich in   Il séjourne en
Deutschland auf.   Allemagne.

▶ **enthalten** — contenir
Die Flasche   La bouteille
enthält Rotwein.   contient
   du vin rouge.

▶ **aushalten** — supporter
Ich halte ihn nicht   Je ne le supporte plus.
mehr aus.

▶ **erhalten** — recevoir (lettre)
Wir erhielten   Nous reçûmes
den Brief vor   la lettre
2 Tagen.   il y a 2 jours.

▶ **unterhalten** — entretenir
Es ist teuer,   C'est cher
einen Wagen   d'entretenir
zu unterhalten.   une voiture.

▶ **durchhalten** — tenir
Sie will die ganze   Elle veut tenir toute
Woche durchhalten.   la semaine.

GROUPE NOMINAL ET PRONOM

L'adjectif substantivé

Certains noms dérivés d'adjectifs vont se décliner comme des adjectifs épithètes :
der Kranke   le malade   krank   malade

• Déclinaison du nom singulier précédé de l'article défini

nominatif	Der Kranke bleibt zu Hause.	Le malade reste à la maison.
accusatif	Wir besuchen den Kranken.	Nous rendons visite au malade.
datif	Wir bringen dem Kranken Obst.	Nous apportons des fruits au malade.
génitif	Das Zimmer des Kranken ist hell.	La chambre du malade est claire.

• Déclinaison du nom pluriel précédé de l'article défini

nominatif	Die Kranken bleiben zu Hause.	Les malades restent à la maison.
accusatif	Wir besuchen die Kranken.	Nous rendons visite aux malades.
datif	Wir bringen den Kranken Obst.	Nous apportons des fruits aux malades.
génitif	Die Zimmer der Kranken sind hell.	Les chambres des malades sont claires.

• Déclinaison du nom singulier précédé de l'article indéfini

nominatif	Ein Kranker bleibt zu Hause.	Un malade reste à la maison.
accusatif	Wir besuchen einen Kranken.	Nous rendons visite à un malade.
datif	Wir bringen einem Kranken Obst.	Nous apportons des fruits à un malade.
génitif	Das Zimmer eines Kranken ist hell.	La chambre d'un malade est claire.

• Déclinaison du nom pluriel précédé d'aucun déterminant

nominatif	Kranke bleiben zu Hause.	Des malades restent à la maison.
accusatif	Wir besuchen Kranke.	Nous visitons des malades.
datif	Wir bringen Kranken Obst.	Nous apportons des fruits à des malades.

L'adjectif substantivé est très fréquent en allemand :

der Arme	le pauvre	der Große	le grand
der Reiche	le riche	die Kleine	la petite
der Weiße	le Blanc	der Vierzehnjährige	le jeune de 14 ans
der Schwarze	le Noir	der Deutsche	l'Allemand
der Blinde	l'aveugle	der Volljährige	le majeur
der Taube	le sourd	der Minderjährige	le mineur.

Par ♥ 3ᵉ   *Comment dis-tu* **le riche**, **le pauvre** ?

Certains noms se déclinent comme des adjectifs substantivés :

der Beamte   le fonctionnaire   ein Beamter   un fonctionnaire.

D'autres adjectifs substantivés sont formés à partir de participes passés et de participes présents :

der Reisende	le voyageur	der Bekannte	l'ami (la relation)
der Angestellte	l'employé	der Verwandte	le parent
der Abgeordnete	le député	der Erwachsene	l'adulte.

Traduis **l'adulte**.

L'adjectif substantivé neutre indique une notion générale :
das Gute   le bien   das Böse   le mal
Mais :
die Linke   la gauche   die Rechte   la droite.

Remarque

L'infinitif peut aussi être substantivé. Il s'écrit alors avec une majuscule, est neutre et invariable. Il indique une notion générale.

Ich habe viele Sachen zum Anziehen.	J'ai beaucoup de choses à me mettre (pour m'habiller).
das Essen	le fait de manger
das Trinken	le fait de boire
Das Rauchen ist ihm verboten.	Il lui est interdit de fumer.
Welch ein Wiedersehen!	Quelles retrouvailles !

On le rencontre souvent après les prépositions **bei** et **zu** :

Er hilft der Mutter beim Kochen.	Il aide sa mère à faire la cuisine.
Zum Ski laufen brauche ich gute Skier.	Pour faire du ski, j'ai besoin de bons skis.
Er möchte sich etwas zum Lesen kaufen.	Il voudrait s'acheter quelque chose à lire.
Wozu dient die Schere? Zum Schneiden.	À quoi servent les ciseaux ? À couper.
Zum Essen geht er ins Restaurant.	Pour manger, il va au restaurant.
Das Autofahren bei kaltem Wetter ist gefährlich!	Conduire par temps froid est dangereux !
Das Lesen der Zeitung ist nützlich.	La lecture du journal est utile.

L'adjectif épithète

- **Les noms de villes peuvent servir à former des adjectifs épithètes.**
  Le nom conserve une majuscule et on lui ajoute **-er**.
  Cet adjectif est invariable.

*Forme l'adjectif épithète avec **Paris**.*

die Pari**ser** Mode	la mode parisienne
die Münch**ner** Zeitung	le journal de Munich
das Münch**ner** Bier	la bière munichoise
der Köl**ner** Dom	la cathédrale de Cologne
das Straßbur**ger** Münster	la cathédrale de Strasbourg
die Frankfur**ter** Würstchen	les saucisses de Francfort

Pour exprimer le nombre d'années, on peut former un adjectif épithète qui se décline en ajoutant au nombre le suffixe **-jährig**.

der Fünfzehnjährig**e**	l'enfant âgé de 15 ans
der Dreißigjährig**e** Krieg	la guerre de Trente Ans
eine zweitausendjährig**e** Geschichte	une histoire vieille de deux mille ans

Le participe passé et le participe présent (obtenu en ajoutant un **-d** à l'infinitif) peuvent servir d'adjectifs épithètes.

*Traduis **un enfant souriant**.*

ein lächelnd**es** Kind	un enfant souriant
Ich lese eine spannen**de** Geschichte.	Je lis une histoire passionnante.
Es war ein anstrengen**der** Tag.	Ce fut une journée épuisante.
Das ist eine dringen**de** Sache.	C'est une affaire pressante.
ein Zimmer mit fließen**dem** Wasser	une chambre avec eau courante
ein gestohlen**er** Wagen	une voiture volée
ein schon getragen**er** Hut	un chapeau déjà porté
gebrauch**te** Wagen	voitures d'occasion
ein verloren**es** Kind	un enfant perdu

Remarques

Le participe présent ou le participe passé peuvent être précédés de compléments ou autres adjectifs : ces différents constituants seront intercalés entre l'article et le nom.

die in Indien hergestellten Waren	*les marchandises fabriquées aux Indes*
ein zu Hause weinendes Kind	*un enfant qui pleure à la maison*
die mit ihren Kindern nicht zufriedenen Eltern	*les parents non satisfaits de leurs enfants*
der auf sein Fahrrad stolze Junge	*le garçon fier de sa bicyclette.*

Cette construction est fréquente avec les adjectifs qui indiquent une mesure.

der hundert Meter hohe Turm	*la tour haute de 100 mètres*
das zwanzig Kilometer entfernte Dorf	*le village distant de 20 kilomètres*

Avec les verbes de position **stehen**, **liegen**, **sitzen**, **hängen**, on ne trouve jamais de participe passé mais un participe présent.

die im Wagen sitzenden Kinder	*les enfants qui sont assis dans la voiture*
der im Krankenhaus liegende Junge	*le garçon qui se trouve à l'hôpital*
der auf dem Tisch liegende Zettel	*le papier qui se trouve sur la table*
die an den Wänden hängenden Bilder	*les images qui sont accrochées au mur*
gefallen mir	*me plaisent*

Quand les noms de pays sont-ils accompagnés d'un article ?

● **Les noms de pays ne sont pas précédés d'un article, sauf s'ils sont accompagnés d'un adjectif épithète.**
Ils sont alors précédés de l'article **das** :

Frankreich	*la France*
Italien	*l'Italie*
Deutschland	*l'Allemagne*
das geteilte Deutschland	*l'Allemagne divisée*
das sonnige Italien	*l'Italie ensoleillée*

Mais on dit :
ganz Spanien	*toute l'Espagne*
halb Deutschland	*la moitié de l'Allemagne*
die Schweiz	*la Suisse*

Le pronom indéfini

Le pronom indéfini **man**, on, ne s'emploie qu'au nominatif ; à l'accusatif, il est remplacé par **einen** et au datif par **einem**.

jemand	*quelqu'un*	einige	*quelques*
niemand	*personne*	mehrere	*plusieurs*
etwas	*quelque chose*	viele	*beaucoup*
nichts	*rien*	wenige	*peu*
alles, alle	*tout, tous*	der eine	*l'un*
ein bißchen	*un peu*	der andere	*l'autre*
ein wenig	*un peu*		

Traduis **rien**, **un peu**, **beaucoup**.

L'adjectif qui suit **etwas** ou **nichts** prend une majuscule et se décline :
etwas Schönes *quelque chose de beau* nichts Neues *rien de nouveau*
mais,
nichts anderes *rien d'autre*

Certains pronoms indéfinis se déclinent comme l'article défini

masculin	féminin	neutre	pluriel
einer un	eine	eines	welche
keiner aucun	keine	keines	keine
jeder chacun	jede	jedes	
mancher maint	manche	manches	manche

Das weiß jeder!   Chacun sait cela !
Hast du ein Buch? Nein, ich habe keines.   As-tu un livre ? Non, je n'en ai aucun.
Hast du einen Wagen? Nein, ich habe keinen.   As-tu une voiture ? Non, je n'en ai pas.
Hast du eine Uhr? Nein, ich habe keine.   As-tu une montre ? Non, je n'en ai pas.

etwas a souvent le sens de un peu :
Möchtest du noch etwas Kaffee?   Voudrais-tu encore un peu de café ?

On emploie **etwas** et non pas **nichts** si la phrase comporte déjà une négation :
Niemand sagte etwas.   Personne ne dit rien.
Das ist alles!   C'est tout !
Er glaubt alles zu wissen.   Il croit tout savoir.
Vor allem sollst du deinen Eltern gehorchen!   Avant tout, il faut que tu obéisses à tes parents !

irgend ajoute un sens indéfini au mot qu'il précède :

irgendetwas	n'importe quoi	irgendjemand	n'importe qui
irgendwo	n'importe où	irgendwer	n'importe qui
irgendwann	n'importe quand	irgendwas	n'importe quoi
irgendwie	n'importe comment	irgendeiner	n'importe qui

*Quand emploie-t-on **etwas** au lieu de **nichts**.*

Place du pronom personnel

Si, dans une phrase, on veut remplacer le complément au datif et le complément à l'accusatif par les pronoms correspondants, on doit mettre le pronom à l'accusatif avant le pronom au datif :
Der Weihnachtsmann gibt den Kindern die Geschenke.   Le père Noël donne les cadeaux aux enfants.
Der Weihnachtsmann gibt sie ihnen.   Le père Noël les leur donne.
Udo bringt dem Vater die Schallplatten.   Udo apporte les disques à son père.
Udo bringt sie ihm.   Udo les lui apporte.
Haben Sie es ihm gesagt?   Lui avez-vous dit ?
Nimm den Füller und gib ihn mir!   Prends le stylo et donne-le-moi !

*Traduis **Udo les lui apporte**. (les disques)*

3ᵉ

Remarque

Le pronom personnel complément à la 3ᵉ personne du singulier est **sich** quand il désigne la même personne que le sujet. On distinguera :
Er arbeitet für den Vater.   Il travaille pour son père.
Er arbeitet für ihn.   Il travaille pour lui.
et
Er arbeitet für sich (selbst).   Il travaille pour lui-même.
Er hat nie Geld bei sich.   Il n'a jamais d'argent sur lui.
Sie wollte nicht viele Leute um sich haben.   Elle ne voulait pas avoir beaucoup de gens autour d'elle.

Le pronom possessif

meiner, *le mien* ; **deiner**, *le sien* ; **seiner**, *le sien* ; **unserer**, *le nôtre* ; **eurer**, *le vôtre* ; **ihrer**, *le leur* se déclinent comme l'article défini.

Traduis **le mien**, **le nôtre**, **le leur**.

Wo ist dein Sohn? Meiner ist bei seiner Großmutter.	*Où est ton fils ? Le mien est chez sa grand-mère.*
Wo arbeitet deine Tochter? Meine arbeitet in einem Büro.	*Où travaille ta fille ? La mienne travaille dans un bureau.*

On peut trouver **der meine** ou **der meinige**, à la place de **meiner**. **Meine** et **meinige** se déclinent comme des adjectifs épithètes.

Le pronom démonstratif

wer..., der	*celui qui*	jener	*celui-là*
dieser	*celui-ci*	solcher	*tel*

se déclinent comme l'article défini.

derjenige, der	*celui qui*	derselbe	*le même*

se déclinent comme l'article défini suivi d'un adjectif épithète.

Wer gewinnen will, der muss trainieren.	*Celui qui veut gagner doit s'entraîner.*
Dieser ist dafür, jener dagegen.	*Celui-ci est pour, celui-là est contre.*
Wer will, der kann.	*Celui qui veut peut.*
Derjenige, der für den Unfall verantwortlich war, wurde verhaftet.	*Celui qui était responsable de l'accident fut arrêté.*

derselbe, **dieselbe**, **dasselbe** peuvent être déterminants ou pronoms :

Ich habe gestern denselben Wagen gesehen.	*J'ai vu hier la même voiture.*
Würdest du in derselben Wohnung leben?	*Vivrais-tu dans le même appartement ?*
Sie trägt jeden Tag dasselbe Kleid.	*Elle porte tous les jours la même robe.*

Remarque
ähnlich ou **gleich** traduisent la ressemblance, **derselbe** l'identité.

Verbes forts à connaître

- **Verbes qui ont un même changement de voyelles au prétérit et au participe passé**

infinitif	prétérit	participe passé	
bieten	bot	geboten	*offrir*
anbieten	bot an	angeboten	*offrir*
heben	hob	gehoben	*soulever*
aufheben	hob auf	aufgehoben	*ramasser, supprimer*
kriechen	kroch	gekrochen	*ramper*
lügen	log	gelogen	*mentir*
schließen	schloss	geschlossen	*fermer*
abschließen	schloss ab	abgeschlossen	*conclure, fermer à clé*
beschließen	beschloss	beschlossen	*décider*
(sich) entschließen	entschloss	entschlossen	*(se) décider*
schießen	schoss	geschossen	*tirer*
greifen	griff	gegriffen	*saisir*
angreifen	griff an	angegriffen	*attaquer*
pfeifen	pfiff	gepfiffen	*siffler*
zerreißen	zerriß	zerrissen	*déchirer*
reiten	ritt	geritten	*faire du cheval*
leihen	lieh	geliehen	*emprunter*
übertreiben	übertrieb	übertrieben	*exagérer*

Quel est le prétérit de **schließen** *?*

Que signifie **leihen** *?*

- **Verbes dont le participe passé a la même voyelle que l'infinitif**

infinitif	prétérit	participe passé	présent	
blasen	blies	geblasen	er bläst	*souffler*
fallen	fiel	gefallen	er fällt	*tomber*
auffallen	fiel auf	aufgefallen	er fällt auf	*surprendre*
einfallen	fiel ein	eingefallen	es fällt mir ein	*venir à l'esprit*
halten	hielt	gehalten	er hält	*s'arrêter, tenir*
anhalten	hielt an	angehalten	er hält an	*durer*
aushalten	hielt aus	ausgehalten	er hält aus	*supporter*
enthalten	enthielt	enthalten	er enthält	*contenir*
erhalten	erhielt	erhalten	er erhält	*recevoir, conserver*
unterhalten	unterhielt	unterhalten	er unterhält	*entretenir*
lassen	ließ	gelassen	er lässt	*laisser*
entlassen	entließ	entlassen	er entlässt	*congédier*
raten	riet	geraten	er rät	*conseiller*
hängen	hing	gehangen		*être suspendu*
abhängen	hing ab	abgehangen		*dépendre*
aufhängen	hing auf	aufgehangen		*accrocher*
fahren	fuhr	gefahren	er fährt	*aller, conduire*
erfahren	erfuhr	erfahren	er erfährt	*apprendre (une nouvelle)*
vorschlagen	schlug vor	vorgeschlagen	er schlägt vor	*proposer*
sehen	sah	gesehen	er sieht	*voir*

Donne le prétérit et le présent de **fallen***.*

Donne ceux de **lassen***.*

einsehen	sah ein	eingesehen	er sieht ein	*voir, comprendre*
nachsehen	sah nach	nachgesehen	er sieht nach	*suivre des yeux, vérifier*
geben	gab	gegeben	er gibt	*donner*
umgeben	umgab	umgeben	er umgibt	*entourer*

Que signifie **nachsehen** ?

- **Verbes dont l'infinitif, le prétérit et le participe passé ont des voyelles différentes**

infinitif	prétérit	participe passé	présent	
befehlen	befahl	befohlen	er befiehlt	*ordonner*
empfehlen	empfahl	empfohlen	er empfiehlt	*recommander*
stehlen	stahl	gestohlen	er stiehlt	*voler*
sterben	starb	gestorben	er stirbt	*mourir*
brechen	brach	gebrochen	er bricht	*casser, se briser*
unterbrechen	unterbrach	unterbrochen	er unterbricht	*interrompre*
zerbrechen	zerbrach	zerbrochen	er zerbricht	*briser*
binden	band	gebunden		*lier*
verbinden	verband	verbunden		*relier*
klingen	klang	geklungen		*résonner*
sinken	sank	gesunken		*s'enfoncer, sombrer, baisser*
zwingen	zwang	gezwungen		*forcer à*
nehmen	nahm	genommen	er nimmt	*prendre*
annehmen	nahm an	angenommen	er nimmt an	*accepter*
abnehmen	nahm ab	abgenommen	er nimmt ab	*diminuer*
unternehmen	unternahm	unternommen	er unternimmt	*entreprendre*
teilnehmen	nahm teil	teilgenommen	er nimmt teil	*participer*

Donne le prétérit, le participe passé et le présent de **stehlen** *et de* **empfehlen**.

Donne ceux de **abnehmen**.

- **Verbes faibles irréguliers**

infinitif	prétérit	participe passé	présent	
wenden	wandte	gewandt		*tourner*
	wendete	gewendet		

3ᵉ

VERBES À CONNAÎTRE

- Les préverbes séparables sont en gras : **ab**hängen.

Par ♥

annehmen	*accepter*	**mit**teilen	*communiquer*
sich befinden	*se trouver*	**nach**sehen	*vérifier*
bemerken	*remarquer*	passen	*convenir*
berichten	*faire le récit, relater*	prüfen	*vérifier*
		raten	*conseiller*
bieten	*offrir*	reden	*parler, discourir*
einfallen	*venir à l'esprit*	schützen	*protéger*
einsehen	*voir, se rendre compte*	**teil**nehmen	*participer à (an + dat.)*

Que signifie **einfallen** ?

Par ♥

empfehlen	recommander	überlegen	réfléchir
sich entschließen	se décider	übertreiben	exagérer
erfahren	apprendre (nouvelle)	unterbrechen	interrompre
		sich unterhalten	s'entretenir, se divertir
folgen + dat.	suivre		
gebrauchen	utiliser	unternehmen	entreprendre
sich gewöhnen (an + acc.)	s'habituer (à)	**vor**schlagen	faire une proposition
sich handeln (um + acc.)	s'agir (de)	vorstellen	présenter (= faire les présentations), imaginer
sich kümmern (um + acc.)	se soucier (de)		
		wagen	oser
melden	annoncer	zögern	hésiter

*Traduis **s'agir de**.*

anstellen	allumer (télé), embaucher	schätzen	apprécier, évaluer
		schimpfen	gronder
aushalten	supporter	sich schminken	se maquiller
beneiden	envier	schmücken	décorer
benutzen	utiliser	sich streiten	se disputer
beobachten	observer	tauchen	plonger
drücken	appuyer, pousser	tauschen	échanger
heiraten	se marier	trösten	consoler
lächeln	sourire	übersetzen	traduire
leihen	prêter, louer	verbinden	relier
sich lohnen	valoir la peine	sich verloben	se fiancer
lösen	résoudre	vermuten	présumer
lügen	mentir	versuchen	essayer
malen	peindre	verteidigen	défendre
mieten	louer	verwechseln	confondre
reichen	suffire	**vor**haben	projeter, avoir l'intention de
reiten	faire du cheval		
retten	sauver	wandern	marcher, faire des randonnées
sammeln	collectionner		
schaffen	faire	wenden	tourner
sich schämen (+ gén.)	avoir honte de	zerstören	détruire
		zittern	trembler

*Que signifie **übersetzen** ?*

abhängen von	dépendre de	klingen	résonner
abnehmen	décroître, mincir	kriechen	ramper
abschließen	conclure	sich nähern + dat.	s'approcher
anbieten	offrir	plaudern	bavarder
ändern	changer	sich rasieren	se raser
anhalten	arrêter, durer	reagieren	réagir
anschauen	regarder	sich regen	se mouvoir
auffallen	frapper, surprendre	reißen	déchirer
aufhängen	accrocher	rollen	rouler
aufheben	lever, ramasser, supprimer	rühren	remuer
		schaden	nuire, porter préjudice à
aufsetzen	mettre		
sich beeilen	se dépêcher	scherzen	faire une plaisanterie
befehlen	donner un ordre		
beschließen	conclure	schießen	tirer
bestrafen	punir	schütteln	secouer

*Traduis **se dépêcher**.*

3^e

POUR ALLER PLUS LOIN

blasen	*souffler*	spüren	*sentir*
enthalten	*contenir*	stehlen	*voler, dérober*
entlassen	*congédier*	sterben	*mourir*
entwickeln	*développer*	stimmen	*approuver*
erfinden	*trouver, inventer*	stören	*déranger*
erhalten	*recevoir*	turnen	*faire de la gymnastique*
sich erinnern (an + acc.)	*se souvenir (de)*	sich etwas überlegen	*réfléchir à*
erzeugen	*engendrer, fabriquer, produire*	umgeben	*entourer*
		sich verabschieden	*quitter, prendre congé*
fortfahren	*partir, continuer*	verbrauchen	*consommer*
hassen	*haïr*	sich an jemanden wenden	*se tourner vers quelqu'un*
hindern	*empêcher*		
hinzufügen	*ajouter*	zerbrechen	*briser*
klagen (über + acc.)	*se plaindre*	zwingen	*forcer, contraindre*
klettern	*grimper*		

Que signifie **turnen** *?*

Ne pas confondre

drücken   *appuyer, pousser*
drucken,   *imprimer*
(die Buchdruckerkunst, l'imprimerie)

Quelle est la différence entre **bieten** *et* **schenken** *?*

schenken   *offrir, faire un cadeau*
bieten, anbieten   *offrir, proposer*
Zu Weihnachten schenke ich dir einen Computer.   Pour Noël je t'offre un ordinateur.
Er bietet 5 000 DM für den Wagen.   Il offre 5 000 marks pour la voiture.
Die Stadt bietet sehr viel.   La ville offre beaucoup de choses.

leihen   *prêter*
entleihen   *emprunter*
Ich leihe ihm einen Füller.   Je lui prête un stylo.
Er hat ein Buch aus der Stadtbibliothek entliehen.   Il a emprunté un livre à la bibliothèque municipale.

Dialogue et expressions

das Angebot	*l'offre*
die Nachfrage	*la demande*
ich setze einen Hut auf	*je mets un chapeau*

Autour des verbes dire, raconter

sagen	*dire*	melden	*annoncer*
sprechen	*parler*	mitteilen	*communiquer, informer*
erzählen	*raconter*		
reden	*parler*	plaudern	*bavarder*
berichten	*faire le récit, relater*	sich unterhalten	*s'entretenir de*

Traduis **raconter**.

Sprichst du Deutsch?   Parles-tu allemand ?
Die Großmutter erzählt den Kindern ein Märchen.   La grand-mère raconte un conte aux enfants.

Erzähle mir keine Märchen!	Ne me raconte pas d'histoire !	
Reden ist Silber, Schweigen ist Gold.	La parole est d'argent, le silence est d'or.	
Der Wetterbericht meldet Schneefälle.	La météorologie annonce des chutes de neige.	
Wen darf ich melden?	Qui dois-je annoncer ?	
Ich unterhalte mich mit meiner Freundin.	Je m'entretiens avec mon amie.	*Traduis* **cela dépend.**
Das hängt davon ab.	Cela dépend.	
Es ist die Rede von…	Il est question de…	
Es handelt sich um…	Il s'agit de…	
Darf ich vorstellen?	Est-ce que je peux faire les présentations ?	
Ich kann es mir vorstellen.	Je peux me l'imaginer.	
Was schlägst du vor?	Qu'est-ce que tu proposes ?	
Ich schlage vor, ins Kino zu gehen.	Je propose d'aller au cinéma.	
Darf ich dich einen Moment stören?	Est-ce que je peux te déranger un moment ?	
Ich kann ihn nicht aushalten.	Je ne peux pas le supporter.	
Ich schätze den Ring auf 1 000 DM.	J'évalue la bague à 1 000 marks.	
Ich schätze Pünktlichkeit.	J'apprécie l'exactitude.	

Situations de communication

Situer dans l'espace

Indiquer la provenance

Woher kommen Sie? Aus Süddeutschland.	D'où venez-vous ? Du Sud de l'Allemagne.	*Traduis* **d'où venez-vous.**
Wo kommst du her? Von zu Hause.	D'où viens-tu ? De chez moi.	
Woher hast du die CD? Von Daniels Bruder.	De qui tiens-tu le CD ? Du frère de Daniel.	

Indiquer où on se trouve

Wo ist er? Zu Hause? Im Kino?	Où est-il ? A la maison ? Au cinéma ?	
Er ist nicht hier.	Il n'est pas ici.	*Traduis* **elle habite là-bas.**
Bist du da?	Es-tu là ?	
Sie wohnt dort.	Elle habite là-bas.	
drinnen, draußen sein	être à l'intérieur, dehors	
irgendwo/nirgends sein	être quelque part/nulle part	
überall sein	être partout	

Situer une ville

Wo liegt das? In Italien, in der Schweiz?	Où est-ce que cela se trouve ? En Italie, en Suisse ?
zwischen Lübeck und Kiel	entre Lübeck et Kiel

in der Gegend von München	dans la région de Munich	
in der Nähe von Hamburg	à proximité de Hambourg	
bei Bonn, im Süden	près de Bonn, dans le sud	
südlich von Berlin	au sud de Berlin	*Traduis* **au sud de Berlin**.
in Norddeutschland	dans le nord de l'Allemagne	
Die Stadt liegt am Meer.	La ville se trouve au bord de la mer.	
an der Nordsee, an der Ostsee	au bord de la Mer du Nord, de la Baltique	

Situer une personne, une chose

Wo steht es?	Où est-ce que cela se trouve ?	
oben, unten, links, rechts	En haut, en bas, à gauche, à droite	*Traduis* **à droite de l'arbre**.
rechts vom Baum, unten rechts	à droite de l'arbre, en bas à droite	
vor/hinter dem Baum	devant/derrière l'arbre	
vorn, im Vordergrund	devant, au premier plan	
hinten, im Hintergrund	derrière, à l'arrière plan	
in der Mitte, mitten in dem See	au milieu, au milieu du lac	

Indiquer une direction

Wohin fährt er? Nach Bonn? Nach Bayern?	Où part-il ? A Bonn ? en Bavière ?	
Aufs Land? Ans Meer? nach Westen?	À la campagne ? A la mer ? A l'ouest ?	
Wohin geht ihr nun? Ins Kino?	Où allez vous maintenant ? Au cinéma ?	*Traduis* **aller chez le boulanger**.
Zu Daniel?	Chez Daniel ?	
Zum Bäcker?	Chez le boulanger ?	
Wie komme ich zur Post?	Comment est-ce que je vais à la poste ?	
Immer geradeaus.	Toujours tout droit.	
Können Sie mir sagen, wo der Bahnhof ist?	Pouvez vous me dire où se trouve la gare ?	
Nehmen Sie die erste Straße rechts.	Prenez la première rue à droite.	
Ich suche eine Bäckerei.	Je cherche une boulangerie.	
Links, an der Ecke ist eine Bäckerei.	À gauche, à l'angle il y a une boulangerie.	

3ᵉ

> **Ne pas confondre**
> **oben**, **unten**, **vorn**, **hinten** (formes adverbiales) et **über**, **unter**, **vor** et **hinter** (prépositions spatiales).
> Vor dem Haus steht ein Baum. Devant la maison se trouve un arbre.
> Vorn steht ein Baum. Devant se trouve un arbre.

Se situer dans le temps

Indiquer une date, un moment, une heure

Wann ist es geschehen?	Quand est-ce que cela est arrivé ?	
Am Vormittag? Am Mittwoch? Im April?	Le matin ? Le mercredi ? En avril ?	
am 13. April	le 13 avril	
im Frühling	au printemps	
im Jahre 2000	en l'an 2000	*Traduis* **c'était en 1998**.
es war 1998	c'était en 1998	

nach dem Unfall	après l'accident	
während des Films	pendant le film	
um 5 Uhr	à 5 heures	
gegen 11 Uhr	aux environs de 11 heures	
um Mitternacht, gegen Mitternacht	à minuit, aux environs de minuit	
etwa um eins	aux environs d'une heure	
zu meinem 15. Geburtstag	pour mon 15ᵉ anniversaire	
Wann kommt er? Jetzt?	Quand vient-il ? Maintenant ?	
Gleich (sofort)?	Immédiatement ?	
morgens, abends?	Le matin, le soir ?	

Évoquer le passé

Traduis **hier, avant-hier.**

gestern, vorgestern	hier, avant-hier
im vergangenen Jahr	l'an passé
vorige Woche, letzte Woche	la semaine passée
vor zwei Wochen	il y a deux semaines
letzten Monat	le mois dernier

Situer dans le présent, dans l'avenir

Traduis **le mois prochain.**

heute, diesen Sommer, diesmal	aujourd'hui, cet été, cette fois
morgen, übermorgen, morgen Mittag	demain, après-demain, demain midi
nächsten Monat, in 2 Jahren	le mois prochain, dans deux ans

Indiquer la durée

Wie lange dauert es?	Combien de temps cela dure ?
Ein ganzes Jahr?	Toute une année ?
ungefähr (etwa) einen Monat	à peu près un mois
fast einen Monat	presque un mois
einen ganzen Abend, das ganze Jahr	toute une soirée, toute l'année
noch eine Woche	encore une semaine
bis heute abend	jusqu'à ce soir
monatelang	pendant des mois
ziemlich lange	assez longtemps
Wie lange fährt man von...bis...?	Combien de temps on met de...à... ?

Traduis **toute une soirée.**

3ᵉ

Exprimer la fréquence

Wie oft spielst du Tennis?	Combien de fois joues-tu au tennis ?
oft, selten, nie, fast nie	souvent, rarement, jamais, presque jamais
manchmal, regelmäßig	parfois, régulièrement
meistens, wenn...	le plus souvent, quand...
jeden Tag (täglich), ein Mal in der Woche	chaque jour, une fois par semaine
jeden Monat, zweimal im Jahr	chaque mois, deux fois par ans
immer	toujours
jeden Monat, zweimal im Jahr	chaque mois, deux fois par an

Traduis **toujours.**

Indiquer un ordre chronologique

damals, früher, vorher	autrefois, auparavant
jetzt	maintenant
später, nachher	plus tard, après
zuerst	tout d'abord
dann, danach	ensuite
schlieBlich, zum Schluß	finalement
am Anfang, am Ende	au commencement, à la fin
erstens, zweitens, drittens	premièrement, deuxièmement, troisièmement

Que signifie **erstens** *?*

Ne pas confondre
schon, *déjà* et **schön**, *beau* ; la négation qui correspond à **schon** est **noch nicht**, *pas encore*.

Ist er schon da?	Est-il déjà là ?
Nein, er ist noch nicht da.	Non il n'est pas encore là.

Mots en vedette

Avec les différentes parties de la journée et les jours de la semaine, on peut former des adverbes en ajoutant un **-s** au nom, qui s'écrit alors avec une minuscule : montag**s** : le lundi ; nachmittag**s** : l'après-midi ; nacht**s** : la nuit.

On trouve **lang** ou **lange** dans un certain nombre de compléments de temps :

stundenlang	pendant des heures
wochenlang	pendant des semaines
monatelang	pendant des mois
Wir haben stundenlang auf ihn gewartet	Nous l'avons attendu pendant des heures
schon lange.	depuis longtemps.
Wir wohnen schon lange in München	Nous habitons depuis longtemps à Munich
wie lange?	combien de temps ?

Que signifie **stundenlang** *?*

Dialogue et expressions

Es regnet immer noch.	Il continue de pleuvoir.

gleich signifie aussi égal
Das ist mir gleich.	Cela m'est égal.

il sert à rendre le futur immédiat
Der Arzt kommt gleich.	Le médecin arrive tout de suite.

Ne pas confondre
morgen, *demain*, et **der Morgen**, *le matin*, ou **heute Morgen**, *ce matin*.

Quelle est la différence entre **morgen** *et* **der Morgen** *?*

Expression du jugement, de l'opinion

Demander l'opinion de quelqu'un

Wie findest du das? — *Comment trouves-tu cela ?*
Was sagst du dazu? — *Qu'en dis-tu ?*
Was meinst du dazu? — *Qu'en penses-tu ?*
Was hältst du davon?
Wie siehst du das? — *Comment vois-tu cela ?*

Traduis **qu'en penses-tu**.

Donner son opinion

Ich finde es nicht gut, dass… — *Je ne trouve pas bien que…*
Ich bin der Meinung, dass… — *Je pense que…*
Meiner Meinung nach… — *D'après moi…*
Ich habe den Eindruck, dass… — *J'ai l'impression que…*

• **dire que l'on partage l'opinion de quelqu'un**

Das meine ich auch. — *Je pense cela aussi*
Ich bin dergleichen Meinung wie du. — *Je suis du même avis que toi.*
Ich bin ganz deiner Meinung. — *Je suis tout à fait de ton avis.*
Ich bin dafür. — *Je suis pour.*
Das stimmt, das ist richtig. — *C'est juste.*
Das meine ich nicht. — *Ce n'est pas ce que je veux dire.*

Traduis **je suis pour**.

• **dire que l'on n'est pas du même avis**

Ich bin nicht deiner Meinung. — *Je ne suis pas de ton avis.*
Da bin ich anderer Meinung. — *J'ai un autre avis.*
Das ist nicht wahr. — *Ce n'est pas vrai.*
Das stimmt überhaupt nicht. — *C'est absolument faux.*

Exprimer son intérêt

Das finde ich interessant. — *Je trouve cela intéressant.*
Ich interessiere mich für… — *Je m'intéresse à…*
Das interessiert mich. — *Cela m'intéresse.*

Traduis **je trouve cela intéressant**.

Exprimer ses préférences

Das hat mir gut gefallen. — *Cela m'a beaucoup plu.*
Ich möchte lieber, am liebsten. — *Je préfèrerais.*
Das finde ich besonders schön. — *Je trouve cela particulièrement beau.*
Das ist meine Lieblingsmusik. — *C'est ma musique préférée.*
Das ist mein Lieblingsbuch. — *C'est mon livre préféré.*

3ᵉ

Vocabulaire thématique

Arbeitswelt: le monde du travail

Par ♥

der Beruf(e)	la profession
einen Beruf ergreifen	choisir un métier
einen Beruf ausüben	exercer un métier
das Berufspraktikum	le stage
Geld verdienen	gagner de l'argent
eine berufstätige Frau	une femme active
die Hausfrau(en)	la femme au foyer
die Arbeit(en)	le travail
eine Arbeit suchen, finden	chercher, trouver un travail
der Arbeiter(-)	l'ouvrier
arbeitslos sein	être au chômage
der Arbeitsmarkt(¨e)	le marché du travail
das Arbeitsamt(¨er)	le bureau de placement
der Lohn(¨e)	le salaire
das Gehalt(¨er)	le salaire mensuel
das Honorar(e)	le salaire (professions libérales)
berufstätig sein	exercer une activité professionnelle
der Arbeitslose(n)	le chômeur
die Arbeitslosigkeit	le chômage
der Arbeitgeber(-)	l'employeur
der Arbeitnehmer(-)	l'employé
einen Ferienjob haben	avoir un petit emploi pour les vacances
jobben	faire des petits boulots

*Donne des noms composés avec **Arbeit**.*

3ᵉ

die Stelle(n)	l'emploi
eine feste Stelle suchen	chercher un emploi fixe
sich um eine Stelle bewerben	demander un emploi
seine Stelle verlieren	perdre son emploi
der (die) Angestellte(n)	l'employé(e)
der Beamte(n)	le fonctionnaire
die Beamtin(nen)	la fonctionnaire
der Dienst(e)	le service
die Industrie(n)	l'industrie
die Automobilindustrie	l'industrie automobile
der Ingenieur(e)	l'ingénieur
die Technik(en)	la technique
der Techniker(-)	le technicien
die Mechanik(en)	la mécanique
der Mechaniker(-)	le mécanicien
das Handwerk(e)	l'artisanat
der Handwerker(-)	l'artisan
die Werkstatt(¨e)	l'atelier
der Schlosser(-)	le serrurier
der Kaufmann (Kaufleute)	le commerçant
der Architekt(en)	l'architecte
der Journalist(en)	le journaliste
die Journalistin(nen)	la journaliste
die Krankenschwester(n)	l'infirmière
die Sekretärin(nen)	la secrétaire
der Apotheker(-)	le pharmacien
die Apothekerin(nen)	la pharmacienne
der Arzt(¨e)	le médecin
die Ärztin(nen)	la femme médecin

*Traduis **demander un emploi**.*

der Berufsberater(-)	le conseiller d'orientation
die Lehre(n)	l'apprentissage
in die Lehre gehen	faire son apprentissage
eine Lehre als Bäcker machen	faire un apprentissage comme boulanger
der Betrieb(e)	l'entreprise
der Lehrling(e)	l'apprenti
eine Lehrstelle suchen, finden	chercher, trouver une place d'apprenti
der Azubi(s)	celui qui est en formation
der Schulabschluss(¨e)	la fin du cycle scolaire
entlassen werden	être licencié

*Que signifie **die Lehre**?*

das Unternehmen(-)	l'entreprise	der Streik(s)	la grève
die Fabrik(en)	l'usine	die Gewerkschaft(en)	le syndicat
die Firma(en)	la société	die Demonstration(en)	la manifestation
das Werk(e)	l'usine		
jemanden einstellen	engager quelqu'un		
die Betriebsbesichtigung(en)	la visite d'entreprise	einen Vertrag abschließen	conclure un contrat
einen Betrieb besichtigen	visiter une entreprise	der Leiter(-)	le directeur
		der Direktor(en)	le directeur

Mots en vedette

der Zahnarzt	le dentiste	der Kinderarzt	le pédiatre
der Tierarzt	le vétérinaire	der Ohrenarzt	l'otorhino
der Augenarzt	l'ophtalmologiste	der Frauenarzt	le gynécologue

*Donne des mots composés avec **Arzt** et leur traduction.*

Dialogue et expressions

Was möchtest du später werden?	Que voudrais-tu faire plus tard ?
Ich weiß es noch nicht.	Je ne le sais pas encore.
Ich will Ingenieur werden.	Je veux devenir ingénieur.
Ich habe die Absicht, sehr viel zu reisen.	J'ai l'intention de beaucoup voyager.
Ich kann mich noch nicht entscheiden.	Je ne peux pas encore me décider.
Ich möchte viele Menschen treffen.	Je voudrais rencontrer beaucoup de personnes.
Vielleicht studiere ich Medizin.	Peut-être vais-je étudier la médecine.
Ich habe keine Lust, in einem Büro zu arbeiten.	Je n'ai pas envie de travailler dans un bureau.
Sie bewirbt sich um eine Stelle als Verkäuferin.	Elle postule pour un emploi comme vendeuse.
Was ist dein Vater von Beruf?	Quelle est la profession de ton père ?
Er arbeitete in der Automobilindustrie, bei der Firma BMW.	Il travaillait dans l'industrie automobile, chez BMW.
Sie ist entlassen worden.	Elle a été licenciée.
Sie sucht eine neue Stelle.	Elle cherche un nouvel emploi.
Ich habe ein Berufspraktikum bei der Post gemacht.	J'ai fait un stage à la poste.

3ᵉ

Staat und Gesellschaft: État et société

der Bürger(-)	le citoyen	die Staatsangehörigkeit(en)	la nationalité, la citoyenneté
der Bürgermeister(-)	le maire	die doppelte Staatsangehörigkeit	la double nationalité
die Bürgerpflicht	le devoir civique		
das Bürgerrecht	le droit du citoyen		
die Länder	les États	die Gemeinde(n)	la commune

Par ♥

*Donne des mots composés avec **Bürger**.*

der Stadtrat(¨e)	le conseiller municipal	die Bundesbank (ou Buba)	banque fédérale de la République fédérale d'Allemagne
der Bund	la fédération (des États)		
die Bundesbahn	les chemins de fer fédéraux	die Bundesrepublik	la République fédérale d'Allemagne
der Bundespräsident	le Président fédéral		
der Bundeskanzler	le Chancelier fédéral	die EU, die Europäische Union	l'UE, l'Union européenne
der Bundestag	la chambre des Députés	die deutsche Währung	la monnaie allemande
der Bundesrat	le Conseil fédéral	der Europarat	le Conseil de l'Europe
die Bundesregierung	le gouvernement fédéral	der Euro	l'Euro
die Bundeswehr	l'armée allemande	das Europäische Parlament	le Parlement européen

Par ♥

die Gesellschaft(en)	la société	abstimmen	voter
die Konsumgesellschaft	la société de consommation	wählen	élire
		die Stimme(n)	la voix
das Rathaus(¨er)	la mairie	die Wahlen	les élections

*Comment dis-tu **la mairie**.*

die Partei(en)	le parti	die CDU (Christlich-Demokratische Union Deutschlands)	le parti chrétien démocrate
die CSU (Christlich-Soziale Union in Bayern)	le parti chrétien social démocrate de Bavière		
		die FDP Freie Demokratische Partei	le parti libéral
die SPD (Sozialdemokratische Partei Deutschlands)	le parti des sociaux démocrates	die PDS (Partei des Demokratischen Sozialismus)	le parti du socialisme démocratique
die Grünen	les Verts		

Par ♥ **3e**

der Staat(en)	l'État	das Recht(e)	le droit
das Volk(¨er)	le peuple	die Welt	le monde
das Gesetz(e)	la loi	Europa	l'Europe
Russland	la Russie	die Gemeinschaft der Unabhängigen Staaten, die GUS	la Communauté des États indépendants, la CEI
Amerika	l'Amérique		
Afrika	l'Afrique		
Asien	l'Asie		
die Vereinigten Staaten von Amerika, die USA	les États-Unis d'Amérique	der Krieg(e)	la guerre
		der Frieden	la paix

Cite quatre continents.

der Erste Weltkrieg	la Première Guerre mondiale	der Befehl(e)	l'ordre, le commandement
der Zweite Weltkrieg	la Seconde Guerre mondiale	die Schuld	la faute, la culpabilité
den Krieg verlieren	perdre la guerre	das Heilige Römische Reich Deutscher Nation	le Saint Empire Romain Germanique
den Krieg gewinnen	gagner la guerre		
zerstören	détruire		
wiederaufbauen	reconstruire	der König(e)	le roi
die Fahne(n)	le drapeau	der Kaiser(-)	l'empereur
das Opfer(-)	la victime	das Dritte Reich	le IIIe Reich

*Traduis **la Seconde Guerre mondiale**.*

das Kriegsopfer(-)	la victime de guerre	das geteilte Deutschland	l'Allemagne divisée
der Soldat(en)	le soldat	die Wiedervereinigung	la réunification
die Waffe(n)	l'arme		
das Gewehr(e)	le fusil	der Atomkrieg	la guerre atomique
der Feind(e)	l'ennemi	das Atomkraftwerk(e)	la centrale nucléaire

Dialogue et expressions

1871	das Deutsche Reich wurde gegründet.	L'Empire Allemand fut fondé.
1914	der Erste Weltkrieg brach aus.	La Première Guerre mondiale éclata.
1933	Hitler ergriff die Macht.	Hitler s'empara du pouvoir.
1939	der Zweite Weltkrieg brach aus.	la Seconde Guerre mondiale éclata.
1945	Deutschland verlor den Krieg. die Alliierten teilten und besetzten Deutschland. die Amerikaner, die Engländer, die Franzosen, die Sowjets teilten Berlin in vier Sektoren.	L'Allemagne perdit la guerre. Les Alliés divisèrent et occupèrent l'Allemagne. Les Américains, les Anglais, les Français et les Soviétiques divisèrent Berlin en 4 secteurs.
1949	die Bundesrepublik und Deutsche Demokratische Republik wurden gegründet. Eine Grenze trennte beide deutsche Staaten. Bonn wurde die Hauptstadt der BRD. Ostberlin wurde die Hauptstadt der DDR.	La République Fédérale et la République Démocratique Allemande furent fondées. Une frontière séparait les deux États Allemands. Bonn devint la capitale de la République Fédérale Allemande (RFA). Berlin Est devint la capitale de la République Démocratique Allemande (RDA).
1961	die Berliner Mauer wurde gebaut.	On construisit le Mur de Berlin.
1989	Am 9. November wurde die Grenze geöffnet. Die Berliner Mauer fiel.	Le 9 novembre la frontière fut ouverte. Le Mur de Berlin tomba.
1990	Am 3. Oktober wurde Deutschland wiedervereinigt. Berlin ist wieder die Hauptstadt Deutschlands.	Le 3 octobre l'Allemagne fut réunifiée. Berlin est à nouveau capitale de l'Allemagne.
1949	Gründung des Europarats in Straßburg.	Fondation du Conseil de l'Europe à Strasbourg.
1951	Deutschland, Frankreich, Italien und die drei Benelux-Staaten gründen die Europäische Gemeinschaft für Kohle und Stahl.	L'Allemagne, la France, l'Italie et les trois pays du Bénélux fondent la Communauté européenne du charbon et de l'acier.

1958	*die Römischen Verträge treten in Kraft.*	*Les Traités de Rome entrent en vigueur.*
	Gründung der Europäischen Wirtschaftsgemeinschaft (die EWG).	*Fondation de la Communauté Economique Européenne (la CEE).*
	Brüssel wird EG Hauptstadt.	*Bruxelles devient la capitale de la CE.*
1972	*Großbritannien, Dänemark und Irland treten der EG bei.*	*La Grande Bretagne, le Danemark l'Irlande entrent dans la Communauté européenne.*
1991	*in Maastricht wird der Vertrag über die Europäische Union vereinbart.*	*1991 à Maastricht on conclut le traité de l'Union Européenne.*
	Freier Verkehr für Personen, Waren und Kapital	*Libre circulation des personnes, des marchandises et du capital*
1999	*Einführung der europäischen Währung.*	*Introduction de la monnaie européenne.*

Seit 1995 besteht die Union aus 15 Mitgliedsstaaten. *Depuis 1995 l'Union comprend 15 Etats Membres.*

Die Europäische Flagge mit 12 Sternen symbolisiert die Union. *Le drapeau européen avec 12 étoiles symbolise l'Union.*
die europäische Hymne *l'hymne européen*
der europäische Pass *le passeport européen*

Mots en vedette

• A partir du nom du pays on peut former les noms de l'habitant en ajoutant le suffixe **-er**. L'adjectif sera formé avec le suffixe **-isch**.
Les noms de pays ne prennent pas d'article.

England	l'Angleterre	Luxemburg	le Luxembourg
der Engländer,	l'Anglais, l'Anglaise	der Luxemburger,	le Luxembourgeois(e)
die Engländerin	(l'habitant)	die Luxemburgerin	
Englisch	l'anglais (la langue)	Luxemburgisch	parler
die englische Küche,	la cuisine anglaise	sprechen	luxembourgeois
Österreich	l'Autriche	Irland	l'Irlande
der Österreicher,	l'Autrichien,	der Irländer,	l'Irlandais,
die Österreicherin	l'Autrichienne	die Irländerin	l'Irlandaise
österreichisch	autrichien	Irländisch sprechen	parler irlandais
Belgien	la Belgique	Spanien	l'Espagne
der Belgier,	le Belge,	der Spanier,	l'Espagnol,
die Belgierin	la Belge	die Spanierin	l'Espagnole
belgisch	belge	Spanisch sprechen	parler espagnol
Italien	l'Italie	die Niederlande	les Pays-Bas
der Italiener,	l'Italien,	der Niederländer,	le Néerlandais,
die Italienerin	L'Italienne	die Niederländerin	le Néerlandaise
Italienisch sprechen	parler italien	Niederländisch sprechen	parler néerlandais

Comment dis-tu **l'Angleterre, l'Anglaise, parler anglais** *?*

• Mais on dira :

Frankreich	la France	Dänemark	le Danemark
der Franzose,	le Français	der Däne, die Dänin	le Danois
die Französin	la Française,		la Danoise
Französisch sprechen	parler français	Dänisch sprechen	parler Danois
Deutschland	l'Allemagne	Finnland	la Finlande
der Deutsche,	l'Allemand,	der Finne,	le Finlandais,
die Deutsche	l'Allemande	die Finnin	la Finlandaise
Deutsch sprechen	parler allemand	Finnisch sprechen	parler finlandais
Portugal	le Portugal	Griechenland	la Grèce
der Portugiese,	le Portugais,	der Grieche,	le Grec,
die Portugiesin	la Portugaise	die Griechin	la Grecque
Portugiesisch sprechen	parler portugais	Griechisch sprechen	parler grec
Schweden	la Suède	Europa	l'Europe
der Schwede,	le Suédois,	der Europäer	l'Européen
die Schwedin	la Suédoise	die Europäerin	l'Européenne
Schwedisch sprechen	parler suédois	europäisch	européen

Comment dis-tu **la France, la Française, parler français ?**

Cite 10 noms de pays d'Europe.

Ne pas confondre

der Staat	l'Etat	die Stadt	la ville
staatlich	d'Etat, public	et städtisch	municipal
der Rat die Räte,	le conseiller	der Rat (die Ratschläge)	le conseil
das Ereignis	l'événement	das Erlebnis	l'événement (vécu personnellement)

Quelle est la différence entre **der Staat** *et* **die Stadt ?**

Familienleben, Beziehungen: vie familiale et relationnelle

der Freund(e)	l'ami	das Gefühl(e)	le sentiment
die Freundin(nen)	l'amie	Gefühle empfinden	éprouver des sentiments
die Freundschaft(en)	l'amitié		
Freunde werden	devenir amis	die Liebe	l'amour
der Bekannte(n)	l'ami, la relation		
sich in jemanden verlieben	tomber amoureux de quelqu'un	die Hoffnung(en)	l'espoir
		hoffen	espérer
die Eifersucht	la jalousie	die Langeweile	l'ennui
eifersüchtig sein	être jaloux	langweilig sein	être ennuyeux
der Neid	l'envie	sich langweilen	s'ennuyer
neidisch sein	être envieux	das Leid(en)	la souffrance
der Mut	le courage	leiden	souffrir
mutig sein	être courageux	der Schmerz(en)	la douleur

Traduis **devenir amis.**

die Lüge(n)	le mensonge	die Leidenschaft(en)	la passion
lügen	mentir	die Begeisterung	l'enthousiasme
die Wahrheit(en)	la vérité	begeistert sein	être enthousiaste
die Wahrheit sagen	dire la vérité	der Egoismus	l'égoisme
guter Laune sein	être de bonne humeur	egoistisch sein	être égoiste
		die Einsamkeit	la solitude
schlechter Laune sein	être de mauvaise humeur	einsam sein	être solitaire
		die Gleichgültigkeit	l'indifférence
stolz sein auf + A.	être fier de	gleichgültig sein	être indifférent
der Hass	la haine	die Lust(¨e)	l'envie
hassen	haïr	Lust haben	avoir envie
das Glück	le bonheur, la chance	sich schämen	avoir honte
		die Traurigkeit	la tristesse
glücklich sein	être chanceux, heureux	traurig sein	être triste
		schüchtern sein	être timide
die Freude(n)	la joie	bescheiden sein	être modeste
froh sein	être heureux	Angst haben vor + D.	avoir peur de
sich freuen(n)	se réjouir	sich schuldig fühlen	se sentir coupable
die Geduld	la patience	spotten über + A.	se moquer de
geduldig sein	être patient	klagen über + A.	se plaindre de
die Enttäuschung(en)	la déception	erstaunt sein	être étonné
enttäuscht sein	être déçu	überrascht sein	être surpris
die Verzweiflung	le désespoir	die Überraschung(en)	la surprise
verzweifelt sein	être désespéré	das Mitleid	la pitié
die Kindheit	l'enfance	die Zukunft	le futur
die Jugend	la jeunesse	der Zufall(¨e)	le hasard
die Hochzeit(en)	le mariage	das Schicksal(e)	le destin
heiraten	se marier	die Beziehung(en)	la relation
der Tod(e)	la mort	eine gute Beziehung zu jemandem haben	avoir une bonne relation avec quelqu'un
sterben	mourir		
die Gegenwart	le présent		
die Vergangenheit	le passé		

*Donne deux traductions de **das Glück**.*

*Traduis, **le présent**, **le passé**.*

3ᵉ

Ne pas confondre

die Hochzeit	le mariage (la fête)
die Trauung	le mariage (célébration)
die Heirat	le mariage (état civil)
die Ehe	le mariage (union des époux)

Er heiratet	Il se marie	Er ist verheiratet	Il est marié

Ich bin daran schuld, es ist meine Schuld.   C'est ma faute.
Wie viel bin ich dir schuldig?   Combien est-ce que je te dois ?

Dialogue et expressions

Er ist verliebt.	Il est amoureux.
Sie ist mit ihm befreundet.	Elle est son amie.
Sie verstehen sich gut	Ils s'entendent bien.
Ich finde ihn nett.	Je le trouve gentil.
Er gefällt mir.	Il me plait.

Sie ist mir sympathisch.	Elle m'est sympatique.
Ich finde sie attraktiv.	Je la trouve séduisante.
Ich kann ihn nicht leiden.	Je ne peux pas le souffrir.
Ich kann ihn nicht ertragen.	Je ne peux pas le supporter.
Ich finde ihn schrecklich.	Je le trouve affreux.
Er ärgert mich.	Il m'énerve.
Ich hasse ihn.	Je le déteste.
Sie hat mich enttäuscht.	Elle m'a déçu.
Ich mache mir Sorgen um sie.	Je me fais du souci pour elle.
Er fühlt sich allein.	Il se sent seul.
Ich habe kein Selbstvertrauen.	Je n'ai pas confiance en moi.
Er ist von sich selbst eingenommen.	Il est prétentieux.
Du bist zu großzügig.	Tu es trop généreux.
Sie ist immer hilfsbereit.	Elle est toujours serviable.
Was ist mit dir los?	Qu'est-ce que tu as ?
Bist du immer so zerstreut?	Es-tu toujours aussi distrait ?

Natur und Umweltschutz: nature et protection de l'environnement

Par ♥

die Landschaft(en)	le paysage
die Aussicht(en)	la vue
das Tal(¨er)	la vallée
die Ebene(n)	la plaine
die Umgebung	les environs
der Ort(e)	l'endroit
die Ortschaft(en)	la localité
die Wüste(n)	le désert
die Höhe(n)	la hauteur
der Hügel(-)	la colline
das Gebiet(e)	la région
die Gegend(en)	la région
die Wanderung(en)	la randonnée
wandern	faire de la randonnée
der Wanderer(-)	le promeneur

*Traduis **le paysage**.*

Dialogue et expressions

auf dem Land wohnen	habiter à la campagne
in der Stadt leben	vivre en ville
in einem Vorort wohnen	habiter en banlieue
in einem Hochhaus wohnen	habiter dans un immeuble
in der Gegend von Stuttgart leben	vivre dans la région de Stuttgart
in der Nähe von...	à proximité de...
am Rand eines Waldes	au bord d'une forêt

*Traduis **habiter à la campagne**.*

3^e

Par ♥

die Natur	la nature
die Umwelt	l'environnement
der Schutz	la protection
verschmutzen	polluer
die Luftver-schmutzung	la pollution de l'air
der Umweltschutz	la protection de l'environnement
die Umwelt-verschmutzung	la pollution de l'environnement
vernichten	détruire
verschwinden	disparaître

*Donne des noms composés avec **Umwelt**.*

149

die Wasserverschmutzung	la pollution de l'eau	die Abgase	les gaz d'échappement
umweltfreundlich	antipolluant	der Rauch	la fumée
umweltschädlich	nuisible à l'environnement	bleifreies Benzin	l'essence sans plomb
das Naturschutzgebiet(e)	la réserve naturelles	der Katalysator(en)	la catalyseur
		der Verkehr	la circulation
die Verpackung(en)	l'emballage	den Müll sortieren	trier les ordures
das Pfand(e)	la consigne	die Batterie(n)	les piles
das Recyclingpapier	le papier recyclé	die Natur gefährden	menacer la nature
das Ozon	l'ozone	die Natur sauberhalten	maintenir la nature propre
das Ozonloch	le trou dans l'ozone	die Natur retten	sauver la nature
die Ozonschicht	la couche d'ozone	der Abfall(¨e)	le déchet
die Ozonschicht zerstören	détruire la couche d'ozone	Wasser, Strom sparen	économiser l'eau, l'énergie
der Müll	les ordures		

Que signifie **die Batterie** *?*

Dialogue et expression

Die Wälder verschwinden. — *Les forêts disparaissent.*
Die Bäume sind krank. — *Les arbres sont malades.*
Die Abgase verschmutzen die Luft. — *Les gaz d'échappement polluent l'air.*
Das Rad ist ein umweltfreundliches Verkehrsmittel. — *La bicyclette est un moyen de transport bon pour l'environnement.*
Die Verpackungen vermeiden. — *Éviter les emballages.*
Pfandflaschen verwenden. — *Utiliser des bouteilles consignées.*
Duschen statt baden. — *Se doucher au lieu de prendre un bain.*
Den Müll getrennt sammeln. — *Collecter les ordures séparément.*
Recyclingpapier kaufen. — *Acheter du papier recyclé.*

3ᵉ

Medien und Kommunikation: média et communication

Par ♥

das Foto(s)	la photo	einen Film drehen	tourner un film
die Kamera(s)	l'appareil photo	der Filmregisseur(-)	le metteur en scène
der Film(e)	le film	der Schauspieler(-)	l'acteur
einen Film entwickeln lassen	faire développer un film	die Schauspielerin(nen)	l'actrice
das Kino(s)	le cinéma	der Rundfunk	la radio
sich einen Film ansehen	regarder un film	das Fernsehen	la télévision
das Drehbuch	le scénario	den Fernseher ausschalten	éteindre la télévision
der Abspann	le générique	umschalten	changer de chaîne
der Hauptdarsteller(-)	l'acteur principal	das erste Programm	la première chaîne
der Nebendarsteller(-)	le figurant		

Cite des noms de média.

Traduis **changer de chaîne.**

der Fernseher(-)	le téléviseur
der Fernsehapparat(e)	
der Bildschirm(e)	l'écran
die Fernbedienung(en)	la télécommande
zappen	zaper
den Fernseher anschalten	allumer le téléviseur
die Sendung(en)	l'émission
die Sportsendung(en)	l'émission sportive
die Unterhaltungssendung(en)	l'émission de variétés
die Tagesschau	le journal télévisé
der Wetterbericht(e)	la météo
die Werbung(en)	la publicité
werben für	faire de la publicité pour
der Spielfilm(e)	le long métrage
der Zeichentrickfilm(e)	le dessin animé
der Dokumentarfilm(e)	le documentaire
das zweite Programm	la deuxième chaîne
das dritte Programm	la troisième chaîne
der Videorecorder	le magnétoscope
einen Film aufnehmen	enregistrer un film
das Video(s)	la vidéo
die Videokassette(n)	la cassette vidéo
der Krimi(s)	le film policier
der Western	le western
der Schwarzweiß Film	le film en noir et blanc
die Fernsehserie(n)	le feuilleton télévisé
die politische Sendung	l'émission politique
die kulturelle Sendung	l'émission culturelle
die wirtschaftliche Sendung	l'émission économique

Cite des noms d'émissions télévisées.

Par ♥

die Stereoanlage	la chaîne stéréo
die Schallplatte(n)	le disque
der Plattenspieler(-)	le tourne disque
der Computer(-)	l'ordinateur
den Computer anschalten, ausschalten	allumer, éteindre l'ordinateur
die Maus(¨e)	la souris
die Tastatur(en)	le clavier
der Bildschirm(e)	l'écran
die CD-Rom	le CD-Rom
der Drucker(-)	l'imprimante
die CD	le CD
der CD-Player	le lecteur de CD
das Disketten-Laufwerk(e)	le lecteur de disquette
das Internet	internet
das Netz	le web
das Videospiel(e)	le jeu vidéo
die elektronische Post	le courrier électronique
eine E-Mail schicken	envoyer un E-mail

Par ♥

das Telefon(s)	le téléphone
das Handy, das Mobiltelefon	le téléphone portable
jemanden anrufen	téléphoner à quelqu'un
das Telefongespräch(e)	la conversation téléphonique
der Telefonbeantworter(-)	le répondeur
der Telefonanruf(e)	l'appel téléphonique
eine Telefonnummer wählen	composer un numéro de téléphone
das Telefonbuch(¨er)	l'annuaire
eine Nachricht hinterlassen	laisser un message
einen Anruf erhalten	recevoir un appel
das Fax	le fax
faxen	faxer
ein Fax erhalten	recevoir un fax
ein Fax schicken	envoyer un fax
den Hörer auflegen	raccrocher l'écouteur
den Hörer abnehmen	décrocher l'écouteur
die Telefonzelle(n)	la cabine téléphonique

Traduis **téléphoner à quelqu'un.**

3ᵉ

Dialogue et expressions

Siehst du gern fern?	Aimes-tu regarder la télévision ?
Welches Programm siehst du gern?	Quelle chaîne aimes-tu regarder ?
Welches ist deine Lieblingssendung?	Quelle est ton émission préférée ?
Was hältst du vom Fernsehen?	Que penses-tu de la télévision ?
Ich bin für das Fernsehen.	Je suis pour la télévision.
Ich bin dafür.	Je suis pour.
Ich bin gegen das Fernsehen.	Je suis contre la télévision.
Ich bin dagegen.	Je suis contre.
Ich gehe lieber ins Kino.	Je préfère aller au cinéma.
Kann ich... sprechen?	Est-ce que je peux parler à... ?
Können Sie später wieder anrufen?	Pouvez-vous rappeler plus tard ?

Traduis **je suis contre.**

Schulleben: vie scolaire

Par ♥

die Grundschule(n)	l'école primaire	die Universität(en)	l'université
das Gymnasium (die Gymnasien)	le lycée	der Schüleraustausch(e)	l'échange scolaire
der Gymnasiast(en)	le lycéen	an einem Schüleraustausch teilnehmen	participer à un échange scolaire
die Gymnasiastin(nen)	la lycéenne		
die Oberschule(n)	le lycée		

Que signifie **das Gymnasium** ?

die Ganztagsschule(n)	l'école qui dure toute la journée	die Halbtagsschule(n)	l'école qui ne dure que la matinée
das Fach(¨er)	la matière, la discipline	die Deutschstunde(n)	le cours d'allemand
der Unterricht	l'enseignement	die wissenschaftlichen Fächer	les matières scientifiques
das Pflichtfach(¨er)	matière obligatoire		
das Wahlfach(¨er)	l'option	die literarischen Fächer	les matières littéraires
die Unterrichtsstunde(n)	l'heure de cours		

Par ♥

die Prüfung(en)	l'examen	die Studentin(nen)	l'étudiante
das Abitur	le bac	das Studium	les études
der Abiturient(en)	celui qui prépare le bac	studieren	étudier
		das Gymnasium besuchen	aller au lycée
der Student(en)	l'étudiant		
auf die Universität gehen	aller à l'université	an der Universität studieren	étudier à l'université
sich auf eine Prüfung vorbereiten	se préparer à un examen	das Studium unterbrechen	interrompre ses études
eine Prüfung bestehen	réussir un examen	das Studium fortsetzen	continuer ses études
bei einer Prüfung durchfallen	échouer à un examen		

Traduis **l'examen, le bac.**

der Sinn	le sens	die Erklärung(en)	l'explication
keinen Sinn haben	ne pas avoir de sens	der Vorwurf(¨e)	le reproche
		die Strafe(n)	la punition
sinnlos sein	être absurde	der Erfolg(e)	le succès, la réussite
die Bedeutung(en)	la signification		
bedeuten	signifier	erfolgreich sein	réussir
		die Erlaubnis	la permission
die Hauptsache	l'essentiel	das Verbot(e)	l'interdiction
das Gegenteil(e)	le contraire	das Gedächtnis	la mémoire
der Unterschied(e)	la différence	ein gutes Gedächtnis haben	avoir une bonne mémoire
der Vergleich(e)	la comparaison		
vergleichen	comparer	das Gedicht(e)	le poème
die Übersetzung(en)	la traduction	der Teil(e)	la part, la partie
übersetzen	traduire	das Prozent(e)	le pourcentage
das Problem(e)	le problème	das Ziel(e)	le but
ein Problem lösen	résoudre un problème		

*Traduis **la mémoire**.*

Dialogue et expressions

Welches ist die Bedeutung des Wortes?	Quelle est la signification du mot ?
Welches ist das Gegenteil von ...?	Quel est le contraire de... ?
Welche Unterschiede gibt es zwischen dem deutschen und dem französischen Schulsystem?	Quelles différences y a-t-il entre le système scolaire allemand et français ?
Deutsch als erste Fremdsprache lernen	apprendre l'allemand en première langue
Englisch als zweite Fremdsprache lernen	apprendre l'anglais en seconde langue
Wie heißt... auf Deutsch?	Comment dit on... en allemand ?
Er ist bei der mündlichen Prüfung durchgefallen.	Il a échoué à l'oral.
Er hat die schriftliche Prüfung bestanden.	Il a réussi l'examen écrit.
Ich mache das Abitur.	Je passe le bac.
Sie müssen sich auf die Prüfung vorbereiten.	Ils doivent se préparer à l'examen.
Es hat geklappt, ich habe es geschafft.	Ca a marché, j'ai réussi.

Freizeit: temps libre

die Freizeit	le temps libre, les loisirs	malen	peindre
		tanzen	danser
das Hobby(s)	le hobby, le passe-temps	kochen	faire la cuisine
		singen	chanter
Comics lesen	lire des bandes dessinées	Theater spielen	faire du théâtre
		Sport treiben	faire du sport
zeichnen	dessiner		

Donne des activités de temps libres.

turnen, Gymnastik treiben	*faire de la gymnastique*	Schlittschuh laufen	*faire du patin à glace*
die Turnhalle(n)	*le gymnase*	Rollschuh laufen	*faire du patin à roulettes*
laufen	*courir*		
springen	*sauter*	Ski laufen, Ski fahren	*faire du ski*
reiten	*faire du cheval*		
segeln	*faire de la voile*	fechten	*faire de l'escrime*
windsurfen	*faire de la planche à voile*	tauchen	*faire de la plongée*
		boxen	*boxer*
Fußball spielen	*jouer au football*	die Weltmeisterin(nen)	*la championne du monde*
das Fußballspiel(e)	*le match de football*	die Weltmeisterschaft(en)	*le championnat du monde*
der Spieler(-)	*le joueur*		
die Mannschaft(en)	*l'équipe*	die Olympischen Spiele	*les jeux Olympiques*
der Schiedsrichter(-)	*l'arbitre*		
ein Tor schießen	*marquer un but*	einen Rekord verbessern	*améliorer un record*
der Torwart	*le gardien de but*		
das Spiel gewinnen	*gagner le match*	einen Rekord schlagen	*battre un record*
das Spiel verlieren	*perdre le match*		
trainieren	*s'entraîner*	der Wettbewerb(e)	*le concours, la compétition*
das Training(s)	*l'entraînement*		
die Leistung(en)	*l'exploit, la performance*	der Zuschauer(-)	*le spectateur*
		der Fußballplatz(¨e)	*le terrain de football*
der Leistungssport	*le sport de compétition*	das Stadion (die Stadien)	*le stade*
der Sportverein(e)	*l'association sportive*	der Tennisplatz(¨e)	*le court de tennis*
das Mitglied(er)	*le membre*	der Tennisschläger(-)	*la raquette de tennis*
Mitglied eines Sportvereins sein	*être membre d'une association sportive*	sich entspannen sich fit halten	*se détendre se maintenir en forme*
der Weltmeister(-)	*le champion du monde*		

Traduis **battre un record.**

Dialogue et expressions

Ich spiele gern Fußball.	*J'aime jouer au football.*
Ich spiele lieber Tennis.	*Je préfère jouer au tennis.*
Sport macht Spaß.	*Le sport c'est amusant.*
Sport ist anstrengend.	*Le sport c'est fatigant.*
Das Training nimmt viel Zeit in Anspruch.	*L'entraînement prend beaucoup de temps.*
Handball ist mein Lieblingssport.	*Le handball est mon sport préféré.*

Traduis **le sport c'est amusant.**

Reisen und Verkehr: voyages et transports

die Reise(n)	le voyage	das Ausland	l'étranger (pays)
sich auf eine Reise vorbereiten	préparer un voyage	ausländisch	étranger
der Ausländer(-)	l'étranger (personne)	eine fremde Stadt	une ville étrangère (que l'on ne connaît pas)
Kontakte knüpfen	établir des contacts	die Rückkehr	le retour
unterwegs sein	être en route	zurückkehren	revenir
auf dem Rückweg sein	être sur le chemin de retour	anstrengend sein	être fatigant
verreist sein	être en voyage	sich verfahren, sich verlaufen	se tromper de chemin
Anschluß haben	avoir une correspondance	die Fluggesellschaft(en)	la compagnie aérienne
Verspätung haben	avoir du retard	ausgebucht sein	réservations complètes
die Verbindung(en)	la liaison		
einen Flug buchen	réserver un vol		
der Stadtverkehr	la circulation en ville	der Taxifahrer(-)	le chauffeur de taxi
das Verkehrsmittel	le moyen de transport	die Straßenbahn(en)	le tramway
		die U-Bahn(en)	le métro
öffentliche Verkehrsmittel	moyens de transport publics (transports en commun)	mit der U-Bahn fahren	prendre le métro
		die U-Bahnstation	la station de métro
		die Bushaltestelle(n)	l'arrêt de bus
die Verkehrsampel(n)	les feux de signalisation	der Personenkraftwagen(-), der PKW, der Lastkraftwagen(-), der LKW	la voiture de tourisme le camion
die Richtung(en)	la direction		
die Kreuzung(en)	le carrefour		
die Strecke(n)	le parcours, la distance		
die Kurve(n)	le tournant	der Fahrer(-)	le conducteur
der Fußgänger(-)	le piéton	der Fahrgast(¨e)	le passager
die Fußgängerzone(n)	la zone piétonne	der Führerschein(e)	le permis de conduire
die Hauptstraße(n)	la rue principale		
die Einbahnstraße(n)	la rue à sens unique	das Steuer(-)	le volant
		der Schaden(¨)	le dommage, le dégât
der Schutzmann (die Schutzleute)	l'agent de police	den Wagen reparieren lassen	faire réparer la voiture
den Verkehr regeln	régler la circulation		
der Polizist(en)	le policier	Auto fahren	conduire
der Schaffner(-)	le contrôleur	der Unfall(¨e)	l'accident
die Fahrkarten kontrollieren	contrôler les billets	die Gefahr(en)	le danger
		gefährlich	dangereux
der Bus (Busse)	le bus, le car	verletzt sein	être blessé
der Busfahrer(-)	le conducteur de car	zusammenstoßen	entrer en collision
		das Auto parken	garer la voiture
das Taxi(s)	le taxi	der Parkplatz(¨e)	le parking

*Quelle est la différence entre **fremd** et **ausländisch** ?*

*Traduis **transports en commun**.*

3ᵉ

*Donne le pluriel de **der Bus**.*

Ne pas confondre

das Steuer	le volant	die Steuern	les impôts
die Einfahrt	l'entrée des voitures	die Ausfahrt	la sortie des voitures
der Eingang	l'entrée des piétons	der Ausgang	la sortie des piétons
der Eintritt	l'entrée, l'admission	Eintritt frei	entrée libre

Traduis **der Eingang et der Ausgang.**

Dialogue et expressions

Fährt der Zug direkt nach Frankfurt?	Est-ce que le train va directement à Francfort ?
Nein, Sie müssen zweimal umsteigen.	Non, il vous faut changer deux fois.
Gibt es einen Zuschlag?	Y-a-t-il un supplément ?
Gibt es eine Ermässigung für Studenten?	Y a-t-il une réduction pour les étudiants ?
Es gibt keine direkte Verbindung zwischen Paris und Eschwege.	Il n'existe pas de liaison directe entre Paris et Eschwege.
Der Zug hat Verspätung.	Le train a du retard.
Wo verbringst du die Sommerferien?	Où passes-tu tes vacances d'été ?
Am Meer, an der Atlantikküste.	Au bord de la mer, sur la côte Atlantique.
Ich fahre nach Griechenland.	Je vais en Grèce.
Wie lange bleibst du in Griechenland?	Combien de temps restes-tu en Grèce ?
14 Tage.	15 jours.
Zwei Wochen	Deux semaines.
Wir fahren mit einem Ferienclub.	Nous partons avec un club de vacances.
Ich zelte lieber.	Je préfère faire du camping.
Wo warst du in den Ferien?	Où étais-tu pendant les vacances ?
Ich war auf Korsika.	J'étais en Corse.
Ich war in der Schweiz.	J'étais en Suisse.
Ich habe Madrid besichtigt.	J'ai visité Madrid.
Ich habe einen Sprachkurs in England gemacht.	J'ai fait un séjour linguistique en Angleterre.
Ich habe gebadet, gesegelt.	Je me suis baigné, j'ai fait de la voile.
Wir wohnten in einer Jugendherberge.	Nous habitions dans une auberge de jeunesse.
Wir sind Ski gelaufen.	Nous avons fait du ski.
Ich war in den Alpen, wir sind gewandert.	J'étais dans les Alpes, nous avons fait des randonnées.

Traum und Phantasie: rêves et imagination

Par ♥
der Traum(¨e)	le rêve
träumen	rêver
die Phantasie	l'imagination
das Märchen(-)	le conte
die Sage(n)	la légende
erzählen	raconter
der Held(en)	le héros
die Heldin(nen)	l'héroïne
der König(e)	le roi
die Königin(nen)	la reine
der Prinz(en)	le prince
die Prinzessin(nen)	la princesse
die Hexe(n)	la sorcière
böse	méchant
nett	gentil
hilfsbereit	serviable
die Räuber(-)	les brigands
der Wald(¨er)	la forêt
das Schloss(¨er)	le château
der Drache(n)	le dragon
heiraten	se marier
glücklich sein	être heureux
kämpfen	se battre
töten	tuer

die Kunst(¨e)	l'art
der Künstler(-)	l'artiste (homme)
die Künstlerin(nen)	l'artiste (femme)
das Kunstwerk(e)	l'œuvre d'art
das Werk(e)	l'œuvre
der Roman(e)	le roman
der Dichter(-)	le poète, l'écrivain
der Schriftsteller(-)	l'écrivain
die Schriftstellerin(nen)	l'écrivain (femme)
der Saal (Säle)	la salle
das Publikum	le public
die Vorstellung(en)	la représentation
eine Rolle spielen	jouer un rôle
in der ersten Reihe sitzen	être assis au premier rang
beschreiben	décrire
darstellen	représenter (de manière picturale)
der Autor(en)	l'auteur
die Autorin(nen)	l'auteur (femme)
das Theaterstück(e)	la pièce de théâtre
das Gedicht(e)	le poème
der Schauspieler(-)	le comédien
die Schauspielerin(nen)	la comédienne
die Bühne(n)	la scène
ausdrücken	exprimer
eine Meinung äußern	exprimer une opinion
die Einführung(en)	l'introduction
die Handlung(en)	l'action
der Schluss(¨e)	la conclusion
das Thema (die Themen)	le sujet

*Cite des mots composés avec **Kunst**.*

Par ♥
der Maler(-)	le peintre
die Malerin(nen)	la femme peintre
malen	peindre
die Sammlung(en)	la collection
eine Ausstellung besuchen	visiter une exposition
das Gemälde(-)	le tableau
die Malerei	la peinture
die Ausstellung(en)	l'exposition
eine Sammlung bewundern	admirer une collection
malerisch	pittoresque

Cite des mots qui se rapportent à la peinture.

Par ♥
das Lied(er)	le chant
der Komponist(en)	le musicien, compositeur
komponieren	composer
das Konzert(e)	le concert
ins Konzert gehen	aller au concert
musikalisch sein	être musicien
das Orchester(-)	l'orchestre
der Dirigent(en)	le chef d'orchestre
der Schlager(-)	l'air à la mode
das Instrument(e)	l'instrument
Klavier spielen	jouer du piano
Saxo spielen	jouer du saxophone
Gitarre spielen	jouer de la guitare
die Melodie kennen	connaître la mélodie

*Traduis **jouer du piano**.*

Dialogue et expressions

Es war einmal...	Il était une fois...
„... und wenn sie nicht gestorben sind, so leben sie heute noch" est une formule de conclusion des contes allemands.	
Es handelt sich um...	Il s'agit de...
Goethe ist der berühmteste deutsche Dichter.	Goethe est le plus célèbre poète allemand.
Es gibt eine gute Stimmung.	Il y a une bonne atmosphère, ambiance.

Ne pas cofondre

künstlerisch	artistique	künstlich	artificiel

Adjectifs et adverbes

Adjectifs

Par ♥

Que signifie **arbeitslos** ?

ähnlich (+ dat.)	semblable (à)	vermutlich	présumé
arbeitslos	au chômage	vernünftig	raisonnable
bekannt (+ dat.)	connu (de)	verschieden	différent
bereit (zu + dat.)	prêt (à)	verzweifelt	désespéré
egal	égal	willkommen	bienvenu pour quelqu'un
ehrlich	honnête		
eigen	propre, à soi, personnel	wütend	en colère
		zufrieden (mit + dat.)	satisfait (de)
einverstanden	d'accord	notwendig	nécessaire
ernst	sérieux	pünktlich	ponctuel, à l'heure
frei	libre		
fremd	étranger	schlank	mince
gemütlich	où on se sent à son aise	schwierig	difficile
		spannend	passionnant
großartig	grandiose	städtisch	municipal
gut erzogen	bien élevé	täglich	quotidien
hässlich	laid	tot	mort
herzlich	cordial	tüchtig	capable
ideal	idéal	ungeduldig	impatient
klug	intelligent	ungerecht	injuste
komisch	bizarre	unzufrieden	insatisfait
lächerlich	ridicule	verheiratet	marié
merkwürdig	remarquable	verletzt	blessé
ärgerlich (über + acc.)	contrarié (de)	munter	éveillé, gai, plein d'entrain
fähig (zu + dat.)	capable (de)	öffentlich	public
frei (von + dat.)	dispensé (de)	peinlich	pénible

Traduis **honnête, bizarre, quotidien.**

geheim	*secret*	rasch	*rapide*
gering	*minuscule*	regelmäßig	*régulier*
gewiß (+ gén.)	*sûr (de)*	sauer	*aigre*
grob	*grossier*	scharf	*fort (épices), pointu*
heftig	*violent*		
kostbar	*précieux*	schief	*de travers*
kräftig	*fort, robuste*	schriftlich	*par écrit*
kürzlich	*récemment*	seltsam	*bizarre*
liebenswürdig	*aimable, digne d'être aimé*	sonderbar	*étrange*
		völlig	*entier, complet*
niedrig	*bas*	wirklich	*réel*

Dialogue et expressions

Sie ist ihrer Mutter ähnlich. — Elle ressemble à sa mère.
Sie sehen sich sehr ähnlich. — Ils sont tellement semblables.
Ils se ressemblent tellement.

Er ist zu jeder Arbeit bereit. — Il est prêt à faire n'importe quel travail.
Das ist mir fremd. — C'est nouveau pour moi.
Das ist mir bekannt. — Je le sais (je suis au courant).
Der Vater ist mit seinem Beruf sehr beschäftigt. — Le père est très occupé par sa profession.
Bist du mit deinen Kindern zufrieden? — Es-tu satisfait de tes enfants ?
Zu meinen eigenen Kindern bin ich sehr streng. — Je suis très sévère vis-à-vis de mes propres enfants.
Die Wohnung ist gemütlich. — On se sent bien dans cet appartement.

Er nimmt es ernst. — Il le prend au sérieux.
Es ist ernst gemeint. — Je le pense sérieusement.
Das ist mir egal, das ist mir gleich. — Ça m'est égal.
Bist du damit einverstanden? — Es-tu d'accord avec cela ?
Der Ring ist 500 DM wert. — La bague vaut 500 DM.
Der Ring ist wertvoll. — La bague est précieuse.
Er ist nicht preiswert. — Elle n'est pas bon marché.
Herzliche Grüße an… — Mes amitiés à…
Du musst tüchtig arbeiten. — Il faut que tu travailles beaucoup et avec application.

tüchtig essen — manger comme quatre
schlau — rusé

Traduis **es-tu d'accord avec cela**.

Ne pas confondre

klug	*intelligent, avisé (intelligence pratique)*	intelligent	*intelligent (au sens plus intellectuel)*
der Tod	*la mort*	Er ist tot.	*Il est mort.*
der Tote	*le mort*	Er ist gestorben.	*Il est mort. (action de mourir)*
tot	*mort (adjectif)*		

Adverbes de manière

Par ♥

außerdem	en outre	selbstverständlich	naturellement
etwa	à peu près	sonst	sinon
höchstens	tout au plus	tatsächlich	effectivement
jedoch	cependant	umsonst	gratuitement
kaum	à peine	wirklich	réellement
mindestens	tout au moins	zwar	certes
allmählich	peu à peu	allerdings	effectivement

Que signifie **sonst, wirklich ?**

Adverbes de temps

Par ♥

danach	ensuite	sobald	aussitôt
inzwischen	entre-temps	spätestens	au plus tard
jedesmal	chaque fois	vorher	auparavant
mehrmals	plusieurs fois	heutzutage	de nos jours
meistens	la plupart du temps	längst	depuis longtemps
		zuletzt	finalement
schließlich	finalement	zunächst	ensuite

Traduis par un adverbe **depuis longtemps**.

Adverbes de lieu

Par ♥ nirgends — nulle part

Dialogue et expressions

- **Exprimer une certitude**

Da bin ich ganz sicher.	J'en suis tout à fait sûr.
Da weiß ich ganz genau.	Je le sais très exactement.
Ich bin überzeugt, dass…	Je suis convaincu, que…
Das ist doch klar!	C'est clair !
Bestimmt! Gewiss!	Certainement !

- **Formuler une hypothèse**

vielleicht	peut-être
Es ist möglich.	C'est possible.
Es kann sein.	
Es mag sein.	
wahrscheinlich	vraisemblablement
Ich glaube, dass…	Je pense que…
Ich meine, dass…	
Ich denke, dass…	
Ich habe den Eindruck, dass…	J'ai l'impression que…

- **Répondre par l'affirmative**

Aber selbstverständlich!	Mais bien sûr !
Ja natürlich! Ja Klar!	Bien sûr que oui !
freilich, bestimmt	certainement
genau	exactement
Du hast recht.	Tu as raison.

- **Contredire quelqu'un**

Aber, nein	Mais non
Natürlich nicht!	Bien sûr que non !
Bestimmt nicht!	Sûrement pas !

3ᵉ

Annexes

QCM
Exercices
Corrigés
Mémo
Bloc-notes collège
Index
Petit Larousse

ANNEXES

QCM

QCM niveau 1, 161
QCM niveau 2, 162
QCM niveau 3, 163
QCM niveau 4, 164

EXERCICES

Bilan niveau 1, 165
Bilan niveau 2, 176
Bilan niveau 3, 187
Bilan niveau 4, 200

CORRIGÉS

Bilan niveau 1, 217
Bilan niveau 2, 218
Bilan niveau 3, 220
Bilan niveau 4, 222
QCM, 224

MÉMO, 225

BLOC-NOTES COLLÈGE, 230

INDEX, 240

PETIT LAROUSSE, 241

QCM

Questionnaire à choix multiples

6ᵉ

■ 1. Quelle est la bonne traduction de *qui* ?
☐ a. Wo
☐ b. Wer
☐ c. Was

■ 2. Quelle est la bonne traduction de *quand* ?
☐ a. Warum
☐ b. Wann
☐ c. Wie

■ 3. *Je veux aller en France cet été.*
☐ a. Im Sommer ich will nach Frankreich fahren.
☐ b. Ich will fahren im Sommer nach Frankreich.
☐ c. Ich will im Sommer nach Frankreich fahren.

■ 4. *Il reste à la maison, car il est malade.*
☐ a. Er bleibt zu Hause, denn er ist krank.
☐ b. Er bleibt zu Hause, denn ist er krank.
☐ c. Er bleibt zu Hause, weil er ist krank.

■ 5. *Je crois qu'il se lève à 8 heures.*
☐ a. Ich glaube, dass er um 8 Uhr aufsteht.
☐ b. Ich glaube, dass er steht um 8 Uhr auf.
☐ c. Ich glaube, dass er um 8 Uhr steht auf.

■ 6. *savoir jouer au tennis*
☐ a. können spielen Tennis
☐ b. spielen Tennis können
☐ c. Tennis spielen können

■ 7. *Je reviens à la maison à 8 heures.*
☐ a. Ich komme zurück um 8 Uhr nach Hause.
☐ b. Ich komme um 8 Uhr nach Hause zurück.
☐ c. Um 8 Uhr ich komme nach Hause zurück.

■ 8. *Donne-moi les lunettes s'il te plaît !*
☐ a. Gebt mir bitte die Brille!
☐ b. Geben Sie mir bitte die Brille!
☐ c. Gib mir bitte die Brille!

■ 9. Quelle est la conjugaison correcte ?
☐ a. Du esst
☐ b. Wir nehmen
☐ c. Er nehmt

■ 10. Quelle est la conjugaison correcte ?
☐ a. Du will
☐ b. Ich wolle
☐ c. Er muss

■ 11. Quelle est la préposition correcte ?
☐ a. Er ist nicht zu Hause.
☐ b. Ich bleibe zu Stefan.
☐ c. Wir gehen zu Hause.

■ 12. Quelle est la préposition correcte ?
☐ a. Ich wohne nach Frankfurt.
☐ b. Ich fahre in Deutschland.
☐ c. Ich komme aus Italien.

■ 13. Quelle est la préposition correcte ?
☐ a. Ich gehe zu Schwimmbad.
☐ b. Ich gehe nach Kino.
☐ c. Ich gehe auf den Markt.

■ 14. Quelle est la phrase où le genre des mots est correct ?
☐ a. Ich kaufe der Zeitung.
☐ b. Ich kaufe das Buch.
☐ c. Ich kaufe der Heft.

■ 15. Quelle est la phrase où la déclinaison est correcte ?
☐ a. Ich treffe der Lehrer.
☐ b. Ich grüße die Lehrerin.
☐ c. Siehst du dem Hund?

■ 16. Le genre et la déclinaison sont-ils corrects ?
☐ a. Der Wagen gehört meinen Vater.
☐ b. Das Buch gehört meine Mutter.
☐ c. Die Tasche gehört meinem Bruder.

■ 17. *Comment allez-vous ?*
☐ a. Hallo!
☐ b. Wie geht es Ihnen?
☐ c. Wie geht es dir?

■ 18. *Est-ce que je peux parler à Ursula ?*
☐ a. Ist Ursula zu Hause?
☐ b. Kann ich Ursula sehen?
☐ c. Kann ich Ursula sprechen?

■ 19. *Peux-tu répéter s'il te plaît ?*
☐ a. Kannst du bitte wiederholen?
☐ b. Wie bitte?
☐ c. Stimmt das bitte?

■ 20. *Excusez-moi !*
☐ a. Entschuldigung!
☐ b. Achtung!
☐ c. Paß auf!

■ 21. *Je voudrais un morceau de gâteau.*
☐ a. Ich muss ein Stück Kuchen.
☐ b. Ich kann ein Stück Kuchen.
☐ c. Ich möchte ein Stück Kuchen.

■ 22. *un peu*
☐ a. ein bisschen
☐ b. nicht viel
☐ c. sehr gut

■ 23. *J'aime jouer au football.*
☐ a. Ich mag Fußball.
☐ b. Ich spiele gern Fußball.
☐ c. Ich spiele oft Fußball.

■ 24. *Je suis désolé.*
☐ a. Das geht nicht.
☐ b. Das ist leider unmöglich.
☐ c. Es tut mir leid.

■ 25. *Sais-tu danser ?*
☐ a. Musst du tanzen?
☐ b. Darfst du tanzen?
☐ c. Kannst du tanzen?

■ 26. *Est-ce que je peux ouvrir la fenêtre ?*
☐ a. Darf ich das Fenster aufmachen?
☐ b. Darf ich das Fenster zumachen?
☐ c. Kann ich das Fenster zumachen?

■ 27. *J'ai faim.*
☐ a. Ich habe Hunger.
☐ b. Ich habe Durst.
☐ c. Ich habe Kopfschmerzen.

■ 28. *Savez-vous où est la poste ?*
☐ a. Weißt du, wo die Post ist?
☐ b. Wissen Sie, wo ist die Post?
☐ c. Wissen Sie, wo die Post ist?

■ 29. *Non, je ne sais pas.*
☐ a. Nein, ich will nicht.
☐ b. Nein, ich weiß nicht.
☐ c. Nein, ich muss nicht.

■ 30. *Cela me plaît.*
☐ a. Ich habe keine Lust.
☐ b. Ich mag das nicht.
☐ c. Das gefällt mir.

■ 31. *Quand vas-tu au cinéma ?*
☐ a. Warum gehst du ins Kino?
☐ b. Um wie viel Uhr gehst du ins Kino?
☐ c. Wann gehst du ins Kino?

■ 32. *Peux-tu venir ?*
☐ a. Willst du mitkommen?
☐ b. Kannst du mitkommen?
☐ c. Kannst du laufen?

■ 33. *vouloir partir en train en Allemagne*
☐ a. mit dem Zug nach Deutschland fahren wollen
☐ b. mit dem Zug nach Deutschland wollen fahren
☐ c. wollen mit dem Zug nach Deutschland fahren

A

5ᵉ

■ 1. L'interrogatif est-il correct ?
❏ a. Wohin gehst du?
❏ b. Wo kommst du?
❏ c. Wohin bist du?

■ 2. L'interrogatif est-il correct ?
❏ a. Woher verbringst du deine Ferien?
❏ b. Wohin liegt Hamburg?
❏ c. Wo sitzt du?

■ 3. Quelle est la forme grammaticale correcte de l'infinitif ?
❏ a. Er scheint glücklich sein.
❏ b. Ich will Rad fahren.
❏ c. Er kann gut zu schwimmen.

■ 4. Quelle est la forme grammaticale correcte de l'infinitif ?
❏ a. Ich lasse das Auto zu reparieren.
❏ b. Ich hoffe das Spiel gewinnen.
❏ c. Sie hat Lust, ins Konzert zu gehen.

■ 5. Quel est le verbe au prétérit ?
❏ a. konnte
❏ b. möchte
❏ c. wäre

■ 6. Quel est le verbe au présent du subjonctif II ?
❏ a. war
❏ b. hätte
❏ c. mochte

■ 7. Quelle est la forme du prétérit correcte ?
❏ a. Ich arbeitete
❏ b. Er saht
❏ c. Ich fuhre

■ 8. Quelle est la forme correcte du participe passé ?
❏ a. Hast du getranken?
❏ b. Ich habe gegessen.
❏ c. Wir sind ins Kino gegehen.

■ 9. Quelle est la forme correcte du participe passé ?
❏ a. Ich habe meine Zeit verloren.
❏ b. Wir haben Handball gespielen.
❏ c. Er hat mich geanrufen.

■ 10. La forme de *werden* (futur) est-elle correcte ?
❏ a. Wir werden kommen.
❏ b. Er werdet das Auto kaufen.
❏ c. Du wirst sicher gewinnen.

■ 11. Quel est le pluriel correct ?
❏ a. Häuse
❏ b. Freunde
❏ c. Städten

■ 12. Quel est le pluriel correct ?
❏ a. Baume
❏ b. Tisch
❏ c. Männer

■ 13. Quel est le pluriel correct ?
❏ a. Lehrer
❏ b. Familie
❏ c. Bruder

■ 14. Quel est le pluriel correct ?
❏ a. Zimmer
❏ b. Auto
❏ c. Bucher

■ 15. Quelle est la marque de l'adjectif correcte ?
❏ a. der blauer Mantel
❏ b. die schwarze Schuhe
❏ c. die weiße Hose

■ 16. Quelle est la marque de l'adjectif correcte ?
❏ a. die blonde Haar
❏ b. eine lange Nase
❏ c. ein kleinen Mund

■ 17. Quelle est la forme correcte du comparatif ?
❏ a. Ich bin alter als er.
❏ b. Du bist größer wie dein Bruder.
❏ c. Er fährt schneller als ich.

■ 18. Quelle est la forme correcte du comparatif ?
❏ a. Wir arbeiten nicht so viel als sie.
❏ b. Ich spiele lieber Fußball.
❏ c. Sie ist so nett als du.

■ 19. Quelle est la forme correcte du prétérit ?
❏ a. Sie kamt
❏ b. Ich ginge
❏ c. Wir kauften

■ 20. Quelle est la forme correcte du participe passé ?
❏ a. Wir sind nach Hause gekommen.
❏ b. Wir haben nach Hause gekommen.
❏ c. Wir sind nach Hause gehen.

■ 21. Quelle est la forme correcte du participe passé ?
❏ a. Du hast Glück gehabt.
❏ b. Hast du den Computer gekaufen?
❏ c. Ich habe ihm gehelfen.

■ 22. *Pouvez-vous appeler plus tard ?*
❏ a. Wollen Sie später anrufen?
❏ b. Müssen Sie später anrufen?
❏ c. Können Sie später anrufen?

■ 23. *Je voudrais un verre d'eau.*
❏ a. Ich hätte gern ein Glas Milch.
❏ b. Können Sie mir ein Glas Milch bringen.
❏ c. Ich möchte ein Glas Wasser.

■ 24. *Comment dit-on en allemand ?*
❏ a. Wie sagt man auf Deutsch?
❏ b. Ich finde das Wort nicht.
❏ c. Ich weiß nicht, wie man das sagt.

■ 25. *Je voudrais dire quelque chose.*
❏ a. Ich möchte etwas fragen.
❏ b. Ich möchte etwas sagen.
❏ c. Ich möchte etwas erzählen.

■ 26. *Quand es-tu né ?*
❏ a. Wann hast du Geburtstag?
❏ b. Woher kommst du?
❏ c. Wann bist du geboren?

■ 27. *Je suis Français.*
❏ a. Ich bin Französin.
❏ b. Ich bin Französisch.
❏ c. Ich bin Franzose.

■ 28. *Pouvez-vous parler plus lentement ?*
❏ a. Können Sie schneller sprechen?
❏ b. Können Sie das erklären?
❏ c. Können Sie langsamer sprechen?

■ 29. *Je voudrais t'inviter.*
❏ a. Ich möchte dich einladen.
❏ b. Ich möchte dich anrufen.
❏ c. Ich möchte dich treffen.

■ 30. *ce soir*
❏ a. gestern Abend
❏ b. heute Abend
❏ c. morgen Abend

■ 31. *C'est formidable !*
❏ a. Das ist mir recht.
❏ b. Das ist toll!
❏ c. Wie schön!

■ 32. *Tant pis !*
❏ a. Wie langweilig!
❏ b. Schon gut!
❏ c. Wie Schade!

■ 33. *C'est beau !*
❏ a. Wie schön!
❏ b. Wie hübsch!
❏ c. Wie süß!

A

QCM Questionnaire à choix multiples

4ᵉ

■ **1. Dans quelle phrase le mot de subordination et la structure sont-ils corrects ?**
❑ **a.** Jedesmal, wenn er nach Deutschland fährt, freut er sich.
❑ **b.** Jedesmal, wenn er nach Deutschland fährt, er freut sich.
❑ **c.** Jedesmal, als er nach Deutschland fährt, er freut sich.

■ **2. Dans quelle phrase le mot de subordination et la structure sont-ils corrects ?**
❑ **a.** Als sie zum Zahnarzt geht, hat sie immer Angst.
❑ **b.** Wenn sie zum Zahnarzt geht, hat sie immer Angst.
❑ **c.** Sie hat immer Angst, wenn sie geht zum Zahnarzt.

■ **3. Dans quelle phrase le relatif est-il correct ?**
❑ **a.** Der Wagen, das er gekauft hat, ist teuer.
❑ **b.** Der Film, der wir gesehen haben, war spannend.
❑ **c.** Das letzte Buch, das ich gelesen habe, war toll.

■ **4. Dans quelle phrase le relatif est-il correct ?**
❑ **a.** Ein Land, die ich sehr besichtigen möchte, ist Griechenland.
❑ **b.** Die Musik, die ich am liebsten höre, ist die klassische Musik.
❑ **c.** Die Sprachen, der sie gelernt hat, sind Deutsch und Spanisch.

■ **5. Dans quelle phrase le relatif est-il incorrect ?**
❑ **a.** Die Stadt, in der ich am liebsten leben möchte, ist London.
❑ **b.** Die Familie, bei die wir gewohnt haben, war nett.
❑ **c.** Der Junge, mit dem sie spielt, ist ihr Bruder.

■ **6. Quel est l'infinitif complément correctement construit ?**
❑ **a.** Du brauchst nicht sofort zu antworten.
❑ **b.** Wir wollen dich abzuholen.
❑ **c.** Wann denkst du ankommen?

■ **7. Quel est l'infinitif complément correctement construit ?**
❑ **a.** Es ist ihr gelungen, eine interessante Arbeit finden.
❑ **b.** Ich habe keine Lust kommen.
❑ **c.** Wann gehst du einkaufen?

■ **8. Quelle est la construction syntaxique incorrecte ?**
❑ **a.** Ich kaufe die Zeitung, um die Annoncen zu lesen.
❑ **b.** Um die Annoncen zu lesen, ich kaufe die Zeitung.
❑ **c.** Um die Annoncen zu lesen, kaufe ich die Zeitung.

■ **9. Quelle est la construction syntaxique correcte ?**
❑ **a.** Anstatt zu gehen ins Restaurant, möchte ich lieber ins Kino gehen.
❑ **b.** Ich möchte lieber gehen ins Kino, anstatt zu gehen ins Restaurant.
❑ **c.** Ich möchte lieber ins Kino gehen, anstatt ins Restaurant zu gehen.

■ **10. Quelle est la construction syntaxique correcte ?**
❑ **a.** Sie sind plötzlich weggegangen, ohne ein Wort zu sagen.
❑ **b.** Sie sind plötzlich weggegangen, ohne zu sagen ein Wort.
❑ **c.** Sie sind plötzlich weggegangen, ohne ein Wort sagen.

■ **11. Dans quelle phrase l'auxiliaire est-il incorrect ?**
❑ **a.** Wir sind zu schnell gelaufen.
❑ **b.** Du bist zu früh aufgestanden.
❑ **c.** Wann hast du in die Schule gegangen?

■ **12. Dans quelle phrase l'auxiliaire est-il incorrect ?**
❑ **a.** Ich bin ihm gestern begegnet.
❑ **b.** Wir sind uns zufällig getroffen.
❑ **c.** Hast du den neuen Wagen gefahren?

■ **13. Dans quelle phrase l'auxiliaire est-il correct ?**
❑ **a.** Ich bin eine Strafe bekommen.
❑ **b.** Wir haben uns beeilt.
❑ **c.** Ich habe durch die ganze Welt gereist.

■ **14. Quelle est la forme du superlatif correcte ?**
❑ **a.** Welche Sänger hörst du am lieber?
❑ **b.** Das Auto fährt am schneller.
❑ **c.** Die meisten Leute kaufen einen Computer.

■ **15. Quelle est la forme du superlatif correcte ?**
❑ **a.** Das ist der höher Turm.
❑ **b.** Berlin ist die größere Stadt Deutschlands.
❑ **c.** München ist die nächste Stadt.

■ **16. Quelle est la forme du superlatif correcte ?**
❑ **a.** Das ist meine ältest Tochter.
❑ **b.** Es war der langweiligste Tag.
❑ **c.** Im Februar ist es am kaltesten.

■ **17.** *Je suis heureux.*
❑ **a.** Ich bin froh.
❑ **b.** Das finde ich interessant.
❑ **c.** Ich freue mich.

■ **18.** *Je suis surpris.*
❑ **a.** Da bin ich enttäuscht.
❑ **b.** Ich habe Angst.
❑ **c.** Da bin ich überrascht.

■ **19.** *Je me sens mal.*
❑ **a.** Mir ist kalt.
❑ **b.** Mir ist schlecht.
❑ **c.** Mir ist warm.

■ **20.** *Je préfère jouer au tennis.*
❑ **a.** Ich möchte lieber Tennis spielen.
❑ **b.** Tennis ist mein Lieblingssport.
❑ **c.** Ich mag Tennis überhaupt nicht.

■ **21.** *J'ai envie d'aller en Italie.*
❑ **a.** Ich möchte nach Italien fahren.
❑ **b.** Ich habe vor, nach Italien zu fahren.
❑ **c.** Ich habe Lust, nach Italien zu fahren.

■ **22.** *Est-ce que ça a marché ?*
❑ **a.** Hast du Glück gehabt?
❑ **b.** Hast du es geschafft?
❑ **c.** Hat es geklappt?

■ **23.** *C'est interdit.*
❑ **a.** Das ist verboten.
❑ **b.** Das ist nicht erlaubt.
❑ **c.** Das tut man nicht.

■ **24.** *C'est possible.*
❑ **a.** Das ist sicher.
❑ **b.** Es kann sein.
❑ **c.** Das ist möglich.

■ **25.** *Ne te fais pas de soucis.*
❑ **a.** Machen Sie sich keine Sorgen.
❑ **b.** Tu das lieber nicht!
❑ **c.** Mach dir keine Sorgen.

■ **26.** *Je propose d'aller à la piscine.*
❑ **a.** Man kann ins Schwimmbad gehen.
❑ **b.** Ich möchte ins Schwimmbad gehen.
❑ **c.** Ich schlage vor, wir gehen ins Schwimmbad.

■ **27.** *Qu'est-ce que je dois faire ?*
❑ **a.** Was darf ich machen?
❑ **b.** Was soll ich tun?
❑ **c.** Was kann ich machen?

■ **28.** *Je ne sais plus.*
❑ **a.** Ich weiß nichts.
❑ **b.** Ich weiß noch nicht.
❑ **c.** Ich weiß nicht mehr.

A

3ᵉ

■ **1.** Quelle est la concordance des temps correcte ?
❏ **a.** Er kaufte sich einen Computer, nachdem er eine Arbeit gefunden hat.
❏ **b.** Er kaufte sich einen Computer, nachdem er eine Arbeit gefunden hatte.
❏ **c.** Er kauft sich einen Computer, nachdem er eine Arbeit fand.

■ **2.** Quelle est la concordance des temps correcte ?
❏ **a.** Bevor zu schlafen, liest er ein Buch.
❏ **b.** Bevor er schläft, hat er ein Buch gelesen.
❏ **c.** Bevor er schläft, liest er ein Buch.

■ **3.** Comment traduit-on *pendant que* ?
❏ **a.** bevor
❏ **b.** nachdem
❏ **c.** seitdem
❏ **d.** während

■ **4.** Comment traduit-on *afin que* ?
❏ **a.** damit
❏ **b.** um...zu
❏ **c.** obgleich

■ **5.** Quelle est la phrase où le mot de subordination est incorrect ?
❏ **a.** Ich weiß nicht, wenn der Zug ankommt.
❏ **b.** Wenn du Zeit hast, kannst du mir faxen.
❏ **c.** Wann gehst du zu Peter?

■ **6.** Dans quelle phrase la place du verbe conjugué est-elle incorrecte ?
❏ **a.** Ich kann nicht arbeiten, denn ich habe Kopfschmerzen.
❏ **b.** Sie nimmt eine Dusche, dann sie frühstückt.
❏ **c.** Entweder fahre ich nach Berlin oder du kommst nach Paris.

■ **7.** Que signifie *zurück* ?
❏ **a.** avec
❏ **b.** à nouveau
❏ **c.** retour au point d'origine
❏ **d.** notion de continuité

■ **8.** Que signifie *mit* ?
❏ **a.** notion d'éloignement
❏ **b.** avec
❏ **c.** notion de continuité

■ **9.** Quelle est la préposition suivie du datif ?
❏ **a.** durch
❏ **b.** um
❏ **c.** bei

■ **10.** Quelle est la préposition incorrecte ?
❏ **a.** denken auf
❏ **b.** glauben an
❏ **c.** sich kümmern um

■ **11.** Quel est le verbe qui n'est pas au subjonctif II ?
❏ **a.** hatte
❏ **b.** sähe
❏ **c.** kaufte
❏ **d.** ginge

■ **12.** Quel est le verbe qui n'est pas au subjonctif I ?
❏ **a.** sei
❏ **b.** konne
❏ **c.** habest
❏ **d.** möge

■ **13.** Quelle est la tournure passive correcte ?
❏ **a.** Das Buch wird von einem Amerikaner schreiben.
❏ **b.** Der Film wurde in Deutschland drehen.
❏ **c.** Amerika wurde von Kolumbus entdeckt.

■ **14.** Quelle est la marque correcte ?
❏ **a.** der Kranke
❏ **b.** ein Kranke
❏ **c.** eine Reisender
❏ **d.** der Bekannter

■ **15.** *Est-ce que le repas vous a plu ?*
❏ **a.** Haben Sie schon gewählt?
❏ **b.** Haben Sie schon bestellt?
❏ **c.** Hat es Ihnen geschmeckt?

■ **16.** *Oui, c'était très bon.*
❏ **a.** Ja, es war lecker.
❏ **b.** Ja, es war ausgezeichnet.
❏ **c.** Ja, es hat sehr gut geschmeckt.

■ **17.** *Nous voudrions payer.*
❏ **a.** Wir wollen essen.
❏ **b.** Wir möchten zählen.
❏ **c.** Wir möchten zahlen.

■ **18.** *Je suis d'accord.*
❏ **a.** Ich bin dafür.
❏ **b.** Ich bin einverstanden.
❏ **c.** Ich bin dagegen.

■ **19.** *C'est vrai.*
❏ **a.** Das stimmt.
❏ **b.** Es scheint wahr.
❏ **c.** Das war richtig.

■ **20.** *Comment te sens-tu ?*
❏ **a.** Wie geht es dir?
❏ **b.** Wie fühlst du dich?
❏ **c.** Wie verstehst du das?

■ **21.** *Je vais mieux.*
❏ **a.** Ich fühle mich wohl.
❏ **b.** Ich bin wieder fit.
❏ **c.** Es geht mir besser.

■ **22.** *C'est à ton tour !*
❏ **a.** Erzähl mal!
❏ **b.** Sag doch etwas!
❏ **c.** Du bist dran!

■ **23.** *Pardon !*
❏ **a.** Tut mir leid!
❏ **b.** Verzeihung!
❏ **c.** Schade!

■ **24.** *Cela ne fait rien.*
❏ **a.** Macht nichts.
❏ **b.** Nicht so schlimm.
❏ **c.** Das ist egal.

■ **25.** *Amuse-toi bien !*
❏ **a.** Gute Besserung!
❏ **b.** Alles Gute zum Geburtstag!
❏ **c.** Viel Spaß!

■ **26.** *Merci, toi aussi.*
❏ **a.** Herzlichen Dank.
❏ **b.** Danke vielmals.
❏ **c.** Danke ebenfalls.

■ **27.** *Je regrette.*
❏ **a.** Hoffentlich ist nichts passiert.
❏ **b.** Es tut mir leid.
❏ **c.** Das finde ich wirklich schade.

■ **28.** *Je suis convaincu.*
❏ **a.** Ich bin sicher.
❏ **b.** Ich weiß ganz genau.
❏ **c.** Ich bin überzeugt.

■ **29.** *Qu'en penses-tu ?*
❏ **a.** Was glaubst du?
❏ **b.** Wie findest du das?
❏ **c.** Was hältst du davon?

■ **30.** *Je ne suis pas de ton avis.*
❏ **a.** Ich bin nicht deiner Meinung.
❏ **b.** Ich bin anderer Meinung.
❏ **c.** Ich bin dergleichen Meinung.

■ **31.** *Tu as raison.*
❏ **a.** Ich bin ganz deiner Meinung.
❏ **b.** Freilich.
❏ **c.** Genau.
❏ **d.** Du hast recht.

■ **32.** *Peut-être*
❏ **a.** Deshalb
❏ **b.** Vielleicht
❏ **c.** Also
❏ **d.** Hoffentlich

A

Exercices

Niveau 1
1ʳᵉ langue : l'année de la 6ᵉ
2ᵉ langue : l'année de la 4ᵉ

1 **Lisez attentivement le texte suivant, puis répondez aux questions.**

DIE GESCHICHTE VON DEN ROSINENBRÖTCHEN

Der Vater sagt <u>zum Kind</u>: „Bitte, lauf doch schnell <u>zur Post</u> und kauf mir 30 Briefmarken". Und <u>die Mutter</u> sagt: „Auf dem Rückweg kannst du beim Bäcker <u>3 Rosinenbrötchen</u> holen. Aber iss sie nicht !"
<u>Das Kind</u> geht <u>mit dem Geld</u> fort. Es ist nicht weit bis zur Post. Aber <u>die anderen Kinder</u> spielen <u>auf der Straße</u>, und das Kind schaut ihnen zu und spielt ein bißchen mit. Dann geht es zur Post. Es kauft <u>3 Briefmarken</u>. Dann holt es <u>beim Bäcker</u> 30 Rosinenbrötchen, <u>2 große Tüten</u> voll. Sie sind sehr schwer. Als das Kind nach Hause kommt, lacht <u>der Vater</u> und ruft: „Jetzt muss ich Rosinenbrötchen <u>auf meine Briefe</u> kleben!" Und die Mutter lacht auch und kocht schnell <u>Kaffee</u>, und sie essen Rosinenbrötchen bis sie <u>Bauchweh</u> haben.

(Ursula Wölfel, *28 Lachgeschichten,* Hoch-Verlag, Düsseldorf, 1969.)

A Classez les groupes soulignés, selon leurs cas.

Nominatif : ....
....
Accusatif : ....
....
Datif : ....
....

Cours p. 17
Corrigés p. 217

B Classez les pronoms personnels selon leur fonction.

Sujet : ....
Complément à l'accusatif : ....
Complément au datif : ....

Cours p. 16
Corrigés p. 217

C Expliquez en français le comportement de l'enfant.

....
....
....
....
....

Corrigés p. 217

2

Vous avez le choix entre trois formes d'un déterminant : choisissez la bonne et complétez chaque phrase.

1. Ich brauche .... Füller. (ein? einen? einem?)
2. Sie bringt .... Mutter Blumen. (der? dem? die?)
3. Ich kaufe .... Platten. (meinen Sohn? meinem Sohn? meines Sohnes?)
4. Wir lesen .... Zeitung. (die? das? der?)
5. Holst du .... Freund am Bahnhof ab? (deinen? deine? deinem?)
6. Wir danken .... für das schöne Geschenk. (unsere Freunde? unser Freunde? unseren Freunden?)
7. Nimmst du .... Regenschirm? (das? den? die?)
8. Kannst du .... Schwester helfen? (deiner? deinen? deinem?)
9. Ich gebe .... ein Buch. (meinem Bruder? meines Bruders? meinen Bruder?)

Cours p. 12 à 15
Corrigés p. 217

3

Lisez attentivement ce texte et répondez aux questions.

DIE GESCHICHTE VOM GRÜNEN FAHRRAD

Ein Mädchen will sein Fahrrad anstreichen. Es nimmt grüne Farbe. Grün gefällt dem Mädchen so gut. Aber der Bruder sagt: „So ein grünes Fahrrad habe ich noch nie gesehen. Du musst es rot anstreichen, dann wird es schön." Rot gefällt dem Mädchen auch gut. Also holt es rote Farbe und streicht das Fahrrad rot. Aber ein anderes Mädchen sagt: „Rote Fahrräder haben doch alle! Warum streichst du es nicht blau an?" Das Mädchen überlegt sich das und dann streicht es sein Fahrrad blau. Aber der Nachbarsjunge sagt: „Blau, das ist doch so dunkel. Gelb ist viel lustiger!" Und das Mädchen findet gelb auch lustiger und holt gelbe Farbe. Aber eine Frau aus dem Haus sagt: „Das ist ein scheußliches Gelb! Nimm himmelblaue Farbe, das finde ich schön." Aber da kommt der große Bruder wieder. Er ruft: „Du wolltest es doch rot anstreichen! Himmelblau, das ist eine blöde Farbe. Rot musst du nehmen, rot!" Da hat das Mädchen gelacht und wieder den grünen Farbtopf geholt und das Fahrrad grün angestrichen. Und es war ihm ganz egal, was die anderen gesagt haben.

(Ursula Wölfel, *28 Lachgeschichten*, Hoch-Verlag, Düsseldorf, 1969.)

A **Combien de personnages interviennent dans le texte ? Citez-les.**

....
....
....
....

Corrigés p. 217

EXERCICES Niveau 1

B Relevez dans le texte les mots (conjonctions de coordination, adverbes, etc.) qui permettent à une phrase ou à une proposition de se rattacher logiquement à la phrase précédente.

....
....
....
....
....
....

Cours p. 30 à 32
Corrigés p. 217

C Mettez les phrases du résumé dans l'ordre en leur attribuant un numéro.

(......) **a.** Une autre jeune fille lui propose de la peindre en bleu, c'est moins banal.
(......) **b.** Son frère lui dit que le rouge, c'est plus joli.
(......) **c.** La jeune fille peint sa bicyclette en vert.
(......) **d.** Le fils du voisin trouve que le jaune est plus gai.
(......) **e.** La jeune fille aime la couleur rouge.
(......) **f.** Le frère, qui revient, ne veut pas démordre du rouge.
(......) **g.** Après réflexion, elle peint la bicyclette en bleu.
(......) **h.** Finalement, elle repeint la bicyclette en vert.
(......) **i.** Mais une dame lui dit que le jaune est affreux, bleu ciel c'est joli.

Corrigés p. 217

4 Trouvez le pronom personnel qui manque.

1. Das Eis ist nicht gut, ich esse .... nicht.
2. Der Pullover ist zu teuer, ich kaufe .... nicht.
3. Ich treffe eine Freundin, ich hatte .... seit langem nicht gesehen.
4. Sie waren krank? Geht es .... besser?
5. Der Kaffee ist zu heiß, ich kann .... nicht trinken.
6. Die Kinder möchten Schokolade essen, ich gebe .... eine Tafel Schokolade.
7. Bist du heute allein? Ich gehe mit .... ins Kino.
8. Gehört der Wagen deinem Vater? Ja, er gehört ....
9. Gehört der Fotoapparat deiner Schwester? Ja, er gehört ....
10. Kommst du mit? Ja, ... komme mit.
11. Ich kann den schweren Koffer nicht allein tragen. Kannst du .... helfen?
12. Meine Katze hat Hunger, ich bringe .... eine Tasse Milch.
13. Ich schreibe meiner Freundin, ich will .... für das Geschenk danken.
14. Meine Großmutter ist krank, ich will .... besuchen.
15. Die Verkäuferin fragt ...., ob ich den Mantel nehme.

Cours p. 16
Corrigés p. 217

A

5

Après avoir lu le texte, dites à qui appartiennent les objets. Faites des phrases sur ce modèle :
Das Haus gehört Stefan, das ist sein Haus.

Stefan ist Fotograf; er wohnt in einem kleinen Haus nicht weit von Düsseldorf und arbeitet im Stadtzentrum. Jeden Tag fährt er mit der Straßenbahn zur Arbeit. Stefan treibt keinen Sport und interessiert sich für Geschichte. Er liest gern und sieht gern fern. Er sammelt alte Möbel.
Maria ist 32. Sie ist Krankenschwester und hat eine Wohnung in Hamburg. Sie arbeitet in einem Krankenhaus, 15 Kilometer von Hamburg entfernt. Sie fährt jeden Tag mit dem Wagen ins Krankenhaus. Ihr Hobby ist Malerei. Sie interessiert sich für Musik. Sie spielt gern Tennis.

1. Die alten Möbel..
2. Der Wagen...
3. Die Platten..
4. Der Tennisschläger ....
5. Die Geschichtsbücher ....
6. Die Pinsel...
7. Der Fotoapparat...
8. Die Fahrkarte ....
9. Der Fernsehapparat..

Cours p. 14
Corrigés p. 217

6

Complétez par le mot interrogatif qui convient.

1. W .... heißt du? W .... alt bist du?
2. W .... hast du Geburtstag?
3. W .... wohnst du? W .... kommst du?
4. W .... fährst du im Sommer?
5. W .... willst du jetzt schon gehen?
6. W .... einen Pullover möchtest du kaufen?
7. W .... lange bleibst du zu Hause? W .... spät ist es?
W .... antwortet auf meine Frage?
8. W .... gehört das Buch? W .... Uhr ist es?

Cours p. 1
Corrigés p. 217

7

Formez des mots composés.

1. der Fuß ; der Ball
2. der Kaffee ; die Tasse
3. der Käse ; das Brot
4. die Hand ; der Schuh
5. der Brief ; die Freundin
6. die Reise ; das Büro
7. der Apfel ; der Baum
8. die Orange ; der Saft

Cours p. 13
Corrigés p. 217

EXERCICES Niveau 1

8 Joignez par des traits les nombres donnés en suivant l'ordre.
Vous obtiendrez un animal.

eins – zwölf – vierzehn – sechzehn – vierzehn – zwanzig – siebzehn – vier – fünfundzwanzig – dreißig – vierundvierzig – achtzehn – fünf – fünfzehn – fünfzig – sechsundsechzig – dreizehn – zwölf

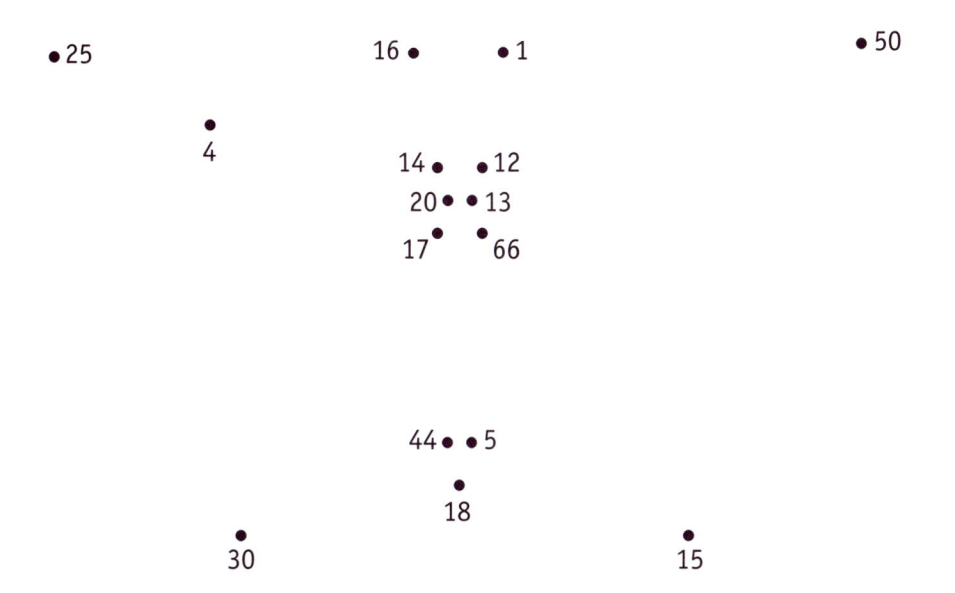

•25   16•   •1   •50

      •
      4   14• •12
                  20• •13
                   17• •66

                   44• •5
                      •
                      18
      •   *Cours p. 30*
      30   •   *Corrigés p. 217*
                               15

9 Lisez le menu et écrivez, en chiffres et en lettres, ce que chaque client devra payer en fonction de sa commande.

1. Ich habe einen Hamburger mit Pommes Frites bestellt.
2. Ich möchte Fisch, Pommes Frites und eine Limo.
3. Ich habe ein Schnitzel und ein Paar Würstchen gewählt.
4. Ich habe ein Omelett und ein Stück Torte bestellt.

Speisekarte	
Würstchen	4,50 DM
Hamburger	7,50 DM
Schnitzel	13,00 DM
Fischfilet	12,50 DM
Omelett	6,30 DM
Pommes frites	4,20 DM
Obsttorte	5,50 DM
Limonade	3,00 DM

1. .... DM ....
.... Mark ....
2. .... DM ....
.... Mark ....
3. .... DM ....
.... Mark ....
4. .... DM ....
.... Mark ....

Cours p. 30
Corrigés p. 217

10
Écrivez l'heure donnée par chaque horloge, en commençant par : *Es ist...*

1. ....
2. ....
3. ....
4. ....
5. ....
6. ....

Cours p. 11 et 25
Corrigés p. 217

11
Commentez votre emploi du temps ; chaque phrase commencera par l'expression de l'heure.

1. mit der Arbeit anfangen ....
   ....
2. essen gehen ....
   ....
3. Freunde treffen ....
   ....
4. spazieren gehen ....
   ....
5. fernsehen ....
   ....
6. Musik hören ....
   ....

Cours p. 11 et 25
Corrigés p. 217

12
Pour compléter les phrases, conjuguez les verbes entre parenthèses au présent de l'indicatif.

Jürgen (schlafen) .... bis um 7 Uhr. Dann (aufstehen) .... er .... und (gehen) .... in die Küche. Er (essen) .... ein Stück Brot und (trinken) .... Kakao. Dann (nehmen) .... er eine Dusche und (sich anziehen) .... Die Schule (anfangen) .... um 8 Uhr .... Er (laufen) ...., sonst (werden) .... er zu spät

Cours p. 5 à 11
Corrigés p. 217

EXERCICES Niveau 1

kommen. Er (fahren) .... mit der Straßenbahn zur Schule. In der Straßenbahn (lesen) .... er eine Lektion. Vor der Schule (treffen) .... er seine Schulkameraden. Jeder (tragen) .... eine Schulmappe mit vielen Büchern und Heften. In der Pause (spielen) .... Jürgen auf dem Hof oder er (sprechen) .... mit seinen Freunden. Er (lernen) .... gern Mathematik und Biologie, aber er (wissen) .... noch nicht, was er später studieren will.

Cours p. 5 à 11
Corrigés p. 217

13 Complétez chaque phrase avec l'une des prépositions suivantes.

aus	bei	mit	nach	seit	von	zu
durch	für	gegen	ohne	in	um	

1. Der Sohn kauft die Zeitung .... seinen Vater.
2. Der Junge wirft den Ball .... die Wand.
3. .... dich können wir das Spiel nicht gewinnen.
4. Die Autos dürfen nicht so schnell .... die Stadt fahren.
5. Eine Kette hängt .... ihren Hals.
6. Jeden Mittwochnachmittag gehe ich .... meinen Großeltern.
7. Ich lerne .... einem Jahr Deutsch.
8. Fährst du .... dem Zug nach Deutschland?
9. Dieser Arbeiter kommt .... der Türkei.
10. Er will .... Deutschland arbeiten.
11. Sie haben .... der Post gearbeitet.
12. Sie schreibt am Ende des Briefes „Lass bald .... dir hören".
13. .... dem Regen scheint die Sonne.

Cours p. 9 à 11
Corrigés p. 217

14 Choisissez le complément de lieu qui convient.

1. Um 4 Uhr bin ich immer ....
zu Hause / nach Hause / ins Haus
2. Morgen fahre ich...
in Deutschland / zu Deutschland / nach Deutschland
3. Wir verbringen die Ferien ....
ans Meer / am Meer / zum Meer
4. Am Sonntag bleibe ich ....
zu meinen Eltern / von meinen Eltern / bei meinen Eltern
5. Heute gehe ich...
zu meinem Freund / bei meinem Freund / nach meinem Freund
6. Wann gehst du ....
nach Hause / zu Hause / im Haus
7. An jedem Wochenende fahren wir...
auf dem Land / aufs Land / zum Lande

Cours p. 9 à 11
Corrigés p. 217

A

171

15 Formulez la question qui correspond à la réponse donnée. Vous emploierez le verbe *dürfen* et les expressions suivantes :

fernsehen ; Fußball spielen ; das Magazin haben ; ins Kino gehen.

1. ....
– Nein, es ist Zeit ins Bett zu gehen.

2. ....
– Vielleicht, wenn der Film gut ist.

3. ....
– Nein, es tut mir leid, ich brauche es.

4. ....
– Ja, wenn du mit den Hausaufgaben fertig bist.

Cours p. 7 et 8
Corrigés p. 217

16 Construisez des phrases négatives ou affirmatives en associant chacun des éléments donnés dans ces trois colonnes :

1. Hunde		Milch trinken
2. Menschen	können	fliegen
3. Babys	können nicht	Auto fahren
4. Vögel	können kein	Knochen fressen
(les oiseaux)		(manger des os)

....
....
....
....
....
....
....
....
....

Cours p. 4 et 5
Corrigés p. 217

17 Écrivez les phrases suivantes en allemand :

1. Veux-tu apprendre l'allemand ?
....

2. Aimes-tu le gâteau ?
....

3. Il est malade, il doit rester à la maison.
....

4. Qu'est-ce que je dois faire ? est-ce que je dois t'aider ?
....

5. Il ne peut pas venir aujourd'hui.
....

6. Sais-tu faire la cuisine ?
....

EXERCICES Niveau 1

7. Est-ce que je peux fermer la fenêtre ?
....
8. Sais-tu où il habite ?
....

Cours p. 7 et 8
Corrigés p. 218

18 Cochez la bonne réponse.

1. Tu demandes à un camarade comment il va.
☐ Guten Tag.   ☐ Wie geht's?   ☐ Wer bist du?
2. Tu lui demandes s'il a faim.
☐ Hast du Hunger?   ☐ Möchtest du etwas trinken?   ☐ Hast du Durst?
3. Tu veux dire que tu as onze ans.
☐ Er ist elf Jahre alt.   ☐ Bist du auch elf Jahre alt?   ☐ Ich bin elf Jahre alt.
4. Tu demandes à un camarade quel âge il a.
☐ Wo wohnst du ?   ☐ Wie viel Uhr ist es?   ☐ Wie alt bist du ?
5. Tu veux présenter ton ami Stefan à tes parents.
☐ Mein Name ist Stefan   ☐ Ich heiße Stefan.   ☐ Das ist mein Freund Stefan.
6. Tu veux t'excuser.
☐ Danke schön!   ☐ Bitte schön!   ☐ Entschuldigung!
7. Tu veux dire que le temps est beau aujourd'hui.
☐ Heute ist das Wetter schön.   ☐ Heute ist es kalt.   ☐ Heute regnet es.

Cours p. 20 à 23
Corrigés p. 218

19 Complétez le dialogue entre une vendeuse et une cliente, en vous aidant des phrases données.

Haben Sie sonst noch einen Wunsch?   *Hier sind zehn Mark.*
Ist das alles?   *Was möchten Sie?*

1. *Verkäuferin :* ....
Kundin : Ich möchte ein Pfund Tomaten, bitte.
2. *Verkäuferin :* ....
Kundin : Ja, ich brauche noch 250 Gramm Butter.
3. *Verkäuferin :* ....
Kundin : Ja, wie viel macht das?
Verkäuferin : Das kostet 9 Mark 50.
4. *Kundin :* ....
Verkäuferin : Danke schön und auf Wiedersehen.

Cours p. 22 et 23
Corrigés p. 218

A

20 Complétez avec la négation *nicht* ou la négation *kein*.

1. Das ist .... Opel, das ist ein Volkswagen.
2. Ich trage .... gern Jeans.
3. Ich möchte .... Limonade trinken, ich bin .... durstig.

4. Ich habe .... Zeit, um Sport zu treiben.
5. Ich glaube, dass ich morgen .... kommen kann.
6. Leider habe ich .... Geld mehr.
7. Warum hast du .... angerufen?
8. Wir gehen .... oft ins Kino.
9. Du brauchst .... Fahrrad, du kannst zu Fuß gehen.
10. Hast du heute .... Schule?
11. Isst du die Suppe ....?
12. Sie ist krank, sie geht .... in die Schule.
13. Ich spiele .... gern Volleyball.
14. Er hat .... Glück gehabt, er hat wieder verloren.

Cours p. 4 et 5
Corrigés p. 218

21 Lisez cette adaptation d'un célèbre conte des frères Grimm, *die Bremer Stadtmusikanten*, dont les paragraphes ont été mélangés, puis répondez aux questions.

1. Schließlich trafen der Esel, der Hund und die Katze einen Hahn. Der Hahn hatte Angst, und schrie, weil die Hausfrau Gäste hatte und den Hahn in der Suppe essen wollte. Der Esel, der Hund und die Katze sagten zu dem Hahn: „Komm mit uns nach Bremen, du hast eine schöne Stimme, wir können zusammen musizieren."

2. Unterwegs traf er einen traurigen Hund. Der Hund sagte : „Mein Herr will mich totschlagen, weil ich nicht mehr auf die Jagd gehen kann." Der Esel antwortete: „Geh mit mir nach Bremen. Dort können wir Stadtmusikanten werden. Ich spiele die Laute und du schlägst die Pauken."

3. Die vier Tiere gingen weiter, aber der Weg war lang und es wurde dunkel. Sie wurden müde und wollten schlafen. Sie sahen einen Baum, der Esel und der Hund legten sich unter den Baum. Die Katze kletterte auf den Baum, der Hahn flog bis in die Spitze. Plötzlich sah der Hahn ein Licht. Der Esel meinte: „Dort steht sicher ein Haus, wir werden hingehen und sehen, ob wir im Haus schlafen können."

4. Die Räuber bekamen Angst, sie glaubten, sie sahen ein Gespenst. Sie verließen das Haus so schnell wie möglich. Die vier Tiere traten in das Haus ein, setzten sich an den Tisch, aßen und tranken. Nach dem Essen wollten sie schlafen. Der Esel legte sich auf den Mist, der Hund legte sich hinter die Tür, die Katze legte sich neben den Herd und der Hahn setzte sich auf einen Balken. Die Tiere machten das Licht aus.

5. Es war einmal ein Mann. Er hatte einen Esel. Der Mann wollte das Tier loswerden, weil es die Säcke nicht mehr zur Mühle tragen konnte. Es war zu alt geworden. Der Esel dachte: „Ich muss fortlaufen!", und er machte sich auf den Weg nach Bremen. Er wollte dort Stadtmusikant werden.

6. Dann gingen sie weiter und trafen eine alte Katze. Die Katze war müde und alt geworden. Die Hausfrau wollte sie ertränken, weil sie keine Mäuse

EXERCICES Niveau 1

mehr fangen konnte. Der Esel und der Hund sagten: „Geh mit uns nach Bremen. Wir wollen dort Stadtmusikanten werden. Du verstehst dich gut auf die Nachtmusik!"

7. Die vier Tiere dachten: „Das wäre was für uns." Aber sie wussten nicht, wie sie die Räuber aus dem Haus jagen konnten. Plötzlich hatte der Esel eine Idee. Er stellte sich mit den Vorderfüßen auf das Fenster, dann sagte er zu dem Hund: „Spring und stell dich auf meinen Rücken!" Er sagte zu der Katze: „Hänge dich an den Kopf des Hundes!" Dann sagte der Esel zu dem Hahn: „Setz dich auf den Kopf der Katze!" Als sie fertig waren, machten die vier Tiere ihre Musik, der Esel schrie „IAH", der Hund bellte „WAU", die Katze miaute „MIAU" und der Hahn krähte „KIEKERIKIE".

8. Der Räuber lief zu seinem Hauptmann zurück und sagte: „Im Haus ist eine Hexe!" Die Räuber wollten nicht mehr ins Haus. Sie weinten, weil sie ihren Schatz, das Gold, das Silber, die Perlen, verloren hatten. Die Tiere blieben im Haus und <u>wenn sie nicht gestorben sind, so leben sie noch heute</u>.

9. <u>Nach ein paar Minuten</u> standen sie vor einem Räuberhaus. Der Esel schaute durch das Fenster hinein. Die Tiere fragten den Esel: „Was siehst du?" Der Esel antwortete: „Ich sehe einen gedeckten Tisch mit schönem Essen und Trinken, Räuber sitzen am Tisch, trinken Wein, essen einen Braten und singen."

10. <u>Weil das Haus dunkel und ruhig war</u>, dachten die Räuber, dass niemand da war. Sie schickten einen Mann ins Haus. Aber die Katze sprang ihm ins Gesicht und kratzte ihn. Der Hund biss ihn ins Bein, der Esel gab ihm einen Schlag mit dem Hinterfuß. Der Hahn rief vom Balken „KIEKERIKIE"!

....

A Retrouvez le bon ordre des paragraphes à l'aide des phrases et des expressions soulignées.

....

B Répondez aux questions suivantes :

a. Quels sont les quatre animaux qui apparaissent dans le conte ?
....

b. Donner les raisons pour lesquelles chacun de leurs maîtres veut s'en débarasser.
....
....
....
....

c. Que font les animaux pour chasser les voleurs de la maison ?
....
....

Corrigés p. 218

Niveau 2

1ʳᵉ langue : l'année de la 5ᵉ
2ᵉ langue : l'année de la 4ᵉ

1 Lisez attentivement le texte suivant.

DIE WELT DER GROẞEN STÄDTE

In der Großstadt leben und arbeiten Hunderttausende von Menschen.
Nicht jede Familie kann ein Haus für sich haben. <u>Deshalb</u> wohnen viele in Häusern mit vielen Wohnungen. <u>Manche</u> Leute wohnen sogar auf Kähnen. Eine der größten Städte der Welt ist London, die Hauptstadt von England. Die Londoner sind große Blumenfreunde. <u>Überall</u> vor den Häusern stehen Blumen und es gibt schöne Parks zum Spazierengehen. In England fahren die Autos auf der linken Straßenseite.
Rom ist eine der schönsten Städte der Welt. Es ist die Hauptstadt von Italien <u>und</u> eine sehr alte Stadt. Die Spanische Treppe vor der Kirche Trinität ist sehr berühmt. Im April ist es besonders schön, <u>denn</u> dann ist sie voller blühender Blumen.
Moskau ist die Hauptstadt von Russland. <u>Dort</u> ist es im Winter sehr kalt. Auf dem Roten Platz mitten in Moskau steht eines der berühmtesten Bauwerke Russlands, die Kathedrale des Heiligen Basilius. Wenn man die buntbemalten Kuppeln betrachtet, muss man an Zwiebeln und Ananas denken.

(d'après Piero Ventura, *Die Welt der großen Städte*, édition Herder, 1970.)

Vocabulaire :
der Kahn = la barque ; die Hauptstadt = la capitale ; blühend = en fleurs ; berühmt = célèbre ; das Bauwerk = l'édifice ; die Kathedrale des Heiligen Basilius = la cathédrale Saint-Basile ; buntbemalt = peint de toutes les couleurs ; die Kuppel = la coupole ; die Zwiebel = l'oignon.

A Parmi les mots soulignés dans le texte, retrouvez les conjonctions qui permettent à une phrase ou à une proposition de se rattacher logiquement à la phrase ou la proposition précédente.

....
....

B Relevez les adjectifs qui apparaissent dans le texte et classez-les selon leur fonction.

Épithète simple : ....
....

Attribut : ....
....
....

Cours p. 1 et 2
Corrigés p. 218

EXERCICES Niveau 2

Superlatif : ....
....
....

Cours p. 46 et 49
Corrigés p. 218

2 **Complétez les questions en fonction des réponses données.**

1. „............. bleibst du? — Ich bleibe 2 Wochen."
2. „............. kommst du? — Ich komme aus München."
3. „............. fährst du? — Ich fahre nach Paris."
4. „............. möchtest du trinken? — Ich möchte einen Apfelsaft trinken."
5. „............. Schüler sind in deiner Klasse? — In meiner Klasse sind 30 Schüler."
6. „............. kostet die Platte? — Die Platte kostet 30 DM."
7. „............. beginnt die Schule? — Die Schule beginnt um 8 Uhr."
8. „............. war Goethe? — Goethe war ein berühmter deutscher Dichter."
9. „............. ist deine Lieblingsfarbe? — Meine Lieblingsfarbe ist blau."
10. „............. Wagen hat dein Vater? — Mein Vater hat einen Opel."
11. „............. ist deine Mutter von Beruf? — Meine Mutter ist Krankenschwester."
12. „............. willst du später werden? — Später möchte ich Ingenieur werden."

Cours p. 33
Corrigés p. 218

3 **Construisez des phrases avec les éléments donnés. Vous utiliserez le comparatif de supériorité (... -er als).**

1. ein Motorrad	ein Moped	schnell fahren
2. ich ins Kino	in die Schule	gern gehen
3. Deutschland	die Schweiz	groß sein
4. Bonbons	Medikamente	gut schmecken
5. Februar	August	kalt sein
6. Juli	Januar	warm sein
7. ein Sessel	ein Stuhl	bequem sein

Cours p. 49
Corrigés p. 218

4 Lisez attentivement le texte suivant.

DIE WELT DER GROßEN STÄDTE

Wenn man von Russland nach Osten reist, kommt man schließlich nach Japan. Dieser Buddha Tempel steht in der Stadt Kyoto. Man sieht ab und zu einen buddhistischen Mönch, doch die meisten Leute, die hier spazierengehen, sind Leute aus Kyoto oder Touristen.

Weil Hong Kong von Menschen überfüllt ist und es für alle nicht genug Häuser gibt, richten sich viele ein Boot als Wohnung ein.

Da in Großstädten so viele Menschen leben, gibt es dort auch besonders viele Fahrzeuge. Eisenbahnen, Schiffe und Flugzeuge bringen ständig Leute in die Stadt hinein und heraus. Damit die Straßen nicht dauernd verstopft sind, hat man in vielen Städten U-Bahnen gebaut.

Autos und Lastwagen, Busse und Taxis, Fahrräder und Motorräder verstopfen die Innenstadt von London. Am schlimmsten ist es auf einem Platz, der Piccadilly Circus heißt. Hier kreuzen sich 6 der belebtesten Straßen Londons. Dort kann man viele der berühmten Londoner Busse sehen, die knallrot und doppelstöckig sind. In New York gibt es U-Bahnen, die kilometerweit unterirdisch fahren.

Los Angeles ist eine riesige Stadt in Amerika, in der es keine U-Bahn gibt. Jeder, der hier wohnt, braucht ein Auto. Wegen der vielen Autos hat die Stadt das berühmteste Schnellstraßennetz der Welt gebaut. Diese kilometerlangen Stadtautobahnen führen auf Brücken über die Straßen hinweg oder durch Unterführungen unter ihnen hindurch, so dass die Autofahrer rasch die Stadt durchqueren können, ohne an einer Ampel anhalten zu müssen.

(d'après Piero Ventura, *die Welt der großen Städte*, Éditions Herder.)

Vocabulaire :
der Mönch = le moine ; die Leute = les gens ; überfüllt = bondé ; einrichten = aménager ; das Boot = le bateau ; verstopfen = boucher ; sich kreuzen = se croiser ; doppelstöckig = à deux étages ; unterirdisch = souterrain ; die Unterführung = le tunnel ; durchqueren = traverser ; anhalten = s'arrêter.

A Retrouvez les pronoms relatifs et classez-les selon leur fonction.

1. Sujet : ....
2. Complément au datif : ....

Cours p. 17
Corrigés p. 218

B Classez les conjonctions de subordination soulignées selon qu'elles expriment :

1. une cause : ....
2. une condition : ....
3. un but : ....
4. une conséquence : ....

Cours p. 33
Corrigés p. 218

EXERCICES Niveau 2

C Relevez les mots qui concernent le voyage et la circulation et retrouvez leur singulier quand il s'agit de noms.

....
....
....
....
....
....
....

D Trouvez le nom des habitants à partir du nom du pays ou de la ville.

Exemple : Er kommt aus London ; er ist Londoner.

1. Er kommt aus England ; er ist ....
2. Er kommt aus Italien ; er ist ....
3. Er kommt aus Spanien ; er ist ....
4. Er kommt aus Japan ; er ist ....
5. Er kommt aus Amerika ; er ist ....
6. Er kommt aus Österreich ; er ist ....
7. Er kommt aus der Schweiz ; er ist ....
8. Er kommt aus Deutschland ; er ist ....
9. Er kommt aus Frankreich ; er ist ....

E Décomposez les mots suivants :

Blumenfreunde: ....
Straßenseite: ....
Schnellstraßennetz: ....
Stadtautobahn: ....

Cours p. 13
Corrigés p. 218

5 Reliez d'abord chaque phrase de la colonne de gauche avec celle qui la complète dans la colonne de droite. Réécrivez ensuite pour créer des phrases coordonnées avec *weil*. (Attention à l'ordre des mots !)

1. Er geht zur Post
2. Der Autofahrer hat einen Unfall gehabt
3. Er beeilt sich
4. Er zieht seinen Mantel aus
5. Er kann nicht aufstehen
6. Er ist glücklich
7. Sie bestellt ein ganzes Menü
8. Die Mutter hat Angst

er hat sich ein Bein gebrochen
ihr Sohn ist noch nicht nach Hause zurückgekommen
er hat nicht aufgepasst
er will eine Briefmarke kaufen
sie hat seit gestern nichts gegessen
es ist ihm zu warm
er hat das Spiel gewonnen
der Zug fährt in ein paar Minuten ab

....
....
....
....
....
....
....

Cours p. 2
Corrigés p. 218

6 Remettez les mots à leur place pour obtenir un résumé des vacances.

1. | in Italien | | meine Ferien | | ich verbrachte |

....

2. | meinen Eltern | | dort | | war | | ich | | und meinem kleinen Bruder | | mit |

....

3. | war | | toll | | es | | dort |

....

4. | das | | so schön | | war | | Wetter |

....

5. | schwimmen | | Tag | | wir | | jeden | | gingen |

....

6. | war | | lustig | | es | | sehr |

....

Cours p. 2
Corrigés p. 219

7 Mettez les phrases au prétérit en plaçant en tête le complément de temps. Vous relatez ainsi votre journée.

1. zuerst ; aufstehen : ....
2. dann ; frühstücken : ....
3. um 10 Uhr ; in die Stadt gehen : ....
4. zu Mittag ; in einer Pizzeria essen : ....
5. danach ; mit dem Bus nach Hause fahren : ....
6. am Nachmittag ; Musik hören : ....
7. später ; einen Freund besuchen : ....
8. am Abend ; ein Bad nehmen : ....
9. um 20 Uhr ; sich einen Krimi ansehen : ....
10. schließlich ; ins Bett gehen : ....

Cours p. 37
Corrigés p. 219

EXERCICES Niveau 2

8
Indiquez par une flèche la place du verbe encadré dans la phrase.

1. willst — du mir jetzt das Buch geben?
2. gelesen hat — nach dem Essen der Vater seine Zeitung.
3. wird — ich glaube, dass er das Spiel gewinnen.
4. werden — wir im Sommer nach Spanien fahren?
5. wollen — ich frage mich, ob sie das Haus kaufen.
6. bestanden hat — weißt du, ob er die Prüfung?
7. werden — nach der Schule wir ins Schwimmbad gehen.
8. gekauft hat — weißt du, wo er die Platte?

Cours p. 2, 33 et 36
Corrigés p. 219

9
Mettez les verbes soulignés au prétérit pour transposer ce texte au passé.

EIN MIßVERSTÄNDNIS

Herr Dupont <u>reist</u> .... einmal nach Österreich. Mit dem Auto <u>fährt</u> .... er durch das ganze Land. Er <u>besucht</u> .... viele Städte und Dörfer, und dann <u>fährt</u> .... er in die Berge.
Das Wetter <u>ist</u> .... schön, die Sonne <u>scheint</u> ...., die Luft <u>ist</u> .... warm. Herr Dupont <u>hält</u> .... auf einem Parkplatz, er <u>will</u> .... im Wald spazieren gehen.
Es <u>wird</u> .... immer wärmer, der Himmel <u>wird</u> .... ganz schwarz
Auf einmal <u>hört</u> .... er den Donner: es <u>kommt</u> .... ein Gewitter !
Herr Dupont <u>läuft</u> .... schnell durch den Wald und <u>kommt</u> .... zu einem Gasthaus. Jetzt <u>regnet</u> .... es! Herr Dupont <u>geht</u> .... in das Gasthaus. Er <u>setzt</u> .... sich an einen Tisch in der Ecke, er <u>will</u> .... beim Wirt etwas bestellen.
Er <u>kann</u> .... aber kein Deutsch und der Wirt <u>versteht</u> .... kein Wort Französisch.
Aber Herr Dupont <u>hat</u> .... Hunger! Was tun? Plötzlich <u>hat</u> .... er eine Idee! Er <u>nimmt</u> .... einen Bleistift und <u>zeichnet</u> .... einen Pilz auf ein Blatt Papier. Der Wirt <u>nimmt</u> .... das Blatt, <u>betrachtet</u> .... die Zeichnung, <u>nickt</u> .... mit dem Kopf und <u>geht</u> .... in die Küche.
Herr Dupont <u>freut</u> .... sich auf das Essen und besonders auf die Pilze. Aber er <u>freut</u> .... sich zu früh denn der Wirt <u>bringt</u> .... keinen Teller mit Pilzen sondern einen Regenschirm.

(*Kleine Geschichten 6e-5e*, C.R.D.P. de Strasbourg, C.N.D.P., 1979.)

Vocabulaire :
das Mißverständnis = la méprise ; das Dorf = le village ; das Gewitter = l'orage ; das Gasthaus = l'auberge ; der Wirt = l'aubergiste ; der Pilz = le champignon ; zeichnen = dessiner ; nicken = acquiescer.

Cours p. 37
Corrigés p. 219

10

Avez-vous compris le texte de l'exercice précédent ?
Quelles sont les bonnes affirmations ?

1. Herr Dupont geht in das Gasthaus, weil er Durst hat.
2. Herr Dupont geht in das Gasthaus, weil es regnet.
3. Herr Dupont geht in das Gasthaus, weil er friert.
4. Herr Dupont geht in das Gasthaus, weil er Angst vor dem Donner hat.

5. Herr Dupont hat Deutsch in der Schule gelernt.
6. Herr Dupont spricht ein wenig Deutsch.
7. Herr Dupont findet die deutsche Sprache schwer.
8. Herr Dupont spricht nur Französisch.

9. Herr Dupont zeichnet einen Pilz, weil er sich langweilt.
10. Herr Dupont zeichnet einen Pilz, weil er einen Regenschirm braucht.
11. Herr Dupont zeichnet einen Pilz, weil er Pilze schön findet.
12. Herr Dupont zeichnet einen Pilz, weil er Pilze essen möchte.

Corrigés p. 219

11

Choisissez le bon auxiliaire pour conjuguer les verbes.

1. Wir .... ein Bier bestellt. — haben / sind
2. Er .... sich einen Film angesehen. — hat / ist
3. Am letzten Sonntag .... er zu Hause geblieben. — hat / ist
4. Er .... sich den ganzen Tag ausgeruht. — hat / ist
5. Wen .... du eingeladen? — hast / bist
6. Wir .... leider zu spät gekommen. — haben / sind
7. Für die Sommerferien .... er nach New York geflogen. — hat / ist
8. Heute .... er einen Brief bekommen. — hat / ist
9. Ich .... mein Buch vergessen — habe / bin
10. Wann .... du ihn wiedergesehen? — hast / bist
11. Er .... jeden Tag spazieren gegangen. — hat / ist
12. Was .... geschehen? — hat / ist
13. Ich .... viel gereist. — habe / bin
14. Er .... seinem Freund auf der Straße begegnet. — hat / ist
15. Er .... zu schnell gelaufen. — hat / ist
16. Wann .... die Schule angefangen? — hat / ist
17. .... du nach Deutschland gefahren? — hast / bist

Cours p. 11 et 39
Corrigés p. 219

A

12

Voici deux personnages et leurs activités possibles.
Construisez des phrases pour raconter au parfait la journée de chacun.

1. <u>die Großmutter</u>
Frühstück machen   sie zum Mittagessen einladen
einkaufen   das Essen kochen

EXERCICES Niveau 2

einen Brief schreiben mit der Freundin ins Konzert gehen
eine Freundin anrufen spät nach Hause zurückkommen

....
....
....
....
....
....
....
....

2. Peter
um 7 Uhr aufstehen   um 8 Uhr mit dem Bus in die Stadt fahren
im Bad sein   um 13 Uhr nach Hause zurückfahren
duschen   Hausaufgaben machen
sich anziehen   um 17 Uhr Tennis spielen
um 7 Uhr 30 frühstücken   den Abend zu Hause verbringen

....
....
....
....
....
....
....
....

Cours p. 39
Corrigés p. 219

13 Inscrivez dans le cadre correspondant le numéro de la traduction qui convient.

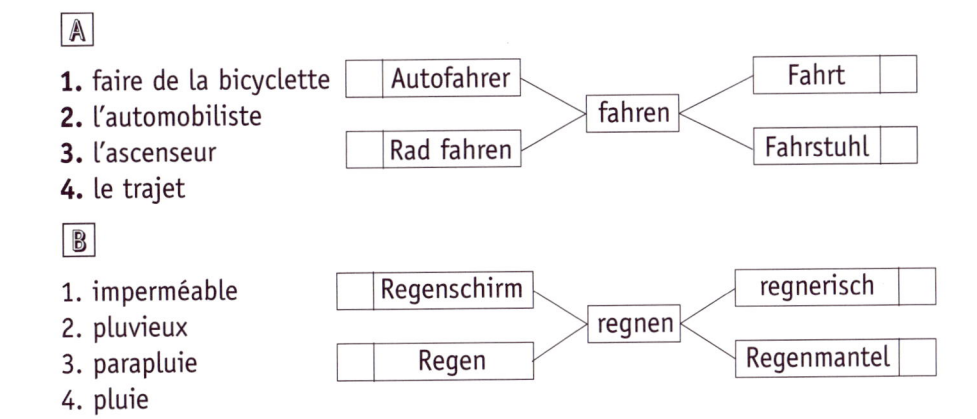

A

1. faire de la bicyclette
2. l'automobiliste
3. l'ascenseur
4. le trajet

Autofahrer [ ]
Rad fahren [ ]
fahren
Fahrt [ ]
Fahrstuhl [ ]

B

1. imperméable
2. pluvieux
3. parapluie
4. pluie

Regenschirm [ ]
Regen [ ]
regnen
regnerisch [ ]
Regenmantel [ ]

C

1. jeu de cartes
2. joueur
3. match
4. aire de jeu

Spiel — spielen — Spieler
Spielplatz — Kartenspiel

Corrigés p. 219

14
Traduisez en français les mots allemands en vous aidant du mot de base.

1. sehen : ....;
wiedersehen : ....; fernsehen : ....;
(krank) aussehen : ....; sich einen Film ansehen : ....

2. gehen : ....;
weggehen : ....; ausgehen : ....;
vorbeigehen : ....; vergehen : ....

3. reisen : ....;
die Reise : ....; der Reisende : ....;
die Reisetasche : ....; verreist sein : ....

4. der Freund : ....;
die Freundin : ...., die Brieffreundin : ....;
die Freundschaft : ....; freundlich sein : ....

5. kaufen : ....;
verkaufen : ....; der Verkäufer : ....;
die Verkäuferin : ....; einkaufen gehen : ....

6. wohnen : ....;
die Wohnung : ....; der Einwohner : ....;
der Wohnwagen : ....; der Wohnblock : ....

7. kommen : ....;
mitkommen : ....; zurückkommen : ....;
ankommen : ....; die Ankunft : ....

Cours p. 18 et 51
Corrigés p. 219

15
Complétez les dialogues

A **en exprimant de manières différentes le fait d'aimer quelque chose.**
— Ich habe ein neues Kleid gekauft. Gefällt es dir?
— ....
....
....
Kann ich es anprobieren?
— Ja, natürlich.

EXERCICES Niveau 2

B en exprimant de manières différentes le fait de ne pas aimer quelque chose.

— Möchtest du ein Eis?
— ....
....
....
— Dann nehmen wir ein Stück Kuchen.

Cours p. 56
Corrigés p. 219

16
Complétez le dialogue en exprimant de différentes manières votre accord ou votre refus.

1. — Wollen wir heute ins Theater gehen?
— *(refus)* ....
....
....

2. — O, wie schade ! Geht es denn am Freitag?
— *(accord)* ....
....
....

3. — *(demande du lieu de rendez-vous)* ....
....
— Vor dem Rathaus.

4. — *(demande de l'heure du rendez-vous)* ....
....
— Kurz vor acht.
— Ich freue mich.

Corrigés p. 219

17
Exprimez en allemand les demandes d'information.

1. Comment demandes-tu au téléphone à parler à ton ami Peter ?
....
2. Comment te répondrait-on que malheureusement il n'est pas là ?
....
3. Comment te demanderait-on d'attendre un moment ?
....
4. Comment te demanderait-on de rappeler plus tard ?
....
5. Tu veux savoir ce que signifie un mot, comment demandes-tu ?
....
6. Tu veux qu'un camarade répète ce qu'il vient de dire.
....

A

7. Tu ne comprends pas.

....

8. Tu voudrais savoir comment on va à la gare.

....

9. Tu voudrais savoir où ton ami passe ses vacances.

....

Cours p. 55 à 57
Corrigés p. 219

18 Placez sur la grille le contraire des adjectifs suivants :

1. schnell
2. arm
3. dunkel
4. schwer
5. billig
6. stark
7. sauber
8. warm
9. froh
10. frei
11. gut
12. jung

(grille : 6. SCHWACH)

Cours p. 31 et 63
Corrigés p. 219

Niveau 3

1ʳᵉ langue : l'année de la 4ᵉ
2ᵉ langue : l'année de la 3ᵉ

1

Lisez attentivement le texte suivant.

DER EINSAME TIGER

Der Tiger war sehr einsam. Die anderen Tiere fürchteten sich vor ihm und liefen weg, jedesmal wenn sie ihn sahen. Aber er war nicht böse, er war sehr freundlich. Eines Tages feierten die Tiere ein Fest. Niemand hatte den Tiger dazu eingeladen. Er war sehr traurig. In diesem Augenblick kam ein unglücklicher Papagei: „Was ist denn mit dir Papagei?" fragte der Tiger. „Ich kann nicht zum Fest fliegen, weil ich den Flügel gebrochen habe" antwortete der Papagei. „Mir geht es so schlecht."

„Und ich wurde nicht zum Fest eingeladen, weil die Tiere Angst vor mir haben" erklärte der Tiger.

„Wenn du mich hinbringst, dann werden sie schon sehen, dass du freundlich bist" meinte der Papagei. Mit diesen Worten sprang er dem Tiger auf den Rücken.

Als der Tiger schließlich bei dem Fest eintraf, sagte jemand: „Seht doch, er hat den Papagei auf dem Rücken hergetragen. So böse kann er gar nicht sein." Von diesem Tag an fürchtete sich keiner mehr vor ihm.

(*366 Tiergeschichten und Reime*, Karl Müller Verlag, Erlangen, 1973.)

Vocabulaire :
einsam = seul, solitaire ; sich fürchten = avoir peur ; niemand = personne ; der Flügel = l'aile ; eintreffen = arriver ; jemand = quelqu'un.

A **Classez les verbes du texte en fonction du temps, du mode et de la voix auxquels ils sont conjugués.**

1. Présent : ....
....
....

Cours p. 5
Corrigés p. 220

2. Prétérit : : ....
....
....

Cours p. 11 et 37
Corrigés p. 220

3. Parfait : ....
....
....

Cours p. 11, 39 et 69
Corrigés p. 220

4. Plus-que-parfait : ....
....
....

Cours p. ???
Corrigés p. 220

5. Futur : ....
....
....

Cours p. 69
Corrigés p. 220

6. Impératif : ....
....
....

Cours p. 3
Corrigés p. 220

B Relevez les conjonctions de subordination et classez-les selon qu'elles expriment :

la cause : ....
le temps : ....

Cours p. 2 et 65
Corrigés p. 220

C Exprimez autrement les mots et expressions soulignés :

1. Die anderen Tiere <u>fürchteten</u> sich vor ihm.
....

2. In diesem <u>Augenblick</u>.
....

3. <u>Mir geht es so schlecht</u>.
....

4. Der Tiger war sehr <u>einsam</u>.
....

Corrigés p. 220

D Complétez le résumé du texte par le pronom relatif qui convient.

1. Der Tiger, ... dem Papagei helfen will, ist sehr freundlich.
2. Der Papagei, ... der Tiger auf seinem Rücken getragen hat, war glücklich.
3. Der Tiger, vor .... alle Tiere Angst haben, ist hilfsbereit.
4. Der Papagei, ... der Tiger helfen wollte, war unglücklich.

Cours p. 65
Corrigés p. 220

2

Transformez chaque groupe de deux phrases indépendantes pour obtenir une proposition principale et une subordonnée relative.

1. Ich habe eine Freundin. Sie ist Engländerin.
....

2. Wir haben einen Onkel. Er wohnt in Amerika.
....

3. Ich habe eine Kusine. Sie war in China.
....

4. Sie haben einen Hund. Er heißt Bello.
....

A

EXERCICES Niveau 3

5. Meine Großeltern besitzen ein Haus. Es befindet sich auf dem Land.
....
6. Sie haben eine Tochter. Sie hat lange in Göttingen studiert.
....
7. Siehst du die Dame? Ich soll ihr eine Zeitung bringen.
....
8. Dort sitzen die Gäste. Ich soll ihnen Orangensaft bringen.
....
9. Kennst du die Frau? Ich habe mit ihr gesprochen.
....
10. Da kommt die Straßenbahn. Sie fährt zum Bahnhof.
....
11. Der Film war spannend. Ich habe ihn gestern gesehen.
....

Cours p. 65
Corrigés p. 220

3
Ajoutez aux adjectifs épithètes les terminaisons qui conviennent.

Ich packe meinen Koffer: ich nehme dick............ Pullover, warm............ Hosen, einen lang................. Rock, eine weiß................. Bluse, ein gelb................. Hemd, ein rot............... Kleid, einen grün............... Schlafanzug, gut............ Schuhe.
Ich kaufe braun................ Handschuhe und einen grau................ Regenmantel.
Das blau............ Hemd passt zu dem rot............ Pullover.
Die Farbe der klein............ Tasche gefällt mir.
Die Größe der schwarz............ Schuhe ist die richtige.

Cours p. 46
Corrigés p. 220

4
Mettez l'adjectif entre parenthèses au superlatif (attention à la terminaison).

1. Er mag die (schnell) .... Autos.
2. Sie kauft immer den (gut) .... Wein.
3. Das Geschäft an der Ecke ist das (teuer) .... Geschäft der Stadt.
4. Er besteigt den (hoch) .... Berg der österreichischen Alpen.
5. Sie besucht das (berühmt) .... Gymnasium der Stadt.
6. Er hat den (bekannt) .... Roman des Jahres geschrieben.
7. Der Vater will mit seinem (jung) .... Sohn sprechen.
8. Wir besichtigen die (alt) .... Kirche der Gegend.

Cours p. 48 et 73
Corrigés p. 220

5

En suivant le modèle, faites des phrases comparatives.

lesen ; Klavier spielen → Er (sie) liest gern, aber er (sie) spielt lieber Klavier.

1. schlafen ; malen ....
2. Musik hören ; fernsehen..
3. Briefe schreiben ; Rad fahren ....
4. Aufgaben machen ; turnen ....
5. zeichnen ; schwimmen ....
6. singen ; Fußball spielen...

Cours p. 48 et 71
Corrigés p. 220

6

Lisez attentivement ce texte.

FREIBURG

Freiburg ist eine wunderschöne Stadt im Südwesten Deutschlands, im sogenannten Dreiländereck. Freiburg hat ca. 180 000 Einwohner.

Die Stadt wird immer größer, denn sehr viele Leute wollen in Freiburg wohnen. Ich kenne z.B. einige Leute, die als Studenten nach Freiburg kamen und dort nach dem Abschluß des Studiums geblieben sind. Das liegt sicher am Klima – Freiburg ist die wärmste Stadt Deutschlands – und natürlich an der schönen Umgebung: dem Schwarzwald mit Bergen bis zu 1 500 Meter Höhe. Man kann Ausflüge machen, wandern, Rad fahren, schwimmen (es gibt viele Seen). Freiburg hat eine schöne Altstadt mit vielen historischen Gebäuden und Denkmälern: eine gotische Kathedrale (das Münster), die Alte Universität, zwei Stadttore (das Schwabentor und das Martinstor), ein Rathaus usw.

Es gibt keine Metro in Freiburg, dafür eine Straßenbahn, Busse und leider immer zuviele Autos. Außerdem fahren Tausende von Menschen Fahrrad. Es werden immer mehr Parkplätze für Fahrräder angelegt. Autoparkplätze werden in Fahrradparkplätze umgewandelt. Immer mehr Fahrradwege werden eingerichtet, am schönsten sind die neben der Dreisam. Das ist der Fluss, der durch Freiburg fließt. Man kann ihn kilometerweit entlangfahren und die größten Touren machen. Am Wochenende kommen sehr viele Franzosen aus dem Elsaß nach Freiburg, um dort einzukaufen. Im Gegenzug fahren viele Deutsche ins Elsaß. Es ist so nah, in 40 Minuten ist man in Colmar und in 6 Stunden in Paris.

Vocabulaire :

Dreiländereck = région des trois frontières, voisinage de trois régions qui se ressemblent, les environs de Freiburg, l'Alsace et la Suisse toute proche ; der Schwarzwald = la Forêt-Noire ; die Tour, der Ausflug = l'excursion ; wandern = faire de la randonnée ; das Gebäude = le bâtiment ; das Denkmal = le

EXERCICES Niveau 3

monument ; die Stadttore = les portes de la ville ; die Straßenbahn = le tramway ; der Parkplatz = le parking ; die Dreisam = nom du fleuve qui traverse la ville ; der Fluss = la rivière ; im Gegenzug = en sens inverse.

A Relevez dans le deuxième paragraphe du texte les groupes verbaux conjugués au passif.

....
....
....

Corrigés p. 220

B Que signifient les abréviations que nous trouvons dans le texte ? Donne leur traduction.

ca. : ....
z.B. : ....
usw. : ....

Corrigés p. 220

C Quelles sont les raisons avancées dans ce texte qui expliquent l'attrait de la ville de Freiburg ? Relevez les mots-clés en allemand.

....
....
....
....

Corrigés p. 220

D Décomposez les mots suivants :

Autoparkplätze : ....
Fahrradparkplätze : ....
Fahrradwege : ....

Cours p. 75
Corrigés p. 220

7

Lisez attentivement ce texte.

UNVORSTELLBAR!
Hätte man den Müll der Stadt Freiburg seit 1972 mitten im Herzen der Stadt aufgeschüttet, so wäre die gesamte Fläche zwischen der Kaiser-Joseph-Straße, der Salzstraße, dem Schlossberg und Leopoldring auf 70 Meter Höhe mit Müll vollgepackt. Lediglich der Münsterturm würde noch um 46 Meter aus dem Abfallberg herausragen.

(Brochure de l'Institut Goethe, Munich.)

Vocabulaire :
der Müll, die Abfälle = les ordures ; aufschütten = déverser ; die gesamte Fläche = la totalité de la surface ; vollpacken = remplir ; der Münsterturm = la tour de la cathédrale (der Turm = la tour) ; herausragen = s'élever au-dessus de.

A Relevez dans le texte les formes verbales au subjonctif II. Dites quelle est la valeur de ce mode ici.

....
....

Cours p. 41
Corrigés p. 220

B Questions de compréhension

Quelle serait la hauteur de cette « montagne de déchets » ? ....
Quelle est la hauteur de la cathédrale ? ....

Corrigés p. 220

8

Après avoir lu les indications pour cuisiner un « Strammer Max », vous expliquerez la recette. Pour cela, il vous faudra transposer le texte au passif ; vous vous aiderez des formes verbales données.

---

4 Scheiben Brot   4 kleine Essiggurken
3 Scheiben Schinken   4 Tomaten
etwas Butter   3-4 Esslöffel Speiseöl
4 Eier   etwas Petersilie.

Jede Scheibe Brot mit Butter bestreichen.
Den Schinken in Streifen schneiden und die Brote damit belegen.
In der Pfanne das Speiseöl heiß machen.
Die Eier aufschlagen.
Die fertigen Spiegeleier auf das Brot legen.
Die Tomaten in Stücke schneiden.
Mit der Petersilie, den Gurken und den Tomaten den Tellerrand verzieren.

Formes verbales :
bestreichen, bestrichen = enduire
schneiden, geschnitten = couper
belegen, belegt = recouvrir
aufschlagen, aufgeschlagen = casser
verzieren, verziert = décorer

....
....
....
....
....
....
....
....

Corrigés p. 220

EXERCICES Niveau 3

9
Complétez par les terminaisons qui conviennent.

Gut..... Tag!   Gut..... Nacht!   Gut..... Morgen!
Gut..... Abend!   Gut..... Appetit!   Gut..... Fahrt!
Froh..... Fest!   Schön..... Reise!   Schön..... Wochenende!
Schön..... Urlaub!   Froh..... Ostern!   Fröhlich..... Weihnachten!

Cours p. 46
Corrigés p. 221

10
Complétez la carte que vous envoyez à une amie allemande pour la remercier de sa lettre. Ajoutez les terminaisons qui conviennent.

Paris, ...13. Juli

                                                Stefanie Müller
                                                Luisenstraße 14
                                                80333 München
                                                        Deutschland

Lieb............ Stefanie,
Über deinen nett............ Brief habe ich mich sehr gefreut. Das war eine schön............ Überraschung! Ich habe deinen Brief meiner klein............ Schwester gezeigt.
Ich bleibe hier noch drei lang............ Wochen, dann fahre ich in die Bretagne mit all............ meinen Vettern und Kusinen.
Herzlich............ Grüße

deine Caroline

Cours p. 46
Corrigés p. 221

11
Dites d'où viennent les voitures qui portent les lettres distinctives suivantes :

A : ....   B : ....   CH : ....
D : ....   DK : ....   E : ....
F : ....   GB : ....   GR : ....
I : ....   NL : ....   S : ....

Corrigés p. 221

12
Complétez de manière à indiquer le temps.

1. .... Winter laufen wir Ski, ... Sommer spielen wir Tennis.
2. .... August verbringen viele Franzosen ihre Ferien am Meer.
3. .... 1961 wurde die Berliner Mauer gebaut.
4. .... Morgen nimmt er ein reichliches Frühstück zu sich.
5. .... 5 Uhr muss er da sein.
6. .... Mittwochnachmittag treibt er Sport.

7. .... drei Wochen war ich in Italien.
8. .... ein paar Tagen fahren wir nach England.
9. Ich lerne .... vier Jahren Deutsch.
10. Ich bin .... 8. August geboren.
11. Nächst .... Jahr lerne ich Latein.
12. Nächst .... Woche kommt mein Vetter aus Hamburg.
13. Nächst .... Monat fahren wir nach Berlin.
14. Wo hast du vorig .... Jahr deine Ferien verbracht?
15. .... Wochenende spielt er Fußball mit seinen Freunden.

Cours p. 24, 64 et 95
Corrigés p. 221

13 Mettez les mots entre parenthèses au pluriel.

In der Stadt sind viele (das Geschäft) .... : in den (die Bäckerei) .... kaufen wir Brot, in den (die Konditorei) .... kaufen wir Kuchen. (Die Apotheke) .... verkaufen (das Medikament) .... Bei der Post können wir (die Briefmarke) .... kaufen oder (das Telegramm) .... schicken.

Am Samstagnachmittag gehen viele (die Familie) .... in (der Supermarkt) .... (Der Verkäufer) .... und (die Verkäuferin) .... müssen geduldig sein, weil sie mehrere (der Kunde) .... bedienen.

Auf der Straße fahren (das Auto) ...., (das Fahrrad) ...., (der Bus) .... und (die Straßenbahn) .... Wenn es regnet, müssen (der Fahrer) .... gut aufpassen, sonst gibt es (der Unfall) ....

Leider finden wir in den Städten nicht viele (der Baum) ...., und (die Fabrik) .... verschmutzen die Luft.

Wenn man ausgehen will, gibt es (das Kino) .... und (das Theater) ....

Cours p. 42
Corrigés p. 221

14 À l'aide du mot de base, traduisez en français les mots allemands.

1. sprechen : .... ;
die Sprache : .... ; das Gespräch : .... ;
die Fremdsprache :.................... ; aussprechen ....
2. sparen : .... ;
sparsam sein : .... ; die Sparkasse : .... ;
das Sparbuch : .... ; die Ersparnisse : ....

Cours p. 51 et 78
Corrigés p. 221

EXERCICES Niveau 3

15
Inscrivez dans les cadres correspondants le numéro des traductions qui conviennent.

A

1. aller chercher
2. se reposer
3. doubler
4. répéter

[ ] abholen — holen — [ ] überholen
[ ] wiederholen — holen — [ ] sich erholen

B

1. ouvrir
2. fermer
3. allumer
4. éteindre

[ ] anmachen — machen — [ ] ausmachen
[ ] zumachen — machen — [ ] aufmachen

Corrigés p. 221

16
Pour former des noms féminins, ajoutez le suffixe -heit, -keit ou -schaft.

1. Schön...............
2. Traurig...............
3. Sauber...............
4. Wahr...............
5. Gesund...............
6. Kind...............
7. Schwierig...............
8. Wissen...............
9. Freund...............
10. Frei...............
11. Vergangen...............
12. Land...............

Cours p. 75
Corrigés p. 221

17
Transformez les phrases à l'aide d'un synonyme choisi dans la liste proposée.

Synonymes :

telefonieren   anfangen   treffen   verbieten
teuer sein   aufmachen   aufpassen   schließen
frieren   geschehen   sich entschuldigen   fehlen

1. Er begegnet einem Freund. ....
2. Man darf hier nicht parken. ....
3. Mir ist kalt. ....
4. Was ist passiert? ....
5. Ich bitte um Verzeihung. ....
6. Es kostet viel Geld. ....
7. Wann willst du anrufen? ....
8. Ein Schüler ist nicht da. ....
9. Gib Acht! ....
10. Der Film beginnt um 13 Uhr. ....
11. Ich möchte das Geschenk öffnen. ....
12. Das Geschäft macht um 6 Uhr zu. ....

Corrigés p. 221

18 Attribuez son pays à chaque ville. Est-ce la capitale ou une simple ville ?
Répondez en suivant le modèle.

Athen ist die Hauptstadt Griechenlands.
Lübeck ist eine Stadt der Bundesrepublik.

Spanien	Italien	die Schweiz
Österreich	England	Frankreich
die Bundesrepublik	die Vereinigten Staaten	Russland

1. München ....
2. Hamburg ....
3. Basel ....
4. Wien ....
5. Salzburg ....
6. Zürich ....
7. Madrid ....
8. London ....
9. Nizza ....
10. Moskau ....
11. Washington ....
12. Rom ....

Cours p. 82
Corrigés p. 221

19 Transformez chaque groupe de deux expressions en une seule phrase : vous introduisez une proposition infinitive commençant par *um ... zu, anstatt ... zu* ou bien *ohne ... zu*.

1. die Stadt nicht verlassen   Abschied von seinen Freunden nehmen
....
....

2. einen Regenschirm nehmen   keinen Regenmantel anziehen
....
....

3. nach Köln fahren   am Karneval teilnehmen
....
....

4. viel arbeiten müssen   die Prüfung bestehen
....
....

5. nicht über die Straße gehen   auf die Verkehrsampel aufpassen
....
....

Cours p. 67 et 68
Corrigés p. 221

EXERCICES Niveau 3

20 Complétez ces phrases en utilisant le verbe entre parenthèses comme infinitif complément.

1. Sie hat keine Ferien gehabt und scheint müde .... (sein).
2. Ich hoffe nächstes Jahr einen Computer kaufen .... (können).
3. Meine Eltern haben sich sehr gefreut, dich .... (kennen lernen).
4. Du darfst hier nicht .... (rauchen).
5. Jeden Samstag geht er .... (schwimmen).
6. Du mußt den Koffer schnell .... (packen), wenn du den Zug nicht .... (versäumen) willst.
7. Sie will anders .... (aussehen), sie lässt sich das Haar .... (schneiden).
8. Er glaubt, heute Post .... (bekommen).
9. Du sollst dich nicht .... (aufregen).
10. Ich möchte dich zum Mittagessen .... (einladen).
11. Er kann noch nicht gut Klavier .... (spielen), daher versucht er jeden Tag .... (üben).
12. Du brauchst dich nicht .... (entschuldigen).
13. Ich habe Lust, ins Kino .... (gehen).
14. Ist er dir gelungen, deinen Freund .... (treffen)?
15. Ludwig II. ließ sich drei schöne Schlösser .... (bauen).
16. Wie lange müssen wir im Auto sitzen .... (bleiben)?

Cours p. 36
Corrigés p. 221

21 Lisez attentivement cette première partie du conte de Grimm, *Frau Holle*, dont l'ordre a été modifié.

1. <u>Das Mädchen ging zu dem Brunnen zurück</u> und sprang in den Brunnen. Als es erwachte, war es auf einer schönen Wiese, wo die Sonne schien und viele tausend Blumen standen. Das schöne Mädchen kam zu einem Backofen, der war voller Brot. Das Brot rief: „Ach zieh mich' raus, zieh mich' raus, sonst verbrenn' ich, ich bin schon längst ausgebacken!" Das Mädchen holte das Brot mit dem Brotschieber heraus.

2. <u>Nach einiger Zeit wurde das Mädchen traurig</u>, es hatte Heimweh. Es sagte zu Frau Holle: „Ich kann nicht länger bleiben, ich muss wieder zu meiner Familie." Frau Holle sagte: „Es gefällt mir, dass du wieder nach Hause gehen möchtest. Weil du mir so treu gedient hast, so will ich dich selbst heraufbringen." Sie nahm das Mädchen bei der Hand und führte es vor ein großes Tor. Das Tor wurde aufgemacht und als das Mädchen darunter stand, fiel ein Goldregen. Das Gold blieb an ihm hängen, das Mädchen war mit Gold bedeckt. „Das sollst du haben, weil du so fleißig gewesen bist" sagte Frau Holle und sie gab ihm die Spule wieder, die in den Brunnen gefallen war. Das Mädchen war wieder oben auf der Welt und weil es mit Gold bedeckt war, wurde es von der Mutter und von der Schwester gut aufgenommen.

3. <u>Es war einmal</u> eine Witwe. Sie hatte zwei Töchter. Die eine war schön und fleißig, die andere hässlich und faul. Die Witwe hatte aber die hässliche und faule viel lieber, weil sie ihre wahre Tochter war. Die andere musste die ganze Arbeit tun. Das arme Mädchen musste sich an einen Brunnen setzen und sie musste so viel spinnen, dass ihre Finger blutig wurden.

4. <u>Es ging weiter</u> und kam zu einem Baum, der hing voll Äpfel und rief: „Ach schüttel mich, schüttel mich, meine Äpfel sind reif!" Da schüttelte das Mädchen den Baum, bis kein Apfel mehr oben war und als es alle Äpfel in einem Haufen zusammengelegt hatte, ging es weiter.

5. <u>Eines Tages</u> wurde die Spule ganz blutig, das Mädchen wollte sie waschen, aber die Spule fiel in den Brunnen. Das Mädchen weinte, lief zur Stiefmutter und erzählte, was geschah. Die Stiefmutter wurde zornig und sprach: „Hast du die Spule hinunterfallen lassen, so hol sie auch wieder herauf!"

6. <u>Schließlich</u> kam es zu einem kleinen Haus, heraus guckte eine alte Frau. Weil sie große Zähne hatte, hatte das Mädchen Angst und wollte fortlaufen. Die alte Frau fragte: „Warum hast du Angst, liebes Kind? Bleib bei mir! Wenn du die Arbeit ordentlich machst, so soll dir's gut gehen. Du musst aufpassen, dass du mein Bett gut machst; du sollst es fleißig aufschütteln, so dass die Federn fliegen. Dann schneit es in der Welt. Ich bin die Frau Holle." Das Mädchen war einverstanden und machte, was Frau Holle wollte. Es schüttelte das Bett auf, so dass die Federn wie Schneeflocken umherflogen.

Vocabulaire :
der Brunnen = le puits ; die Witwe = la veuve ; der Backofen = le four à pain ; spinnen = filer la laine ; die Spule = la quenouille ; schütteln = secouer.

A Retrouvez l'ordre des paragraphes en vous aidant des expressions soulignées et des mots de liaison.

....

B Répondez aux questions suivantes :

a. Quelles sont les trois épreuves auxquelles doit se soumettre la jeune fille travailleuse ?

....
....

b. Comment la deuxième sœur réagit-elle ?

....
....

Corrigés p. 221

EXERCICES Niveau 3

22
Mettez les verbes indiqués entre parenthèses au prétérit.

Die Mutter (wollen) .... die andere faule und hässliche Tochter zu Frau Holle schicken, damit sie auch reich würde. Die faule Tochter (setzen) .... sich an den Brunnen, (stechen) .... sich in die Finger, dann (werfen) .... sie die Spule in den Brunnen und (springen) .... selber hinein.

Sie (kommen) .... wie die andere auf die schöne Wiese und (gehen) .... auf demselben Weg weiter. Als sie zum Backofen (kommen) ...., (schreien) .... das Brot wieder: „Ach zieh mich 'raus, zieh mich 'raus, sonst verbrenn' ich, ich bin schon längst ausgebacken!"

Die Faule aber (antworten) ....: „Ich habe keine Lust, mich schmutzig zu machen!" Bald (kommen) .... sie zu dem Apfelbaum, der (rufen) ....: „Ach schüttel mich, schüttel mich, meine Äpfel sind reif!" Sie (antworten) .... aber: „Ach nein, ein Apfel könnte mir auf den Kopf fallen!"

Als sie vor dem Haus von Frau Holle (ankommen) ...., (haben) .... sie keine Angst, weil sie von ihren großen Zähnen schon gehört (haben) .... Am ersten Tag (sein) .... sie fleißig, weil sie an das Gold (denken) ...., das Frau Holle ihr schenken würde. Am zweiten Tag (anfangen) .... sie schon .... zu faulenzen. Am dritten (wollen) .... sie gar nicht aufstehen. Sie (machen) .... Frau Holle das Bett nicht und (schütteln) .... es nicht, so dass die Federn aufflögen. Frau Holle (wollen) .... das Mädchen loswerden. Sie (führen) .... die Faule zu dem Tor. Als sie darunter (stehen) ...., (werden) .... ein großer Kessel voll Pech ausgeschüttet. „Das ist zur Belohnung deiner Dienste" (sagen) .... Frau Holle.

Da (kommen) .... die Faule nach Hause, aber sie (sein) .... ganz mit Pech bedeckt. Das Pech (bleiben) .... fest an ihr hängen und (wollen) ...., solange sie (leben) ...., nicht abgehen.

Cours p. 37
Corrigés p. 221

Vocabulaire :
einen Kessel voll Pech ausschütten = verser un chaudron rempli de poix (au sens figuré, *Pech haben* signifie « ne pas avoir de chance »).

Niveau 4 *1re langue : l'année de la 3e*

1
Associez les annonces de logements et les locataires éventuels.

> **1.** großes Haus mit Garten, in der Nähe von einer Schule und einem Einkaufszentrum.

> **2.** 4 Zimmer Wohnung, 2 Bäder, vollautomatische Küche, Wohnfläche 150 m².

> **3.** ein Zimmer Wohnung im Zentrum, in der Nähe von der U-Bahn.

> **4.** Zimmer in Gemeinschaftswohnung, Parterre, nur berufstätige Dame.

> **5.** ein Zimmer Wohnung am Waldrand mit Balkon, im siebten Stock, mit allem Komfort.

a. Brigitte sucht eine Wohnung direkt in der Stadt, sie möchte am Abend ausgehen und besitzt keinen Wagen.
b. Fräulein Oppert hat eine neue Stelle im Krankenhaus gefunden, die will nicht allein wohnen und lebt gern mit Leuten zusammen. Leider ist sie herzkrank und darf keine Treppe steigen.
c. Uschi arbeitet als Sekretärin in der Stadt aber am Wochenende macht sie gern Jogging, sie möchte trainieren.
d. Herr und Frau Fischer und ihre beiden Kinder suchen eine moderne große Wohnung. Frau Fischer ist berufstätig und hat wenig Zeit, um in der Küche zu stehen. Die Eltern wollen auch ihr eigenes Badezimmer haben.
e. Familie Neumann hat zwei junge Kinder und sucht ein Haus auf dem Land, damit die Kinder draußen spielen können ; sie wollen auch nicht weit von der Stadt entfernt sein.

Corrigés p. 222

2
Associez les chercheurs ou inventeurs à leur découverte. Exprimez en toutes lettres leurs dates de naissance et de mort.

1. war Autokonstrukteur. Nach seinen Plänen wurde 1973 der erste „Volkswagen" gebaut, der später als „Käfer" Automobilgeschichte schrieb.
2. war Ingenieur und Flugpionier. Er erforschte den Vogelflug, konstruierte Gleitflugzeuge und unternahm damit ab 1891 Flüge von bis zu 300 m Länge.
3. war Bakteriologe. U.a. entdeckte er den Tuberkelbazillus und entwickelte wirksame Methoden zur Behandlung der Tuberkulose.

EXERCICES Niveau 4

4. gilt als Erfinder des Automobils. 1885 konstruierte er den ersten vierrädrigen Motorwagen.
5. erfand den Buchdruck mit beweglichen, auswechselbaren Lettern. Berühmt wurden u.a. die sog. „Gutenbergbibeln".
6. bauten 1885 einen Benzinmotor in ein zweirädriges Fahrgestell ein das erste Motorrad.
7. war Astronom und Entdecker der Gesetze der Planetenbewegung.
8. war Physiker. 1895 entdeckte er die Wirkung der „X-Strahlen" und revolutionierte damit u.a. die medizinische Diagnostik.

Johannes Gutenberg (zw. 1397/1400-1468) ....
....

Johannes Kepler (1571-1630) ....
....

Gottlieb Daimler (1834-1900) ....
....

und **Wilhelm Maybach** (1846-1929) ....
....

Prof. Robert Koch (1843-1910) ....
....

Carl Benz (1844-1929) ....
....

Prof W. Conrad Röntgen (1845-1923) ....
....

Otto Lilienthal (1848-1896) ....
....

Ferdinand Porsche (1875-1951) ....
....

Corrigés p. 222

3

Dites en allemand ce qu'ils ont découvert ou inventé en utilisant les structures données et le parfait du passif.

1. den ersten „Volkswagen" bauen
....

2. die ersten Flüge bis zu 300 m Länge unternehmen
....

3. wirksame Methoden zur Behandlung der Tuberkulose entwickeln
....

4. den ersten vierrädrigen Motorwagen konstruieren
....

5. den Buchdruck mit beweglichen Lettern erfinden
....

6. das erste Motorrad bauen
....

7. die Gesetze der Planetenbewegung entdecken
....

8. die Wirkung der „X-Strahlen" entdecken
....

Cours p. 115
Corrigés p. 222

4

Transformez les phrases suivantes en utilisant la forme passive.

1. In Deutschland trinkt man viel Bier.
In Deutschland .... viel Bier ....
2. Der Bürgermeister empfängt die Gäste.
Die Gäste .... Bürgermeister ....
3. Mein Vater repariert den Wagen.
Der Wagen .... Vater ....
4. Viele Touristen besuchen die Stadt.
Die Stadt .... Touristen ....
5. Ein reicher Mann kauft das Haus.
Das Haus .... reichen Mann ....
6. Ein berühmter Schriftsteller schrieb den Roman.
Der Roman .... berühmten Schriftsteller ....
7. Die Römer gründeten die Stadt.
Die Stadt .... Römern ....
8. Die Polizei nahm den Dieb fest.
Der Dieb .... Polizei ....
9. Der Briefträger brachte ein kleines Paket.
Ein kleines Paket .... Briefträger ....
10. Beethoven komponierte die *Sinfonie Heroika*.
Die *Sinfonie Heroika* .... Beethoven ....
11. Gutenberg erfand die Buchdruckerkunst.
Die Buchdruckerkunst .... Gutenberg ....
12. Kolumbus entdeckte Amerika.
Amerika .... Kolumbus ....

Cours p. 114 à 116
Corrigés p. 222

A 5

Lisez attentivement ce texte.

Dieses Schloss ist sehr alt, die ältesten Teile sind schon um 1100 erbaut worden. Damals war es eine stark befestigte Burg, die lange als uneinnehmbar galt. Später wurde sie zu einem Schloss umgebaut. Heute befindet sich ein Museum im Schloss von Wernigerode. Schon vor 1 000 Jahren wur-

EXERCICES Niveau 4

den im Harz Eisen und Silber gefunden. Wie die Bergleute arbeiteten, kann man an den Werkzeugen und Maschinen in der Ausstellung sehen. Nach der Besichtigung gibt es ein „Bergmannsessen unter der Erde". Dazu werden Bergmannslieder gesungen.

(Brochure distribuée par l'Institut Goethe, Munich.)

A Soulignez dans le texte les prépositions, adverbes ou locutions qui donnent une indication de temps.

Cours p. 138 et 160
Corrigés p. 222

B Relevez dans le texte les formes passives et classez-les.

Présent : ....
Prétérit : ....
Parfait : ....

Cours p. 115 et 116
Corrigés p. 222

C Essayez de comprendre, d'après le contexte et sa composition, l'adjectif *uneinnehmbar*. Encadrez, parmi les traductions proposées, celle qui convient :

inaccessible   imprenable   inhabituelle

Corrigés p. 222

D Formez le contraire des adjectifs ou adverbes suivants avec le préfixe *un-*. Traduisez-les.

möglich   ....
geduldig   ....
gerecht   ....
zufrieden   ....
bekannt   ....
angenehm   ....
bequem   ....
glücklich   ....
vorsichtig   ....

Cours p. 96
Corrigés p. 222

6
Complétez les phrases suivantes à l'aide de l'une des prépositions fournies et des mots entre parenthèses (attention aux cas à employer !).

Une même préposition peut servir plusieurs fois.

| an | auf | aus | für | in | mit | nach |
| um | von | vor | zu | | | |

1. Er nimmt .... (der Schüleraustausch) teil.
2. Sie passt .... (die Kinder) auf.
3. Er hat .... (meine Frage) nicht geantwortet.
4. Ich warte ungeduldig .... (der Brief) meiner Freundin.
5. Er fragt mich .... (mein Name).
6. Ich denke .... (die Zukunft).
7. Ich bitte .... (Entschuldigung).

8. Sie danken mir .... (mein Brief).
9. Wir haben uns .... (die Einladung) sehr gefreut.
10. In diesem Roman geht es .... (der Krieg).
11. Der rote Pullover passt .... (der weiße Rock).
12. Interessierst du dich .... (Musik)?
13. Die Eltern kümmern sich .... (ihre Kinder).
14. Man soll sich .... (der Verkehr) gewöhnen.
15. Erinnerst du dich noch .... (der Film)?
16. Hast du .... (dieser Schauspieler) gehört?
17. Ich träume .... (eine lange Reise).

Cours p. 117 à 123
Corrigés p. 222

7

À partir de chaque proposition indépendante et expression entre parenthèses, construisez des phrases avec *bevor* ou *nachdem* selon le modèle.

Der Kranke hat Angst + (operiert werden) → Der Kranke hat Angst, bevor er operiert wird.

1. Wir müssen Karten holen + (ins Theater gehen)
....
2. Er will nach Hause gehen + (ein Gewitter ausbrechen)
....
3. Sie wollen ausruhen + (den ganzen Tag gearbeitet haben)
....
4. Du darfst spielen + (die Schularbeit gemacht haben)
....
5. Er musste lange suchen + (eine Arbeit finden)
....
6. Sie musste lange üben + (gut Klavier spielen können)
....
7. Er hatte kein Geld mehr + (den Wagen gekauft haben)
....
8. Er wurde Deutschlehrer + (zwei Jahre in Deutschland verbringen)
....
9. Ich musste lange studieren + (Arzt werden)
....
10. Sie ging ins Badezimmer + (aufgestanden sein)
....

Cours p. 99
Corrigés p. 222

8

Complétez les phrases par *wenn* ou *als*.

1. .... das Wetter schön ist, arbeitet er im Garten.
2. .... es regnete, gingen wir ins Kino.
3. .... der Krieg ausbrach, war sie 18.

EXERCICES Niveau 4

4. .... sie zu spät aufsteht, hat sie keine Zeit zu frühstücken.
5. .... ich zu viel Tee trinke, kann ich nicht einschlafen.
6. .... er am Bahnhof ankam, wartete sein Vetter auf ihn.
7. .... er auf seine Uhr schaute, war es schon spät.
8. Jedesmal .... sie Geld brauchte, ging sie zur Sparkasse.

Cours p. 65
Corrigés p. 222

9

Konrad Adenauer (1876-1967)

> Politiker
> geb. in Köln (1876)
> gest. in Rhöndorf (1967)
> Christdemokrat
> erster deutscher Bundeskanzler (1949-1963)
> hat den deutsch-französischen Freundschaftsvertrag
> unterschrieben (1963).

A On vous demande qui était Konrad Adenauer ; dites que vous croyez qu'il était un homme politique et exprimez cette supposition de plusieurs manières.

....
....
....
....
....

Cours p. 73 et 160
Corrigés p. 222

B On vous demande quand il a signé le traité d'amitié franco-allemande. Dites que vous ne le savez pas et exprimez-vous de différentes manières.

....
....
....

Cours p. 57
Corrigés p. 222

10

Franz Kafka (1883-1924)

> Schriftsteller
> geb. in Prag (1883)
> gest. bei Wien (1924)
> hat viele Romane geschrieben.

A On vous demande qui était Franz Kafka. Dites de différentes manières qu'il était écrivain.

....
....
....

Corrigés p. 222

B On vous dit qu'il a écrit un roman qui a pour titre *le Procès* ; vous approuvez.

....
....
....

Cours p. 160
Corrigés p. 222

11 Marlene Dietrich (1901-1992)

> Schauspielerin
> geb. in Berlin (1901)
> gest. in Paris (1992)
> hat am Theater in Berlin und im Film gearbeitet (z.B. Der Blaue Engel)
> und in vielen amerikanischen Filmen gespielt.

A Vous voulez dire que vous savez très exactement que Marlene Dietrich était une actrice ; exprimez-vous de différentes manières.

....
....
....

Cours p. 160
Corrigés p. 222

B Dites que vous regrettez de ne pas avoir vu le film *l'Ange bleu*. Exprimez-vous de différentes manières.

....
....
....
....

Cours p. 56
Corrigés p. 222

C On vous propose d'aller voir le film. Quelles sont parmi les phrases suivantes celles qui expriment votre accord ? Cochez-les d'une croix.

☐ Ich bin einverstanden.   ☐ Du hast recht.
☐ Ich bin anderer Meinung.   ☐ Ja, gerne.
☐ Ich habe nichts dagegen.   ☐ Gute Idee.
☐ Ich habe keine Lust dazu.   ☐ Nein, das geht leider nicht.

Cours p. 160
Corrigés p. 222

12 Deux Américains visitent la France et veulent faire des photos pour les montrer ensuite à leurs amis.

A

Sie sagten, sie würden gern ein Bild von mir machen, um den Freunden zu Hause zu zeigen, wie Franzosen aussehen. Sie sagten auch, dass die Häuser hier in Frankreich ganz anders seien, als bei ihnen zu Hause. Alles in Frankreich sei so interessant, und sie hätten schon viele Bilder gemacht.
Ich wollte ins Haus gehen. Die beiden Männer fragten mich sofort, ob sie nicht mitgehen könnten. Sie hätten noch nie ein französisches Haus von innen gesehen.

EXERCICES Niveau 4

Ich fragte, ob sie eine Tasse Kaffee trinken wollten. Schließlich sagte einer der Männer, dass sie lieber nichts trinken würden.
Sie fragten, ob ich verheiratet sei, ob ich Kinder hätte.
Sie sagten auch, dass sie die Fotos mit einem Brief schicken würden.

A Relevez dans ce texte les formes verbales au subjonctif et classez-les.

Subjonctif I : ....
....
Subjonctif II : ....
....

Cours p. 41 et 106 à 113
Corrigés p. 223

B Pourquoi dans ce texte a-t-on employé le subjonctif I ou II ?

....
....
....

Cours p. 106 à 113
Corrigés p. 223

13 Lisez l'interview de la star.

Reporter. — Jürgen, du bist jetzt 25 und seit sieben Jahren ein Star im Musikbusiness. Möchtest du nicht mal etwas völlig anderes machen? Zum Beispiel einen Film drehen?

Jürgen. — Wenn ich neben Kim Basinger spielen könnte, oder wenn Mel Gibson mit mir spielen würde, könnte ich nicht nein sagen. Seit ich Platten mache, habe ich viele Filmangebote bekommen, aber ich habe einfach nicht den Wunsch, ein Schauspieler zu sein. Ich würde es nur aus Spaß machen. Ich mache einfach gerne Musik, schreibe, gebe Auftritte und nehme Platten auf.

Reporter. — Mit fünfzehn hast du angefangen, Gitarre zu spielen und Songs zu schreiben. Gab es dafür einen besonderen Anlass?

Jürgen. — Als ich 15, 16 war, hätte mich mein Vater, glaube ich, gerne in seinen Fußstapfen gesehen, ich hätte seinen Laden übernehmen können. Aber ich wollte meine eigene Musik schreiben.

A Relevez les formes verbales au subjonctif II :

....
....
....

Cours p. 41 et 106 à 110
Corrigés p. 223

B Qu'exprime le subjonctif II dans ce texte ?

....
....
....
....
....

Cours p. 108 à 110
Corrigés p. 223

14

Inscrivez dans les cases correspondantes le numéro des traductions qui conviennent.

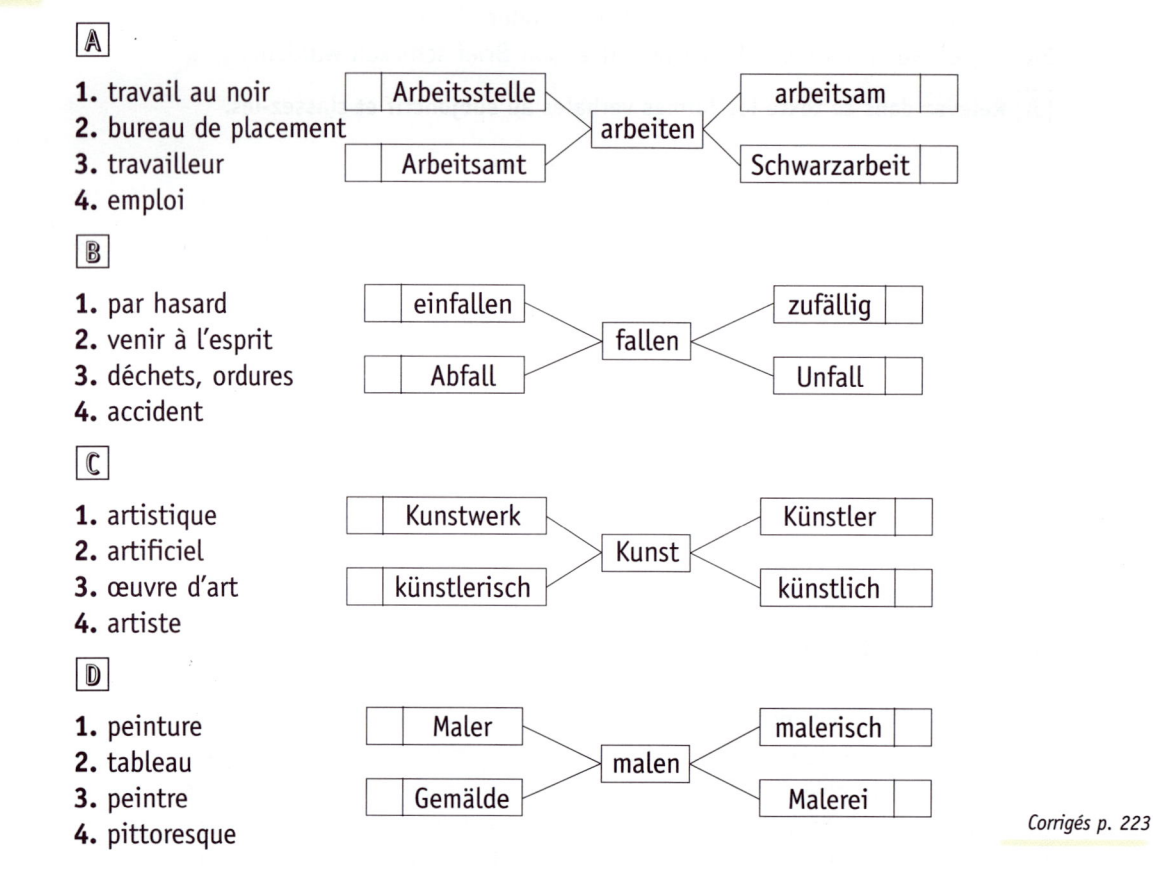

A

1. travail au noir
2. bureau de placement
3. travailleur
4. emploi

Arbeitsstelle — arbeiten — arbeitsam
Arbeitsamt — Schwarzarbeit

B

1. par hasard
2. venir à l'esprit
3. déchets, ordures
4. accident

einfallen — fallen — zufällig
Abfall — Unfall

C

1. artistique
2. artificiel
3. œuvre d'art
4. artiste

Kunstwerk — Kunst — Künstler
künstlerisch — künstlich

D

1. peinture
2. tableau
3. peintre
4. pittoresque

Maler — malen — malerisch
Gemälde — Malerei

Corrigés p. 223

15

Retrouvez les verbes dont les noms suivants sont dérivés.

1. die Freude
2. die Hoffnung
3. der Gedanke

4. die Rechnung
5. die Sprache
6. der Anruf

7. die Erlaubnis
8. das Spiel
9. die Erklärung

10. die Reise
11. der Flug
12. die Abfahrt

13. der Traum
14. die Ankunft
15. die Furcht

16. das Geschenk
17. die Fahrt
18. der Fluss

19. der Geschmack
20. das Verbot
21. die Hilfe

Cours p. 75 à 77
Corrigés p. 223

A

208

EXERCICES Niveau 4

16 Retrouvez à partir de l'adjectif le nom dont il est dérivé.

1. ängstlich, ...
2. neidisch, ...
3. eifersüchtig, ...
4. zufällig, ...
5. glücklich, ...
6. überrascht, ...
7. enttäuscht, ...
8. schuldig, ...
9. zornig, ...
10. neugierig, ...

Cours p. 75
Corrigés p. 223

17 Le radical *teil* entre dans la composition de beaucoup de noms, d'adjectifs ou de verbes. Cherchez la traduction des mots suivants :

1. teilen : ....
2. verteilen : ....
3. teilnehmen : ....
4. der Teilnehmer : ....
5. das Gegenteil : ....
6. das Abteil : ....
7. der Vorteil : ....
8. der Nachteil : ....
9. vorteilhaft : ....
10. mitteilen : ....

Corrigés p. 223

18 Quel suffixe : *-lich*, *-ig* ou *-isch* ? Utilisez celui qui convient pour former des adjectifs ou des adverbes.

1. lust....
2. häss....
3. herz....
4. kom....
5. freund....
6. lächer....
7. gemüt....
8. ärger....
9. gefähr....
10. pein....
11. schuld....
12. durst....
13. geduld....
14. schwier....
15. langweil....
16. pünkt....
17. vernünft....
18. regelmäß....
19. schmutz....
20. vorsicht....
21. höf....
22. fröh....
23. schreck....
24. neugier....
25. prakt....
26. mög....
27. altmod....
28. franzős....

Cours p. 96
Corrigés p. 223

19 Complétez chaque phrase avec l'un des verbes suivants :

ziehen   sich anziehen   sich ausziehen
umziehen   anziehen   erziehen

1. Während des Karnevals .... viele Menschen durch die Straßen der Stadt.
2. Die Eltern versuchen ihre Kinder gut zu ....
3. Paris .... viele Touristen ....
4. Er hat in einer anderen Stadt eine Arbeit gefunden, jetzt muss er ....
5. Früh am Morgen .... er einen Pullover und eine Hose ....
6. Bevor er ins Bett geht .... er ....

Cours p. 126
Corrigés p. 223

20

Même consigne que l'exercice précédent.

steigen   einsteigen   aussteigen   umsteigen

1. Am Bahnhof ruft der Bahnhofsvorsteher: „.................................. bitte, Türen schließen!"
2. Der Reisende fragt am Schalter: „Kann ich direkt nach Köln fahren oder muss ich ....?"
3. Wenn wir noch Zeit haben, wollen wir auf den Turm ....
4. Ich will zum Rathaus mit der Straßenbahn fahren, ich frage den Schaffner: „Wo soll ich ....?"

Cours p. 126
Corrigés p. 223

21

Classez ces mots en deux ensembles, l'un autour de la notion de circulation *(der Verkehr)*, l'autre de la construction *(der Bau)*.

Das Haus, der PKW, die Straßenbahn, der LKW, das Schloss, das Hochhaus, die Küche, das Wohnzimmer, das Stadtviertel, die Bushaltestelle, das Motorrad, das Fahrrad, das Moped, der Fahrplan, der Fahrschein, der Führerschein, das Verkehrsmittel, das Gebäude, das Denkmal, die Gasse, der Weg, die Kreuzung, die Brücke, der Unfall.

Der Verkehr	der Bau
....	....
....	....
....	....
....	....
....	....
....	....
....	....
....	....
....	....

Cours p. 82 et 155
Corrigés p. 223

22

Lisez attentivement ce texte.

TIPS ZUR MÜLLVERMEIDUNG
Glas. — Greifen Sie zu Glasflaschen!
Metalle. — Bevorzugen Sie Glas vor Metallverpackungen, da Sie Glas zu Altglascontainern bringen können.
Werfen Sie kaputte Geräte nicht gleich auf den Müll. Prüfen Sie zuerst, ob sich eine Reparatur lohnt!
Kunststoffe. — Vermeiden Sie die Benutzung von Plastiktüten: Nehmen Sie statt dessen Ihre eigene Tasche zum Einkaufen mit! Verwenden Sie Plastiktaschen mehrmals!

A

EXERCICES Niveau 4

Versuchen Sie Plastikwaren im Haushalt durch Glas, Holz, Porzellan oder Metallgegenstände zu ersetzen.
(Brochure distribuée par l'Institut Goethe, Munich.)

Vocabulaire :
bevorzugen = préférer ; die Verpackung = l'emballage ; das Gerät = l'ustensile ; prüfen = vérifier ; sich lohnen = valoir la peine ; benutzen, verwenden = utiliser ; ersetzen = remplacer.

A Soulignez dans le texte les formes verbales à l'impératif puis transposez le texte à la deuxième personne du singulier de l'impératif.

....

Cours p. 3
Corrigés p. 223

B Décomposez les mots suivants :

Glasflaschen : ....
Metallverpackungen : ....
Altglascontainer : ....
Plastiktüten : ....
Metallgegenstände : ....

Corrigés p. 223

23 Retrouvez les mots cachés (tous ces mots concernent le domaine scolaire).

1. F U R B E ....
2. T S I T R H T F C O R ....
3. E G H R U Z N E I ....
4. P G U Ü R F N ....
5. H R N U I T E R T C ....
6. F L R E H E ....

Cours p. 61
Corrigés p. 223

24 Classez les annonces suivantes selon l'objet de leur recherche.
Portez le numéro des annonces dans le tableau suivant.

Ils cherchent	Nos	Ils rercherchent	Nos
des correspondants		à donner des cours	
des amis pour les loisirs		à acheter des disques ou des CD	
à vendre des timbres		des membres pour un club	
à échanger des autocollants		des bandes dessinées	

1. Mir macht Physik u. Mathe Spaß: Löse Aufgaben, Referate... bis 13. Klasse.

2. Viele Kartons mit Briefmarken habe ich geerbt!!! Kauft mir doch einige ab! Prima für Anfänger. 500 verschiedene Briefmarken West-Deutschland + West-Berlin nur DM 10. – Scheck oder Cash (Schein).

3. Ich, 21, suche Freunde (innen) zwecks Freizeitgestaltung. Meine Hobbies : Tanzen, Lesen, Schwimmen usw.

4. Suche Comics und Romane aller Art. Bin durch einen Motorradunfall schwerbehindert. Schickt mir bitte alles was ihr findet per Post unfrei zu. Ich würde mich sehr darüber freuen.

5. Hallo Jungs zwischen 17 und...!? Wer sucht eine Brieffreundin? Ich (17 J.) höre gerne Musik, sammle u. schreibe (Liebes-) Gedichte und treibe gern Sport. Schreibt mir bitte bald?!

6. Ich. 18, suche Brieffreunde aus aller Welt. Ob Du jetzt in Übersee oder in meiner Nachbarschaft wohnst, schreib mir! Ich freue mich schon auf Deine Post.

7. THE DOORS einziger Fanclub mit Mitgliedermagazin, von den DOORS selbst autorisiert, sucht neue Mitglieder.

8. Suche alles von H. Grönemeyer u den Jeremy Days.

9. Sammle alle möglichen Aufkleber. Sie sollten in gutem Zustand sein und wenn möglich kostenlos.

Corrigés p. 224

EXERCICES *Niveau 4*

25 En face de chaque proverbe ou expression dans lesquels entrent des animaux, écrivez la lettre de l'expression française qui lui correspond. Aidez-vous du dictionnaire.

1. Die Fliege. Zwei Fliegen mit einer Klappe schlagen. _____
2. Der Hahn. Hahn im Korb sein. _____
3. Die Katze und die Maus. Katze und Maus mit jemandem spielen. _____
4. Das Schwein. Schwein haben. _____
5. Der Wolf. Mit den Wölfen heulen. _____

a. Être comme un coq en pâte.
b. Faire d'une pierre deux coups.
c. Hurler avec les loups.
d. Avoir de la chance.
e. Jouer au chat et à la souris.

Corrigés p. 224

26 Cherchez dans le dictionnaire les différents sens de *Schein, scheinen* et traduisez les phrases suivantes :

1. Hast du den Führerschein gemacht?
....
2. Haben Sie einen 20 DM Schein?
....
3. Der Schein trügt.
....
4. Beethoven hat die Mondscheinsonate komponiert.
....
5. Er scheint krank zu sein.
....
6. Die Sonne scheint, wir machen einen Spaziergang.
....

Corrigés p. 224

27 Cherchez dans le dictionnaire la traduction du mot *glace* et traduisez.

1. Veux-tu manger une glace ?
....
2. Je cherche une glace, je voudrais me peigner.
....
3. Ils ont joué au football dans la maison et ont cassé une glace (vitre).
....

Corrigés p. 224

28 Cherchez dans le dictionnaire les traductions de *patron* et traduisez les phrases suivantes :

1. Le patron du restaurant est un ami.
....

213

2. L'apprenti voudrait devenir un jour patron boulanger.
....

3. Le patron de l'entreprise veut parler avec ses ouvriers.
....

4. Saint Georges est le patron de l'Angleterre.
....

Corrigés p. 224

29 Traduisez les mots suivants :

1. Baumstamm: ....   2. Stammbaum: ....
3. Ringfinger: ....   4. Fingerring: ....
5. Meersalz: ....   6. Salzmeer: ....
7. Milchkuh: ....   8. Kuhmilch: ....
9. Rotwein: ....   10. weinrot: ....

Corrigés p. 224

30 Lisez ce conte de Grimm, *König Drosselbart*, pour tester vos capacités de compréhension.

Ein König hatte eine Tochter, die war sehr schön aber so stolz und übermütig, dass ihr kein Mann gut genug war. Einmal veranstaltete der König ein großes Fest und lud dazu heiratslustige Männer ein. Erst kamen die Könige, dann die Herzöge, die Fürsten, Grafen und Freiherrn, zuletzt die Edelleute. Aber die Königstochter hatte an jedem etwas auszusetzen. Der eine war zu dick, der andere zu lang, der dritte zu kurz, der vierte zu blass, der fünfte zu rot... Besonders aber machte sie sich lustig über einen König, dessen Kinn ein wenig krumm gewachsen war. Sie rief: „Der hat ein Kinn wie die Drossel einen Schnabel." Deshalb bekam er den Namen Drosselbart.

Der alte König aber wurde zornig, als er sah, dass seine Tochter nichts tat, als über die Leute zu spotten. Er schwor: sie sollte den ersten Bettler zum Manne nehmen, der vor seine Tür käme!

Ein paar Tage später kam ein Spielmann und sang unter dem Fenster des Schlosses, um ein Almosen zu verdienen. Als der König ihn hörte, sagte er zu seinen Dienern: „Lasst ihn heraufkommen!" Da trat der Spielmann in seinen schmutzigen Kleidern ein. Der König sprach: „Dein Gesang hat mir so gut gefallen, dass ich dir meine Tochter zur Frau geben will."

Die Königstochter erschrak, der Pfarrer wurde geholt und das Mädchen musste sich gleich mit dem Spielmann trauen lassen. Nach der Trauung führte der Bettler die Königstochter an der Hand hinaus und sie musste mit ihm zu Fuß laufen.

Als sie in einen großen Wald kamen, fragte die Königstochter: „Wem gehört der schöne Wald?
— Der gehört dem König Drosselbart; hättest du ihn genommen, so wäre er dein!

— Ach hätte ich den König Drosselbart genommen! seufzte die arme Frau."
Dann kamen sie über eine Wiese, da fragte sie wieder: „Wem gehört diese schöne grüne Wiese?
— Die gehört dem König Drosselbart, hättest du ihn genommen, so wäre sie dein!
— Ach hätte ich den König Drosselbart genommen! wiederholte die Frau."
Dann kamen sie durch eine große Stadt und da fragte sie:
„Wem gehört diese schöne große Stadt?
— Sie gehört dem König Drosselbart, hättest du ihn genommen, so wäre sie dein!
— Ach hätte ich den König Drosselbart genommen! weinte die Frau."
Endlich kamen sie an ein ganz kleines Häuschen.
„Ach Gott, was ist das für ein Haus! rief die Königstochter.
— Das ist unser Haus, antwortete der Bettler.
— Wo sind die Diener? fragte die Frau.
— Es gibt keine Diener! sagte der Bettler. Mach sofort das Feuer an, stell Wasser darauf und koch mein Essen!"
Die Königstochter aber konnte weder das Feuer anmachen noch kochen. Nach ein paar Tagen sagte der Bettler zu seiner Frau: „Du musst arbeiten und Geld verdienen. Du wirst Körbe flechten oder spinnen." Die arme Frau versuchte, Körbe zu flechten oder zu spinnen, aber sie konnte es nicht. „Du taugst zu keiner Arbeit, schrie der Bettler. Du wirst dich auf den Markt setzen und Geschirr verkaufen!" Sie setzte sich mit dem Geschirr an eine Ecke des Marktes und verkaufte es. Da kam plötzlich ein Soldat und ritt in die Töpfe hinein, so dass alles in tausend Scherben zersprang!
Die Königstochter fing an zu weinen, lief nach Hause und erzählte ihrem Mann von ihrem Unglück. Der Bettler schlug vor, dass sie Küchenmagd werden solle. Ein Schloss in der Nähe brauchte eine. Die Königstochter wurde Küchenmagd und steckte in ihre Taschen, was vom Essen übrigblieb, damit ernährten sie sich. Eines Tages sollte die Hochzeit des Königssohnes gefeiert werden. Der Königssohn trat herein, er war in Samt und Seide gekleidet und hatte goldene Ketten um den Hals. Als er die Küchenmagd in der Tür stehen sah, ergriff er sie bei der Hand und wollte mit ihr tanzen. Aber sie erschrak, denn sie erkannte den Konig Drosselbart.
„Fürchte dich nicht! Ich und der Spielmann sind eins. Dir zuliebe habe ich mich so verstellt und der Soldat, der die Töpfe zerbrochen hat, war ich auch. Das alles ist geschehen, dich für deinen stolzen Charakter und deinen Hochmut zu strafen. Tröste dich, die bösen Tage sind vorüber, jetzt wollen wir unsere Hochzeit feiern!"

Vocabulaire :
übermütig = orgueilleuse, arrogante ; der Herzog = le duc ; der Fürst = le prince ; der Graf = le comte ; der Freiherr = le baron ; der Edelmann (die

Edelleute) = le gentilhomme ; aussetzen = critiquer ; sich über jemanden lustig machen = se moquer de quelqu'un ; das Kinn = le menton ; die Drossel = la grive ; der Schnabel = le bec ; der Bettler = le mendiant ; der Spielmann = le musicien ; der Gesang = le chant ; der Pfarrer = le pasteur ; die Trauung = le mariage ; die Diener = le serviteur ; Körbe flechten = tresser des paniers ; spinnen = filer ; Geschirr auf dem Markt verkaufen = vendre de la vaisselle sur le marché ; in tausend Scherben zerspringen = voler en milliers d'éclats ; die Küchenmagd = la fille de cuisine ; sich ernähren = se nourrir ; strafen = punir ; der Hochmut = l'arrogance ; Hochzeit feiern = célébrer le mariage.

Donnez maintenant les bonnes affirmations.

1. Die Königstochter will nicht heiraten,
☐ *a.* weil sie hässlich ist
☐ *b.* weil sie jeden Mann kritisiert
☐ *c.* weil sie arm ist
☐ *d.* weil ihr Vater gegen ihre Hochzeit ist

2. die Königstochter heiratet einen Bettler,
☐ *a.* weil der König böse wurde
☐ *b.* weil sie den Bettler liebt
☐ *c.* weil der Gesang des Bettlers ihr gefallen hat
☐ *d.* weil sie nicht mehr auf dem Schloss leben will

3. die Königstochter arbeitet,
☐ *a.* weil ihr Mann Geld braucht
☐ *b.* weil sie sich langweilt
☐ *c.* weil die Arbeit ihr Spaß macht
☐ *d.* weil sie fleißig ist

4. sie kann
☐ *a.* Körbe flechten und spinnen
☐ *b.* kochen
☐ *c.* Obst auf dem Markt verkaufen
☐ *d.* als Küchenmagd arbeiten

5. König Drosselbart hat sich als Bettler verkleidet,
☐ *a.* weil Karneval ist
☐ *b.* weil er arm ist
☐ *c.* weil er eine Überraschung machen will
☐ *d.* weil er die Königstochter für ihren stolzen Charakter strafen will.

Corrigés p. 224

CORRIGÉS

Niveau 1
1ʳᵉ langue : l'année de la 6ᵉ
2ᵉ langue : l'année de la 4ᵉ

1 [A] *Nominatif* : die Mutter ; das Kind ; die anderen Kinder ; der Vater. *Accusatif* : 3 Rosinenbrötchen ; 3 Briefmarken ; 2 große Tüten ; auf meine Briefe ; Kaffee ; Bauchweh. *Datif* : zum Kind ; zur Post ; mit dem Geld ; auf der Straße ; beim Bäcker. [B] *Sujet* : du ; es (geht es) ; es (es kauft) ; es (holt es) ; sie (sie sind) ; ich (muss ich) ; sie (essen) ; sie (bis sie Bauchweh haben. *Complément à l'accusatif* : sie (iss sie nicht). *Complément au datif* : mir ; ihnen. [C] Il achète 30 pains aux raisins au lieu de 3 et 3 timbres au lieu de 30 parce que, en chemin, il a joué et oublié ce qu'on lui avait demandé.

2 1. einen Füller. 2. der Mutter Blumen. 3. meinem Sohn Platten. 4. die Zeitung. 5. deinen Freund. 6. unseren Freunden. 7. den Regenschirm. 8. deiner Schwester. 9. meinem Bruder.

3 [A] Cinq personnages interviennent : une jeune fille (ein Mädchen), son frère (der Bruder), une autre jeune fille (ein anderes Mädchen), le fils du voisin (der Nachbarsjunge), une dame (eine Frau). [B] aber (der Bruder sagt...) ; dann (wird es schön) ; also (holt es...) ; und (streicht...) ; aber (eine anderes Mädchen...) ; und dann (streicht es...) ; aber (der Nachbarsjunge...) ; und (das Mädchen findet...) ; und (holt gelbe Farbe) ; aber (eine Frau...) ; aber da (kommt der große Bruder...) ; da (hat das Mädchen...) ; und wieder (den grünen Farbtopf...) ; und (das Fahrrad...) ; und (es war ihm egal...). [C] 1 : c ; 2 : b ; 3 : e ; 4 : a ; 5 : g ; 6 : d ; 7 : i ; 8 : f ; 9 : h.

4 1. Es. 2. ihn. 3. sie. 4. Ihnen. 5. ihn. 6. ihnen. 7. dir. 8. ihm. 9. ihr. 10. ich. 11. mir. 12. ihr. 13. ihr. 14. sie. 15. mich.

5 1. Die alten Möbel gehören Stefan. Es sind seine Möbel. 2. Der Wagen gehört Maria. Es ist ihr Wagen. 3. Die Platten gehören Maria. Es sind ihre Platten. 4. Der Tennisschläger gehört Maria. Es ist ihr Tennisschläger. 5. Die Geschichtsbücher gehören Stefan. Es sind seine Geschichtsbücher. 6. Die Pinsel gehören Maria. Es sind ihre Pinsel. 7. Der Fotoapparat gehört Stefan. Es ist sein Fotoapparat. 8. Die Fahrkarte gehört Stefan. Es ist seine Fahrkarte. 9. Der Fernsehapparat gehört Stefan, das ist sein Fernsehapparat.

6 1. wie ; wie. 2. wann. 3. wo ; woher. 4. wohin. 5. warum. 6. was für. 7. wie ; wie ; wer. 8. wem ; wie viel.

7 1. der Fußball. 2. die Kaffeetasse. 3. das Käsebrot. 4. der Handschuh. 5. Die Brieffreundin. 6. das Reisebüro. 7. der Apfelbaum. 8. der Orangensaft.

8 Si on joint les nombres, on obtient un papillon (ein Schmetterling).

9 1. 11 DM 70 (elf Mark siebzig). 2. 19 DM 70 (neunzehn Mark siebzig). 3. 17 DM 50 (siebzehn Mark fünfzig). 4. 11 DM 80 (elf Mark achtzig).

10 1. Es ist vier Uhr. 2. Es ist zehn nach vier. 3. Es ist Viertel nach vier. 4. Es ist halb fünf. 5. Es ist zwanzig vor fünf. 6. Es ist Viertel vor fünf.

11 1. Um neun Uhr fange ich mit der Arbeit an. 2. Um ein Uhr gehe ich essen. (Um dreizehn Uhr gehe ich essen.) 3. Um drei Uhr treffe ich Freunde. (Um fünfzehn Uhr treffe ich Freunde.) 4. Um vier Uhr gehe ich spazieren. (Um sechzehn Uhr gehe ich spazieren.) 5. Um sieben Uhr sehe ich fern. (Um neunzehn Uhr sehe ich fern.) 6. Um acht Uhr höre ich Musik. (Um zwanzig Uhr höre ich Musik.)

12 Schläft ; steht er auf, geht ; isst, trinkt ; nimmt, zieht sich an ; fängt um 8 Uhr an ; läuft, wird ; fährt ; liest ; trifft ; trägt ; spielt, spricht ; lernt, weiß.

13 1. für seinen Vater. 2. gegen die Wand. 3. ohne dich. 4. durch die Stadt. 5. um ihren Hals. 6. zu meinen Großeltern. 7. seit einem Jahr. 8. mit dem Zug. 9. aus der Türkei. 10. in Deutschland. 11. bei der Post. 12. von Dir. 13. nach dem Regen.

14 1. zu Hause ; 2. nach Deutschland ; 3. am Meer ; 4. bei meinen Eltern ; 5. zu meinem Freund ; 6. nach Hause ; 7. aufs Land.

15 1. Darf ich fernsehen? 2. Darf ich ins Kino gehen? 3. Darf ich das Magazin haben? 4. Darf ich Fußball spielen?

16 1. Hunde können Milch trinken, können nicht fliegen, können kein Auto fahren, können Knochen fressen. 2. Menschen können Milch trinken, können nicht fliegen, können Auto fahren, können Knochen fressen. **3.** Babys können Milch trinken, können nicht fliegen, können kein Auto fahren, können keine Knochen fressen. **4.** Vögel können keine Milch trinken, können fliegen, können kein Auto fahren, können keine Knochen fressen.

17 **1.** Willst du Deutsch lernen? **2.** Magst du den Kuchen? **3.** Er ist krank, er muss zu Hause bleiben. **4.** Was soll ich tun? Soll ich dir helfen? **5.** Er kann heute nicht kommen. **6.** Kannst du kochen? **7.** Darf ich das Fenster zumachen? **8.** Weißt du, wo er wohnt?

18 **1.** Wie geht's? **2.** Hast du Hunger? **3.** Ich bin elf Jahre alt. **4.** Wie alt bist du? **5.** Das ist mein Freund Stefan. **6.** Entschuldigung! **7.** Heute ist das Wetter schön.

19 **1.** Was möchten Sie? **2.** — Haben Sie sonst noch einen Wunsch? **3.** — Ist das alles? **4.** — Hier sind zehn Mark.

20 **1.** kein Opel. **2.** nicht gern. **3.** keine Limonade, nicht durstig. **4.** keine Zeit. **5.** nicht kommen kann. **6.** kein Geld. **7.** nicht angerufen. **8.** nicht oft. **9.** kein Fahrrad. **10.** keine Schule. **11.** Isst du die Suppe nicht? **12.** sie geht nicht. **13.** ich spiele nicht. **14.** kein Glück.

21 [A] Ordre des paragraphes : 5, 2, 6, 1, 3, 9, 7, 4, 10, 8. [B] **a.** l'âne (der Esel) ; le chien (der Hund) ; le chat (die Katze) ; le coq (der Hahn). **b.** L'âne ne peut plus porter les sacs au moulin. Le chien ne peut plus chasser. Le chat ne peut plus attraper les souris. On doit faire cuire le coq pour les invités. **c.** Les animaux montent les uns sur les autres et poussent chacun leur cri.

Niveau 2

1re langue : l'année de la 5e
2e langue : l'année de la 4e

A

1 [A] *Deshalb, und, denn* sont des conjonctions. Attention : *manche* (plus d'un) est un adverbe désignant la quantité ; *überall* (partout) est un adverbe de lieu ainsi que *dort* (là-bas). [B] *Épithète simple* : großen (Städte) ; vielen (Wohnungen) ; große (Blumenfreunde) ; schöne (Parks) ; linken (Straßenseite) ; alte (Stadt) ; Spanische (Treppe) ; voller blühender (Blumen) ; Roten (Platz) ; buntbemalten (Kuppeln) [coupoles peintes de toutes les couleurs]. *Attribut* : (sehr) berühmt ; (ist es besonders) schön ; (sehr) kalt. *Superlatif* : eine der größten Städte der Welt ; eine der schönsten Städte der Welt ; eines der berühmtesten Bauwerke.

2 **1.** Wie lange. **2.** Woher. **3.** Wohin. **4.** Was. **5.** Wie viele. **6.** Was (Wie viel). **7.** Um wie viel Uhr. **8.** Wer. **9.** Welches. **10.** Was für einen Wagen. **11.** Was ist deine Mutter. **12.** Was.

3 **1.** Ein Motorrad fährt schneller als ein Moped. **2.** Ich gehe lieber ins Kino als in die Schule. **3.** Deutschland ist größer als die Schweiz. **4.** Bonbons schmecken besser als Medikamente. **5.** Februar ist kälter als August. **6.** Juli ist wärmer als Januar. **7.** Ein Sessel ist bequemer als ein Stuhl.

4 [A] **1.** *Pronoms relatifs sujets* : die (hier spazieren gehen) ; der (Piccadilly Circus heißt) ; die (knallrot und doppelstöckig sind) ; die (kilometerweit unterirdisch fahren) ; jeder, der (hier wohnt). **2.** *Complément au datif* : in der (es keine U-Bahn gibt). [B] **1.** *Cause* : weil (Hong Kong...) ; da (in Großstädten.). **2.** *Condition* : wenn (man von Russland nach Osten reist). **3.** *But* : damit (die Straßen...). **4.** *Conséquence* : so dass (die Autofahrer...). [C] reisen ; spazieren gehen ; Touristen (der Tourist) ; das Boot ; Fahrzeuge (das Fahrzeug) ; Eisenbahnen (die Eisenbahn) ; Schiffe (das Schiff) ; Flugzeuge (das Flugzeug) ; Straßen (die Straße) ; U-Bahnen (die U-Bahn) ; Autos (das Auto) ; Lastwagen (der Lastwagen) ; Busse (der Bus) ; Taxis (das Taxi) ; Fahrräder (das Fahrrad) ; Motorräder (das Motorrad) ; verstopfen ; Platz (der Platz) ; sich kreuzen ; unterirdisch fahren ; Schnellstraßennetz (das Schnellstraßennetz) ; Stadtautobahnen (die Stadtautobahn) ; führen ; Brücken (die Brücke) ; Unterführungen (die Unterführung) ; Autofahrer (der Autofahrer) ; rasch ; durchqueren ; an einer Ampel anhalten. [D] **1.** Engländer. **2.** Italiener. **3.** Spanier. **4.** Japaner. **5.** Amerikaner. **6.** Österreicher. **7.** Schweizer. **8.** Deutscher. **9.** Franzose. [E] Blumen + Freunde (amis des fleurs) ; Straßen + Seite (le côté de la rue) ; schnell + Straßen + Netz (un réseau de routes rapides) ; Stadt + Autobahn (autoroute de ville).

5 **1.** Er geht zur Post, weil er eine Briefmarke kaufen will. **2.** Er beeilt sich, weil der Zug in ein paar Minuten abfährt. **3.** Er zieht seinen Mantel aus, weil es ihm zu warm ist. **4.** Der Autofahrer hat einen Unfall gehabt, weil er nicht aufgepasst hat. **5.** Er kann nicht aufstehen, weil er sich ein Bein gebro-

CORRIGÉS Niveau 2

chen hat. **6.** Er ist glücklich, weil er das Spiel gewonnen hat. **7.** Sie bestellt ein ganzes Menü, weil sie seit gestern nichts gegessen hat. **8.** Die Mutter hat Angst, weil ihr Sohn noch nicht nach Hause zurückgekommen ist.

6 **1.** Ich verbrachte meine Ferien in Italien. **2.** Ich war dort mit meinen Eltern und meinem kleinen Bruder. **3.** Es war toll dort. **4.** Das Wetter war so schön. **5.** Jeden Tag gingen wir schwimmen. **6.** Es war sehr lustig.

7 **1.** Zuerst stand ich auf. **2.** Dann frühstückte ich. **3.** Um 10 Uhr ging ich in die Stadt. **4.** Zu Mittag aß ich in einer Pizzeria. **5.** Danach fuhr ich nach Hause mit dem Bus. **6.** Am Nachmittag hörte ich Musik. **7.** Später besuchte ich einen Freund. **8.** Am Abend nahm ich ein Bad. **9.** Um 20 Uhr sah ich mir einen Krimi an. **10.** Schließlich ging ich ins Bett.

8 **1.** Willst du mir jetzt das Buch geben? **2.** Nach dem Essen hat der Vater seine Zeitung gelesen. **3.** Ich glaube, dass er das Spiel gewinnen wird. **4.** Werden wir im Sommer nach Spanien fahren? **5.** Ich frage mich, ob sie das Haus kaufen wollen. **6.** Weißt du, ob er die Prüfung bestanden hat? **7.** Nach der Schule werden wir ins Schwimmbad gehen. **8.** Weißt du, wo er die Platte gekauft hat?

9 reiste ; fuhr ; besuchte ; fuhr ; war ; schien ; war ; hielt ; wollte ; wurde ; wurde ; hörte ; kam ; lief ; kam ; regnete ; ging ; setzte ; wollte ; konnte ; verstand ; hatte ; hatte ; nahm ; zeichnete ; nahm ; betrachtete ; nickte ; ging ; freute ; freute ; brachte.

10 2 ; 8 ; 12.

11 **1.** haben ; **2.** hat ; **3.** ist ; **4.** hat ; **5.** hast ; **6.** sind ; **7.** ist . **8.** hat. **9.** habe. **10.** hast. **11.** ist. **12.** ist. **13.** bin. **14.** ist. **15.** ist. **16.** hat. **17.** Bist.

12 **1.** Die Großmutter hat das Frühstück gemacht... hat eingekauft... hat einen Brief geschrieben... hat eine Freundin angerufen... hat sie zum Mittagessen eingeladen... hat das Essen gekocht... ist mit der Freundin ins Konzert gegangen... ist spät nach Hause zurückgekommen. **2.** Peter ist um 7 Uhr aufgestanden... ist im Bad gewesen... hat geduscht... hat sich angezogen... hat um 7 Uhr 30 gefrühstückt... ist um 8 Uhr mit dem Bus in die Stadt gefahren... ist um 13 Uhr nach Hause zurückgefahren... hat seine Hausaufgaben gemacht... hat um 17 Uhr Tennis gespielt... hat den Abend zu Hause verbracht.

13 Ⓐ Autofahrer (2) ; Fahrt (4) ; Rad fahren (1) ; Fahrstuhl (3). Ⓑ Regenschirm (3) ; regnerisch (2) ; Regen (4) ; Regenmantel (1). Ⓒ Spiel (3) ; Spieler (2) ; Spielplatz (4) ; Kartenspiel (1).

14 **1.** *sehen* : voir ; *wiedersehen* : revoir ; *fernsehen* : regarder la télévision ; *(krank) aussehen* : avoir l'air (malade) ; *sich einen Film ansehen* : regarder un film. **2.** *gehen* : aller ; *weggehen* : s'en aller ; *ausgehen* : sortir, faire une sortie ; *vorbeigehen* : passer (devant quelque chose) ; *vergehen* : passer (le temps passe). **3.** *reisen* : voyager ; *die Reise* : le voyage ; *der Reisende* : le voyageur ; *die Reisetasche* : le sac de voyage ; *verreist sein* : être en voyage. **4.** *der Freund* : l'ami ; *die Freundin* : l'amie ; *die Brieffreundin* : la correspondante ; *die Freundschaft* : l'amitié ; *freundlich sein* : être aimable. **5.** *kaufen* : acheter ; *verkaufen* : vendre ; *der Verkäufer* : le vendeur ; *die Verkäuferin* : la vendeuse ; *einkaufen gehen* : faire des courses. **6.** *wohnen* : habiter ; *die Wohnung* : l'habitation, le logement ; *der Einwohner* : l'habitant ; *der Wohnwagen* : la caravane ; *der Wohnblock* : le bloc d'habitation, l'immeuble. **7.** *kommen* : venir ; *mitkommen* : accompagner ; *zurückkommen* : revenir ; *ankommen* : arriver ; *die Ankunft* : l'arrivée.

15 Ⓐ — Ja, das Kleid gefällt mir/Ich finde es schön/Ich mag das Kleid. Ⓑ — Nein, ich möchte kein Eis./ Nein, ich mag kein Eis./ Nein, ich esse nicht gern Eis.

16 **1.** — Nein, ich will heute nicht ins Theater gehen./ Ich habe keine Lust, ins Theater zu gehen./ Nein, ich kann heute nicht ins Theater gehen. **2.** — Ja, es geht am Freitag./ Ja, ich kann am Freitag ins Theater gehen./ Ja, ich bin einverstanden. Ja gern. **3.** — Wo treffen wir uns? **4.** — Wann? (Um wie viel Uhr?)

17 **1.** Kann ich bitte Peter sprechen? **2.** Es tut mir leid, aber er ist nicht da. **3.** Einen Moment bitte (warten Sie einen Moment bitte). **4.** Können Sie später wieder anrufen? **5.** Was bedeutet das Wort? **6.** Kannst du bitte wiederholen? **7.** Ich verstehe nicht. **8.** Wie komme ich bitte zum Bahnhof ? **9.** Wo verbringst du deine Ferien?

18 **1.** langsam. **2.** reich. **3.** hell. **4.** leicht. **5.** teuer. **6.** schwach. **7.** schmutzig. **8.** kalt. **9.** traurig. **10.** besetzt. **11.** schlecht. **12.** alt.

Ⓐ

Niveau 3

1ʳᵉ langue : l'année de la 4ᵉ
2ᵉ langue : l'année de la 3ᵉ

1 Ⓐ **1.** *Présent :* ist (was ist denn…) ; kann (ich kann nicht…) ; geht (mir geht es…) ; haben (Angst vor mir haben) ; hinbringst ; bist (dass du freundlich bist) ; kann (so böse kann er gar nicht sein). **2.** *Prétérit :* war (der Tiger war) ; fürchteten (die anderen Tiere fürchteten sich) ; liefen (und liefen weg) ; sahen (jedesmal, wenn sie ihn sahen) ; war (aber er war nicht böse, er war sehr freundlich) ; feierten (eines Tages feierten die Tiere) ; war (er war sehr traurig) ; kam (in diesem Augenblick kam) ; fragte (der Tiger) ; antwortete (der Papagei) ; erklärte (der Tiger) ; meinte (der Papagei) ; sprang (er dem Tiger) ; eintraf (als der Tiger) ; sagte (jemand) ; fürchtete sich (keiner mehr vor ihm). **3.** *Parfait :* gebrochen habe (weil ich den Flügel…) ; hat… hergetragen (er hat den Papagei auf dem Rücken…). **4.** *Plus-que-parfait :* hatte den Tiger… eingeladen. **5.** *Futur :* werden… sehen (dann werden sie schon sehen). **6.** *Impératif :* seht (seht doch). Ⓑ *La cause :* weil (ich den Flügel gebrochen habe) ; weil (die Tiere Angst vor mir haben). *Le temps :* wenn (jedesmal, wenn sie ihn sahen) ; als (als der Tiger schließlich bei dem Fest eintraf). Ⓒ **1.** Die anderen Tiere hatten Angst vor ihm. **2.** In diesem Moment. **3.** Ich fühle mich nicht wohl. **4.** Der Tiger war sehr allein. Ⓓ **1.** Der Tiger, der dem Papagei helfen will, ist sehr freundlich. **2.** Der Papagei, den der Tiger auf seinem Rücken getragen hat, war glücklich. **3.** Der Tiger, vor dem alle Tiere Angst haben, ist hilfsbereit. **4.** Der Papagei, dem der Tiger helfen wollte, war unglücklich.

2 **1.** Ich habe eine Freundin, die Engländerin ist. **2.** Wir haben einen Onkel, der in Amerika wohnt. **3.** Ich habe eine Kusine, die in China war. **4.** Sie haben einen Hund, der Bello heißt. **5.** Meine Großeltern besitzen ein Haus, das sich auf dem Land befindet. **6.** Sie haben eine Tochter, die lange in Göttingen studiert hat. **7.** Siehst du die Dame, der ich eine Zeitung bringen soll. **8.** Dort sitzen die Gäste, denen ich Orangensaft bringen soll. **9.** Kennst du die Frau, mit der ich gesprochen habe ? **10.** Da kommt die Straßenbahn, die zum Bahnhof fährt. **11.** Der Film, den ich gestern gesehen habe, war spannend.

3 dicke Pullover, warme Hosen, einen langen Rock, eine weiße Bluse, ein gelbes Hemd ; ein rotes Kleid, einen grünen Schlafanzug, gute Schuhe : braune Handschuhe, einen grauen Regenmantel ; das blaue Hemd, roten Pullover ; der kleinen Tasche ; der schwarzen Schuhe.

4 **1.** schnellsten. **2.** besten. **3.** teuerste. **4.** höchsten. **5.** berühmteste. **6.** bekanntesten. **7.** jüngsten. **8.** älteste.

5 **1.** Er schläft gern, aber er malt lieber. **2.** Er hört gern Musik aber er sieht lieber fern. **3.** Er schreibt gern Briefe, aber er fährt lieber Rad. **4.** Er macht gern seine Aufgaben, aber er turnt lieber. **5.** Er zeichnet gern, aber er schwimmt lieber. **6.** Er singt gern, aber er spielt lieber Fußball.

6 Ⓐ Werden angelegt (es werden immer mehr Parkplätze für Fahrräder angelegt) ; werden umgewandelt (Autoparkplätze werden in Fahrradparkplätze umgewandelt) ; werden eingerichtet (immer mehr Fahrradwege werden eingerichtet). Ⓑ ca. (circa) : à peu près, équivalent de ungefähr ; z.B. (zum Beispiel) : par exemple ; usw. (und so weiter) : etc., et cetera. Ⓒ das Klima (Freiburg ist die wärmste Stadt Deutschlands) ; die schöne Umgebung (der Schwarzwald) ; die schöne Altstadt, die Universitätsstadt ; die Nähe Frankreichs, der Schweiz ; man kann viel Sport treiben, schöne Ausflüge machen. Ⓓ Auto + Parkplätze ; Fahrrad + Parkplätze ; Fahrrad + Wege.

7 Ⓐ Hätte… aufgeschüttet ; wäre… vollgepackt ; würde… herausragen. Le subjonctif II est employé dans le texte pour décrire une situation irréelle (si on avait déversé toutes les ordures de la ville de Fribourg dans le centre ville depuis 1972, on aurait une montagne qui recouvrirait telle superficie…). Ⓑ La hauteur de cette montagne serait de 70 mètres. La cathédrale a une hauteur de 116 mètres puisqu'elle dépasserait la montagne de 46 mètres.

8 Jede Scheibe Brot wird mit Butter bestrichen. Der Schinken wird in Streifen geschnitten, und die Brote werden damit belegt. In der Pfanne wird das Speiseöl heiß gemacht. Die Eier werden aufgeschlagen und die fertigen Spiegeleier werden auf das Brot gelegt. Die Tomaten werden in Stücke geschnitten. Mit der Petersilie, den Gurken und den Tomaten wird der Tellerrand verziert (*Vocabulaire :* die Scheibe = la tranche ; der Schinken = le jambon ; die Pfanne = la poêle ; die Spiegeleier = les œufs sur le plat ; die Petersilie = le persil ; die Gurke = le cornichon.)

CORRIGÉS Niveau 3

9 Guten Tag ; Gute Nacht ; Guten Morgen ; Guten Abend ; Guten Appetit ; Gute Fahrt ; Frohes Fest ; Schöne Reise ; Schönes Wochenende ; Schönen Urlaub ; Frohe Ostern ; Fröhliche Weihnachten.

10 Paris, den 13. Juli. Liebe Stefanie, Über deinen netten Brief habe ich mich sehr gefreut. Das war eine schöne Überraschung! Ich habe deinen Brief meiner kleinen Schwester gezeigt. Ich bleibe hier noch drei lange Wochen, dann fahre ich in die Bretagne mit allen meinen Vettern und Kusinen. Herzliche Grüße.

11 A : aus Österreich ; B : aus Belgien ; CH : aus der Schweiz ; D : aus Deutschland ; DK : aus Dänemark ; E : aus Spanien ; F : aus Frankreich ; GB : aus Großbritannien ; GR : aus Griechenland ; I : aus Italien ; NL : aus den Niederlanden ; S : aus Schweden.

12 1. Im Winter, im Sommer. 2. im August. 3. 1961 (im Jahre 1961). 4. am Morgen. 5. um 5 Uhr. 6. am Mittwochnachmittag. 7. vor drei Wochen. 8. in ein paar Tagen. 9. seit vier Jahren. 10. am 8. August. 11. nächstes Jahr. 12. nächste Woche. 13. nächsten Monat. 14. voriges Jahr. 15. am Wochenende.

13 Geschäfte ; Bäckereien ; Konditoreien ; die Apotheken ; Medikamente ; Briefmarken ; Telegramme ; Familien ; die Supermärkte ; die Verkäufer ; die Verkäuferinnen ; Kunden ; die Autos ; die Fahrräder ; die Busse ; die Straßenbahnen ; die Fahrer ; Unfälle ; Bäume ; die Fabriken ; Kinos ; Theater.

14 1. *sprechen* : parler ; *die Sprache* : la langue ; *das Gespräch* : la conversation ; *die Fremdsprache* : la langue étrangère ; *aussprechen* : prononcer.
2. *sparen* : économiser ; *sparsam sein* : être économe ; *die Sparkasse* : la caisse d'épargne ; *das Sparbuch* : le livret d'épargne ; *die Ersparnisse* : les économies.

15 Ⓐ Abholen (1) ; überholen (3) ; wiederholen (4) ; sich erholen (2). Ⓑ anmachen (3) ; ausmachen (4) ; zumachen (2) ; aufmachen (1).

16 1. Schönheit. 2. Traurigkeit. 3. Sauberkeit. 4. Wahrheit. 5. Gesundheit. 6. Kindheit. 7. Schwierigkeit. 8. Wissenschaft. 9. Freundschaft. 10. Freiheit. 11. Vergangenheit. 12. Landschaft.

17 1. Er trifft einen Freund. 2. Es ist verboten, hier zu parken. 3. Ich friere. 4. Was ist geschehen? 5. Ich entschuldige mich. 6. Es ist teuer. 7. Wann willst du telefonieren? 8. Ein Schüler fehlt. 9. Pass auf! 10. Der Film fängt um 13 Uhr an. 11. Ich möchte das Geschenk aufmachen. 12. Das Geschäft schließt um 6 Uhr.

18 1. München ist eine Stadt der Bundesrepublik. 2. Hamburg ist eine Stadt der Bundesrepublik. 3. Basel ist eine Stadt der Schweiz. 4. Wien ist die Hauptstadt Österreichs. 5. Salzburg ist eine Stadt Österreichs. 6. Zürich ist eine Stadt der Schweiz. 7. Madrid ist die Hauptstadt Spaniens. 8. London ist die Hauptstadt Englands. 9. Nizza ist eine Stadt Frankreichs. 10. Moskau ist die Hauptstadt Russlands. 11. Washington ist die Hauptstadt der Vereinigten Staaten. 12. Rom ist die Hauptstadt Italiens.

19 1. Er verlässt die Stadt nicht, ohne von seinen Freunden Abschied zu nehmen. 2. Er nimmt einen Regenschirm, anstatt einen Regenmantel anzuziehen. 3. Er fährt nach Köln, um am Karneval teilzunehmen. 4. Er muss viel arbeiten, um die Prüfung zu bestehen. 5. Er geht nicht über die Straße, ohne auf die Verkehrsampel aufzupassen.

20 1. Müde zu sein. 2. kaufen zu können. 3. kennenzulernen. 4. nicht rauchen. 5. geht er schwimmen. 6. schnell packen, nicht versäumen willst. 7. anders aussehen, das Haar schneiden. 8. Post zu bekommen. 9. nicht aufregen. 10. zum Mittagessen einladen. 11. Klavier spielen, Tag zu üben. 12. nicht zu entschuldigen. 13. ins Kino zu gehen. 14. deinen Freund zu treffen. 15. Schlösser bauen. 16. im Auto sitzen bleiben.

21 Ⓐ Ordre des paragraphes : 3, 5, 1, 4, 6, 2. Ⓑ a. Elle doit sortir le pain du four, secouer un pommier et mettre les pommes en tas, secouer les édredons de Madame Holle de manière à ce que les plumes s'envolent. b. La deuxième fille ne veut pas se salir avec le four, elle ne veut pas recevoir une pomme sur la tête, elle est paresseuse.

22 wollte ; setzte ; stach ; warf ; sprang ; kam ; ging ; kam ; schrie ; antwortete ; kam ; rief ; antwortete ; ankam ; hatte ; hatte ; war ; dachte ; fing sie schon an ; wollte ; machte ; schüttelte ; wollte ; führte ; stand ; wurde ; sagte ; kam ; war ; blieb ; wollte ; lebte.

Niveau 4
1ʳᵉ langue : l'année de la 3ᵉ

1 **1.** e. **2.** d. **3.** a. **4.** b. **5.** c.

2 **1.** Ferdinand Porsche, (achtzehnhundertfünfundsiebzig geboren, neunzehnhunderteinundfünfzig gestorben). **2.** Otto Lilienthal, (achtzehnhundertachtundvierzig geboren, achtzehnhundertsechsundneunzig gestorben). **3.** Prof. Robert Koch (achtzehnhundertdreiundvierzig geboren, neunzehnhundertzehn gestorben). **4.** Carl Benz (achtzehnhundertvierundvierzig geboren, neunzehnhundertneunundzwanzig gestorben). **5.** Johannes Gutenberg (dreizehnhundertsiebenundneunzig oder vierzehnhundert geboren, vierzehnhundertachtundsechzig gestorben). **6.** Gottlieb Daimler und Wilhelm Maybach (achtzehnhundertvierunddreißig geboren, neunzehnhundert gestorben ; achtzehnhundertsechsundvierzig geboren, neunzehnhundertneunundzwanzig gestorben). **7.** Johannes Kepler (fünfzehnhunderteinundsiebzig geboren, sechzehnhundertdreißig gestorben). **8.** Prof. W. Conrad Röntgen (achtzehnhundertfünfundvierzig geboren, neunzehnhundertdreiundzwanzig gestorben).

3 **1.** Der erste „Volkswagen" ist von Ferdinand Porsche gebaut worden. **2.** Die ersten Flüge bis zu 300 m Länge sind von Otto Lilienthal unternommen worden. **3.** Wirksame Methoden zur Behandlung der Tuberkulose sind von Robert Koch entwickelt worden. **4.** Der erste vierrädrige Motorwagen ist von Carl Benz konstruiert worden. **5.** Der Buchdruck mit beweglichen Lettern ist von Johannes Gutenberg erfunden worden. **6.** Das erste Motorrad ist von Gottlieb Daimler und Wilhelm Maybach gebaut worden. **7.** Die Gesetze der Planetenbewegung sind von Johannes Kepler entdeckt worden. **8.** Die Wirkung der X-Strahlen ist von Conrad Röntgen entdeckt worden.

4 **1.** In Deutschland wird viel Bier getrunken. **2.** Die Gäste werden vom Bürgermeister empfangen. **3.** Der Wagen wird von meinem Vater repariert. **4.** Die Stadt wird von vielen Touristen besucht. **5.** Das Haus wird von einem reichen Mann gekauft. **6.** Der Roman wurde von einem berühmten Schriftsteller geschrieben. **7.** Die Stadt wurde von den Römern gegründet. **8.** Der Dieb wurde von der Polizei festgenommen. **9.** Ein kleines Paket wurde vom Briefträger gebracht. **10.** Die *Sinfonie Heroika* wurde von Beethoven komponiert. **11.** Die Buchdruckerkunst wurde von Gutenberg erfunden. **12.** Amerika wurde von Kolumbus entdeckt.

Ⓐ

5 Ⓐ Um 1 100 (aux environs de 1 100) ; damals (à cette époque) ; lange (pendant longtemps) ; später (plus tard) ; heute (aujourd'hui) ; schon vor 1 000 Jahren (déjà il y a 1 000 ans) ; nach (après). Ⓑ Présent : werden... gesungen ; Prétérit : wurde... umgebaut ; wurden... gefunden ; Parfait : sind... erbaut worden. Ⓒ uneinnehmbar = imprenable. Ⓓ Par exemple : möglich, unmöglich *(impossible)* ; geduldig, ungeduldig *(impatient)* ; gerecht, ungerecht *(injuste)* ; zufrieden, unzufrieden *(insatisfait)* ; bekannt, unbekannt *(inconnu)* ; angenehm, unangenehm *(désagréable)* ; bequem, unbequem *(inconfortable)* ; glücklich, unglücklich *(malheureux)* ; vorsichtig, unvorsichtig *(imprudent)*.

6 **1.** an dem Schüleraustausch. **2.** auf die Kinder. **3.** auf meine Frage. **4.** auf den Brief. **5.** nach meinem Namen. **6.** an die Zukunft. **7.** um Entschuldigung. **8.** für meinen Brief. **9.** auf die Einladung. **10.** um den Krieg. **11.** zum weißen Rock. **12.** für Musik. **13.** um ihre Kinder. **14.** an den Verkehr. **15.** an den Film. **16.** von diesem Schauspieler. **17.** von einer langen Reise.

7 **1.** Wir müssen Karten holen, bevor wir ins Theater gehen. **2.** Er will nach Hause gehen, bevor ein Gewitter ausbricht. **3.** Sie wollen ausruhen, nachdem sie den ganzen Tag gearbeitet haben. **4.** Du darfst spielen, nachdem du die Schularbeit gemacht hast. **5.** Er musste lange suchen, bevor er eine Arbeit fand. **6.** Sie musste langue üben, bevor sie gut Klavier spielen konnte. **7.** Er hatte kein Geld mehr, nachdem er den Wagen gekauft hatte. **8.** Er wurde Deutschlehrer, nachdem er zwei Jahre in Deutschland verbracht hatte. **9.** Ich musste lange studieren, bevor ich Arzt wurde. **10.** Sie ging ins Badezimmer, nachdem sie aufgestanden war.

8 **1.** Wenn. **2.** wenn. **3.** als. **4.** wenn. **5.** wenn. **6.** als. **7.** als. **8.** wenn.

9 Ⓐ Ich glaube, dass Konrad Adenauer Politiker war. Ich denke, dass Konrad Adenauer Politiker war. Vielleicht war er Politiker. Es ist möglich, dass er Politiker war. Es könnte sein, dass er Politiker war. Ⓑ Ich weiß nicht. Keine Ahnung.

10 Ⓐ Ich denke, dass er Schriftsteller war. Meiner Meinung nach war er Schriftsteller. Ich meine, dass er Schriftsteller war. Ⓑ Das stimmt, er hat den Roman „Der Prozeß" geschrieben. Das ist richtig. Das ist wahr. Sie haben recht.

11 Ⓐ Ich weiß ganz genau, dass Marlene Dietrich

CORRIGÉS Niveau 4

Schauspielerin war. Ich bin sicher, dass sie Schauspielerin war. Ich bin davon überzeugt, dass sie Schauspielerin war. B Ich hätte gern den Film „Der Blaue Engel" gesehen. Leider habe ich den Film „Der Blaue Engel" nicht gesehen. Ich bedaure, den Film „Der Blaue Engel" nicht gesehen zu haben. Es tut mir leid, aber ich habe den Film „Der Blaue Engel" nicht gesehen. C Ich bin einverstanden. Ich habe nichts dagegen. Ja, gern.

12 A *Subjonctif I* : seien (ganz anders seien) ; sei (alles in Frankreich sei) ; sei (ob ich verheiratet sei). *Subjonctif II* : würden machen ; hätten gemacht ; mitgehen könnten ; hätten gesehen ; trinken wollten ; trinken würden ; hätte (ob ich Kinder hätte) ; schicken würden. B On a employé le subjonctif I ou II parce qu'on rapporte les paroles de quelqu'un ; cet emploi correspond au style indirect.

13 A Des formes verbales au subjonctif II : möchtest ; spielen könnte ; spielen würde ; könnte sagen ; würde machen ; hätte gesehen ; hätte übernehmen können. B *Möchtest* exprime le souhait, *Spielen könnte, spielen würde, würde machen* expriment la condition irréalisée ou irréalisable. C'est seulement à la condition que des artistes célèbres comme Kim Basinger et Mel Gibson jouent avec lui qu'il aurait aimé faire du cinéma. *Hätte gesehen, hätte übernehmen können* expriment un souhait irréalisable. Son père aurait bien aimé qu'il suive ses traces et qu'il reprenne son activité, mais il voulait être indépendant, écrire seul sa propre musique sans aide familiale.

14 A Arbeitsstelle (4) ; arbeitsam (3) ; Arbeitsamt (2) ; Schwarzarbeit (1) ; B einfallen (2) ; zufällig (1) ; Abfall (3) ; Unfall (4) ; C Kunstwerk (3) ; Künstler (4) ; künstlerisch (1) ; künstlich (2) ; D Maler (3) ; malerisch (4) ; Gemälde (2) ; Malerei (1).

15 1. sich freuen. 2. hoffen. 3. denken. 4. rechnen. 5. sprechen. 6. anrufen 7. erlauben. 8. spielen. 9. erklären. 10. reisen. 11. fliegen. 12. abfahren. 13. träumen. 14. ankommen. 15. sich fürchten. 16. schenken. 17. fahren. 18. fließen. 19. schmecken. 20. verbieten 21. helfen.

16 1. Die Angst. 2. der Neid. 3. die Eifersucht. 4. der Zufall. 5. das Glück. 6. die Überraschung. 7. die Enttäuschung. 8. die Schuld. 9. der Zorn. 10. die Neugierde.

17 1. *teilen* : partager. 2. *verteilen* : distribuer. 3. *teilnehmen* : participer. 4. *der Teilnehmer* : le participant. 5. *das Gegenteil* : le contraire. 6. *das Abteil* : le compartiment. 7. *der Vorteil* : l'avantage. 8. *der Nachteil* : l'inconvénient. 9. *vorteilhaft* : avantageux. 10. *mitteilen* : communiquer.

18 1. lustig. 2. hässlich. 3. herzlich. 4. komisch. 5. freundlich. 6. lächerlich. 7. gemütlich. 8. ärgerlich. 9. gefährlich. 10. peinlich. 11. schuldig. 12. durstig. 13. geduldig. 14. schwierig. 15. langweilig. 16. pünktlich. 17. vernünftig. 18. regelmäßig. 19. schmutzig. 20. vorsichtig. 21. höflich. 22. fröhlich. 23. schrecklich. 24. neugierig. 25. praktisch. 26. möglich. 27. altmodisch. 28. französisch.

19 1. Während des Karnevals ziehen. 2. ihre Kinder gut zu erziehen. 3. Paris zieht viele Touristen an. 4. jetzt muss er umziehen. 5. Früh am Morgen zieht er einen Pullover und eine Hose an. 6. zieht er sich aus.

20 1. Einsteigen bitte. 2. oder muss ich umsteigen. 3. den Turm steigen. 4. Wo soll ich aussteigen?

21 *Der Verkehr* : der PKW ; die Straßenbahn ; der LKW ; die Bushaltestelle ; das Motorrad ; das Fahrrad ; das Moped ; der Fahrplan ; der Fahrschein ; der Führerschein ; das Verkehrsmittel ; die Gasse ; der Weg ; die Kreuzung ; die Brücke ; der Unfall.
Der Bau : das Haus ; das Schloss ; das Hochhaus ; die Küche ; das Wohnzimmer ; das Stadtviertel ; das Gebäude ; das Denkmal.

22 A *Formes verbales à l'impératif* : Greifen Sie ; Bevorzugen Sie ; Werfen Sie ; Prüfen Sie ; Versuchen Sie ; Vermeiden Sie ; Nehmen Sie ; Verwenden Sie ; Versuchen Sie. *Transposition du texte à la deuxième personne* : Glas. — Greif zu Glasflaschen! Metalle. — Bevorzuge Glas vor Metallverpackungen, da du Glas zu Altglascontainern bringen kannst. Wirf kaputte Geräte nicht gleich auf den Müll. Prüf zuerst, ob sich eine Reparatur lohnt! Kunststoffe. Vermeide die Benutzung von Plastiktüten : Nimm statt dessen deine eigene Tasche zum Einkaufen mit! Verwende Plastiktaschen mehrmals! Versuche Plastikwaren im Haushalt durch Glas, Holz, Porzellan oder Metallgegenstände zu ersetzen. B Glas + Flaschen ; Metall + Verpackungen ; alt + Glas + Container ; Plastik + Tüten ; Metall + Gegenstände.

23 1. Beruf. 2. Fortschritt. 3. Erziehung. 4. Prüfung. 5. Unterricht. 6. Fehler.

24 Des correspondants : 5-6 ; des amis pour les loisirs : 3 ; à vendre des timbres : 2 ; à échanger des autocollants : 9 ; à donner des cours : 1 ; à acheter des disques ou des CD : 8 ; des membres pour un club : 7 ; des bandes dessinées : 4.

25 1. : b. 2. : a. 3. : e. 4. : d. 5. : c.

26 1. As-tu le permis de conduire ? 2. Avez-vous un billet de 20 Mark ? 3. Les apparences sont trompeuses. 4. Beethoven a composé la sonate *Au clair de lune*. 5. Il semble être malade. 6. Il fait soleil, faisons une promenade.

27 1. Willst du ein Eis essen? 2. Ich suche einen Spiegel, ich möchte mich kämmen. 3. Sie haben im Haus Fußball gespielt und eine Scheibe zerbrochen.

28 1. Der Wirt ist ein Freund. 2. Der Lehrling möchte eines Tages Bäckermeister werden. 3. Der Leiter (Direktor) des Unternehmens will mit seinen Arbeitern sprechen. 4. Der Heilige Georg ist der Schutzheilige Englands.

29 1. Baumstamm, tronc d'arbre. 2. Stammbaum, arbre généalogique. 3. Ringfinger, annulaire (doigt qui porte l'anneau). 4. Fingerring (alliance, bague). 5. Meersalz (sel de mer). 6. Salzmeer (mer salée). 7. Milchkuh (vache laitière). 8. Kuhmilch (lait de vache). 9. Rotwein (vin rouge). 10. weinrot (rouge couleur de vin).

30 1. b. 2. a. 3. a. 4. d. 5. d.

QCM

6ᵉ ■ 1.b / 2.b / 3.c / 4.a / 5.a / 6.c / 7.b / 8.c / 9.b / 10.c / 11.a / 12.c / 13.c / 14.b / 15.b / 16.c / 17.b / 18.c / 19.a / 20.a / 21.c / 22.a / 23.b / 24.c / 25.c / 26.a / 27.a / 28.c / 29.b / 30.c / 31.c / 32.b / 33. a.

5ᵉ ■ 1.a / 2.c / 3.b / 4.c / 5.a / 6.b / 7.a / 8.b / 9.a / 10.a / 11.b / 12.c / 13.a / 14.a / 15.c / 16.b / 17.c / 18.b / 19.c / 20.a / 21.a / 22.c / 23.c / 24.a. / 25.b / 26.c / 27.c / 28.c / 29.a / 30.b / 31.b / 32.b / 33.a.

4ᵉ ■ 1.a / 2.b / 3.c / 4.b / 5.b / 6.a / 7.c / 8.b / 9.c / 10.a / 11.c / 12.b / 13.b / 14.c / 15.c / 16.b / 17.a / 18.c / 19.b / 20.a / 21.c / 22.c / 23.a / 24.c / 25.c / 26.c / 27.b / 28.c.

3ᵉ ■ 1.b / 2.c / 3.d / 4.a / 5.a / 6.b / 7.c / 8.b / 9.c / 10.a / 11.a / 12.b / 13.c / 14.a / 15.c / 16.c / 17.c / 18.b / 19.a / 20.b / 21.c / 22.c / 23.b / 24.a / 25.c / 26.c / 27.b / 28.c / 29.c / 30.a / 31.d / 32.b.

MÉMO

Liste de verbes

Verbes forts et des verbes faibles irréguliers

- Les verbes précédés d'un astérisque (*) se conjuguent au parfait avec l'auxiliaire *être* ;
- le verbe **fahren** se conjugue avec l'auxiliaire *avoir* quand il est construit avec un complément d'objet direct (au sens de *conduire*) ;
- les verbes **schwimmen, springen, laufen, reiten** se conjuguent avec l'auxiliaire *être* s'ils sont accompagnés d'un complément qui indique une direction et avec l'auxiliaire *avoir* si on insiste sur la durée ;
- au sens de *passer*, **ziehen** se conjugue avec l'auxiliaire *être*, au sens de *tirer* il se conjugue avec l'auxiliaire *avoir*.

Les verbes simples sont classés par ordre alphabétique ; chaque verbe simple est suivi de ses dérivés éventuels.

INFINITIF	PRÉSENT	PRÉTÉRIT	PARTICIPE PASSÉ	
B				
backen	bäckt	backte (buk)	gebacken	*cuire (gâteau)*
befehlen	befiehlt	befahl	befohlen	*ordonner*
beginnen		begann	begonnen	*commencer*
beißen		biss	gebissen	*mordre*
bieten		bot	geboten	*offrir*
anbieten		bot an	angeboten	*offrir*
verbieten		verbot	verboten	*interdire*
binden		band	gebunden	*lier*
verbinden		verband	verbunden	*relier*
bitten		bat	gebeten	*demander, prier*
blasen	bläst	blies	geblasen	*souffler*
ausblasen	bläst aus	blies aus	ausgeblasen	*éteindre (feu)*
***bleiben**		blieb	geblieben	*rester*
***stehenbleiben**		blieb stehen	stehengeblieben	*s'arrêter (de marcher)*
braten	brät	briet	gebraten	*rôtir*
brechen	bricht	brach	gebrochen	*casser, briser*
unterbrechen	unterbricht	unterbrach	unterbrochen	*interrompre*
zerbrechen	zerbricht	zerbrach	zerbrochen	*briser*
brennen		brannte	gebrannt	*brûler*
bringen		brachte	gebracht	*apporter*
mitbringen		brachte mit	mitgebracht	*apporter*
verbringen		verbrachte	verbracht	*passer (des vacances)*
D				
denken		dachte	gedacht	*penser*
E				
empfehlen	empfiehlt	empfahl	empfohlen	*recommander*
***erschrecken**	erschrickt	erschrak	erschrocken	*s'effrayer, avoir peur*
essen	isst	aß	gegessen	*manger*
fressen	frisst	fraß	gefressen	*dévorer*

F

*fahren	fährt	fuhr	gefahren	*aller (autrement qu'à pied)*
*abfahren	fährt ab	fuhr ab	abgefahren	*partir, démarrer*
erfahren	erfährt	erfuhr	erfahren	*apprendre (nouvelle)*
*fortfahren	fährt fort	fuhr fort	fortgefahren	*partir (véhicule) continuer*
*Rad fahren	fährt Rad	fuhr Rad	Rad gefahren	*faire de la bicyclette*
*wegfahren	fährt weg	fuhr weg	weggefahren	*partir (véhicule) s'éloigner*
*fallen	fällt	fiel	gefallen	*tomber*
*auffallen	fällt auf	fiel auf	aufgefallen	*se faire remarquer, frapper*
gefallen	gefällt	gefiel	gefallen	*plaire*
einfallen	fällt ein	fiel ein	eingefallen	*venir à l'esprit*
fangen	fängt	fing	gefangen	*attraper*
anfangen	fängt an	fing an	angefangen	*commencer*
empfangen	empfängt	empfing	empfangen	*recevoir*
finden		fand	gefunden	*trouver*
erfinden		erfand	erfunden	*inventer*
sich befinden		befand	befunden	*se trouver*
stattfinden		fand statt	stattgefunden	*avoir lieu*
*fliegen		flog	geflogen	*voler*
*fließen		floss	geflossen	*couler*
frieren		fror	gefroren	*avoir froid, geler*

G

geben	gibt	gab	gegeben	*donner*
Acht geben	gibt Acht	gab Acht	Acht gegeben	*faire attention*
aufgeben	gibt auf	gab auf	aufgegeben	*renoncer*
ausgeben	gibt aus	gab aus	ausgegeben	*dépenser, distribuer*
umgeben	umgibt	umgab	umgeben	*entourer*
*gehen		ging	gegangen	*aller (à pied)*
*aufgehen		ging auf	aufgegangen	*se lever (soleil)*
*ausgehen		ging aus	ausgegangen	*sortir (soirée)*
*hingehen		ging hin	hingegangen	*aller, se rendre*
*mitgehen		ging mit	mitgegangen	*accompagner*
*spazieren gehen		ging spazieren	spazieren gegangen	*aller se promener*
*untergehen		ging unter	untergegangen	*se coucher (soleil)*
*vorbeigehen		ging vorbei	vorbeigegangen	*passer (devant quelque chose)*
*weggehen		ging weg	weggegangen	*s'en aller*
*gelingen		gelang	gelungen	*parvenir à, réussir*
*geschehen	geschieht	geschah	geschehen	*arriver, se passer*
gewinnen		gewann	gewonnen	*gagner (au jeu)*
gleichen		glich	geglichen	*ressembler*
vergleichen		verglich	verglichen	*comparer*
greifen		griff	gegriffen	*saisir*
angreifen		griff an	angegriffen	*attaquer*
ergreifen		ergriff	ergriffen	*saisir (occasion)*
zugreifen		griff zu	zugegriffen	*se servir (à table)*

MÉMO
Liste de verbes

H
halten	hält	hielt	gehalten	*s'arrêter (voiture), tenir*
anhalten	hält an	hielt an	angehalten	*arrêter, durer*
aushalten	hält aus	hielt aus	ausgehalten	*supporter, endurer*
enthalten	enthält	enthielt	enthalten	*contenir*
unterhalten	unterhält	unterhielt	unterhalten	*entretenir*
hängen		hing	gehangen	*être accroché*
abhängen		hing ab	abgehangen	*dépendre*
heben		hob	gehoben	*lever*
aufheben		hob auf	aufgehoben	*ramasser, suspendre*
heißen		hieß	geheißen	*s'appeler*
helfen	hilft	half	geholfen	*aider*

K
kennen		kannte	gekannt	*connaître*
erkennen		erkannte	erkannt	*reconnaître*
klingen		klang	geklungen	*sonner*
***kommen**		kam	gekommen	*venir*
***ankommen**		kam an	angekommen	*arriver*
bekommen		bekam	bekommen	*recevoir*
***herkommen**		kam her	hergekommen	*approcher, provenir*
***mitkommen**		kam mit	mitgekommen	*accompagner*
***zurückkommen**		kam zurück	zurückgekommen	*revenir*
***kriechen**		kroch	gekrochen	*ramper*

L
laden	lädt	lud	geladen	*charger*
einladen	lädt ein	lud ein	eingeladen	*inviter*
***laufen**	läuft	lief	gelaufen	*courir*
lassen	lässt	ließ	gelassen	*laisser faire + inf.*
entlassen	entlässt	entließ	entlassen	*congédier*
verlassen	verlässt	verließ	verlassen	*quitter*
leiden		litt	gelitten	*souffrir*
leihen		lieh	geliehen	*prêter, emprunter*
entleihen		entlieh	entliehen	*emprunter*
lesen	liest	las	gelesen	*lire*
vorlesen	liest vor	las vor	vorgelesen	*lire à haute voix*
liegen		lag	gelegen	*être allongé*
lügen		log	gelogen	*mentir*

M
messen	mißt	maß	gemessen	*mesurer*

N
nehmen	nimmt	nahm	genommen	*prendre*
abnehmen	nimmt ab	nahm ab	abgenommen	*diminuer, mincir*
annehmen	nimmt an	nahm an	angenommen	*accepter*
aufnehmen	nimmt auf	nahm auf	aufgenommen	*enregistrer, accueillir*
mitnehmen	nimmt mit	nahm mit	mitgenommen	*emporter*
teilnehmen	nimmt teil	nahm teil	teilgenommen	*participer*
unternehmen	unternimmt	unternahm	unternommen	*entreprendre*
nennen		nannte	genannt	*nommer*

A

P
pfeifen		pfiff	gepfiffen	siffler

R
raten	rät	riet	geraten	conseiller, deviner
*reißen		riss	gerissen	se rompre
zerreißen		zerriss	zerrissen	déchirer, rompre
*reiten		ritt	geritten	faire du cheval
*rennen		rannte	gerannt	courir
riechen		roch	gerochen	sentir
rufen		rief	gerufen	appeler
anrufen		rief an	angerufen	téléphoner

S
scheinen		schien	geschienen	briller, sembler
*erscheinen		erschien	erschienen	apparaître
schelten	schilt	schalt	gescholten	gronder
schieben		schob	geschoben	pousser
schießen		schoss	geschossen	tirer
schlafen	schläft	schlief	geschlafen	dormir
*einschlafen	schläft ein	schlief ein	eingeschlafen	s'endormir
schlagen	schlägt	schlug	geschlagen	frapper, battre
aufschlagen	schlägt auf	schlug auf	aufgeschlagen	ouvrir (livre)
vorschlagen	schlägt vor	schlug vor	vorgeschlagen	proposer
schließen		schloss	geschlossen	fermer, conclure
abschließen		schloss ab	abgeschlossen	fermer (à clef), terminer
beschließen		beschloss	beschlossen	décider, temminer
sich entschließen		entschloss	entschlossen	se décider
schneiden		schnitt	geschnitten	couper
schreiben		schrieb	geschrieben	écrire
abschreiben		schrieb ab	abgeschrieben	copier
beschreiben		beschrieb	beschrieben	décrire
unterschreiben		unterschrieb	unterschrieben	signer
schreien		schrie	geschrieen	crier
*schreiten		schritt	geschritten	marcher
schweigen		schwieg	geschwiegen	se taire
*schwimmen		schwamm	geschwommen	nager
schwören		schwor	geschworen	jurer
sehen	sieht	sah	gesehen	voir
sich etwas ansehen	sieht an	sah an	angesehen	regarder
aussehen	sieht aus	sah aus	ausgesehen	avoir l'air
einsehen	sieht ein	sah ein	eingesehen	examiner
fernsehen	sieht fern	sah fern	ferngesehen	regarder la télévision
nachsehen	sieht nach	sah nach	nachgesehen	examiner, vérifier
wiedersehen	sieht wieder	sah wieder	wiedergesehen	revoir
*sein		war	gewesen	être
senden		sandte	gesandt	envoyer
singen		sang	gesungen	chanter
*sinken		sank	gesunken	s'abaisser, s'enfoncer

sitzen		saß	gesessen	*être assis*
besitzen		besaß	besessen	*posséder*
sprechen	spricht	sprach	gesprochen	*parler*
besprechen	bespricht	besprach	besprochen	*discuter*
versprechen	verspricht	versprach	versprochen	*promettre*
***springen**		sprang	gesprungen	*sauter*
stehen		stand	gestanden	*être debout*
***aufstehen**		stand auf	aufgestanden	*se lever*
verstehen		verstand	verstanden	*comprendre*
stehlen	stiehlt	stahl	gestohlen	*voler, dérober*
***steigen**		stieg	gestiegen	*monter*
***einsteigen**		stieg ein	eingestiegen	*monter*
***aussteigen**		stieg aus	ausgestiegen	*descendre*
***umsteigen**		stieg um	umgestiegen	*changer*
***sterben**	stirbt	starb	gestorben	*mourir*
***streichen**		strich	gestrichen	*peindre, barrer, étendre*
streiten		stritt	gestritten	*se disputer*
T				
tragen	trägt	trug	getragen	*porter*
treffen	trifft	traf	getroffen	*rencontrer*
***treten**	tritt	trat	getreten	*marcher*
betreten	betritt	betrat	betreten	*entrer*
***eintreten**	tritt ein	trat ein	eingetreten	*entrer*
vertreten	vertritt	vertrat	vertreten	*représenter, remplacer*
treiben		trieb	getrieben	*pousser, inciter*
übertreiben		übertrieb	übertrieben	*exagérer*
trinken		trank	getrunken	*boire*
tun		tat	getan	*faire*
V				
vergessen	vergisst	vergaß	vergessen	*oublier*
verlieren		verlor	verloren	*perdre*
***verschwinden**		verschwand	verschwunden	*disparaître*
verzeihen		verzieh	verziehen	*pardonner*
W				
waschen	wäscht	wusch	gewaschen	*laver*
***wachsen**	wächst	wuchs	gewachsen	*pousser, croître*
wenden		wandte	gewandt	*tourner*
***werden**	wird	wurde	geworden	*devenir*
werfen	wirft	warf	geworfen	*jeter*
wiegen		wog	gewogen	*peser*
wissen	weiß	wusste	gewusst	*savoir*
Z				
***ziehen**		zog	gezogen	*passer, tirer*
anziehen		zog an	angezogen	*enfiler (vêtement)*
ausziehen		zog aus	ausgezogen	*retirer (vêtement)*
***umziehen**		zog um	umgezogen	*déménager*
zwingen		zwang	gezwungen	*forcer*

BLOC-NOTES COLLÈGE

Les filières au collège

cycle d'orientation

troisième
- 3ᵉ générale
- Brevet + Orientation

cycle central

quatrième
- 4ᵉ générale
  - Tronc commun + 1 langue vivante + technologie
  - Tronc commun + 2 langues vivantes
  - Tronc commun + 2 langues vivantes + latin ou grec

cinquième
- Tronc commun + 1 langue vivante
- Tronc commun + 1 langue vivante + latin ou grec

cycle d'adaptation

sixième
- Tronc commun + 1 langue vivante au choix

Les filières après le collège

→ **Formation en alternance**
  Centre de formation des apprentis

→ **Seconde générale ou technologique**
  Lycée d'enseignement général
  Lycée technologique
  Lycée agricole
  Lycée ou école spécialisés

→ **Seconde professionnelle**
  Lycée d'enseignement professionnel

Seconde générale

Tronc commun + SVT

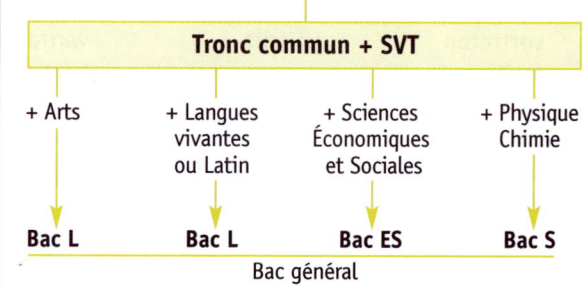

+ Arts	+ Langues vivantes ou Latin	+ Sciences Économiques et Sociales	+ Physique Chimie
Bac L	Bac L	Bac ES	Bac S

Bac général

Seconde technologique

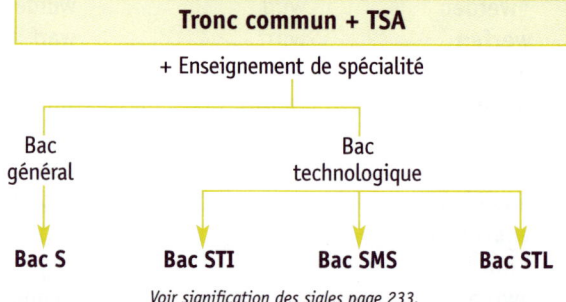

Tronc commun + TSA

+ Enseignement de spécialité

- Bac général → Bac S
- Bac technologique → Bac STI, Bac SMS, Bac STL

Voir signification des sigles page 233.

A

La formation par l'apprentissage

Durée	Niveau	Formation
1 à 5 ans	Enseignement supérieur	DNTS / DESS / MAÎTRISE / INGÉNIEUR
2 ans		BTS – DUT

VOUS POUVEZ PRÉPARER

Durée	Niveau	Formation
2 ans	Enseignement général : LYCÉE	BAC PROFESSIONNEL / BREVET PROFESSIONNEL / BREVET DE MAÎTRISE / BREVET TECHNIQUE DES MÉTIERS
1 an		FORMATIONS COMPLÉMENTAIRES

VOUS POUVEZ PRÉPARER

Durée	Niveau	Formation
2 ans	Enseignement général : COLLÈGE	CAP / BEP
1 an		CPA — Classe préparatoire à l'apprentissage (à partir de 15 ans)
1 an		CLIPA — Classe d'initiation préprofessionnelle en alternance (à partir de 14 ans)

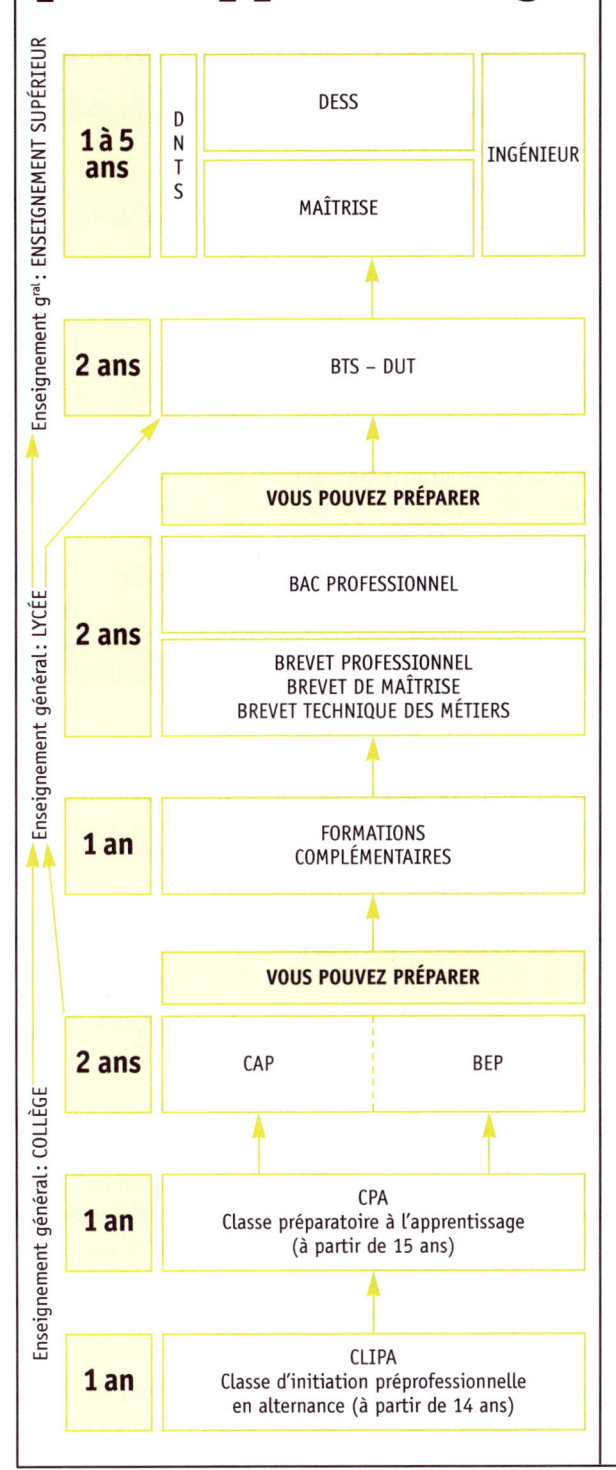

Réussir son orientation

● **Les centres de documentation**

Le choix d'un métier est une étape très importante. Pour tout savoir sur l'orientation, renseignez-vous auprès :
- des établissements scolaires, des professeurs principaux ;
- des Centres d'Information et d'Orientation (CIO) ;
- des lieux d'information sur l'insertion professionnelle des jeunes (Permanences d'Accueil, d'Information et d'Orientation (PAIO), missions locales) ;
- des correspondants du Crédit Formation ;
- des Maisons de l'Information sur la Formation (MIF) ;
- des Centres (Points ou Bureaux) d'Information et de Documentation de la Jeunesse (CIDJ, PIJ, BIJ) ;
- de l'Agence Nationale Pour l'Emploi (ANPE) ;
- des préfectures ;
- des services Emploi des mairies ;
- des chambres de commerce et d'industrie, des chambres des métiers, des chambres d'agriculture ;
- des groupements, des organisations et des syndicats professionnels ;
- des Centres de Formation d'Apprentis (CFA), qui peuvent prendre des inscriptions préalables et vous aider à rechercher une entreprise d'accueil, votre inscription ne devenant définitive qu'à la signature du contrat d'apprentissage avec l'entreprise.

● **Le Minitel**

Au sommaire du serveur, vous pouvez trouver :
- des informations générales sur l'apprentissage (le contrat d'apprentissage, la formation en CFA, les classes préparatoires à l'apprentissage…) ;
- un annuaire des CFA (classement par métier et par zone géographique) ;
- les places disponibles dans les CFA (service accessible à la rentrée, de septembre à décembre) ;
- des offres de contrats d'apprentissage.

L'équipe éducative

● Administration

Le principal est le chef d'établissement. Représentant de l'État, il suit les instructions officielles du ministre et du recteur. Président du conseil d'administration de l'établissement, il est chargé d'en faire exécuter les décisions. Il est responsable de la gestion de l'établissement. Il représente le collège auprès de l'Inspection Académique et des collectivités locales, en particulier le Conseil Général.

Le principal adjoint le seconde dans toutes les tâches pédagogiques ou administratives. Il s'occupe plus particulièrement des relations entre le collège, les élèves, et leur famille.

Le gestionnaire gère recettes et dépenses sous l'autorité du principal. Le personnel de service et d'entretien, le gardien sont sous ses ordres.

Les secrétaires travaillent avec le principal et l'intendant.

● CDI

Au CDI, *le documentaliste* aide les élèves dans leur recherche, en liaison avec les professeurs.

● Vie scolaire

Le conseiller principal d'éducation ou *CPE* dirige une équipe de surveillants. Il gère les problèmes de discipline, d'absence et de retard. Il est à l'écoute des élèves.

Les surveillants assurent les heures d'étude ou de permanence, les surveillances des récréations et des repas, des entrées et des sorties.

Le conseiller d'orientation psychologue guide les élèves et les familles dans l'orientation, informe sur les métiers et leurs débouchés.

● Équipe médico-sociale
(travaillant sur un secteur géographique)

Le médecin et l'infirmier assurent les visites médicales obligatoires, la prévention concernant les problèmes de santé et d'hygiène.

Une assistante sociale est à l'écoute des difficultés scolaires ou des problèmes familiaux, elle peut donner des conseils et des adresses utiles.

La vie dans la classe

Les quatre années au collège sont divisées en trois cycles :
– cycle initial ou d'observation (6e),
– cycle central (5e, 4e),
– cycle final ou d'orientation (3e).

Le conseil de classe du dernier trimestre décide du passage d'une classe à l'autre et, en concertation avec les parents, de l'orientation après la 3e.

● Les délégués de classe

Les deux délégués et leurs deux suppléants sont les représentants des élèves de la classe.

Ils sont élus après quelques semaines de cours par un scrutin à bulletin secret, scrutin uninominal (on vote pour une seule personne) à deux tours (si un candidat n'obtient pas la majorité absolue au premier tour).

Les délégués assistent une fois par trimestre au conseil de classe. Porte-parole des élèves, ce sont les interlocuteurs privilégiés des professeurs et de l'administration. Ils votent pour les délégués des élèves au conseil d'administration.

● Le professeur principal

Il est choisi parmi les professeurs de la classe. Il prépare les conseils de classe, coordonne l'équipe pédagogique, gère avec chaque élève son orientation. Il assure en outre la liaison avec les parents.

● Le conseil de classe

Il se réunit une fois par trimestre.

Le conseil de classe est présidé par le principal, ou le principal adjoint, assisté du professeur principal. Il réunit les professeurs de la classe, les deux délégués de classe et deux délégués de parents d'élèves élus.

Au conseil de classe, le professeur principal fait un bilan trimestriel du travail et du comportement des élèves. Ainsi, il informe les représentants des élèves et des parents, les autorités administratives. Il parle au nom de l'ensemble des professeurs qu'il représente.

Au second trimestre, les professeurs informent, le cas échéant, le conseil de classe des difficultés des élèves.

Au troisième trimestre, ils conseillent sur l'orientation, le changement de cycle ou le maintien dans un cycle.

BLOC-NOTES COLLÈGE

Les sigles les plus courants

● **CA** Conseil d'Administration
C'est une assemblée qui réglemente la vie du collège, répartit les moyens d'enseignement par discipline, vote le projet d'établissement préparé par l'ensemble de l'équipe éducative et les comptes de l'établissement. Elle est composée de personnes élues ou qui y siègent de droit.

● **CDI** Centre de Documentation et d'Information
C'est la bibliothèque du collège : un documentaliste aide les élèves à sélectionner les ouvrages à consulter sur place ou à emprunter et permet d'accéder à Internet.

● **CIO** Centre d'Information et d'Orientation
Il existe un CIO pour plusieurs collèges. Les élèves et les parents peuvent y rencontrer le conseiller d'orientation, consulter des brochures concernant les métiers et leurs débouchés.

● **CPE** Conseiller Principal d'Éducation

● **FSE** Foyer Socio Éducatif
Géré par des élèves, des professeurs et des parents, le foyer assure une animation culturelle sur la base du volontariat.

● **UNSS** Union Nationale des Sports Scolaires
Dans chaque collège, cette association, animée par les professeurs d'Éducation Physique et Sportive, organise les activités facultatives des clubs sportifs le mercredi après-midi.

● **Des options à partir de la seconde**
SVT   Sciences de la Vie et de la Terre
TSA   Techniques des Systèmes Automatisés

● **Les différents bacs**
L   Littéraire
ES   Économique et Social
S   Scientifique
STI   Sciences et Technologies Industrielles
STL   Sciences et Technologies de Laboratoire
STT   Sciences et Technologies Tertiaires
SMS   Sciences Médico-Sociales
STPA   Sciences et Technologies du Produit Agro-alimentaire
STAE   Sciences de l'Agronomie et de l'Environnement

Les services du CDI

● **Un service de prêt**
Ouvrages de fiction, bandes dessinées, ouvrages documentaires, presse sont à disposition. En période d'examen ou pour l'été, il est possible d'emprunter des livres scolaires, moyennant une faible caution. Dictionnaires, encyclopédies, atlas ne sortent pas du CDI, mais se consultent sur place.

● **Une initiation**
– Dans des « boîtes dossiers », professeurs ou élèves réunissent parfois une documentation d'actualité souvent renouvelée.
– A côté des fichiers « matières » et « auteurs », manuels ou informatisés, un fichier spécial est réservé à l'orientation et aux métiers.
– Le documentaliste aide les élèves à maîtriser les outils documentaires.

● **Un lieu d'animation**
– Des expositions montrent les réalisations des élèves.
– Le CDI organise des rencontres thématiques, comme la « semaine de la presse ».
– Un panneau d'information donne le programme des animations culturelles de la ville.
– Le CDI présente des nouveautés littéraires.

Les services gratuits

Le conseiller d'orientation offre :
– des conseils d'orientation ;
– des tests (de lecture, de compétence et de goûts) permettant de déterminer le profil de l'enfant.
Le documentaliste propose les services du CDI (Centre de Documentation et d'Information) : fichiers de consultation des métiers et orientation, examens, concours.
Le médecin scolaire peut prendre en charge :
– les problèmes personnels de l'enfant qui peut se présenter sans autorisation parentale ;
– la visite médicale ou le conseil médical ;
– la visite de santé pour le dossier d'orientation, l'obtention d'un certificat de santé ;
– certaines vaccinations et des dépistages.
L'assistance sociale peut conseiller en cas de problèmes financiers ou familiaux.
Tout le personnel est tenu au secret professionnel. Aucune information n'est diffusée aux professeurs sans l'autorisation des familles.

La bibliothèque du collégien germaniste

6ᵉ–5ᵉ

● **Max et Moritz**, Wilhelm Busch
Max et Moritz sont deux enfants qui s'amusent à jouer des tours dont certains peuvent se terminer de façon tragique.

● **Les Aventures de Till l'Espiègle**
Elles ont déjà fait l'objet de beaucoup de publications et même de films.

● **Les Aventures du Baron de Münchhausen**, Gottfried August Bürger
Les histoires fantastiques du « baron menteur » se déroulent au XVIIIᵉ siècle, d'Allemagne en Russie. Ce personnage extravagant participe à la guerre contre les Turcs.

● **Emil et les détectives**, Erich Kästner
Emil est un jeune garçon, élevé par sa mère qui lui confie une partie de ses économies, afin qu'il se rende en train à Berlin où l'attend sa grand mère. Pendant le voyage, un voleur lui prend son argent. Arrivé à Berlin, il est pris en charge par une bande d'enfants, qui lui promettent de l'aider à retrouver le voleur.

● **Casse Noisette et le Roi des souris**, E.T.A. Hoffmann
Une petite fille, Marie, croit assister, dans la nuit de Noël, à une bataille que livre le roi des souris contre un Casse Noisette. Marie soigne le Casse Noisette, blessé dans la bataille, et l'amitié qu'elle lui porte le délivre du sort jeté par le roi des Souris. Il se transforme en prince charmant et conduit Marie dans son royaume où tout n'est que forêts de bonbons, de pain d'épices…

● **La Légende du charmeur de rats**
Un étranger promit, contre une récompense, de libérer une cité de ses rats. Le bourgmestre accepta et l'étranger en jouant de sa flûte attira, dans la Weser, les rongeurs qui s'y noyèrent. Mais le bourgmestre ne voulut pas donner la récompense, l'étranger revint et de la même façon attira les enfants avec lui au-delà des montagnes.

● **Les Contes de Grimm**
Chacun connaît les contes recueillis par les frères Grimm et que l'on retrouve pour certains chez Perrault comme Blanche Neige (*Schneewittchen*), le Petit Chaperon Rouge (*Rotkäppchen*), Cendrillon (*Aschenputtel*), mais d'autres contes sont plus spécifiques à l'Allemagne comme les Musiciens de Brême (*die Bremer Stadtmusikanten*), Madame Holle (*Frau Holle*), Hänsel et Gretel, le Pêcheur et sa femme (*der Fischer und seine Frau*), le Roi bec de lièvre (*König Drosselbart*) le Roi Crapaud (*der Froschkönig*), Jean le Chanceux (*Hans im Glück*).

4ᵉ–3ᵉ

● **Le Tailleur d'Ulm**, Bertolt Brecht
Ce petit livre, dans la collection *Folio Junior Bilingue* est aussi un recueil de textes d'auteurs allemands célèbres comme Eduard Mörike, Goethe, Theodor Storm, Rainer Maria Rilke, Franz Kafka…

● **Simplicissimus**, Grimmelshausen
Ce roman picaresque écrit au XVIIᵉ siècle est paru en traduction dans la collection des Classiques Hachette *Lectures pour le collège*.

● **Einstein : ist alles relativ ?**
C'est un des titres d'une collection parue chez Nathan, *Version originale, lire l'allemand*. Le texte est écrit en allemand sur des thèmes motivants pour les jeunes.

● **Momo**, Michael Ende
Momo est un des titres paru dans la collection Didier *Freuden des Lesens*. Momo réussira à redonner aux hommes le goût de la fantaisie, du rêve…

● **Bitterschokolade**, Mirjam Pressler
Histoire d'une adolescente qui souffre de complexes dus à son poids et qui à la suite d'une rencontre amoureuse parvient à s'accepter telle qu'elle est.

● **Quand le bonheur arrive (Wenn das Glück kommt, muss man ihm einen Stuhl hinstellen)**, Mirjam Pressler
Roman en partie autobiographique, il révèle la vie d'une jeune fille, Halinka, qui a passé sa jeunesse après la guerre dans un foyer en Allemagne.

● **Je t'écris de Berlin (Die Flaschenpost)**, Klaus Kordon
Ce livre raconte à l'époque du Mur de Berlin une rencontre entre deux adolescents qui vivent d'un côté et de l'autre du Mur.

Acheter des livres allemands ou bilingues :
der Buchladen, 3 rue Burq, 75018 Paris, Tél. 01 42 55 42 13
Infobuch, 23 rue des Blancs-Manteaux, 75004 Paris, Tél. 01 48 04 04 47
Calligrammes, 8 rue de la Collégiale, 75005 Paris, Tél. 01 43 36 85 07
Attica, 64 rue de la Folie-Méricourt, 75011 Paris, Tél. 01 48 06 17 00
Marissal Bücher, 42 rue Rambuteau, 75139 Paris, Tél. 01 42 74 37 47
Nouveau Quartier Latin, 78 bd Saint-Michel, 75280 Paris Cedex 06, Tél. 01 43 26 42 70

BLOC-NOTES COLLÈGE

La vidéothèque du collégien germaniste

● *Nosferatu*, MURNAU (film muet, N/B, 1921)
C'est l'histoire d'un vampire qui évolue sous l'apparence du comte Dracula dans son château de Transylvanie.

● *Metropolis*, Fritz LANG, (film muet de science fiction, N/B, 1926)
En 2026, un savant fou invente une femme robot qui incite les ouvrières d'une cité souterraine à se révolter. Le monde est divisé entre les « seigneurs » qui vivent dans de hautes maisons et les ouvriers qui travaillent dans un monde souterrain.

● *M le maudit*, Fritz LANG (N/B, 1931)
C'est toute une ville qui se charge de démasquer un meurtrier qui s'attaque à de jeunes enfants. On l'empêchera de se faire justice elle-même.

● *L'Ange bleu*, Josef von STERNBERG (N/B, 1930)
Ce film a rendu célèbre Marlène Dietrich, qui y joue aux côtés d'Emil Jannings et de Hans Albers. Un professeur vieux garçon tombe amoureux de Lola, chanteuse de cabaret et femme fatale.

● *Münchhausen*, BAKY (1935)
C'est Hans Albers qui interprète le personnage du baron qui fréquente les tsars, obtient de Cagliostro le don de jeunesse éternelle, visite les harems, se promène en montgolfière.
Il existe des films plus récents sur ce thème, une version de 1943 est restée célèbre.

● *Le Joueur d'échec*, G. OSWALD et H. REINECKER (1960)
A Vienne, en 1938, le Dr Werner von Basil est arrêté par les nazis. Lors de sa détention, il réussit à voler un livre d'entraînement au jeu d'échec. Cette activité intellectuelle lui permettra de résister aux interrogatoires.

● *Kaspar Hauser*, Werner Herzog (1974)
Le film relate l'arrivée mystérieuse en 1828 d'un jeune homme à Nuremberg, qui ne possédait pas le langage et ne pouvait expliquer ses origines.

● *Le Tambour*, Volker Schlöndorff (1979)
Le héros, Oskar Matzerath, refuse à l'âge de trois ans de grandir. Ce n'est que lorsque les Allemands seront obligés de quitter Danzig que sa résolution changera…

● *Stern ohne Himmel*, Ottokar RUNZE (1980)
A la fin de la Seconde Guerre mondiale 4 élèves découvrent dans une maison bombardée un petit garçon juif ; son sort va dépendre des 4 enfants.

● *L'histoire sans fin*, Wolfgang Petersen (1984)
Bastian trouve un livre qui le transporte dans un monde merveilleux, pays des rêves, des espoirs.

Journaux, magazines, médias

● **Les quotidiens**
Bild (4,5 millions d'exemplaires vendus chaque jour)
Frankfurter Allegemeine, die Welt, Süddeutsche Zeitung, Frankfurter Rundschau.

● **Les hebdomadaires**
Parmi les hebdomadaires les plus vendus, citons : *die Zeit, die Woche.*

● **Les revues, magazines**
der Spiegel est vendu à plus d'un million d'exemplaires par numéro.
Focus est également un magazine d'information important.
Parmi les revues grand public nous citerons *Stern* et *Bunte*.

● **Revues et journaux favorisant l'apprentissage de la langue allemande**
Le journal *Vocable* allemand
Revue de presse internationale bimensuelle qui comporte les traductions des mots jugés difficiles dans les articles ; le niveau de langue s'adresse à des apprenants avancés ou à des adultes.
Adresse de l'abonnement :
4 rue de Cerisoles, 75008 Paris, Tél. 01 47 20 75 65
Les revues Pierre Bordas
Elles concernent des élèves débutants ou avancés et proposent 4 niveaux de difficultés linguistiques. Les plus jeunes pourront s'abonner à *Fertig… los* ou *Kinder* ; ceux qui sont en troisième ou quatrième année d'apprentissage peuvent aborder *Freunde* ou *Zusammen*. Ces revues sont très attrayantes, car elles contiennent des bandes dessinées, des articles courts sur des sujets motivants et de nombreux jeux linguistiques. 8 numéros paraissent par an.
Pour s'abonner :
Pierre Bordas et Fils, 7 rue Princesse 75006 Paris, Tél. : 01 43 25 04 51

● **Télévision**
Les deux grandes chaînes de télévision allemande :
ARD erstes deutsches Programm, première chaîne de télévision ;
ZDF Zweites Programm, deuxième chaîne.
ARTE, chaîne diffusée dans les deux pays.

● **Radio**
La *Deutsche Welle* diffuse un programme quotidien en langue française consacré à l'Allemagne.

Allemagne : fiche d'identité

Superficie : 375 000 km²
Population : 80 millions d'habitants
Capitale : Berlin (depuis 1991)
Régime politique : démocratie parlementaire
Elle est divisée en 16 *Länder* (États)
Membre de l'Union européenne.

Les institutions

La République Fédérale d'Allemagne est un État fédéral régi par une démocratie parlementaire, dont les fondements constitutionnels reposent sur la Loi fondamentale (*das Grundgesetz*), instituée en 1949.

L'impératif de réunification énoncé par la Loi fondamentale est devenu réalité en 1990 avec l'adhésion de la RDA à la République Fédérale.

Le pouvoir législatif : le *Bundestag* (Chambre des Députés) et le *Bundesrat* (Conseil Fédéral représentant les Länder).

Le pouvoir exécutif est assumé par la *Bundesregierung* (Gouvernement Fédéral) avec le *Bundeskanzler* (Chancelier Fédéral) et le *Bundespräsident* (Président Fédéral).

Le pouvoir judiciaire est assuré par la Cour Constitutionnelle Fédérale.

Les principaux partis politiques

- *CDU* : Union démocrate d'Allemagne
- *SPD* : Parti social démocrate d'Allemagne
- *FDP* : Parti libéral démocrate
- *CSU* : Union chrétienne démocrate (en Bavière)
- *PDS* : Parti du socialisme démocratique (issu du SED, ancien parti de la RDA)
- *die Grünen* : Les verts

L'hymne national

L'hymne national est la troisième strophe du « Chant des Allemands » (*Das Lied der Deutschen*), écrit par August Heinrich Hoffmann von Fallersleben en 1841, chanté sur une musique de Joseph Haydn.

La monnaie

L'unité monétaire est le Mark divisé en 100 Pfennig.
Les pièces : 1, 2, 5, 10, 50 Pfennig et 1, 2, 5 DM.
Les billets : 5, 10, 20, 50, 100, 20, 50, 1000 DM.

À partir de janvier 1999, le Mark sera peu à peu remplacé par l'Euro dont le cours se situe autour de 2 DM.

Les prénoms et leurs équivalents

Prénoms de garçons

Alexander	Alexandre
Andreas	André
Arnold	Arnaud
Bernd, Bernhard	Bernard
Christian, Karsten	Christian
Claudius	Claude
Clemens, Klemens	Clément
Dieter	Didier
Franz	François
Frank	Franck
Friedrich	Frédéric
Georg, Jürgen	Georges
Hans, Jens	Jean
Heinrich, Heinz	Henri
Karl	Charles
Klaus, Nikolaus	Nicolas
Ludwig, Lutz	Louis
Marcus	Marc
Michael	Michel
Oliver	Olivier
Peter	Pierre
Sebastian	Sebastien
Stefan	Stéphan
Wilhelm	Guillaume

Prénoms de filles

Anna, Anke, Antje	Anne
Aurelia	Aurélie
Cäcilia	Cécile
Camilla	Camille
Carola	Carole
Claudia	Claude
Corinna	Corine
Daniela	Danièle
Diana	Diane
Dorothea	Dorothée
Eva	Eve
Franziska	Françoise
Friederike	Frédérique
Genoveva	Geneviève
Isabella	Isabelle
Johanna	Jeanne
Julia	Julie
Katharina	Catherine
Lucia	Lucie
Martina	Martine
Monika	Monique
Paula	Paule
Sonja	Sonia
Virginia	Virginie
Veronika	Véronique

BLOC-NOTES COLLÈGE

Fêtes et jours fériés en Allemagne

1er janvier: Nouvel An (*Neujahr*).
Pâques (*Ostern*) :
Le Vendredi Saint (*Karfreitag*), le Dimanche de Pâques (*Ostersonntag*) et le lundi de Pâques (*Ostermontag*). C'est le lièvre qui apporte les œufs cachés dans le jardin.
1er mai: Fête du Travail (*Tag der Arbeit*).
Ascension: (*Christi Himmelfahrt*).
Pentecôte: (*Pfingsten*)
Dimanche de la Pentecôte (*Pfingstsonntag*) et lundi de Pentecôte : (*Pfingstmontag*).
3 octobre: Fête de l'unité allemande (*Tag der Deutschen Einheit*).
6 décembre: Saint Nicolas (*Sankt Nikolaus*)
On fête la venue de Saint Nicolas, personnage historique, qui distribue des récompenses aux jeunes enfants qui ont bien travaillé. A côté du vieil homme, on trouve le Père Fouettard (*Knecht Ruprecht*) de la tradition germanique, qui punit ceux qui se sont mal comportés.
25 et 26 décembre: Noël (*Weihnachten*)
Les fêtes de Noël en Allemagne commencent avec le premier dimanche de l'Avent et s'achèvent le deuxième jour de Noël. Le chant de Noël le plus célèbre est sans doute « Douce nuit, sainte nuit », *Stille Nacht, Heilige Nacht*, écrit par J. Mohr et composé par F. Gruber en 1818.

Autres fêtes régionales ne faisant pas toujours l'objet de jours fériés :
– **6 janvier:** Épiphanie (*Heilige Drei Könige*).
– **Fête Dieu:** (*Fronleichnam*).
– **1er août:** Fête nationale suisse.
– **15 août:** Assomption (*Maria Himmelfahrt*).
– **26 octobre:** Fête nationale autrichienne.
– **31 octobre:** Fête de la réforme (*Reformationstag*).
– **1er novembre:** Toussaint (*Allerheilige*).

● **Le carnaval**
Il est fêté en Rhénanie (Düsseldorf, Cologne et Mayence), en Bavière, dans le Bade Würtemberg. La saison du carnaval commence le 11 novembre à 11 heures 11 pour se terminer le mercredi des Cendres (*Aschermittwoch*).
Le carnaval représente la plus grande fête d'origine païenne. Le point culminant est le lundi des roses (*Rosenmontag*), jour du défilé officiel à travers les villes.

Recette de la Forêt Noire

– 2/3 de tasse de farine avec levure incorporée,
– 2 cuillerées à soupe de cacao en poudre,
– 4 œufs,
– 125 g de chocolat noir,
– cerises à l'eau de vie.
– 1/2 tasse de sucre,
– 1/2 de tasse de kirsch,
– 425 g de cerises en conserve dénoyautées,
– 1, 5 tasse de crème fouettée,

● Préchauffez le four (180^0). Graissez 2 moules superposables garni de papier sulfurisé. Tamisez la farine et le cacao. Mixez les blancs d'œufs en neige ferme, incorporez peu à peu le sucre, ajoutez alors les jaunes d'œufs puis la farine et le cacao.

● Versez la pâte dans les moules préparés. Enfournez 15 minutes. Démoulez et laissez refroidir. Découpez chaque gâteau transversalement et renversez chaque moitié de façon à ce que le dessous devienne le dessus.

● Badigeonnez le dessus de chaque partie avec du kirsch. Étalez la crème fouettée sur un gâteau, garnissez de cerises confites. Empilez l'autre partie du gâteau et nappez le gâteau de crème fouettée.

● Avec un économe, faites des copeaux de chocolat et disposez-les autour du gâteau. Puis décorez la Forêt Noire de cerises à l'eau de vie ou confites.

Quelques spécialités régionales

● **Saucisses** (*Wurst*)
Münchner Weißwürste: saucisses blanches de Munich.
Frankfurter Würstchen: saucisses de Francfort cuites à l'eau.
Thüringer Rotbratwurst: saucisse rouge à griller de Thuringe.
Elles peuvent s'accompagner de choucroute (*Sauerkraut*).
● **Dessert** (*Nachtisch*)
Nürnberger Lebkuchen: pain d'épice de Nuremberg.
Lübecker Marzipan: massepain de Lubeck (pâte d'amande enrobée de chocolat).
Berliner: beignet fourré à la confiture.
Aachener Printen: gâteaux d'Aix la Chapelle (biscuits au chocolat qui représentent des figurines).
Apfelstrudel: gâteau roulé fourré aux pommes, raisins, gingembre.
● **Boissons** (*Getränke*)
Dortmunder Bier: la bière de Dortmund.
Berliner Weiße: bière mélangée à un jus de fruit.

Les échanges linguistiques

● **L'Office Franco-allemand pour la jeunesse** (OFAJ) a été fondé après le traité de coopération franco-allemande. Il distribue gratuitement une brochure intitulée « Comment participer aux échanges franco-allemands » ; cette brochure contient de nombreuses adresses. Il peut conseiller pour les échanges linguistiques concernant des élèves âgés de moins de 18 ans.
Adresse : 51, rue de l'Amiral Mouchez, 75013 Paris
Tél. : 01 40 78 18 18, Fax : 01 40 78 18 88
Internet : http://www.ofaj.org

● **Le DAAD** (*Deutscher Akademischer Austauschdienst*) propose des cours dans les universités ou des séjours, stages en Allemagne pour les étudiants.
Adresse : 9, rue Maspero, 75116 Paris
Tél. : 01 53 92 26 90, Fax : 01 53 92 26 99

● **L'Institut Goethe** propose des séjours linguistiques en Allemagne et pendant l'année des cours d'allemand pour adultes et pour les scolaires et les étudiants.
Adresse : 17, avenue d'Iéna, 75116 Paris
Tél. : 01 44 43 92 30, Internet : http://www.goethe.de
Vous pouvez aussi vous renseigner auprès des Instituts Goethe de Nancy, Lyon, Colmar, Lille, Bordeaux, Strasbourg et Toulouse.

● **L'Office National Allemand du Tourisme** met à disposition une brochure intitulée « Vacances linguistiques Allemagne » pour jeunes et adultes ; y sont répertoriés les organismes français ou allemands proposant des formules de cours.
Adresse : 9, bd de la Madeleine, 75001 Paris
Tél. : 01 40 20 01 88, Fax : 01 40 20 17 00
Minitel : 3615 Allemagnetour
Internet : http://www.germany-tourism.de

● **Les auberges de jeunesse** allemandes organisent des séjours avec de nombreuses activités sportives et culturelles. Il est nécessaire de se faire établir une carte de membre des auberges de jeunesse.
Fédération française des auberges de jeunesse
10, rue Notre-Dame-de-Lorette, 75009 Paris
Tél. : 01 42 85 55 40, Fax : 01 42 80 25 92
Deutsche Jugendherberge
Bismarckstraße 8, D-32756 Detmold
Tél. : 5231/740 10, Fax : 5231/74 01 49

Renseignements pratiques

pour voyager en Allemagne

● **Voyager en train**
Pour aller en Allemagne :
le **Thalys** (train international à grande vitesse). Cette ligne relie Cologne à Paris en 4 heures avec 7 départs quotidiens.
Pour voyager en Allemagne :
La **Deutsche Bahn** est la plus grande entreprise de transport en Allemagne.
On peut aller du nord au sud et d'est en ouest par le train à grande vitesse ICE-Inter City Express.
Adresse : Deutsche Bahn France, 7, av. de l'Opéra, 75001 Paris

IC Inter City		train de grandes lignes
IR Inter Regio		train de grandes lignes
EC Euro City		train de grandes lignes en Allemagne et à l'international

● **Voyager en avion**
Il existe de nombreuses liaisons quotidiennes de la France vers les grandes villes allemandes : Berlin, Brême, Cologne, Bonn, Dortmund, Dresde, Düsseldorf, Francfort, Hambourg, Hanovre, Leipzig, Munich, Münster, Osnabrück, Nuremberg, Paderborn et Stuttgart.
La **Lufthansa** est la compagnie aérienne allemande.
Adresse : 34, avenue de l'Opéra, 75001 Paris.
La Lufthansa, comme Air France et Eurowings, offre des tarifs jeunes pour les moins de 25 ans.

● **Comment téléphoner ?**
De France vers l'Allemagne :
L'indicatif est le 00 49 suivis des chiffres de la localité et de l'abonné sans le 0.
Les premiers chiffres avant la barre correspondent à la ville.
D'Allemagne vers la France :
L'indicatif Allemagne/France est le 00 33 suivis des chiffres de la localité et de l'abonné sans le 0.
Quand on répond au téléphone en Allemagne, on donne immédiatement son nom.
En Allemagne :
Les cartes téléphoniques à 12 DM ou à 50 DM sont en vente dans les bureaux de poste ouverts de 8h à 18h du lundi au vendredi et le samedi jusqu'à 12h.

Bloc-Notes COLLÈGE

Des circuits touristiques

Sites et monuments

Le patrimoine international de l'UNESCO a retenu 19 sites en Allemagne particulièrement représentatifs de la culture européenne. En voici une sélection :

● **La cathédrale d'Aix-la-Chapelle** (*Aachen*)
On peut aujourd'hui encore visiter la chapelle construite par Charlemagne et admirer son trône de pierre. Le trésor de la cathédrale est remarquable.

● **La vieille ville de Bamberg**
Située au nord de la Bavière, elle offre plus de 2 000 monuments dont une cathédrale avec à l'intérieur la statue équestre du Cavalier de Bamberg, exemple unique de sculpture profane dans un espace sacré.

● **Les châteaux rococo de Brühl**
Les châteaux d'Augustusburg et de Falkenlust ont été construits au XVIIIe siècle par le prince électeur du Saint-Empire Clemens August.

● **Le Bauhaus à Dessau et à Weimar**
Cette célèbre école d'architecture fondée par Walter Gropius à Dessau en 1919, a profondément influencé toute l'architecture et le design du XXe siècle.

● **Goslar**
Ville des empereurs du Saint Empire Romain Germanique, elle est située en bordure du massif du Harz, à proximité des mines d'argent de Rammelsberg. Cette cité a vu l'installation des premiers empereurs qui purent battre monnaie.

● **La ville de Lübeck**
Située au bord de la Baltique, la ville de Lübeck est une ancienne ville hanséatique, qui présente un bel ensemble de constructions en briques dont les fameux greniers à sel.

● **Le château de Sans-Souci à Potsdam**
Le Roi de Prusse Frédéric II fit construire au XVIIIe siècle ce château dans lequel il reçut Voltaire.

● **La ville romaine de Trèves** (*Trier*)
La Porta Nigra, la cathédrale, la cour aulique du palais, les thermes de l'empereur, l'amphithéâtre, le pont romain, l'église Notre-Dame et la colonne d'Igel témoignent de la présence des romains dans cette région.

● **La résidence baroque de Würzburg**
Résidence du prince-évêque, elle fut construite de 1720 à 1744 d'après les plans de B. Neumann. L'escalier avec la célèbre fresque de Tiepolo est impressionnant.

Le parcours romantique du Rhin

Entre **Mayence** et **Coblence**, la vallée du Rhin est très encaissée, bordée de forêts et de vignobles, couronnée de châteaux forts (*die Burgen*).

● **Se déplacer**
Les touristes peuvent remonter ou descendre le Rhin à bord des paquebots de la compagnie « Köln Düsseldorfer », faire étape dans de petites villes pittoresques, célèbres pour leurs colombages et leurs vins.

● **Se loger**
L'auberge de jeunesse de Bacharach est située dans le château fort de **Burg Stahleck** et permet de découvrir un panorama grandiose sur la vallée du Rhin.

● **Visiter**
Rüdesheim et son très beau musée sur l'histoire des instruments de musique ; **Bacharach**, cité chantée par Victor Hugo et Apollinaire ; **Cologne** et son musée romain germanique ; près de Mayence, la **Tour des rats** qui surgit au milieu du fleuve.

Les musées

● **Berlin**
Le musée Pergame sur « l'île des musées », qui renferme des vestiges monumentaux de l'Antiquité ; le musée égyptien à **Charlottenburg** qui présente entre autres la célèbre tête de Nefertiti ; les musées regroupés à **Dahlem** et leurs riches collections de tableaux ; le musée ethnographique ; **le musée Brücke**, au sud de Berlin, pour les amateurs d'art moderne en peinture.

● **Munich**
La maison Lenbach : Kandinsky et le mouvement du « Cavalier bleu » ; **l'Ancienne et la Nouvelle Pinakothèque** pour les collections de peinture allemande, depuis le Moyen Âge jusqu'au XIXe siècle ; le **Deutsches Museum** : l'évolution de la technique et des transports. La firme **BMW** dispose, dans sa tour, d'un musée très attractif pour les jeunes avec beaucoup de manipulations sur écrans pour s'informer sur l'histoire de cette célèbre usine automobile.

● **Stuttgart**
Les constructeurs automobiles **Mercedes** et **Porsche** ont réalisé des musées sur l'histoire des voitures.

On pourrait encore citer **le musée Gutenberg** à **Mayence**, la fabrique de porcelaines de **Meissen** et les maisons où Goethe et Schiller sont morts à **Weimar**.

INDEX Grammatical

A
adjectif épithète : 46 à 48, 129
adjectif possessif : 14
adjectifs substantivés : 128
als : 65, 102
anstatt... zu : 68
article défini : 12 à 14
article indéfini : 14

B
bis : 99
bevor : 99

C
comparatif d'égalité : 48
comparatif d'infériorité : 48
comparatif de supériorité : 49
composition du mot : 75
coordinations : 103

D
da : 97
damit : 100
déclinaison du déterminant et du nom : 12
déclinaison du pronom : 16
démonstratifs adverbiaux : 106
dérivation : 75
double infinitif dans la subordonnée : 103

E
eben : 70
emploi de la négation *kein* : 5
expression du lieu : 35
expression du souhait : 110
expression du temps : 123
exprimer une comparaison : 49
exprimer une quantité : 49 à 50

F
fonctions et cas : 17
futur de l'indicatif : 40

G
génitif saxon : 15

I
impératif : 3 à 4
indem : 100
interrogatifs adverbiaux : 105

J
je... desto : 102

M
masculins faibles : 15, 43

N
nachdem : 99

O
obgleich : 101
obschon : 101
obwohl : 101

P
parfait de l'indicatif : 11, 39, 69
passif : 114 à 116
phrase affirmative : 1
phrase interrogative : 1
phrase impérative : 3
phrase négative : 4, 104
place de la préposition dans les phrases interrogatives : 69
place du participe passé : 69
place du pronom personnel : 131
place du verbe : 1 à 3
pluriel des noms : 42 à 45
plus-que-parfait de l'indicatif : 69
postpositions : 116
prépositions pour l'expression du temps : 123
prépositions spatiales : 9, 117
prépositions suivies de l'accusatif : 10, 120
prépositions suivies du datif : 9, 121
prépositions suivies du génitif : 123
présent de l'indicatif : 5 à 9
prétérit de l'indicatif : 11, 37
préverbe : 124 à 127
principe de détermination : 76 à 77
pronom démonstratif : 132
pronom indéfini : 130
pronom personnel : 16
pronom possessif : 132
pronom réciproque : 45
pronom réfléchi : 17, 45
pronoms interrogatifs : 33, 104

R
relatifs adverbiaux : 105

S
seitdem : 99
so... dass : 98
sobald : 99
solange : 99
style direct/indirect : 112 à 113
subjonctif I : 110 à 113
subjonctif II : 41, 106 à 110
subordonnée conditionnelle : 108
subordonnée infinitive : 36
subordonnée interrogative : 33
subordonnée relative : 65 à 67
subordonnées remplacées par des adverbes : 97
superlatif : 73 à 75

U
Um... zu : 67

V
verbes conjugués avec *sein* : 70
verbes de modalité : 7 à 8, 71 à 73

W
während : 100
was für ein : 104
wenn : 65, 101, 108
wie : 97, 102

Éléments de culture
générale au collège

La civilisation allemande à travers *le* **Petit Larousse**

ADENAUER (Konrad), *Cologne 1876 - Rhöndorf 1967,* homme politique allemand. Chancelier de la République fédérale d'Allemagne de 1949 à 1963, président de l'Union chrétienne-démocrate (CDU), il présida au redressement économique de l'Allemagne. Il fut un des partisans les plus actifs de la création de la Communauté économique européenne et accéléra en 1962 - 1963 le rapprochement franco-allemand.

ALLEMAGNE n.f., en all. **Deutschland,** État fédéral d'Europe centrale ; 357 000 km² ; 81 700 000 hab. *(Allemands).* CAP. *Berlin.* LANGUE : *allemand.* MONNAIE : *Deutsche Mark* ou *mark.* Le pays est formé de 16 Länder (États) : Bade-Wurtemberg, Bavière, Berlin, Brandebourg, Brême, Hambourg, Hesse, Mecklembourg-Poméranie-Occidentale, Rhénanie-du-Nord-Westphalie, Rhénanie-Palatinat, Sarre, Saxe, Basse-Saxe, Saxe-Anhalt, Schleswig-Holstein, Thuringe.

INSTITUTIONS

Nom officiel : République fédérale d'Allemagne. Loi fondamentale de 1949. Les 16 Länder ont chacun une Assemblée. Le président de la République (chef de l'État) est élu pour 5 ans par l'Assemblée fédérale (Bundestag et certains représentants des Länder). Le chancelier dirige le gouvernement fédéral (élu par le Bundestag sur proposition du chef de l'État). Le Parlement bicaméral est composé du Bundestag, élu pour 4 ans au suffrage universel direct, et du Bundesrat, désigné par les gouvernements des Länder.

GÉOGRAPHIE

L'Allemagne est de loin la première puissance économique de l'Europe, dont elle constitue aussi l'État le plus peuplé, après la Russie. L'histoire, plus que le milieu naturel (la superficie est restreinte : moins des deux tiers de celle de la France), explique cette primauté et, en particulier, la précocité et l'ampleur du développement commercial et industriel (celui-ci facilité toutefois par l'abondance de la houille de la Ruhr). Le caractère relativement récent de l'unité allemande (seconde moitié du XIXe s.) est aussi responsable, malgré le poids acquis par Berlin, de la présence de grandes villes (Hambourg, Munich, Francfort, Cologne, Stuttgart, Brême, Hanovre, Leipzig, Dresde) jouant toutes un rôle important dans la vie économique, sociale et culturelle du pays. Plus de 85 % des Allemands vivent d'ailleurs en ville. La population est dense (proche de 230 hab. au km², plus du double de la densité française), particulièrement dans les régions rhénanes. Elle a néanmoins diminué récemment, en raison d'un taux de natalité très bas, devenu inférieur à un taux de mortalité influencé par un vieillissement déjà sensible.

Environ le tiers des actifs sont employés dans un secteur industriel, à vocation fortement exportatrice, concentré dans ses structures, mais diversifié dans ses productions. En tête viennent les constructions mécaniques (dont l'automobile) et électriques et la chimie, loin devant des branches traditionnelles, souvent en difficulté (comme l'extraction houillère, la sidérurgie ou le textile). L'agriculture n'occupe plus guère que 4 % des actifs, mais satisfait (au moins) la majeure partie des besoins nationaux en céréales, produits laitiers, sucre, pomme de terre, viande, fruits et légumes. Les services emploient donc la majeure partie de la population active, part témoignant du niveau du développement de l'économie. Environ 30 % de la production (produits industriels essentiellement) sont exportés (dont plus de la moitié vers les partenaires de l'Union européenne). Ce taux, exceptionnellement élevé compte tenu de l'importance du marché intérieur, permet de compenser le traditionnel déficit de la balance des services (investissements à l'étranger, solde négatif du tourisme).

L'intégration des Länder de l'ancienne RDA est coûteuse (modernisation des infrastructures et équipements notamment). Elle y a introduit, au moins momentanément, un taux élevé de chômage. Mais elle n'a pas annulé l'excédent commercial, ni altéré la valeur du mark. À la limite de l'Europe occidentale (et de l'Union européenne) et de l'ancienne Europe socialiste, l'Allemagne souffre toutefois, comme les autres pays développés, de la concurrence des nouveaux pays industriels. La délocalisation d'usines s'est accélérée et le chômage a augmenté.

HISTOIRE

Les origines. Ier millénaire av. J.-C. : les Germains s'installent entre Rhin et Vistule, refoulant les Celtes en Gaule. Ils sont repoussés vers l'est par les Romains, qui établissent une frontière fortifiée (limes) entre Coblence et Ratisbonne. **Ve - VIe s. :** lors des Grandes Invasions, les Barbares germaniques fondent des royaumes parmi lesquels celui des Francs s'impose aux autres. **800 :** fondation de l'Empire carolingien. **843 :** le traité de Verdun partage l'Empire en trois royaumes : à l'est, la *Francia orientalis* de Louis le Germanique constituera la Germanie. **919 :** Henri Ier l'Oiseleur, duc de Saxe, est élu roi de Germanie.

Le Saint Empire. 962 : le Saxon Otton Ier le Grand, roi de Germanie et d'Italie, fonde le Saint Empire romain germanique. **1024 - 1138 :** la dynastie franconienne se heurte à la papauté : c'est la querelle des Investitures (1076 - 1122), marquée par l'humiliation d'Henri IV à Canossa (1077). **1138 - 1250 :** la dynastie souabe (Hohenstaufen), avec Frédéric Ier Barberousse (1152 - 1190) et Frédéric II (1220 - 1250), engage la lutte du Sacerdoce et de l'Empire. **1250 - 1273 :** le Grand Interrègne, période d'anarchie, favorise l'émancipation des principautés. **1273 - 1291 :** Rodolphe Ier de Habsbourg est à la tête de l'Empire, avec le titre de roi des Romains. **1356 :** Charles IV de Luxembourg promulgue la Bulle d'or, véritable Constitution du Saint Empire. **XVIe s. :** l'Empire, à son apogée avec Maximilien Ier (1493 - 1519) et Charles Quint (1519 - 1556), voit son unité religieuse brisée par la Réforme protestante. **1618 - 1648 :** la guerre de Trente Ans ravage le pays. **1648 :** les traités de Westphalie confirment la division religieuse et politique (350 États) du pays et la faiblesse du pouvoir impérial. **XVIIIe s. :** le royaume de Prusse, dirigé par les Hohenzollern (à partir de 1701), domine l'Allemagne et devient une grande puissance sous Frédéric II. **1806 :** Napoléon écrase la Prusse à Iéna et remplace le Saint Empire par une Confédération du Rhin excluant l'Autriche et la Prusse.

L'unité allemande. 1815 : au congrès de Vienne, la Confédération du Rhin est remplacée par une Confédération germanique (39 États autonomes) englobant Prusse et Autriche. **1834 :** union douanière entre les États allemands *(Zollverein).* **1848 - 1850 :** échec des mouvements nationaux et libéraux. L'Autriche et la Prusse luttent pour constituer à leur profit une « Grande » ou une « Petite » Allemagne. **1862 - 1871 :** Bismarck réalise l'unité allemande, après avoir éliminé l'Autriche (Sadowa, 1866) et vaincu la France (1870 - 1871). **1871 :** l'« Empire allemand » est proclamé à Versailles (le roi de Prusse devient *Kaiser*). **1871 - 1890 :** Bismarck met en œuvre la politique du *Kulturkampf.* L'expansion industrielle, remarquable, va de pair avec la formation d'un puissant parti socialiste. **1890 - 1914 :** Guillaume II, qui a obtenu la démission de Bismarck, ajoute à sa politique coloniale des prétentions pangermanistes. **1914 - 1918 :** la Première Guerre mondiale s'achève par la défaite de l'Allemagne (traité de Versailles, 28 juin 1919).

De Weimar au IIIe Reich. 1919 : la première Constitution démocratique est promulguée. Le social-démocrate F. Ebert est élu président de la République. La république de Weimar (17 États ou Länder) réprime le mouvement spartakiste (1919). L'humiliation causée par le traité de Versailles, l'occupation de la Ruhr par la France (1923 - 1925) et la crise économique favorisent la montée du nazisme. **1925 :** Hindenburg remplace Ebert. **1933 - 1934 :** Hitler, chancelier et « Führer », inaugure le IIIe Reich, un État dictatorial et centralisé. **1936 :** remilitarisation de la Rhénanie. **1938 - 1939 :** l'Allemagne annexe l'Autriche *(Anschluss)* et une partie de la Tchécoslovaquie, puis attaque la Pologne. **1939 - 1945 :** Seconde Guerre mondiale. L'Allemagne envahit et occupe la France et la plupart des pays européens, mais échoue face à la résistance de la Grande-Bretagne et de l'URSS, alliées aux États-Unis. Elle capitule le 8 mai 1945.

De l'occupation à la partition. 1945 - 1946 : vaincue, l'Allemagne est occupée par les armées alliées des États-Unis, de la France, de la Grande-Bretagne et de l'URSS, et sa frontière avec la Pologne est limitée à l'est par la ligne Oder-Neisse. **1948 :** les États-Unis, la France et la Grande-Bretagne décident la création d'un État fédéral dans leurs zones d'occupation. L'URSS bloque les accès de Berlin-Ouest (jusqu'en mai 1949). **1949 :** la partition de fait est consacrée par la création de la République fédérale d'Allemagne ou RFA (23 mai) et, dans la zone d'occupation soviétique, de la République démocratique allemande ou RDA (7 oct.). Ces deux États précisent cependant dans leurs Constitutions que l'Allemagne est une république indivisible et que le peuple allemand devra parachever son unité.

La République fédérale d'Allemagne. 1949 : à l'issue des élections remportées par la CDU (Union chrétienne démocrate), K. Adenauer devient chancelier. Bénéficiant de l'aide américaine (plan Marshall), l'Allemagne amorce un redressement économique rapide. Elle accueille des millions de réfugiés allemands expulsés de Hongrie, de Pologne et de Tchécoslovaquie. **1951 :** révision du statut d'occupation. La RFA entre dans la CECA. **1955 :** elle devient membre de l'OTAN. **1956 :** création de la Bundeswehr. **1958 :** la RFA entre dans la CEE. **1963 :** traité d'amitié et de coopération franco-allemand. **1963 - 1966 :** sous le chancelier L. Erhard (chrétien-démocrate), le « miracle économique » allemand se poursuit. **1966 - 1969 :** le chancelier K. Kiesinger, chrétien-démocrate, forme un gouvernement de « grande coalition » CDU-SPD (Parti social-démocrate). **1969 - 1974 :** le chancelier W. Brandt, social-démocrate, forme un gouvernement de « petite coalition » avec le Parti libéral. Il axe sa politique sur l'ouverture à l'Est *(Ostpolitik).* Après avoir conclu un traité avec l'URSS et reconnu la ligne Oder-Neisse comme frontière germano-polonaise (1970), la RFA signe avec la RDA le traité interallemand de reconnaissance mutuelle (1972). **1974 - 1982 :** le chancelier H. Schmidt, social-démocrate, maintient la coalition avec les libéraux. **1982 - 1987 :** le chancelier H. Kohl, chrétien-démocrate, forme un gouvernement de coalition avec le Parti libéral. Les Verts font leur entrée au Bundestag en 1983. **1987 :** la coalition CDU-Parti libéral remporte les élections et Kohl demeure chancelier. **1989 :** la RFA est confrontée aux problèmes posés par un afflux massif de réfugiés est-allemands et par les changements intervenus en RDA.

La République démocratique allemande. Organisée économiquement et politiquement sur le modèle soviétique, la RDA est dirigée par le Parti socialiste unifié (SED). **1949 :** Wilhelm Pieck devient président de la République et Otto Grotewohl chef du gouvernement. **1950 :** Walter Ulbricht est élu premier secrétaire du SED. La RDA adhère au Comecon. **1953 :** des émeutes ouvrières éclatent. **1955 :** la RDA adhère au pacte de Varsovie. **1960 :** mort de W. Pieck. La fonction de président de la République est remplacée par un organe collectif, le Conseil d'État, dont W. Ulbricht devient président. **1961 :** afin d'enrayer la forte émigration des Allemands de l'Est vers la RFA, un mur est construit séparant Berlin-Est et Berlin-Ouest. **1963 :** le système de planification économique est assoupli. **1964 :** Willi Stoph succède à Grotewohl comme chef du gouvernement. **1972 :** le traité interallemand de reconnaissance mutuelle est signé, ouvrant la voie à la reconnaissance de la RDA par les pays occidentaux. **1973 :** mort de W. Ulbricht. W. Stoph lui succède à la tête de l'État. **1974 :** une nouvelle Constitution supprime toute référence à la réunification de l'Allemagne. **1976 :** E. Honecker (devenu premier secrétaire du SED en 1971) succède à W. Stoph, qui redevient chef du gouvernement. **1989 :** un exode massif de citoyens est-allemands vers la RFA et d'importantes manifestations réclamant la démocratisation du régime provoquent à partir d'octobre la démission des principaux dirigeants (dont Honecker et Stoph), l'ouverture du mur de Berlin et de la frontière interallemande, l'abandon de toute référence au rôle dirigeant du SED. **1990 :** lors des premières élections libres (mars), l'Alliance pour l'Allemagne, dont la CDU est la formation majoritaire, remporte une large victoire. Son leader, Lothar de Maizière, forme un gouvernement de coalition.

L'Allemagne réunifiée. 1990 : l'union économique et monétaire entre la RFA et la RDA intervient en juillet. Le traité de Moscou (sept.) entre les deux États allemands, les États-Unis, la France, la Grande-Bretagne et l'URSS fixe les frontières de l'Allemagne unie, dont il restaure l'entière souveraineté. Les Länder (Brandebourg, Mecklembourg-Poméranie-Occidentale, Saxe, Saxe-Anhalt et Thuringe) sont reconstitués en Allemagne de l'Est (juill.) et, avec le Land de Berlin, adhèrent

ALLEMAGNE

à la RFA. L'unification de l'Allemagne est proclamée le 3 octobre. Les premières élections de l'Allemagne unie (déc.) sont remportées par la coalition CDU-Parti libéral dirigée par Kohl. **1992** : des extrémistes de droite commettent des violences à l'encontre des immigrés et des demandeurs d'asile. **1993** : révision constitutionnelle limitant le droit d'asile. **1994** : les élections législatives confirment au pouvoir la coalition CDU-Parti libéral dirigée par H. Kohl, reconduit pour la quatrième fois à la tête du gouvernement.

Arte, chaîne de télévision culturelle européenne. Opérationnelle depuis 1992, elle est issue du rapprochement de la société française *La Sept* (société d'édition de programmes de télévision, créée en 1986) et de la société allemande *Arte Deutschland TV GmbH*. Reçue par câble en Allemagne, elle est diffusée en France à la fois par câble et par voie hertzienne.

AUSCHWITZ, en polon. **Oświęcim,** v. de Pologne, près de Katowice ; 45 100 hab. Camp de concentration ouvert en 1940. À proximité, les Allemands créèrent le plus grand des camps d'extermination (Auschwitz-Birkenau). Entre 1940 et 1945, un million de déportés juifs y périrent. Musée de la Déportation.

AUTRICHE n.f., en all. **Österreich,** État fédéral d'Europe centrale ; 84 000 km² ; 8 000 000 hab. *(Autrichiens).* **CAP.** *Vienne.* **LANGUE** : *allemand.* **MONNAIE** : *Schilling.*

INSTITUTIONS

Constitution de 1920. République fédérale (9 Länder, dont chacun a sa propre assemblée). Le président de la République est élu pour 6 ans. Le chancelier, chef de la majorité parlementaire, dirige le gouvernement fédéral. Le Parlement est composé du Conseil national *(Nationalrat),* élu pour 4 ans, et du Conseil fédéral *(Bundesrat),* désigné par les 9 assemblées.

GÉOGRAPHIE

Le pays est formé de neuf provinces, ou Länder (Basse-Autriche, Haute-Autriche, Burgenland, Carinthie, Salzbourg, Styrie, Tyrol, Vienne et Vorarlberg). Sa majeure partie s'étend sur les Alpes, qui culminent dans les Hohe Tauern (3 796 m au Grossglockner), souvent englacées et découpées par de profondes vallées (Inn, Salzach, Enns, Mur, Drave), ouvrant des bassins où se concentre la vie humaine (Klagenfurt). Les plaines et les collines ne se développent qu'au nord (vallée du Danube) et à l'est (Burgenland). Le climat est influencé par l'altitude et l'exposition.

L'élevage (bovins) domine sur les versants des vallées alpines. La grande culture (blé et betterave à sucre) intéresse surtout les plaines. L'industrie, de tradition ancienne, a été favorisée surtout par les aménagements hydroélectriques. Assez diversifiée (sidérurgie, métallurgie de transformation, textile, chimie), elle se localise principalement dans les grandes villes : Linz, Graz et surtout Vienne. Le tourisme, très actif, ranime des régions montagneuses autrefois isolées (Vorarlberg et Tyrol), contribuant à combler le déficit des échanges commerciaux, effectués pour environ 40 % avec l'Allemagne voisine.

HISTOIRE

Les origines. Centre de la civilisation de Hallstatt au Ier millénaire av. J.-C., l'Autriche est occupée par les Romains, dont les camps militaires forment le noyau des villes (Vienne, Linz, etc.). **796 apr. J.-C.** : Charlemagne vainc les Barbares, qui ont envahi la région entre le IIIe et le VIIe s., et il fonde en 803 la marche de l'Est (Österreich depuis 996). **1156** : elle devient un duché héréditaire aux mains des Babenberg, qui l'augmentent de la Styrie et d'une partie de la Carniole. **1253 - 1278** : le duché est rattaché à la Bohême puis conquis par Rodolphe Ier de Habsbourg, empereur en 1273.

L'Autriche des Habsbourg. Les Habsbourg, maîtres du pays, sont aussi les possesseurs de la couronne impériale après 1438. **1493 - 1519** : Maximilien Ier fonde la grandeur de la maison d'Autriche : par son mariage avec Marie de Bourgogne (1477), il gagne les Pays-Bas et la Franche-Comté ; il fait épouser à son fils l'héritière d'Espagne et à ses petits-enfants ceux du roi de Bohême et de Hongrie. **1521** : Ferdinand Ier de Habsbourg reçoit de Charles Quint (empereur depuis 1519) les domaines autrichiens. **1526** : il devient roi de Bohême et de Hongrie. XVIe-XVIIe s. : l'Autriche est le rempart de l'Europe contre la progression ottomane (sièges de Vienne, 1529 puis 1683 ; traité de Karlowitz [1699], où l'Autriche obtient la Transylvanie). Foyer de la Réforme catholique pendant la guerre de Trente Ans, elle échoue à éviter l'émiettement politique et religieux de l'Allemagne (traités de Westphalie, 1648). XVIIIe s. : il est marqué par le règne éclairé de Marie-Thérèse (1740 - 1780) et par celui, centralisateur, de Joseph II (1780 - 1790) ; ainsi que par les guerres : contre la France (en 1714, l'Autriche y gagne les Pays-Bas et une partie de l'Italie) ; de la Succession d'Autriche (elle perd la Silésie) ; et de Sept Ans. Au premier partage de la Pologne (1772), elle obtient la Galicie. **1804** : François II, battu deux fois par Bonaparte (1797 - 1800), réunit ses États sous le nom d'empire d'Autriche (il conserve jusqu'en 1806 le titre d'empereur romain germanique). **1814 - 1815** : au congrès de Vienne, les territoires conquis par Napoléon Ier sont rendus à l'Autriche, qui domine l'Italie du Nord, préside la Confédération germanique et apparaît comme l'arbitre de l'Europe par l'entremise de Metternich. **1859** : l'Autriche perd la Lombardie devant les Franco-Piémontais. **1866** : elle est vaincue par la Prusse à Sadowa et perd la Vénétie. **1867** : François-Joseph Ier accepte le compromis austro-hongrois qui, mettant le royaume de Hongrie et l'empire d'Autriche sur un pied d'égalité, donne naissance à la monarchie austro-hongroise. Les tensions nationalistes persistent. **1879 - 1882** : l'Autriche signe avec l'Allemagne et l'Italie la Triple-Alliance. **1908** : elle annexe la Bosnie-Herzégovine. **1914** : l'assassinat de l'archiduc François-Ferdinand, héritier du trône, à Sarajevo (28 juin), déclenche la Première Guerre mondiale. **1916** : Charles Ier succède à François-Joseph. **1918** : la défaite provoque l'éclatement de la monarchie austro-hongroise.

La République autrichienne. 1919 - 1920 : les traités de Saint-Germain-en-Laye et de Trianon reconnaissent l'existence des États nationaux nés de la double monarchie. **1920** : la république d'Autriche est proclamée et se dote d'une constitution fédérative (9 Länder). En dépit de la politique des chanceliers chrétiens-sociaux Seipel, Dollfuss et Schuschnigg, l'Autriche est rattachée à l'Allemagne nazie à la suite de l'Anschluss (1938) et fait partie du IIIe Reich jusqu'en 1945. **1945 - 1955** : l'Autriche, redevenue république fédérale, est divisée en quatre zones d'occupation. **1955** : le traité de paix en fait un État neutre. Depuis 1945 alternent au pouvoir, séparément ou formant une coalition, le Parti populiste (catholique), avec le chancelier L. Figl (1945 - 1953), et le Parti socialiste, avec le président K. Renner (1945 - 1950) et le chancelier B. Kreisky (1970 - 1983). En 1986, Kurt Waldheim est élu président de la République. **1992** : le populiste Thomas Klestil est élu à la présidence de la République. **1995** : l'Autriche adhère à l'Union européenne. **1997** : le social-démocrate Viktor Klima devient chancelier.

BACH, nom d'une famille de musiciens allemands. — **Johann Sebastian** ou **Jean-Sébastien B.,** *Eisenach 1685 - Leipzig 1750,* compositeur allemand. Organiste, il dirigea l'orchestre du prince Leopold d'Anhalt à Köthen (1717) et devint, en 1723, maître de chapelle à l'école Saint-Thomas de Leipzig, où il demeura jusqu'à sa mort. Ses œuvres de musique religieuse, vocale ou instrumentale valent par la science de l'architecture, l'audace du langage harmonique, la richesse de l'inspiration et la spiritualité qui s'en dégagent : cantates, passions, *Messe en si mineur, Magnificat en ré majeur* ; préludes, fugues, chorals pour orgue, *le Clavier bien tempéré,* partitas ; **Concertos brandebourgeois,* suites pour orchestre, concertos pour clavecin et orchestre, concertos pour violon et orchestre, suites pour violoncelle seul, sonates pour flûte et clavier, pour violon et clavier ; *Offrande musicale ; l'Art de la fugue.* — **Wilhelm Friedemann B.,** *Weimar 1710 - Berlin 1784,* compositeur allemand. Organiste et maître de chapelle, fils aîné de Jean-Sébastien, il fut un pionnier de la « forme sonate » et l'un des compositeurs les plus inventifs de son époque avec ses *Fantaisies* pour clavier. — **Carl Philipp Emanuel B.,** *Weimar 1714 - Hambourg 1788,* compositeur allemand. Deuxième fils de Jean-Sébastien, claveciniste, musicien du roi de Prusse Frédéric II, directeur de la musique à Hambourg (1768 - 1788), il fut l'un des premiers à écrire des sonates à deux thèmes. — **Johann Christian B.,** *Leipzig 1735 - Londres 1782,* compositeur allemand. Sixième fils de Jean-Sébastien, nommé en 1760 organiste à la cathédrale de Milan, il devint en 1762 compositeur attitré du King's Theatre de Londres. Ses œuvres instrumentales, d'une esthétique galante, annoncent Mozart et l'école viennoise.

BAEDEKER (Karl), *Essen 1801 - Coblence 1859,* libraire et écrivain allemand. Il créa une célèbre collection de guides de voyage.

BAVIÈRE, en all. **Bayern,** Land d'Allemagne ; 70 553 km² ; 11 220 735 hab. *(Bavarois)* ; cap. *Munich* ; v. princ. *Augsbourg, Nuremberg, Ratisbonne, Bayreuth.* Il comprend la Bavière proprement dite (avant-pays alpin au sud du Danube) et le nord du bassin de Souabe et de Franconie.

HISTOIRE

Au début du Xe s., la Bavière est l'un des plus importants duchés de l'Empire germanique. **1070 - 1180 :** elle est gouvernée par la dynastie des Guelfes, spoliée du duché en 1180 par les Wittelsbach, qui dominent la Bavière jusqu'en 1918. **1467 - 1508 :** le duc Albert IV le Sage unifie ses États, qui deviennent un bastion de la Réforme catholique. **1623 :** Maximilien Ier obtient le titre d'Électeur. **1806 :** allié de Napoléon Ier, Maximilien Ier Joseph obtient le titre de roi. **1825 - 1886 :** Louis Ier (1825 - 1848) et Louis II (1864 - 1886) sont de grands bâtisseurs. **1866 :** alliée de l'Autriche, la Bavière est battue par la Prusse. **1871 :** elle est incorporée dans l'Empire allemand. **1918 - 1919 :** elle devient un Land de la république de Weimar. **1923 :** le putsch organisé par Hitler à Munich échoue. **1949 :** l'État libre de Bavière forme un Land de la RFA.

BEETHOVEN (Ludwig **van**), *Bonn 1770 - Vienne 1827,* compositeur allemand. Enfant prodige (il donne son premier concert à huit ans), adepte des idées révolutionnaires françaises, admirateur de l'épopée de Bonaparte, il fut hostile à l'hégémonie napoléonienne. Frappé de surdité dès 1802, il s'affirma cependant comme compositeur et héritier de Mozart et du classicisme viennois (*Fidelio,* 1814). Il fut le précurseur du romantisme allemand avec ses 17 quatuors à cordes, ses 32 sonates pour piano *(Pathétique, Au clair de lune, Appassionata, Hammerklavier),* ses concertos pour piano et ses 9 symphonies (la 3e dite « Héroïque », 1804 ; la 6e dite « Pastorale », 1808 ; la 9e avec chœurs, 1824).

BERLIN, cap. de l'Allemagne, et cap. du *Land de Berlin,* sur la Spree ; 3 475 392 hab. *(Berlinois).* Centre administratif, industriel (constructions mécaniques et électriques, édition) et commercial. — Monuments des XVIIIe-XXe s. Nombreux et importants musées, dont ceux de l'île de la Spree (musée de Pergame, etc.) et ceux du faubourg de Dahlem (galerie de peinture...). — La fortune de Berlin date de son choix comme capitale du Brandebourg (1415). Capitale du royaume de Prusse, elle devient celle de l'Empire allemand (1871) puis celle des IIe et IIIe Reich. Conquise par les troupes soviétiques en 1945, elle est divisée en quatre secteurs d'occupation administrés par les Alliés - États-Unis, France, Grande-Bretagne, URSS (statut quadripartite). Les trois secteurs d'occupation occidentaux sont unifiés en 1948, et l'URSS riposte en entreprenant le blocus de Berlin (jusqu'en 1949). Tandis que le secteur d'occupation soviétique, Berlin-Est, est proclamé capitale de la RDA en 1949, Berlin-Ouest devient une dépendance de fait de la RFA. De 1961 à 1989, le *mur de *Berlin* sépare les zones occidentale et orientale de la ville. En 1990, Berlin redevient la capitale de l'Allemagne. Les dernières troupes alliées quittent la ville en 1994.

BERNE, en all. **Bern,** cap. de la Suisse, ch.-l. du *canton de Berne,* sur l'Aar ; 136 338 hab. *(Bernois)* [env. 300 000 hab. dans l'agglomération]. Université. Siège de bureaux internationaux (Union postale universelle). — Monuments anciens et musées. — Ville impériale en 1218, elle entra, avec son canton, dans la Confédération suisse en 1353. Elle devint la capitale fédérale en 1848.

Bertelsmann, groupe allemand fondé en 1835. C'est l'un des plus grands groupes mondiaux d'édition et de communication.

Bild Zeitung, quotidien populaire allemand, créé en 1952 par A. Springer, et, par son tirage, le plus important quotidien d'Allemagne.

BROCKEN n.m., point culminant du Harz (Allemagne) ; 1 142 m. Lieu de la réunion légendaire des sorcières pendant la nuit de Walpurgis (30 avr.-1er mai).

Bundesbank, officiellement **Deutsche Bundesbank,** dite **Buba,** banque fédérale de la République fédérale d'Allemagne. Créée en 1957 et dotée d'une large autonomie, elle est à la base du système monétaire et bancaire allemand.

Bundesrat, l'une des assemblées législatives de la Confédération de l'Allemagne du Nord (1867 - 1870), puis de l'Empire allemand (1871 - 1918), et, depuis 1949, de la République fédérale d'Allemagne.

Bundeswehr, nom donné en 1956 aux forces armées de l'Allemagne fédérale et, depuis 1990, à l'armée allemande.

DAIMLER (Gottlieb), *Schorndorf, Wurtemberg, 1834 - Cannstatt, aujourd'hui Stuttgart-Bad Cannstatt, 1900,* ingénieur allemand. Avec son compatriote W. Maybach, il réalisa, à partir de 1883, les premiers moteurs à essence légers à haute vitesse de rotation, ouvrant ainsi la voie à leur emploi sur les véhicules automobiles. Les deux associés fondèrent en 1890 une firme de construction automobile qui fusionna en 1926 avec celle créée par C. Benz en 1883.

DANUBE n.m., en all. **die Donau,** fl. d'Europe, né en Allemagne, dans la Forêt-Noire et qui se termine par un vaste delta (extrémité orientale de la Roumanie) sur la mer Noire ; 2 850 km ; bassin de plus de 800 000 km². C'est le deuxième fleuve d'Europe (après la Volga) pour sa longueur et la superficie de son bassin. Il traverse ou longe l'Allemagne, l'Autriche, la Slovaquie, la Hongrie, la Croatie, la Yougoslavie, la Bulgarie, l'Ukraine et la Roumanie. Il passe notamment à Vienne, Budapest et Belgrade, franchit le défilé des Portes de Fer (entre les Carpates et le mont Balkan). De régime complexe, il est utilisé pour la navigation, la production d'hydroélectricité et l'irrigation.

Deutschlandlied, hymne national de la République fédérale d'Allemagne, d'après une strophe du chant populaire nationaliste allemand, *Deutschland über alles,* écrit en 1841.

DIESEL (Rudolf), *Paris 1858 - en mer 1913,* ingénieur allemand. Il conçut (1893) et réalisa (1897) le moteur à combustion interne auquel son nom est resté attaché.

DIETRICH (Maria Magdalena **von Losch,** dite Marlene), *Berlin 1901 - Paris 1992,* actrice américaine d'origine allemande. Incarnation de la femme fatale, mystérieuse et sophistiquée, elle s'imposa dans les films de J. von Sternberg (*l'Ange bleu,* 1930 ; *Cœurs brûlés,* id. ; *Shanghai Express,* 1932 ; *l'Impératrice rouge,* 1934).

DÜRER (Albrecht), *Nuremberg 1471 - id. 1528,* peintre et graveur allemand. Il fit un tour de compagnon par Colmar, Bâle, Strasbourg, séjourna deux fois à Venise, mais effectua l'essentiel de sa carrière à Nuremberg. Il a manifesté son génie dans la peinture à l'huile (*la Fête du rosaire,* 1506, Prague ; portraits...), dans le dessin et l'aquarelle (coll. de l'Albertina, Vienne) et dans son œuvre gravé, d'emblée célèbre en Europe (xylographies, d'un graphisme bouillonnant, encore médiéval : l'*Apocalypse* [15 planches, 1498], la *Grande Passion,* etc. ; burins, plus italianisants et reflétant l'influence des humanistes : *Némésis,* v. 1500, *le Chevalier, la Mort et le Diable, Saint Jérôme* et *la Mélancolie [*Melencolia],* 1514). Il se passionna pour les principes mathématiques et optiques de la perspective et publia plusieurs ouvrages théoriques et techniques à la fin de sa vie, dont un *Traité des proportions du corps humain.*

EINSTEIN (Albert), *Ulm 1879 - Princeton 1955,* physicien suisse, puis américain, d'origine allemande. Il établit la théorie du mouvement brownien et, appliquant la théorie des quanta à l'énergie rayonnante, aboutit au concept de photon. Il est surtout l'auteur des théories de la relativité (*relativité restreinte,* 1905 ; *relativité générale,* 1916), qui ont marqué la science moderne, dans lesquelles il révise profondément les notions physiques d'espace et de temps, et établit l'équivalence de la masse et de l'énergie ($E = mc^2$). Épris de justice et de paix, il cosigna la lettre au président Roosevelt qui, devant la menace allemande, lança les recherches sur l'arme nucléaire. Mais, après la guerre, il lutta activement contre la prolifération de cette arme, notamm. avec B. Russell (Prix Nobel 1921.).

ÉLISABETH DE WITTELSBACH, dite **Sissi,** *Munich 1837 - Genève 1898,* impératrice d'Autriche. Femme de François-Joseph Ier, elle fut assassinée par un anarchiste italien.

FASSBINDER (Rainer Werner), *Bad Wörishofen 1945 - Munich 1982,* cinéaste et metteur en scène de théâtre allemand. Il fut l'un des principaux chefs de file du renouveau du cinéma allemand : *les Larmes amères de Petra von Kant* (1972), *le Mariage de Maria Braun* (1979), *Querelle* (1982).

Faust, héros de nombreuses œuvres littéraires, musicales, plastiques et cinématographiques. Il y aurait, à l'origine de sa légende, un J. Faust, médecin et astrologue (Knittlingen, Wurtemberg, v. 1480 - Staufen v. 1540). La première version du thème parut en 1587 à Francfort-sur-le-Main : le magicien Faust vend son âme au démon Méphistophélès en échange du savoir et des biens terrestres. Marlowe (*la Tragique Histoire du docteur Faust,* v. 1590) puis Goethe (1808 - 1832) prirent Faust comme héros, inspirant par la suite le cinéaste Murnau (*Faust,* 1926). Le drame de Goethe a inspiré *la Damnation de Faust,* de H. Berlioz, créée à Paris en 1846, et l'opéra *Faust* de C. Gounod (première version, 1859), sur un livret de M. Carré et J. Barbier.

FORÊT-NOIRE n.f., en all. **Schwarzwald,** massif d'Allemagne, en face des Vosges, dont il est séparé par la plaine du Rhin ; 1 493 m au Feldberg.

Frankfurter Allgemeine Zeitung, quotidien conservateur allemand fondé en 1949.

FREUD (Sigmund), *Freiberg, aujourd'hui Příbor, Moravie, 1856 - Londres 1939,* médecin autrichien, fondateur de la psychanalyse. Spécialisé en neurologie, il se consacre notamm. à l'étude de l'hystérie et s'écarte, résolument à partir de 1896, des conceptions et méthodes de la psychologie et de la psychiatrie traditionnelles. À l'origine des troubles névrotiques se trouvent selon lui des désirs refoulés en rapport avec le complexe d'Œdipe, qui subsistent dans l'inconscient et ne peuvent faire irruption dans la conscience que de manière déguisée. C'est ainsi que, outre les symptômes névrotiques, se forment les rêves et les actes manqués (*l'Interprétation des rêves,* 1900 ; *Trois Essais sur la théorie de la sexualité,* 1905 ; *Totem et tabou,* 1912). À partir de 1920, avec la publication d'*Au-delà du principe de plaisir,* Freud oppose pulsion de vie et pulsion de mort et remplace sa première « topique » (inconscient, préconscient, conscient) par une seconde (ça, moi, surmoi). Il étend l'inspiration psychanalytique à l'étude des grands problèmes de la civilisation (*l'Avenir d'une illusion,* 1927 ; *Malaise dans la civilisation,* 1930 ; *Moïse et le monothéisme,* 1939). Freud a présidé à l'institutionnalisation de la psychanalyse, fondant en 1910 l'International Psychoanalytical Association (IPA).

GOETHE (Johann Wolfgang **von**), *Francfort-sur-le-Main 1749 - Weimar 1832,* écrivain allemand. L'un des chefs de file du « *Sturm und Drang » avec son roman *les Souffrances du jeune *Werther* et son drame *Götz von Berlichingen* (1774), il évolua, à travers son expérience de l'Italie (*Torquato Tasso,* composé en 1789), de la Révolution française et de la politique (il fut ministre du grand-duc de Weimar), de son amitié avec Schiller (*Xénies,* 1796) et de ses recherches scientifiques (*la Métamorphose des plantes,* 1790 ; *la Théorie des couleurs,* 1810), vers un art plus classique (**Wilhelm Meister ; Hermann et Dorothée,* 1797 ; *les Affinités électives,* 1809), qui prit une forme autobiographique (*Poésie et vérité,* 1811 - 1833) et symbolique (*Divan occidental et oriental,* 1819 ; **Faust*).

GRIMM (Melchior, baron **de**), *Ratisbonne 1723 - Gotha 1807,* critique allemand d'expression française. Il succéda à l'abbé Raynal comme rédacteur de la **Correspondance littéraire.*

Guillaume Tell, héros légendaire helvétique (XIVe s.). Guillaume Tell ayant refusé de saluer le chapeau de Gessler, bailli des Habsbourg, celui-ci le fit arrêter et, le sachant très habile arbalétrier, le condamna à traverser d'une flèche une pomme placée sur la tête de son jeune fils. Guillaume Tell sortit victorieux de l'épreuve. Il fut cependant emprisonné, s'échappa et tua Gessler. — Son histoire a inspiré un drame à Schiller (1804), dont Rossini a tiré un opéra en 4 actes (1829).

A

GUTENBERG (Johannes **Gensfleisch,** dit), *Mayence entre 1397 et 1400 - id. 1468,* imprimeur allemand. Vers 1440, il mit au point à Strasbourg le procédé de composition en caractères mobiles fondus en alliage d'imprimerie, ou typographie. Établi à Mayence, il s'associa en 1450 avec J. Fust et fut le maître d'œuvre de la Bible dite « à quarante-deux lignes », publiée en 1455.

HAMBOURG, en all. **Hamburg,** v. d'Allemagne, dont elle constitue un Land, sur l'Elbe ; 1 702 887 hab. *(Hambourgeois).* Hambourg est le principal débouché maritime de l'Allemagne et demeure l'un des plus grands ports européens. Liée à l'activité portuaire, la fonction industrielle est très développée : métallurgie, chimie, agroalimentaire. — Musées, dont la Kunsthalle (riche galerie de peinture). — Dotée d'une charte et de privilèges de navigation (1189), Hambourg participa à la Hanse, pour s'imposer grâce à elle sur les marchés étrangers, et supplanta Lübeck au XVIe s. Elle fut occupée (1806), puis annexée (1810) par Napoléon Ier. Entrée, comme ville libre et souveraine, dans la Confédération germanique (1815), incorporée à l'Empire allemand (1871), elle obtint le statut de port franc (1881). Elle fut bombardée par les Alliés en 1943.

HITLER (Adolf), *Braunau, Haute-Autriche, 1889 - Berlin 1945,* homme politique allemand. Issu d'une famille de la petite bourgeoisie autrichienne, combattant pendant la Première Guerre mondiale dans l'armée bavaroise, il devient en 1921 le chef du Parti ouvrier allemand national-socialiste (NSDAP). Il crée les sections d'assaut (SA) en 1921 puis tente à Munich, en 1923, un putsch, qui échoue. Détenu, il rédige *Mein Kampf,* où est exposée la doctrine ultranationaliste et antisémite du nazisme. À partir de 1925, il renforce son parti en créant les SS et de nombreuses organisations d'encadrement. Développant une propagande efficace dans une Allemagne humiliée par la défaite de 1918 et le traité de Versailles, et fortement atteinte par la crise de 1929, il accède en 1933 au poste de chancelier. Les communistes mis hors la loi à la suite de l'incendie du Reichstag (févr.), Hitler se fait attribuer les pleins pouvoirs par la chambre (mars). Inquiet du pouvoir que prennent les SA, il en fait éliminer les chefs lors de la « Nuit des longs couteaux » (30 juin 1934). Président à la mort d'Hindenburg (août), puis « Führer », il se trouve à la tête d'un État dictatorial soutenu par une police redoutable (Gestapo) et fondé sur le parti unique, l'élimination des opposants et le racisme. Sa politique d'expansion en Rhénanie (1936), en Autriche (1938), en Tchécoslovaquie (1938) et en Pologne (1939) provoque la Seconde Guerre mondiale (1939), au cours de laquelle est entreprise l'extermination des juifs. Vaincu, Hitler se suicide le 30 avril 1945.

Holocauste (l'), génocide des Juifs d'Europe perpétré par les nazis et leurs auxiliaires de 1939 à 1945, dans les territoires occupés par le Reich hitlérien. On dit plus couramment *Shoah.*

KARAJAN (Herbert **von**), *Salzbourg 1908 - id. 1989,* chef d'orchestre autrichien. Fondateur du Festival de Pâques de Salzbourg (1967), il fut chef à vie de l'Orchestre philharmonique de Berlin (1954 - 1989). Rigueur et attachement à la tradition marquent ses enregistrements.

KOHL (Helmut), *Ludwigshafen 1930,* homme politique allemand. Président de la CDU depuis 1973, il est chancelier de la République fédérale depuis 1982. Il a joué un rôle majeur dans l'unification des deux États allemands.

LANG (Fritz), *Vienne 1890 - Hollywood 1976,* cinéaste autrichien naturalisé américain. En Allemagne, puis aux États-Unis, il proposa sa vision morale dans une œuvre d'abord expressionniste puis de plus en plus dépouillée : *le Docteur Mabuse,* 1922 ; *les Nibelungen,* 1924 ; *Metropolis,* 1927 ; *M le Maudit,* 1931 ; *Furie,* 1936.

LEIBNIZ (Gottfried Wilhelm), *Leipzig 1646 - Hanovre 1716,* philosophe et savant allemand. Employé comme juriste, diplomate, historiographe (à la cour de Hanovre notamm.), il fut en relation avec toute l'Europe savante. Sommet de l'intellectualisme rationaliste, son système répond à l'ambition de surmonter les clivages religieux et philosophiques de la chrétienté. L'armature de la pensée de Leibniz est logique et mathématique (il inventa, en 1676, le calcul infinitésimal et créa une symbolique universelle et efficace [notations de la différentielle et de l'intégrale], qui s'est imposée). Sa physique dynamique rompt avec le mécanisme cartésien. Sa métaphysique rend raison de toutes choses avec un optimisme raisonné : Dieu calcule et admet à l'existence la meilleure combinaison possible des monades, ou atomes spirituels dont se compose la réalité (*De arte combinatoria,* 1666 ; *Nouveaux Essais sur l'entendement humain,* 1704 ; *Essais de théodicée,* 1710 ; *Monadologie,* 1714).

Lorelei (la), personnage féminin fabuleux qui attirait par son charme et son chant les bateliers du Rhin et provoquait des naufrages.

LUTHER (Martin), *Eisleben 1483 - id. 1546,* théologien et réformateur allemand. Moine augustin très préoccupé par l'idée du salut, il s'astreint à de sévères mortifications et joue aussi un rôle diplomatique dans son ordre, qui le délègue à Rome en 1510. Docteur en théologie, il obtient, en 1513, la chaire d'Écriture sainte à l'université de Wittenberg, où, à partir de 1515, il commente les épîtres de Paul, notamm. l'épître aux Romains. En référence à la doctrine paulinienne de la justification par la foi, il s'élève contre le trafic des indulgences *(querelle des Indulgences),* puis contre le principe même de celles-ci dans ses 95 thèses (1517), considérées comme le point de départ de la Réforme. Condamné par Rome en 1520, il poursuit son œuvre ; à cette date paraissent les « trois grands écrits réformateurs » : le manifeste *À la noblesse chrétienne de la nation allemande* (sur la suprématie romaine), *la Captivité de Babylone* (sur les sacrements), *De la liberté du chrétien* (sur l'Église). Mis au ban de l'Empire après la diète de Worms, où il refuse de se rétracter (1521), caché au château de la Wartburg par son protecteur l'Électeur de Saxe, il peut revenir à Wittenberg en 1522. Marié en 1525 à Katharina von Bora, il consacre le reste de sa vie à structurer son œuvre et à la défendre ; il lutte à la fois contre le catholicisme, que soutient la puissance politique, contre les révoltes sociales (guerre des Paysans), les déviations des illuminés et des anabaptistes et contre ceux qui, tel Zwingli en Suisse, donnent à sa réforme une orientation nouvelle. Luther est aussi un écrivain : ses œuvres, et principalement sa traduction de la Bible (1521 - 1534), font de lui un des premiers grands prosateurs de l'allemand moderne.

MARX (Karl), *Trèves 1818 - Londres 1883,* philosophe, économiste et homme politique allemand. Matérialiste, athée et progressiste, il élabore son approche des faits historiques et sociaux (le « matérialisme historique ») sous une triple inspiration, philosophique (Hegel), politique (les théoriciens socialistes français) et économique (l'économie politique britannique). Faisant de la lutte des classes un principe général d'explication, et accordant au prolétariat un rôle émancipateur de l'humanité, il prend contact avec les milieux ouvriers et rédige avec F. Engels le *Manifeste du parti communiste* (1848). Expulsé d'Allemagne, puis de France, il se réfugie en Grande-Bretagne, où il jette les bases de son grand ouvrage, *le *Capital,* dégageant avec précision les ressorts de l'exploitation capitaliste (théorie de la plus-value). En 1864, il est l'un des principaux dirigeants de la Ire Internationale, à laquelle il impose pour objectif l'abolition du capitalisme. Marx n'est en rien l'auteur d'un système figé ou dogmatique ; le *marxisme* renvoie en fait à la multiplicité des interprétations de son œuvre. Il a écrit également, entre autres : *l'Idéologie allemande* (1846) ; *Misère de la philosophie* (1847) ; *les Luttes de classes en France* (1850).

MOZART (Wolfgang Amadeus), *Salzbourg 1756 - Vienne 1791,* compositeur autrichien. Un des plus grands maîtres de l'opéra, il est l'auteur de *l'Enlèvement au sérail* (1782), des *Noces de Figaro* (1786), de *Don Giovanni* (1787), de *Così fan tutte* (1790), de *la Flûte enchantée* (1791). Il a traité avec bonheur tous les genres, écrivant des symphonies (parmi lesquelles les symphonies nº 40, en *sol* mineur, et nº 41, *Jupiter*), des sonates, 27 concertos pour piano, des œuvres de musique de chambre (23 quatuors à cordes, trios, quintettes) et de la musique religieuse (*Requiem,* 1791). Maître de la mélodie, il recherche la pureté, l'élégance, et sait atteindre la grandeur par la simplicité et la grâce. Mais, derrière la clarté et la fantaisie, transparaissent l'ironie et le tremblement d'une âme inquiète.

MÜNCHHAUSEN (Karl Hieronymus, baron **von**), *Gut Bodenwerder, Hanovre, 1720 - id. 1797,* officier allemand. Ses fanfaronnades en ont fait un personnage de légende, dont les aventures ont inspiré de nombreux écrivains et cinéastes.

NIBELUNGEN, nains de la mythologie germanique, possesseurs de grandes richesses souterraines et qui ont pour roi *Nibelung.* Les guerriers du héros Siegfried, puis les Burgondes dans les poèmes héroïques médiévaux, prirent le nom de *Nibelungen* après s'être emparés de leurs trésors.

Reich, mot all. signif. *empire.* On distingue le *Ier Reich,* ou Saint Empire romain germanique (962 - 1806), le *IIe Reich* (1871 - 1918), réalisé par Bismarck, et le *IIIe Reich* (1933 - 1945), ou régime national-socialiste, instauré par Hitler.

RHIN n.m., en all. **Rhein,** en néerl. **Rijn,** fl. d'Europe, né en Suisse et qui se jette dans la mer du Nord aux Pays-Bas ; 1 320 km. Il est formé de la réunion de deux torrents alpins (le *Rhin antérieur,* né dans le massif du Saint-Gothard, et le *Rhin postérieur,* issu du massif de l'Adula). Il traverse le lac de Constance, franchit le Jura (chutes de Schaffhouse), reçoit l'Aar (r. g.) avant d'atteindre Bâle. Il s'écoule ensuite vers le nord, dans une vallée élargie, en suivant le fossé d'effondrement d'Alsace et de Bade, et reçoit l'Ill (r. g.), le Neckar (r. dr.) et le Main (r. dr.). Après Mayence, le lit se resserre à travers le Massif schisteux rhénan : c'est le « Rhin héroïque », qui se grossit de la Moselle (r. g.) et de la Lahn (r. dr.). À Bonn, le Rhin entre définitivement en plaine, reçoit la Ruhr et la Lippe (r. dr.), pénètre aux Pays-Bas, où il rejoint la mer du Nord par trois bras principaux (le Lek, prolongé par le Nieuwe Waterweg, est le plus important).
Le régime se modifie d'amont en aval : hautes eaux d'été et maigres d'hiver en amont de Bâle, débit plus étale en aval, très régulier même à partir de Cologne. Le rôle économique du fleuve est considérable. C'est la plus importante artère navigable d'Europe, desservant la Suisse, la France de l'Est, une partie de l'Allemagne (dont la Ruhr) et les Pays-Bas. Le Rhin est relié au Danube par un canal empruntant partiellement la vallée du Main. Accessible aux convois poussés de 5 000 t jusqu'à Bâle, le fleuve est jalonné de ports actifs, dont les principaux, mis à part Rotterdam, sont Duisburg, Mannheim et Ludwigshafen, Strasbourg, Bâle. Le Rhin alimente aussi des centrales hydroélectriques et fournit l'eau de refroidissement de centrales nucléaires.

ROTHSCHILD (Meyer Amschel), *Francfort-sur-le-Main 1743 - id. 1812,* banquier allemand. Il fut le fondateur d'une puissante dynastie financière de rayonnement international.

SCHUBERT (Franz), *Lichtental, aujourd'hui dans Vienne, 1797 - Vienne 1828,* compositeur autrichien. Il doit sa célébrité à plus de 600 lieder, dont l'inspiration spontanée et profonde est proche de la veine populaire *(le Roi des aulnes ; la Truite ; la Jeune Fille et la Mort ; la Belle Meunière ; le Voyage d'hiver).* Il est aussi l'auteur de dix symphonies (dont l'« Inachevée »), de pages pour piano et de musique de chambre (quatuors, quintettes).

Siemens, société allemande de constructions électriques fondée à Berlin en 1847. Elle est l'un des principaux producteurs de matériels électriques du monde.

■ MOZART, père et ses deux enfants.
Ph. Jeanbor © Archives Larbor.

A

SUISSE

SUISSE n.f., en all. **die Schweiz**, en ital. **Svizzera**, État fédéral d'Europe ; 41 293 km² ; 7 270 000 hab. *(Suisses).* **CAP.** *Berne.* **V. PRINC.** *Zurich, Genève, Bâle* et *Lausanne.* **LANGUES** : *allemand, français, italien* et *romanche.* **MONNAIE** : *franc suisse.* (V. carte page 1696.)

INSTITUTIONS

République. Constitution de 1874. État fédéral : chaque canton a une souveraineté interne et une constitution. L'Assemblée fédérale (Parlement), formée du Conseil national (élu pour 4 ans) et du Conseil des États (élu par les cantons), est l'autorité suprême et élit l'exécutif, le Conseil fédéral.

GÉOGRAPHIE

Le pays est formé de 23 cantons : Appenzell (demi-cantons : Rhodes-Extérieures et Rhodes-Intérieures), Argovie, Bâle (demi-cantons : Bâle-Ville et Bâle-Campagne), Berne, Fribourg, Genève, Glaris, Grisons, Jura, Lucerne, Neuchâtel, Saint-Gall, Schaffhouse, Schwyz, Soleure, Tessin, Thurgovie, Unterwald (demi-cantons : Obwald et Nidwald), Uri, Valais, Vaud, Zoug et Zurich.

Au cœur de l'Europe, comme en témoignent la diversité linguistique (les germanophones sont toutefois de loin les plus nombreux) et le partage, presque égal, entre catholiques et protestants, la Suisse est un pays densément peuplé, d'étendue restreinte, mais dont le rayonnement déborde largement les frontières. Le milieu naturel n'est pas toujours favorable à l'homme, et la population, fortement urbanisée, se concentre dans le Plateau, ou Moyen-Pays, entre le Jura et surtout les Alpes (qui occupent 60 % du terrritoire).

L'actuelle prospérité se rattache à la tradition commerciale et à la neutralité politique, propices à une activité financière réputée. L'industrie, liée à la présence de capitaux et à la qualité de la main-d'œuvre, est dominée par la métallurgie de transformation, la chimie, l'agroalimentaire (qui valorise notamm. la production laitière résultant du développement de l'élevage bovin). La balance commerciale est équilibrée, celle des services, excédentaire (en partie grâce au tourisme, principale activité de la montagne, avec l'élevage, et loin devant la fourniture d'hydroélectricité). Les réserves de change sont élevées, la monnaie est forte, le chômage encore réduit. La Suisse, siège d'organisations internationales, mais non membre de l'ONU, bordée par l'Allemagne, la France et l'Italie, mais restée en dehors de l'Union européenne, paraît demeurer à l'écart des turbulences politiques et économiques.

HISTOIRE

Les origines et la Confédération. VIIIe s.-Ier s. av. J.-C. : à l'âge du fer, les civilisations de Hallstatt et de La Tène se développent. **58 av. J.-C.** : le pays est conquis par César. **Ve s.** : l'Helvétie est envahie par les Burgondes et les Alamans, qui germanisent le Nord et le Centre. **VIIe - IXe s.** : elle est christianisée. **888** : elle entre dans le royaume de Bourgogne. **1032** : elle est intégrée avec celui-ci dans le Saint Empire. **XIe - XIIIe s.** : les Habsbourg acquièrent de grandes possessions dans la région. **Fin du XIIIe s.** : dans des circonstances devenues légendaires (Guillaume *Tell), les cantons défendent leurs libertés. **1291** : les trois cantons forestiers (Uri, Schwyz, Unterwald) se lient en un pacte perpétuel ; c'est l'acte de naissance de la Confédération suisse. **1315** : les cantons infligent au duc d'Autriche Léopold Ier la défaite de Morgarten. **1353** : la Confédération comprend huit cantons après l'adhésion de Lucerne (1332), Zurich (1351), Glaris, Zoug (1352) et Berne (1353). Après les victoires de Sempach (1386) et de Näfels (1388), elle fait reconnaître son indépendance par les Habsbourg. **1476** : la Confédération, soutenue par Louis XI, bat Charles le Téméraire à Grandson et à Morat. **1499** : Maximilien Ier signe la paix de Bâle avec les Confédérés ; le Saint Empire n'exerce plus qu'une suzeraineté nominale. Des dissensions réapparaissent entre les cantons. **1513** : la Confédération compte treize cantons après l'adhésion de Soleure et Fribourg (1481), Bâle et Schaffhouse (1501) puis Appenzell (1513). **1516** : après leur défaite à Marignan, les Suisses signent avec la France une paix perpétuelle. **1519** : la Réforme est introduite à Zurich par Zwingli. **1531** : les catholiques battent les protestants à Kappel. Un équilibre s'établit entre les sept cantons catholiques, quatre réformés et deux mixtes. **1536** : Calvin fait de Genève la « Rome du protestantisme ». **1648** : les traités de Westphalie reconnaissent *de jure* l'indépendance de la Confédération.

L'époque contemporaine. 1798 : le Directoire impose une République helvétique, qui devient vite ingouvernable. **1803** : l'Acte de médiation, reconstituant l'organisation confédérale, est ratifié par Bonaparte. **1813** : il est abrogé. **1815** : vingt-deux cantons (dont le Valais, Neuchâtel et Genève) signent un nouveau pacte confédéral. À l'issue du congrès de Vienne, la neutralité de la Suisse est reconnue. **1845 - 1847** : sept cantons catholiques forment une ligue (le *Sonderbund*), qui est réprimée militairement. **1848** : une nouvelle constitution instaure un État fédératif, doté d'un gouvernement central siégeant à Berne. **1874** : le droit de référendum est introduit. **1891** : celui d'initiative populaire l'est également. **1914 - 1918, 1939 - 1945** : la neutralité et la vocation humanitaire de la Suisse sont respectées. **1979** : un nouveau canton de langue française, le Jura, est créé. **1992** : par référendum, les Suisses se prononcent pour l'adhésion de leur pays au FMI et à la Banque mondiale (mai) et contre la ratification du traité qui prévoyait leur intégration dans l'EEE (déc.). Le gouvernement dépose une demande d'adhésion à la CEE (mai).

VIENNE, en all. *Wien*, cap. de l'Autriche, sur le Danube ; 1 533 176 hab. *(Viennois).* Université. Centre administratif, culturel et commercial. — Cathédrale reconstruite aux XIVe-XVIe s. ; nombreux édifices baroques, dus notamment à J. B. Fischer von Erlach et à Hildebrandt ; œuvres de O. Wagner et de J. Hoffmann. Nombreux musées, dont le *Kunsthistorisches Museum, l'*Albertina et, dans les deux palais du Belvédère, le musée du Baroque et la galerie d'Art autrichien des XIXe-XXe s. (œuvres de Klimt, Kokoschka et autres artistes de l'école de Vienne). — Forteresse romaine à la frontière de la Pannonie, la ville se développa au Moyen Âge grâce aux Babenberg, puis aux Habsbourg, qui l'acquirent en 1276. Résidence des empereurs du Saint Empire (partiellement après 1438, définitivement à partir de 1611), elle fut assiégée par les Turcs (1529, 1683). De nombreux traités y furent signés, notamm. celui de 1738 qui mit fin à la guerre de la Succession de Pologne. Vienne fut au XIXe s. l'un des principaux foyers culturels de l'Europe. Après l'effondrement de l'Empire austro-hongrois (1918), elle devint la capitale de la République autrichienne.

Volkswagen, société allemande de construction automobile, fondée en 1937 à Wolfsburg pour la production d'une voiture populaire. Elle figure parmi les principaux producteurs européens.

WALKYRIES ou **VALKYRIES**, divinités féminines de la mythologie nord-germanique. Messagères de Wotan (Odin) et hôtesses du Walhalla, elles y conduisent les héros morts au combat.

WOTAN ou **ODIN**, grand dieu du panthéon nord-germanique, dieu de la Guerre et du Savoir.

PROVERBES ET EXPRESSIONS

Aller guten Dinge sind drei.
Jamais deux sans trois.

Auf dem Pulverfaß sitzen.
Être assis sur un baril de poudre.

Auf eigenen Füßen stehen.
Voler de ses propres ailes.

Auf Regen folgt Sonnenschein.
Après la pluie, le beau temps.

Aus den Augen, aus dem Sinn.
Loin des yeux, loin du cœur.

Das Herz auf dem rechten Fleck haben.
Avoir du cœur.

Das Leben durch die rosige Brille sehen.
Voir la vie en rose.

Das Pulver nicht erfunden haben.
Ne pas avoir inventé la poudre.

Die Beine unter die Arme nehmen.
Prendre ses jambes à son cou.

Die Maske fallen lassen.
Jeter/mettre bas le masque.

Durch die Blume sprechen.
Parler à mots couverts.

Eile allein tut es nicht.
Rien ne sert de courir, il faut partir à point.

Einen Frosch im Hals haben.
Avoir un chat dans la gorge.

Eine weiße Weste haben.
Être blanc comme neige.

Ein langes Gesicht ziehen.
Faire grise mine.

Ende gut, alles gut.
Tout est bien qui finit bien.

Es ist nicht alles Gold, was glänzt.
Tout ce qui brille n'est pas or.

Feuer und Flamme sein.
Être tout feu tout flamme.

Gleich und gleich gesellt sich gern.
Qui se ressemble s'assemble.

Grüne Weihnachten, weiße Ostern.
Noël au balcon, Pâques aux tisons.

Gut Ding will Weile haben.
Paris ne s'est pas fait en un jour.

Himmel und Hölle in Bewegung setzen.
Remuer ciel et terre.

Im siebenten Himmel.
Être au septième ciel.

In den Wind reden.
Prêcher dans le désert.

In der Kürze liegt die Würze.
Les plaisanteries les plus courtes sont toujours les meilleures.

Ins Fettnäpfchen treten.
Mettre les pieds dans le plat.

Jeder ist seines Glückes Schmied.
Chacun est l'artisan de sa fortune.

Je eher, desto besser.
Le plus tôt sera le mieux.

Die Würmer aus der Nase ziehen.
Tirer les vers du nez.

Keinen Finger/nicht den kleinen Finger rühren.
Ne pas lever le petit doigt.

Lampenfieber haben.
Avoir le trac.

Liebe auf den ersten Blick.
Le coup de foudre.

Liebe macht blind.
L'amour rend aveugle.

Morgen ist auch noch ein Tag.
Demain il fera jour.

Morgenstunde hat Gold im Munde.
Le monde appartient à ceux qui se lèvent tôt.

Nur Haut und Knochen sein.
N'avoir que la peau sur les os.

Pudelnaß sein.
Être trempé jusqu'aux os.

Reden ist Silber, Schweigen ist Gold.
La parole est d'argent, le silence est d'or.

Sein Versprechen muß man halten.
Chose promise, chose due.

Sich die Haare raufen.
S'arracher les cheveux.

Sich in die Höhle des Löwen begeben.
Se jeter dans la gueule du loup.

Übung macht den Meister.
C'est en forgeant qu'on devient forgeron.

Von Luft und Liebe leben.
Vivre d'amour et d'eau fraîche.

Wer die Wahl hat, hat die Qual.
On n'a que l'embarras du choix.

Wer langsam fährt, kommt auch zum Ziel.
Petit à petit, l'oiseau fait son nid.

Wer will, der kann.
Vouloir, c'est pouvoir.

Wer zuletzt lacht, lacht am besten.
Rira bien qui rira le dernier.

Wie Espenlaub zittern.
Trembler comme une feuille.

Wie Gott in Frankreich leben.
Vivre comme un coq en pâte.

Zeit ist Geld.
Le temps, c'est de l'argent.